المالية الدولية

نظرية وتطبيق

المالية الدولية

نظرية وتطبيق

الدكتور

سعود جايد مشكور العامري

أستاذ المحاسبة المساعد

جامعة البصرة

الطبعة الأولى

1431هـ-2010م

المملكة الأردنية الهاشمية
رقم الإيداع لدى دائرة
المكتبة الوطنية
2010

العامري، سعود جايد مشكور

المالية الدولية: نظرية وتطبيق / سعود جايد مشكور العامري.- عمان: دار زهران، 2010.

(   ) ص.

الواصفات: / المالية الدولية /

❖ أعدت دائرة المكتبة الوطنية بيانات الفهرسة والتصنيف الأولية.

❖ يتحمل المؤلف كامل المسؤولية القانونية عن محتوى مصنفه ولا يعبر هذا المصنف عن رأي دائرة المكتبة الوطنية أو أي جهة حكومية أخرى.

المتخصصون في الكتاب الجامعي الأكاديمي العربي والأجنبي

دار زهران للنشر والتوزيع

تلفاكس : 5331289 – 6 – 962+، ص.ب 1170 عمان 11941 الأردن
E-mail : Zahran.publishers@gmail.com
www.darzahran.net

بسم اللـه الرحمن الرحيم

(مــن عمــل صــالحاً مــن ذكـر أو أنثـى وهــو مـؤمن فلنحييـنه حيـاة طيبـة ولنجـزينهم أجـرهم بأحسـن مـا كانوا يعملون) .

صدق اللـه العلي العظيم
سورة النحل
الآية " 97 "

ت

الإهــــداء

إلى ربي ورب العالمين

الذي خلقني فهو يهدين

والذي يطعمني ويسقين

وإذا مرضت فهو يشفين

والذي يميتني ثم يحيين

والذي أطمع أن يغفر لي خطيئتي يوم الدين .

مقدمة الكتاب

Introduction

شـهدت السـنوات الأخـيرة تطـوراً كبـيراً في المبـادلات التجاريـة وتناميـاً متسـارعاً في الاستثمارات الخارجيـة وتزايـداً في الـروابط الاقتصادية بـين مجموعـات الشركات بمختلف أشكالها عبر الحدود والأقاليم والقارات . ولقد أثبتت ، بما لا يقبـل الشـك ، الأزمـات الماليـة الآسيوية والروسية في نهاية القرن العشرين عمق هـذه الـروابط الاقتصاديـة المتزايـدة بـين دول العالم المختلفة .

وتتجسد الروابط الاقتصادية ، التي يعبر عنها بـالكم الهائـل مـن التـدفقات النقديـة والحقيقية بين بلدان العالم المختلفة ، في وجود أدوات قياس لهذه التدفقات . وتتمثل هـذه الأدوات في العملات النقدية الأجنبية المتعددة والمختلفة التي تتعامل بها البلدان . وبـالنظر لوجود أعداد كبيرة من العملات الأجنبية التي تستخدم في التعامل الدولي فقد سعت غالبية بلدان العـالم إلى التكتـل الاقتصادي واتخـاذ الإجـراءات اللازمـة لتلبيـة بعـض المتطلبـات الاقتصادية والمالية ، ويتمثل أبـرز تلـك الإجراءات في قـدوم مجموعـات مـن البـلدان أو مجموعات من الشركات الدولية إلى توحيد التعامل بعملة نقدية واحدة . ولعل من أحـدث الأمثلة على ذلك هو المجموعة الأوروبية المشتركة التـي انتهجـت سياسـة التعامـل بعملـة نقدية واحدة (اليورو) . وهنالك مجموعـات أخـرى مـن دول العـالم تطـرح حاليـاً بـرامج توحيـد عملاتهـا النقديـة بعملـة واحـدة وذلـك بغيـة تسـهيل مهمـة التسـويات الماليـة والاقتصادية والتجارية الدولية .

واستناداً إلى ما تقدم فأنه يتعين وجود منهج واسع للمالية الدولية يتضمن إطاراً نظرياً وتطبيقاً عملياً في هذا المجال ، ويولي أهمية كبيرة للتكيف مع البيئة الاقتصادية والمالية العالمية الجديدة ، فضلاً عن أن هذا المنهج في المالية الدولية يشمل مجمل العمليات المالية الدولية للشركات متعددة الجنسيات والبنوك العالمية .

لقد تضمن هذا الكتاب منظوراً واسعاً وحديثاً في المالية الدولية من الناحية النظرية والتطبيقية . إذ تم عرض النظريات المالية التي تتضمن مجموعة العناصر الأساسية المتمثلة بالأهداف والمفاهيم والفروض والمعايير والمبادئ ومن ثم الإجراءات والطرق اللازمة لذلك . ويتناول كل فصل من فصول الكتاب النقاط الجوهرية ويختتم بخلاصة وقائمة من التساؤلات تساعد في السيطرة على استيعاب المفاهيم الأساسية .

يأمل أن يستفاد من هذا الكتاب طلبة الدراسات الأولية والعليا والكوادر المستقبلية والمسؤولين الماليين الذين يتطلعون إلى استيعاب المبادئ الأساسية للمالية الدولية . كذلك يستفاد من هذا الكتاب مدراء المالية في الشركات وموظفو البنوك الذين يهتمون بشكل رئيسي في العمليات الدولية . وعلاوة على ذلك فان هذا الكتاب يشكل ينبوعاً علمياً يصب في رافد من روافد المكتبة العربية التي طالما تفتقر إلى العديد من هذه الكتب العلمية .

و الله ولي التوفيق

المؤلف

1425 هـ / 2005 م

منهجية الكتاب

Methodology of book

تعد المالية الدولية نظام حديث العهد ، تطور بشكل كبير خلال السنوات الأخيرة . ويعود هذا التطور إلى أسباب عديدة يتمثل أبرزها في نمو التجارة الدولية ، وزيادة عدد الشركات الكبيرة ذات النشاطات المتنوعة الداخلة في العمليات الدولية ، وازدياد حجم التدفقات المالية الدولية التي ترافق تدفقات السلع والخدمات ، وتعدد مصادر التمويل الدولية الجديدة المستخدمة في العمليات المحلية والأجنبية على حد سواء ، وبروز ظاهرة عولمة الأسواق المالية (globalization of financial markets) .

لقد أصبحت المشاكل المالية الدولية أكثر تعقيدا وتتطلب وضع مفاهيم دقيقة . وجاءت نظريات جديدة ساهمت في طرح جميع هذه المشاكل المالية المتعددة وناقشتها بشكل واسع ودقيق . وعلى الرغم من وجود مبادئ نظرية وإجراءات عملية تعالج المشاكل المالية الدولية إلا أنه من الصعب التركيز بشكل دقيق على المجال الذي تختص به المالية الدولية ، وذلك لان هذا المجال تطور بخطوات متسارعة موازية للتطور الكبير والمتسارع في العالم . إذ أن المالية الدولية ترتبط بعلاقات واسعة مع نظم اقتصادية وتجارية ومالية ومحاسبية عديدة مثل الاقتصاد الدولي والتجارة الدولية والضريبة والمحاسبة والرقابة الدولية وغيرها .

ذ

لكن يمكن القول ، بشكل عام ، أن المالية الدولية ترتكز على ركنين أساسيين هما :-

أولاً - مفاهيم الاقتصاد الكلي(Macro Economic Approachs):-

تشمل عادة النظم النقدية ، وأسواق الصرف،والأسواق المالية،والسياسات الاقتصادية للبلدان ، والصادرات ، والواردات ، وأسعار الفائدة ، والتضخم وغيرها ...

ثانياً- مفاهيم الاقتصاد الجزئي(Micro- Economic Approachs) :-

تشمل غالباً إدارة الاستثمارات ، ومعايير اختيار الاستثمارات ، واختيار مصادر التمويل ، وسياسات توزيع الحصص .

علاوة على ذلك فأن المالية الدولية يتعين عليها أن تأخذ في الحسبان الاختلافات المؤسساتية والثقافية والسياسية لمختلف البلدان . ويمكن تعريف المالية الدولية بأنها عبارة عن مجمل العمليات المالية المتعلقة بالنشاط الدولي للشركات متعددة الجنسيات . وتشمل الفعاليات المالية الأعمال الآتية :-

1- الأعمال المتعلقة في توسع المنشآت في الخارج وقرارات إقامة المنشات في الخارج أو قرارات التوقف عن الاستثمار الدولي .

2- الأعمال المرتبطة بعمليات التمويل في الخارج والصادرات والواردات والشركات المشاركة وغيرها...

3_ عمليات التمويل الدولي للنشاط الوطني أو الدولي للشركات متعددة الجنسيات .

4- قرارات تمويل الفروع الأجنبية وتوزيع الحصص لمجموعة من الشركات متعددة الجنسيات .

5- رقابة النشاطات الدولية .

إن المالية الدولية إذا ما استعانت ببعض المفاهيم من الإدارة المالية للشركات المحلية فإنها تميز بين هذه المفاهيم تبعاً لموقعها في البيئة الدولية التي تتطلب استثمارات ضخمة ومصادر تمويل متعددة فضلاً عن مواجهة بعض الصعوبات مثل القيود المفروضة على حركة التدفقات المالية و التقلبات المستمرة في العملات .

ومنذ زمن بعيد كانت قرارات الاستثمار الدولي مطروحة في مجالات محدودة لا تتعدى المستوى النظري لها ولربما ينحصر طرحها لأسباب تتعلق بالاقتصاد الكلي وبمعرفة الاختلافات في معدل الفائدة بين البلدان . غير أن دوافع هذه القرارات تنصب في الغالب على معالجة مشاكل تنمية وتطوير السوق واعتماد أسواق جديدة وغيرها . فالاستثمارات في الخارج لا تؤدي حصرا إلى تدفقات رؤوس الأموال ، و إنما كذلك إلى تحويلات الرواتب والتكنولوجيا وتتطلب عموماً عمليات تكوين أو تدريب العاملين .

إن تدويل المنشآت وتطور الشركات المشاركة (joint-venture) عبر الأمم وتطور المبادلات الدولية واعتماد أسعار الصرف المتقلبة أو العائمة (floats) واضطرابات بات أسواق رؤوس الأموال وزيادة الأخطار المالية نتيجة للأزمات المالية الحديثة تجعل من دراسة المالية الدولية كنظرية وتطبيق غاية في الأهمية .

تختص المالية الدولية بتوفير المعلومات ومعالجة البيانات للجهات آلاتية :-

(1) الشركات متعددة الجنسيات التي تمتلك فروعا في بلدان عدة وتقوم بإدارة التدفقات المالية المعبر عنها بالعملات المختلفة بأسلوب يحقق التوازن المالي قصير ومتوسط وطويل الأجل .

(2) المنشآت الكبيرة التي لديها علاقات تجارية مع بلدان عديدة ، سواء أكانت هذه المنشآت تستورد أو تصدر (مواد أولية ، منتجات نصف مصنعة ،خدمات) .

(3) المنشآت العامة أو شبه العامة أو المختلطة التي تمتلك حصص في الخارج مثلما هو الحال بالنسبة للشركات الوطنية .

(4) الشركات الصغيرة ومتوسطة الحجم التي لديها علاقات وثيقة مع البلدان الأجنبية .

(5) البنوك والمؤسسات المالية .

لقد قسم هذا الكتاب إلى أربعة أبواب تشكل بمجموعها بيان منظم للأفكار الأساسية والمبادئ والقوانين العامة التي تترابط مع بعضها البعض في إطار منطقي متماسك . ولذلك فأن المالية الدولية أصبحت بالمفهوم الواسع نظرية بحد ذاتها وذلك لأنها تتضمن مجموعة شاملة من الافتراضات والمفاهيم والمعايير والمبادئ والإجراءات التي تشكل بمجموعها إطارا عاما للمالية الدولية .

يشمل الباب الأول من هذا الكتاب الإطار الفكري للنظرية المالية الدولية . إذ يتناول هذا الباب التنظيم المالي في الشركات متعددة الجنسيات ، ونظريات الاستثمار الدولي ، والعمليات والنشاطات الدولية ، والنظام النقدي الدولي ، وأسواق صرف العملات النقدية ، ونظريات أسعار صرف العملات النقدية ..

ويهتم الباب الثاني بمخاطر العمليات والنشاطات الدولية التي تتضمن تقييم مخاطرة أسعار الصرف ، وأساليب تغطية مخاطر أسعار الصرف الداخلية والخارجية ، ومخاطرة معدل الفائدة ، والمخاطرة السياسية .

ويتناول الباب الثالث القرارات المالية الدولية التي تتضمن معايير قرارات الاستثمارات الدولية ومصادر تمويل الفروع الأجنبية والمشروعات الدولية ونظرية كلفة رأس المال والقرارات المالية الدولية قصيرة الأجل .

أما الباب الرابع فيقتصر على الإجراءات المحاسبية والمالية في الأعمال الدولية التي تشمل موضوعات متفرقة في السياسات والإجراءات المحاسبية والمالية مثل التسويات المحاسبية للعمليات الدولية والنظام الضريبي الدولي ونظم دمج الحسابات والرقابة وتقييم الأداء المالي في الشركات متعددة الجنسيات .

ولم يغفل المؤلف إتباع الأسلوب المنهجي العلمي الصحيح في كتابة فصول هذا الكتاب . إذ تم إعداد كل فصل من فصول الكتاب على أساس مجموعة الخطوات الخاصة ، بإعداد البحوث والدراسات العلمية ، والمعروفة لدى الباحثين والدارسين . الأمر الذي ألزم المؤلف باستنباط خلاصة لكل فصل تبين بشكل مختصر عناصره الجوهرية .

وأخيراً اختتم الكتاب بمجموعة من الملاحق يمكن للقارئ الرجوع أليها بغية الحصول على بيانات تفصيلية إضافية تساعد في فهم واستيعاب بعض الموضوعات الواردة في فصول هذا الكتاب .

ص

محتويات الكتاب

الباب الثالث

القرارات المالية الدولية .

6

الباب الأول

الإطار النظري للمالية الدولية

الباب الأول

الإطار النظري للمالية الدولية

Theoretical Framework of International Finance

يتميز العصر الحديث ببعض الظواهر الاقتصادية والمالية والاجتماعية وغيرها والتي صارت ظواهر بـارزة وملازمـة لأغلب بلدان العالم . وتعد العولمة من أبرز هذه الظواهر إلى جانب الظواهر الأخرى الشائعة . وقد سـاعد علـى انتشار ظاهرة العولمة عوامل عديدة تمثلت في إزالة القيود التي تفصل بين الشعوب والأمم ، وزيادة نشاط التبـادل التجاري ، وتعزيز دور الأمم المتحدة في مجالات التنمية الاقتصادية ودراسة معدلات النمو في البلدان الأعضاء .

وقد ساعدت الثورة المعلوماتية ، وما آلت إليه من انتشار الحاسبات الإلكترونيـة والبريـد الإلكتروني والانترنيـت ، في تعزيز العولمة وتدفق المعلومات اللازمة لاتخاذ القرارات السياسية والاقتصادية والإدارية والمالية في الوقت المناسب . كمـا اتسع نطاق عمل الشركات متعددة الجنسيات بحيث شمل أغلب بقاع العالم ، سواء كان ذلك عن طريـق انتشار فروعهـا في الأقاليم والدول ، أو السيطرة على شركات تابعة .

إن نمو وتطور الشركات متعددة الجنسيات يعتمد بالدرجة الأساس على مـدى تنفيـذ ونجـاح القرارات الاستراتيجية لإدارة الشركة المتمثلة في الاستثمار والتمويل وتوزيع الحصص . وتعد هذه القرارات من المهمات الرئيسية للوظيفة المالية في المنشأة . ويتعين أن تستند هذه المهمات إلى المبادئ والقواعـد والأسـس العلميـة الثابتـة كبـاقي الوظائـف في المنشـأة . ويجري عادة دراسة الظواهر الاقتصادية والمالية بالاعتماد على القواعـد والمبادئ العلميـة لغـرض التحقـق منهـا وإثباتهـا علمياً ومن ثم اتخاذ القرارات الاقتصادية السليمة .

يتناول هذا الباب الفصول الآتية :-

- التنظيم المالي للشركات متعددة الجنسيات .

- نظريات الاستثمار الدولي .

- العمليات والنشاطات الدولية .

- النظام النقدي الدولي .

- أسواق صرف العملات النقدية .

- نظريات أسعار صرف العملات النقدية .

الفصل الأول
التنظيم المالي
للشركات متعددة الجنسيات

الفصل الأول

التنظيم المالي للشركات متعددة الجنسيات

Financial organization for the multinational companies

تتمثل الشركات متعددة الجنسيات في مجموعة من الشركات ذات جنسيات مختلفة ومستقلة من الناحية القانونية ، وتقوم بإدارتها منشأة أم أو منشاة قابضة (Holding company) . وتمثل المجموعات متعددة الجنسيات (Multinational groups) العوامل الأكثر نشاطاً في التجارة الدولية (International Commerce) . لا يوجد لحد الآن إجماع على تعريف الشركات متعددة الجنسيات . فالبعض من المؤلفين يعرف الشركات متعددة الجنسيات بأنها مجموعة الشركات التي تخصص مبلغاً كبيراً من مواردها إلى العمليات في الخارج ومن ثم فان نموها ونتائجها يعتمد على البلدان الأجنبية . والبعض الآخر من المؤلفين يعد الشركات متعددة الجنسيات بأنها تلك المجموعة من الشركات التي تحقق نسبة (25%) من إيراداتها أو مبيعاتها في الخارج . وهنالك فريق آخر يصف الشركات متعددة الجنسيات بأنها الشركات التي يمتلك كل منها خمسة فروع بالخارج في الحد الأدنى.

ويعرف روجمان (Rguman 1983) الشركات متعددة الجنسيات بأنها الشركات التي تمتلك أكثر من ثلثي نشاطها خارج منشآتها ألام . وهنالك مؤشر للشركات متعددة الجنسيات يحتسب من خلال متوسط نسبة النشاطات الإجمالية للمؤشرات أو المقادير (Indicators) المتمثلة في المبيعات و الموجودات و الرواتب .

ويوجد العديد من المعايير التي تساعد على قياس درجة تعددية الجنسيات للشركات مثل عدد وحجم الشركات الأجنبية الممتلكة أو المسيطر عليها ، وعدد

الدول التي تنشأ عليها هذه الشركات ، ودرجة تدويل مجلس الإدارة (Top Management) ، ودرجة تدويل البحـث (Research Internationalization)... وغيرها .

إن تنظيم الشركات متعددة الجنسيات يكون أكثر تعقيداً من تنظيم الشركات الوطنية بسبب الاختلافات في الضريبة والأنظمة القانونية والاقتصادية والبيئة الثقافية بين بلدان المنشأة ألام والفروع .

يخصص هذا الفصل لاستعراض الموضوعات الآتية :-

أولاً :- الشركات متعددة الجنسيات : المفهوم والأهمية والنشأة

ثانياً :- استراتيجية وأهداف الشركات متعددة الجنسيات

ثالثاً :- تنظيم الشركات متعددة الجنسيات

رابعاً :- تنظيم الوظيفة المالية

خامساً :- تطبيق الوظيفة المالية في الشركات متعددة الجنسيات .

أولاً :- الشركات متعددة الجنسيات:- المفهوم والأهمية والنشأة
Multinational Companies

عرفت الأعمال الدولية (International Business) بأنها دراسة المشكلات التي تبرز حين تعبر المنشآت والعمليات الإدارية الحدود الإقليمية وتصبح متعددة الجنسيات في التركيب والمجال . ويؤكد هـذا التعريـف علـى الغـرض الأسـاس للأعمال الدولية . كما عرفت الأعمال الدولية بأنها الأعمال التي تقوم بها منشأة داخل دولتين مسـتقلتين أو فيمـا بينهمـا . وهذا التعريف يتضمن المفهوم العام للأعمال الدولية كالتنسيق الدولي ، والتمويـل الـدولي ، والمقارنـة بـين نظـام التجـارة والتصدير والاستيراد .

وهنالك تعريف آخر للأعمال الدولية يصفها بأنها أنشطة الأعمال التي تعبر الحدود القومية ، أياً كانـت ، تحركات سلع أو خدمات أو رؤوس أموال ، أو حركات أفراد أو انتقال تكنولوجيا أو حتى الإشراف على الموظفين . وهـذا التعريـف يوضح بشكل عام النشاطات المختلفة التي يقوم بها العمل الدولي . أما الشركات الدولية فتمثل الشركات التي تقوم بتنفيذ الأعمال الدولية . وتحمل هذه الشركات مسميات متعددة منها الشركة الدولية (International Company) والشركة متعـددة الجنسيات (Multinational Company) والشركة العالمية (Transnational Corporation)) . وان جميـع هذه المسميات يحمل المعنى نفسه للشركة الدولية . فالشركة الدولية هي الشركة التي تنشأ بموجب اتفاقيـة دوليـة بـين حكومات أكثر من دولة تحدد نطاق عمل الشركة الجديدة وشكلها القانوني ونمط ملكية رأسمالها وأسلوب إدارتها .

وتقوم الشركة الدولية بأي نشاط أو مجموعة من الأنشطة الدولية ، التي تبـدأ مـن التصدير والاستيراد واتفاقات استخدام العلامات التجارية والاسم التجاري وبراءات الاختراع ، إلى التصنيع عـلى نطـاق واسـع في عـدد مـن الـدول . كـما تختلف درجة دولية هذه الشركات باختلاف زيادة أهمية مبيعاتها الدولية ، والأرباح الناجمة عن هذه العمليات واتساع أنشطتها التسويقية والإنتاجية والاستثمارية وقراراتها الاستراتيجية .

وتمثل الشركات متعددة الجنسيات أحد أشكال الشركات الدولية بسب تطورها واتساع عملها حـول العـالم ، ولـديها نظرة عالمية عميقة في إدارتها وفي عملية اتخاذ قراراتها . فقد عرفت الشركات متعددة الجنسيات بأنها الشركات التي تمتلك وتتحكم في أنشطة اقتصادية موزعة على بلدان متعددة ، وتشترك في الأنشطة الدولية المختلفة وتقـوم بالتصـنيع في العديد من الدول ، ولديها ارتباطات والتزامات مالية

كبيرة ، وتحصل على إيراداتها الإجمالية من العمليات الدولية (International operations) .

وعرفت الشركات متعددة الجنسيات بأنها شركات يؤسسها أفراد أو مساهمين وتتمتع بشكل قانوني محدد في عقد التأسيس في دولة ما تسمى دولة المقر التي يوجد فيها المركز الرئيسي للشركة ، ويتم تأسيس وإنشاء الشركة تبعاً لقانونها الوطني وتأخذ جنسية هذه الدولة ، وتخضع لجميع قوانين دولة المقر ، أو قوانين الدولة المضيفة لنشاطها وفروعها والشركات التابعة لها .

وعليه فان الشركات متعددة الجنسيات يكون رأسمالها كبير الحجم ، ولا يقل حجم إنتاجها أو مبيعاتها أو استثماراتها عبر البحار في دول مختلفة عن (25%) من قيمة الأموال المستثمرة فيها ، أو في حدود (10) مليارات دولار أمريكي ، وكذلك لا يقل عدد فروعها أو الشركات التابعة لها عن (20) دولة . وتعد الشركة من الشركات متعددة الجنسيات إذا كان (20%) من موجوداتها عبر البحار . و أكدت دراسة قامت بها مجلة الأعمال الدولية International (Business) على أن الشركة متعددة الجنسيات تصبح عالمية حينما تبلغ مبيعاتها وأرباحها من العمليات الخارجية حوالي (35%) من إجمالي المبيعات والأرباح .

وتأسيسا على ما تقدم يمكن تعريف الشركات متعددة الجنسيات بأنها مجموعة من الشركات مختلفة الجنسيات ترتبط بعضها بالبعض الآخر من خلال ما تمتلكه من أسهم أو شكل من أشكال السيطرة الإدارية أو عقد اتفاق معين مكونة بذلك وحدة اقتصادية متكاملة ذات أسس اقتصادية . وتقسم الشركات متعددة الجنسيات تبعاً لثلاثة معايير تتمثل في نوع العمليات والحجم وميدان العمليات .

وتسمى الشركات بالمسميات الآتية :-

(1) الشركات القومية متعددة الجنسية (Nation Multinational) حين يكون للشركة منشأة أم واحدة مـن جنسـية معينة .

(2) الشركات الدولية متعددة الجنسـية (International Multinational) حـين يكـون للشركة اثنـان أو أكـثر مـن المنشآت ألام المسيطرة عليها من جنسيات متعددة .

(3) الشركات عابرة الأقطار (Transnational Corporation) حين تملك أساليب متعددة تـرتبط بهـا هـذه الشركات بعضها ببعض والتركيب القانوني للمنشاة عابرة القارات أو الأقطار .

وفي مراجعة سريعة إلى نشوء الشركات متعددة الجنسيات يشير بـاركر (Parker 2000) إلى أن جـذورها تمتـد إلى القرن الرابع عشر ، فقد كانت الشركات الإنكليزية والهولندية والفرنسية متعـددة الجنسـيات تسـعى إلى الحصـول عـلى الموارد الطبيعية التي لا تتوفر في بلدانها . غير أن الأشكال الحديثة للشركات متعددة الجنسيات يمكن أن يعـود تاريخهـا إلى القرن التاسع عشر وعلى وجه التحديد في الفـترة 1870-1914م ، حينئـذ كـان المسـتثمرون الأوروبيـون يقومـون بتصدير السلع والخدمات إلى جميع أنحاء العالم ولديهم استثمارات في مختلف البلدان . ففي القرن التاسع عشر كانـت الشركات متعددة الجنسيات تبحث عن الموارد (Resources - Seeking) . ومن أبرز الأمثلة على هذه الشركات ما يأتي :-

_ الشركات الانكلوهولندية -:) Unilever , Royal Dutch Shell)

- الشركات البريطانية -: (ICI) (Lever & Courtaulds)

_ الشركات البلجيكية -: (Union Miniere , Solvay , Cokeril)

_ الشركات الفرنسية -: (Rhone – Power , Michelin)

_ الشركات الألمانية :- (Bayer & Siemens)

_ الشركات الهولندية :- (Philips)

- الشركات السويسرية :- (Nestle)

- الشركات الأمريكية :-(International Harvester , United Fruit Company , Standard Oil , General Electric , Singer Swing Machines) .

وفي القرن العشرين تطورت الشركات متعددة الجنسيات وأصبحت تبحث عن الأسواق (Market – Seeking) . وخلال القرن العشرين بدأ التنافس بين الشركات متعددة الجنسيات الأوروبية والأمريكية ، وقد أسفر هذا التنافس عن تبوأ الشركات الأمريكية المرتبة الأولى للفترة من 1914م ولغاية 1997 م في عملية الاستثمار الأجنبي المباشر (Direct Investment) ، غير أن هذه الشركات واجهت تحديات كبيرة من الشركات اليابانية .

وفي عقد السبعينيات من القرن العشرين بلغ عدد الشركات متعددة الجنسيات غير المالية (7) آلاف شركة ،وما يزيد عن (40) ألف شركة حتى عام 1995م . لقد تجاوزت المبيعات المتحققة من قبل الشركات متعددة الجنسيات خارج بلدانها الأصلية مبلغ الصادرات العالمية للسلع والخدمات .

وقد تطورت الشركات متعددة الجنسيات لأسباب عديدة منها :-

(1) إزالة القيود المحددة للاستثمارات الأجنبية في العديد من البلدان .

(2) انخفاض تكاليف النقل .

(3) انفتاح الأسواق الدولية لرؤوس الأموال والأسواق المحلية بما يسهل عملية اقتناء الأسهم والسندات في الشركات الأجنبية .

(4) يوفر الاستثمار الخارجي مزايا تنافسية للشركات متعددة الجنسيات أكثر من عملها كشركات محلية .

(5) ملائمة التكاليف الإنتاجية وسياسة الدولة تجاه الاستثمارات الأجنبية .

وعلى الرغم من أن الولايات المتحدة الأمريكية تحتل مكان الصدارة في الشركات متعددة الجنسيات إلا أن عدد الشركات الأمريكية الظاهر في المائة الأولى منها قد انخفض . وفي استطلاع أجرته الفاينشال تايمز عام 1998م (Financial Times) أظهر أن من بين كبْريات الشركات العالمية المصنفة عن طريق الرسملة السوقية (Market Capitalization) توجد (235) شركة أمريكية ، (145) شركة أوروبية ، (71) شركة يابانية ، (35) شركة آسيوية ، (4) شركات إفريقية ، وشركة واحدة انكلواسترالية ، وشركة واحدة شرق أوسطية .

والملحق (1) يتضمن تصنيف لخمسين شركة من كبريات الشركات العالمية التي صنفت حسب قيمة المبيعات وهي :- (18) شركة يابانية (JAP) ، (16) شركة أمريكية (USA) ، (2) شركة بريطانية (GB) ، (6) شركات ألمانية (GER) ، (1) شركة سويسرية (CH) ، (1) شركة فرنسية (Fr) ، (2) شركة هولندية (NL) ، (1) شركة إيطالية (It) ، (1) شركة انكلوهولندية (GB/NL) ، (2) شركة كورية (KOR) .

ثانياً:- إستراتيجية و أهداف الشركات متعدد الجنسيات

Strategy & objectives of multinational companies

(أولاً) استراتيجية الشركات متعددة الجنسيات

يجري عادة التمييز ، بين القرارات الاستراتيجية (Strategic Decisions والقـرارات التشـغيلية (Operational Decision) في الشركات متعددة الجنسيات . وان إعداد الاستراتيجية يكون أكثر تعقيداً في الشركات متعددة الجنسيات وذلك لأنه يتعين عليها أن تأخذ في الحسبان أسواق عديدة ، وعملات متعددة ، وثقافات متعددة وغيرها . ومن ثـم يمكـن تحديد الأهداف الاستراتيجية فضلا عن الأهداف المالية . وتختلف إدارة الشركة وسياساتها تبعا لجنسية كـل مـن الشركات متعددة الجنسيات . فالشركات الانكلوساكسونية (الناطقة بالإنكليزية Anglo - Saxon) يتمثل هدفها المالي (financial purpose) في تعظـيم ثـروة المسـاهمين (Stockholders Equity Maximization) . ولـذلك يتعـين عـلى الشركة أن تخفض المخاطرة بهدف تحقيق معدل عائد معين . وان سعر الأسهم يأخذ بنظر الاعتبار المخاطرة (risk) ومعـدل العائـد (return Rate) . والشركات الأوروبيـة تهـدف إلى تعظـيم ثـروة المنشـاة (Corporate Wealth Maximization) . وهذا الهدف هو أوسع من أهدف الشركات الانكلوساكسونية وذلك لأنه يأخذ بنظر الاعتبار الموارد البشرـية ، والوضـع في السوق ، والعاملين ، والمستهلكين . وبذلك فان أهداف الشركة لا تنطوي حصرا على خدمة المساهمين ...

أما الشركات اليابانية فيتمثل هدفها ، منذ زمن بعيد ، في النمو وزيادة الحصص السوقية مع تعظيم رقم الأعـمال أو الإيرادات (revenues) بدلا من ربحية السهم الواحد . وان الحصول على معدل عائد أعلى من كلفة راس المـال لا يمثـل بالنسبة

للشركات اليابانية هدفا رئيسيا بحد ذاته وإنما يقع ضمن تسلسل الأهداف الأخرى . هنالك العديد من الشركات متعددة الجنسيات تتبنى حاليا قواعد إدارة الانكلوساكسون أو البلدان الناطقة بالإنكليزية (Anglo-Saxon) وخصوصاً عندما تريد أن تسجل وتسعر في السوق المالية الأمريكية .

(أ) تكوين الاستراتيجية

قبل تحديد الاستراتيجية للشركات متعددة الجنسيات لابد من تحديد مهمتها وإجراء تقييم شامل للبيئة الإجمالية وتحليل للتنظيم وبيان نقاط القوة والضعف فيه ، ودراسة العديد من الاستراتيجيات المتعاقبة ، واختيار استراتيجية معينة وتطبيقها ، ومن ثم يتم إجراء التقييم والرقابة . إن تكوين استراتيجية إجمالية يصبح شيئاً فشيئاً مسألة حتمية في بيئة التحول السريع ، وذلك لأن السوق تمتد على المستوى العالمي والموارد تتأتى من اتجاهات عالمية .

إن الإدارة الاستراتيجية تساعد على تنسيق أفضل وتكامل للعمليات المتحققة في بلدان عديدة ، كما تساعد الشركات على التكيف بشكل ملائم مع التغيرات البيئية بفضل التنظيمات المختلفة ونشاطاتها . وتحديد الاستراتيجية يتم في داخل اللجان الاستراتيجية ، التي تأخذ على عاتقها تحديد الأهداف الكلية فضلاً عن تطور الاستراتيجية الإجمالية للشركات متعددة الجنسيات . وهذه اللجان يمكن أن تضم في عضويتها على سبيل المثال الرئيس ، ونائب المدير العام ، والمدير العام للمالية ، ومدير عام البحث والتطوير ، والمستشار . ويجتمع هؤلاء الأعضاء في اللجان مرتين في السنة ، وفي بعض اللجان الاستراتيجية يوجد كذلك مسئولي الأقسام المختلفة ومدراء الفروع الأجنبية فضلاً عن مدراء الفروع الوطنية .

21

(ب) الأهداف الاستراتيجية

تعتمد استراتيجية مجموعة الشركات متعددة الجنسيات على جملة أمور وقرارات استراتيجية تتبناها هذه الشركات وتلتزم بها لفترة طويلة . يتمثل أغلب هذه القرارات في دعم وجود مجموعة الشركات في بعض الأسواق ، وتوسيع تشكيلة المنتجات ، وإنتاج منتجات وتقديم خدمات جديدة ، وتوسيع أهداف حصص السوق ، والدخول في أسواق خارجية ، واقتناء شركات جديدة ، وإعادة تمركز النشاطات ، واعتماد تنظيم جديد ، وانتشار أماكن العمل .

(ثانياً) الأهداف المالية للشركات متعددة الجنسيات

تتعدد الأهداف المالية المنشودة بالنسبة لمجموعة الشركات متعددة الجنسيات . وتختلف هذه الأهداف تبعاً للبلدان وأحياناً داخل البلد نفسه . ويتمثل أبرز الأهداف فيما يأتي :-

(1) تعلية التدفقات النقدية   (Maximization of Cash Flows) .

(2) تعلية معدل العائد على حقوق الملكية   (Maximization of Return on Stockholders Equity) .

(3) تعلية معدل العائد على الأموال المستثمرة (الموجودات)   (Maximization of Return on Investment) .

(4) تعظيم قيمة الشركة   (Maximization of Firm Value) .

ثالثاً :- تنظيم الشركات متعددة الجنسيات

multinational companies organization

يتم وضع الهيكل التنظيمي للشركات متعددة الجنسيات كما في الأشكال الثلاثة الآتية :-

(أولاً) ربط الفروع بالإدارة العامة للمنشأة ألام وبالمدير العام .

(ثانياً) تكوين تقسيم دولي .

(ثالثاً) وضع هيكل مجموعة الشركات متعددة الجنسيات : تنظيم حسب المناطق الجغرافية أو الفروع القطاعية .

(أولاً) ربط الفروع بالإدارة العامة

يستخدم تنظيم ربط الفروع بالإدارة العامة حينما يكون عدد فروع المنشأة ألام قليلاً. وفي هذه الحالة فان القرارات المالية المهمة تنحصر لدى الإدارة العامة للمجموعة (الشكل 1) .

الشكل (1)

ربط الفروع بالإدارة العامة

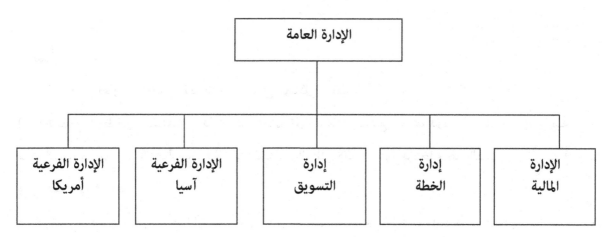

وحينما يزداد عدد الشركات الفرعية الأجنبية فانه يتعين على الشركة متعددة الجنسيات أن تتبع التقسيم الـدولي (International Division) .

(ثانياً) التقسيم الدولي

يهدف التقسيم الدولي إلى رقابة نشاطات الشركات متعددة الجنسيات في الخارج . وهـذا التقسيم يعالج الأعمال الدولية ، كما أن هذا التقسيم يعمل على تأمين خط الاتصـال بـين إدارة مجموعـة الشركات متعـددة الجنسـيات ومدراء الفروع الأجنبية .

(ثالثاً) أنواع هياكل تنظيم مجموعة الشركات متعددة الجنسيات

توجد في الحياة العملية أربعة أنواع من هياكل تنظيم مجموعة الشركات متعددة الجنسيات هي :-

- التنظيم الوظيفي .

- التنظيم الإنتاجي .

- التنظيم الجغرافي .

- التنظيم المختلط .

وفيما يلي تعاريف مختصرة لكل نوع من أنواع الهياكل التنظيمية .

(1) التنظيم الوظيفي :- يستخدم هذا التنظيم حينما تقوم الشركة بتصنيع عدد محدود من المنتجات ، وبموجبه يكـون مدير القسم مسؤولاً من الناحية الوظيفية على المستويين الوطني والدولي . ولا يستخدم هذا الهيكـل التنظيمـي في حالـة وجود منتجات عديدة .

(2) التنظيم الإنتاجي :- يقوم هذا التنظيم على أساس أن لكل تقسيم مسؤولية الإشراف على خط معين مـن المنتجات ، وعلى مستوى مجلس الإدارة توجد

24

وظائف مختلفة ومناطق متخصصة . ويأخذ كل تقسيم (Division) على عاتقه التنبؤ والرقابة على جميع النشاطات (activities) المتعلقة بخط منتجاته . ويعد هذا النوع من التنظيم من الأنواع واسعة الانتشار ، إذ انه يستعمل خصوصاً عندما تكون هنالك تغييرات سريعة في التكنولوجية أو عندما تكون خطوط الإنتاج متنوعة .

الشكل (2)

تنظيم الشركات متعددة الجنسيات حسب أصناف المنتجات

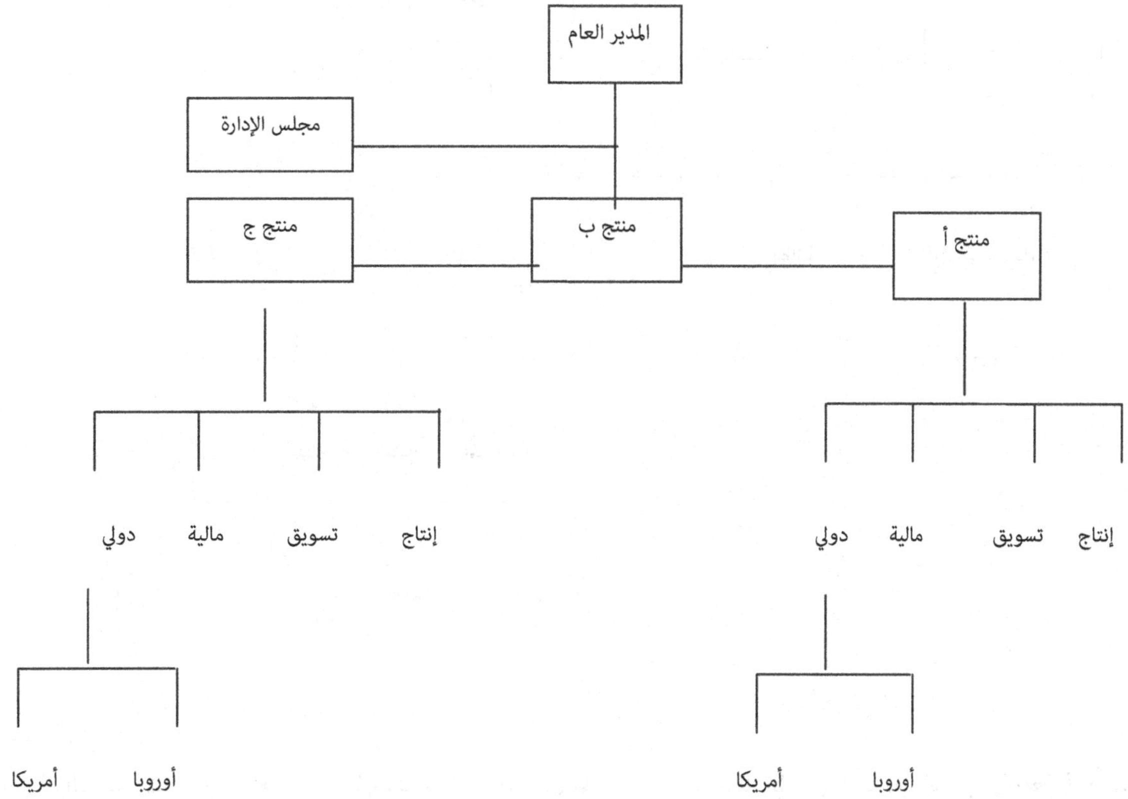

(3) التنظيم الجغرافي :- يساعد هذا التنظيم في تكييف المنتجات بشكل أفضل إلى البلدان المختلفة ، ويستعمل هذا التنظيم خصوصاً في القطاعات التي يكون

فيها اختلاف المنتجات بشكل كبير . وكل منطقة (region) من المناطق تكون لها إدارتها الخاصة بالتسويق والمالية والإنتاج ، وتتلقى في الوقت نفسه مساعدة ومشورة مجلس إدارة مجموعة الشركات متعددة الجنسيات . الأمر الذي يمنح هذا الهيكل استقلالية في إدارة الشركة على مستوى المنطقة الجغرافية .

الشكل (3)

التنظيم الجغرافي للشركات متعددة الجنسيات

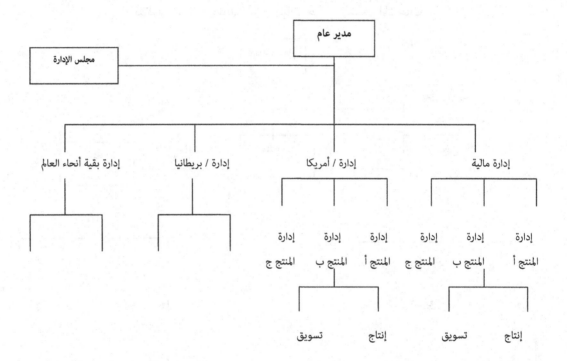

(4) الهيكل المختلط :- يجمع الهيكل المختلط أو الهيكل المصفوف (Mix Structure) ما بين التنظيم الجغرافي والتنظيم حسب المنتجات . إذ يمكن أن يكون هنالك تنظيم حسب المنتجات بالنسبة للمنتجات المتجانسة ، وتنظيم جغرافي بالنسبة للمنتجات التي تتطلب تكييف معين لكل بلد على

.

26

حدة . ويعد هذا الهيكل التنظيمي من أكثر الهياكل التنظيمية استخداماً في الشركات متعددة الجنسيات .

الشكل (4)

التنظيم المختلط للشركات متعددة الجنسيات

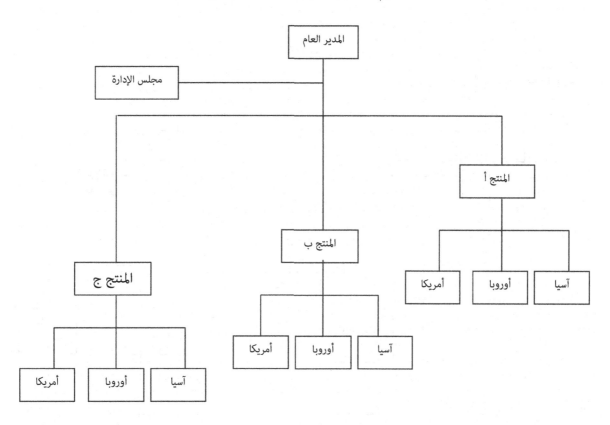

لقد تطورت بعض الوظائف في الشركات متعددة الجنسيات . وشمل هذا التطور أقسام عديدة في هـذه الشركات وهي قسم الدراسات الضريبية ، وقسم النقدية الدولية ، وقسم الدراسات والبحوث ، وقسم متابعة الفروع وتقييـم الأداء ، وقسم الخطة ، وقسم التدقيق الداخلي .

وقد جاء هذا التطور والتوسع في المهمات نتيجة لزيادة الأعباء التي تضطلع بها هـذه الأقسام بمـا يـتلاءم وحجـم الأعمال الكبيرة الملقاة على عاتقها في ظل الهيكل

التنظيمي للشركات متعددة الجنسيات . وفيما يلي الهيكل التنظيمي للوظيفة المالية للمنشأة ألام .

الشكل (5)

الوظيفة المالية للمنشأة ألام

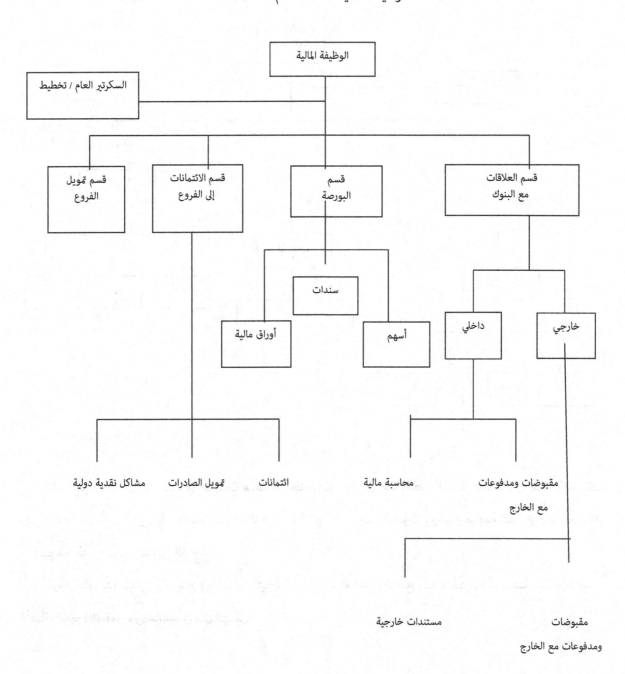

رابعاً :- تنظيم الوظيفة المالية **organization of financial function**

يختلف عدد العاملين في الوظيفة المالية للشركات متعددة الجنسيات اختلافاً كبيراً. ولقد أظهرت الدراسات أن الشركات متعددة الجنسيات التي يقل فيها عدد العاملين في الوظيفة المالية عن عشرة عاملين تكون نسبتها عالية ، أي بتعبير آخر كلما كان عدد العاملين اقل كلما كان عدد الشركات متعددة الجنسيات اكبر ،وبالعكس كلما زاد عدد العاملين في الوظيفة المالية في الشركات متعددة الجنسيات عن مائة موظف فأن عدد هذه الشركات **يقل** أو تنخفض نسبتها .

كذلك تختلف الأجهزة المالية للفروع الأجنبية اختلافاً كبيراً . وتعتمد هذه الأجهزة على الاستقلالية الممنوحة للفروع . وهنالك أسباب عديدة توضح هذه الاختلافات فيما يتعلق بأهمية وطبيعة ومنشأ التمويل (financing) . فإذا كان الفرع مملوك بالكامل من قبل المنشأة ألام التي تقوم بدورها بتمويل هذا الفرع فان النظام المالي في الفرع ينحصر أساسا في أقسام المحاسبة . وإذا كان حجم الفرع كبيراً ويمول محلياً فانه يتمتع باستقلالية مالية ويكون نظامه المالي كبير . أما إذا سجل الفرع في السوق المالية المحلية ولديه فروع في الخارج فان نظامه المالي سيكون أكثر تعقيداً .

وحينما يوجد العديد من الفروع في البلد نفسه أو في نفس المجموعة من البلدان فانه يمكن أن تنشىء مراكز إقليمية (Regional Centers) للوظيفة المالية وتقوم هذه المراكز بتنسيق الأحداث والمعاملات المالية في البلد أو الإقليم . ففي مجموعة (solvay) ، على سبيل المثال ، توجد مركزية للأقسام المالية في كل بلد تمارس فيه الشركة نشاطها . ولقد أنشأ العديد من الشركات متعددة الجنسيات الأمريكية (Chrysler,Tenneco ,CBS) مركز إقليمي في أوروبا للإدارة المالية قصيرة الأجل بغية تيسير مهمة الوظيفة المالية .

خامساً :- تطبيق الوظيفة المالية في الشركات متعددة الجنسيات

Application of Financial Function

إن المسؤوليات الملقاة على عاتق الوظيفة المالية للشركات متعددة الجنسيات والمركز الإقليمي ، إن وجد ، وعلى عاتق الوظيفة المالية للفرع تختلف بشكل ملموس باختلاف كل من الشركات ودرجة مركزية الوظيفة المالية .

(أولاً) درجة مركزية الوظيفة المالية centralization degree

يمكن أن تكون الوظيفة المالية مركزية على مستوى المنشأة ألام ، ولا مركزية على مستوى الفرع ، ولا مركزية بشكل جزئي . فعندما تكون هنالك مركزية كاملة فان اتخاذ القرارات المالية والتخطيط يكون على المستوى المركزي وان الفروع الأجنبية تطبق الأوامر المستلمة من المركز الرئيسي . غير أن اللامركزية تفترض أن مجلس الإدارة للمجموعة من الشركات متعددة الجنسيات لديه معرفة واسعة في بيئة البلدان الأجنبية المختلفة . وعندما لا تتوفر لمجلس إدارة المجموعة معرفة بالبلدان الأجنبية فان الفرع الأجنبي يمكنه حينئذ التمتع ببعض الاستقلالية في عملية اتخاذ القرارات المالية . وفي اغلب الحالات فان الشركات متعددة الجنسيات تقوم بالمزج بين المركزية واللامركزية المالية (الوظيفة المالية) للمجموعة من الشركات وتضع خطة عمل معينة للفروع ، ومن ثم تؤمن متابعة الفعاليات والنشاطات والرقابة على النتائج .

(ثانياً) أهداف البيانات المالية objectives of financial informations

هنالك ثلاثة أهداف لنظام البيانات المالية للشركة الأجنبية العاملة في الخارج . يتمثل الهدف الأول في توفير معطيات إلى الإدارة العامة للشركات متعددة الجنسيات

بأسلوب تستطيع من خلاله تقييم وتنفيذ استراتيجية الشركة . ويتمثل الهدف الثاني في المساعدة في التنسيق ما بين الفروع الأجنبية والوطنية المختلفة و أهداف مجموعة الشركات متعددة الجنسيات . إما الهدف الثالث فيتمثل في بيان تطابق أعمال الشركات الفرعية مع أهداف مجموعة الشركات متعددة الجنسيات . فإذا حقق الفرع أهدافه فان مجموعة الشركات متعددة الجنسيات لا تتخذ أي فعل معين تجاه ذلك الفرع ، وبالعكس إذا لم يبلغ الفرع أهدافه فانه يستلزم تحديد ما ينبغي القيام به من إجراءات بغية تحقيق تلك الأهداف .

(أ) على مستوى المجموعة تتخذ الأعمال الآتية :-

(1) استخدام وتطوير نظم وطرق محاسبية ومالية تتلاءم مع متطلبات المحاسبة والإدارة في مجموعة الشركة متعددة الجنسيات .

(2) إجراءات وسياسة الدمج (consolidation) .

(3) إجراءات التدقيق وغالبا ما يتم اختيار المدققين المحليين .

(4) استعمال نظم الرقابة .

(5) اختيار مشروعات الاستثمار المهمة أو الكبيرة .

كما أن للوظيفة المالية في الشركات متعددة الجنسيات دور وظيفي يتمثل في الآتي :-

(1) التدخل كمستشار من اجل إعداد خطة الاستثمار .

(2) وضع وتحديد أسعار بيع الموجودات في الداخل .

(3) تحديد أساليب التسديد أو الدفع بين مجموعة الشركات متعددة الجنسيات .

(ب) على مستوى الفرع تجري العمليات الآتية :-

(1) إعداد التقارير المالية :- وتشمل الموازنة السنوية ، والموازنات الشهرية ، وإعداد الموازنات ، والتقارير الشهرية .

(2) مسك سجلات محاسبية .

(3) تحضير الموازنات (budgets) .

(4) التنبؤ بالمتطلبات المالية .

(5) تدقيق عمليات ونشاطات الفرع .

(6) تحليل نتائج أعمال الفرع .

وعندما يوجد مركز إقليمي فان عمله ينصب بشكل عام على رقابة وفحص سياسة التسعير وتحليل النتائج ورسم سياسة الرقابة   (control policy) .

(ثالثاً) مهمات الوظيفة المالية الدولية   the roles of international financial function

توزع المهمات بين مجموعة الشركات متعددة الجنسيات والفروع .

1- الوظيفة المالية في مجموعة الشركات متعددة الجنسيات أو ما يسمى بالخزينة (treasurer) في الشركات الأمريكية .

(أ) تقوم بشكل عام بالمهمات الآتية :-

- التدخل في الأسواق المالية الوطنية والدولية لإصدار الأسهم والسندات . .

- العلاقات مع بنوك المنشأة ألام أو مع البنوك الأجنبية .

- بيانات مالية : تقرير سنوي ، ملاحظات بيانات داخلية ، مكاتبات مع المساهمين ،اتصالات مع الصحف .

- تخصيص أموال طويلة الأجل لتمويل الاستثمارات .

- اقتراض أموال قصيرة الأجل للتمويل الاستثنائي للنقدية .

- إدارة الأوراق المالية للفروع .

- تنسيق عملية تمويل الفروع .

- إدارة مخاطرة أسعار الصرف .

(ب) في اغلب الحالات ، تقوم مجموعة الشركات متعددة الجنسيات بالآتي :-

- سياسة الائتمان .

- شروط الحد الأعلى للمديونية طويلة الأجل .

- الإجراءات المحاسبية .

- قواعد تحديد أو احتساب مصروفات مجموعة الشركة متعددة الجنسيات .

(ج) في بعض الحالات ، تقوم مجموعة الشركات متعددة الجنسيات بالآتي :-

- التفاوض على القروض قصيرة الأجل .

- تنفيذ استثمار فائض النقدية .

- تأمين إدارة النقدية .

2- الإدارة المالية ، أو قسم الحسابات ، للفروع الأجنبية تقوم بالآتي :-

- إعداد تنبؤات النقدية .

- إدارة النقدية في حالة اللامركزية .

- إدارة عمليات الائتمان والتغطية (الضمان) .

- دراسة وضع مخاطرة أسعار الصرف .

- إعداد الكشوفات المحاسبية .

- التفاوض على القروض قصيرة الأجل وفي الحالات النادرة التفاوض على القروض طويلة الأجل .

- إعداد الموازنات .

- إعداد الدراسات الضريبية .

(رابعاً) مجرى القرار المالي في الشركة متعددة الجنسيات   the process of financial decision

تجري عملية اتخاذ القرار المالي في ثلاث حالات :-

(1) مبادأة الفرع الذي يقترح برنامج الاستثمارات .

(2) عرض برنامج الاستثمارات :-

- أما على الإدارة المالية للمركز الرئيسي .

- وإما على إدارة متخصصة : تخطيط يمكن أن يقترح التغيرات في البرنامج .

- وإما على إدارة مظلة (shade management) تقع بين الإدارة العامة والفرع .

(3) اتخاذ قرار عن طريق الإدارة العامة أو لجنة (committee) تنفيذية أو هيئة إدارة تجمع غالباً الإدارة العامة ومختلف المدراء للمناطق أو الفروع ، فضلاً عن المدير المالي للمنشأة ألام ومدراء المالية .

(خامساً) التنسيق في النظام المالي   coordination in financial system

يجري التنسيق عن طريق العديد من الأجهزة التي تختلف عناصرها اختلافاً بسيطاً تبعاً للشركات متعددة الجنسيات :-

(1) لجنة إدارية :- تتكون من المدير المالي ومدير التخطيط المالي والمراقب الإداري للفروع المالية والسكرتير التنفيذي للإدارة المالية والمدير المفوض في الفروع المالية ومدير الحسابات ومسؤول الفروع .

(2) لجنة مالية :- تضم مدراء المالية للشركات متعددة الجنسيات والفروع .

(3) اللجان المتخصصة :- تشمل لجنة النقدية (أو الخزينة) ، ولجنة التمويل ، ولجنة تقييم الاستثمارات .

تعقد اللجان المشار إليها آنفاً اجتماعات دورية ، وهنالك اجتماعات دورية أخرى تضم المسؤولين في الوظيفة المالية لمعالجة نقاط معينة . وبشكل عام ، يخصص مقعد لممثل الوظيفة المالية للفروع في مجلس إدارة الفـروع . فضـلاً عـن أن المسؤولين في الوظيفة المالية يوفدون إلى الفروع الأجنبية لكي يتعرفوا بشكل أفضل ومباشر على المشكلات المالية فيها .

الشكل (6)

التنسيق المالي داخل مجموعة الشركات متعددة الجنسيات

(6 – 1) مجموعة الشركات الأمريكية

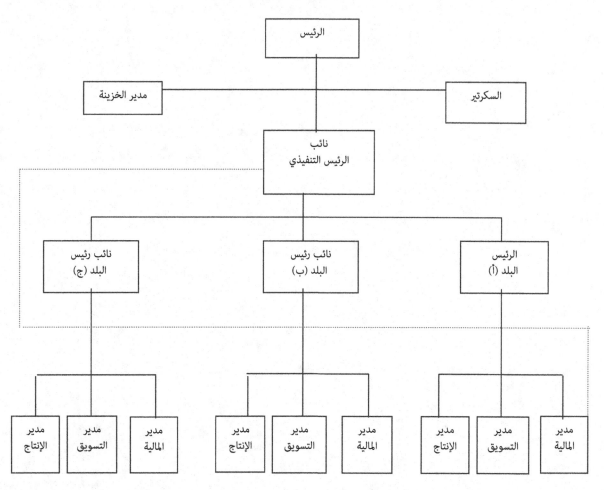

ملاحظة :- الخط المنقط (-------) يعني لجان مالية (financial committee) .

(6 – 1) مجموعة الشركات الفرنسية

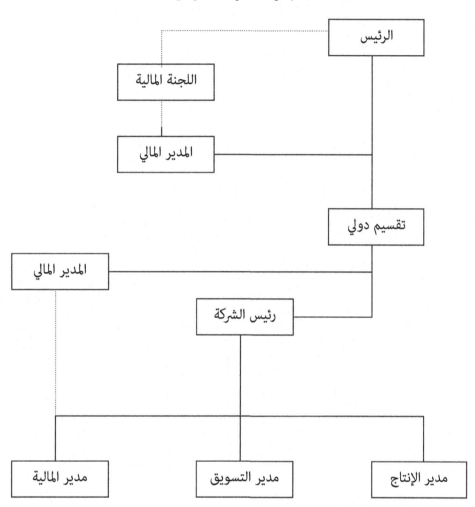

ملاحظة :- الخط المنقط (--------) يعني اللجنة المالية (financial committee) .

الخلاصة

يتصف النظام المالي للشركات متعددة الجنسيات بالتعقيد . إذ يوجد من جهة تنظيم متكامل تماما ومتنوع على مستوى المنشأة ألام ، ومن جهة أخرى توجد تنظيمات مبسطة على مستوى الفروع وبحسب الحجم وطبيعة النشاط والبلد المضيف . ففي مجموعات الشركات متعددة الجنسيات تكون الوظيفة المالية لامركزية إلى حد ما . غير انه يتعين وجود تنسيق مالي فيما بين هذه الشركات لغرض تامين ترابط القرارات المالية . وعليه يتعين على النظام المالي للشركات متعددة الجنسيات أن يواكب باستمرار الظروف والمتغيرات وذلك لأنه يواجه بيئات متغيرة وغير متجانسة.

40

أسئلة الفصل

1- ما هي مجموعة الشركات متعددة الجنسيات ؟ أعط أمثلة على ذلك .

2- ما هي أهداف الشركات متعددة الجنسيات ؟

3- كيف تتطور الهياكل التنظيمية للشركات متعددة الجنسيات ؟

4- ما هي فائدة التقسيم الدولي ؟

5- اعرض الهياكل التنظيمية المختلفة للشركات متعددة الجنسيات التي تعرفها .

6- اذكر مزايا وعيوب المركزية للوظيفة المالية .

7- كيف يجري التنسيق المالي في مجموعة الشركات متعددة الجنسيات ؟

8- اذكر تقسيم الأعمال بين الوظيفة المالية للشركات متعددة الجنسيات وبين الوظيفة المالية للفرع بالاستناد إلى مثال محدد .

9- عرف التنظيم الوظيفي .

10- لماذا يتبنى العديد من الشركات متعددة الجنسيات التنظيم المختلط ؟

الفصل الثاني

نظريات الاستثمار الدولي

الفصل الثاني

نظريات الاستثمار الدولي

Theories of international investment

توجد دوافع متعددة ومختلفة تحرك قرارات الاستثمار الدولية وتقود الشركات إلى الاستثمار في الخارج ، وذلك لأن قرارات الاستثمار الدولية بعكس قرارات الاستثمار المحلية ، تحركها جملة من الاعتبارات الاقتصادية والاستراتيجية والمالية والسياسية وغيرها . إن عملية البحث عن الاستثمار الدولي تستغرق غالبا وقتا طويلا وتتطلب كلفة مرتفعة وتكون أكثر تعقيداً من البحث عن الاستثمار المحلي وذلك لأنها تحاول قياس المخاطر الإضافية(additional risks measurement) (المخاطرة السياسية ومخاطرة أسعار الصرف) وقياس وتقييم البيئة الاقتصادية والمالية والنقدية والثقافية وغيرها . وعلى الرغم من هذه الصعوبات فان نشاطات الاستثمار في الخارج أخذت تتطور بشكل كبير في السنوات الأخيرة .

هنالك العديد من النظريات كانت قد أعدت لغرض توضيح الاستثمارات المباشرة في الخارج . وقد شملت هذه النظريات تحليل دوافع هذه الاستثمارات . وتطورت هذه الدوافع وتغيرت بشكل ملحوظ خلال السنوات الأخيرة ، وان النظريات المطروحة في هذا المجال تعكس هذه التغيرات .

وتعد نظرية المزايا المقارنة (comparative advantages) للمفكر الاقتصادي ريكاردو (Ricardo) المطروحة في عام 1800م ، من أقدم النظريات في هذا المضمار . وتخص هذه النظرية التجارة الدولية أكثر من الاستثمارات المباشرة في الخارج .

وتقوم نظرية المزايا المقارنة على أساس أن البلدان المصدرة يجب أن تتخصص في تصنيع المنتجات التي تمنحها خاصية مميزة يمكن من خلالها أن يتحسن وضع كلاً منها . وتستند هذه النظرية على فرضية ضمنية مفادها عدم ثبات (instability) عوامل الإنتاج مقابل تحريك المنتجات . وقد تم تبرير صلاحية واثبات هذه النظرية في القرن التاسع عشر . غير أن هذه الفرضية لم تطبق حالياً في الواقع العملي مثال ذلك :- شركة أمريكية يمكنها اقتراض أموال من السوق البريطانية ، وتستثمرها في اليابان بهدف صناعة منتجات تصدرها للهند . وعلى الرغم من ذلك فان جوهر الخاصية النسبية المميزة لهذه النظرية يمكن أن يبقى صالحا في الزمان والمكان .

يوجد العديد من المفاهيم النظرية للاستثمارات في الخارج . وعلى الرغم من عدم وضوح الحدود الفاصلة بين هذه المفاهيم فانه يمكن تصنيف النظريات في ثلاث مجموعات هي النظريات المستندة إلى هيكل الأسواق ، والنظريات المستندة إلى التنظيم، والنظرية الانتقائية (eclectic) للإنتاج العالمي .

وبناءاً على ذلك فان هذا الفصل يتناول الموضوعات الآتية :

أولاً - نظريات هيكل الأسواق

ثانياً - نظريات تنظيم الشركة

ثالثاً - النظرية الانتقائية للإنتاج الدولي

أولاً : نظريات هيكل الأسواق theories of markets structure

يتعين على الشركات ، العاملة في الخارج على أسـاس النظريات المسـتندة إلى هيكل الأسواق ، أن تمتلك ميزة احتكارية أو كفاءة نسبية في أحد العناصر الآتية :-

(1) التكنولوجيا

(2) كلفة رأس المال

(3) وفورات الحجم (Economies of scale) المتحصلة على مستوى الإنتاج (إنتاج السيارات) ، وعلى مستوى التسويق (دعاية و إعلان لمجموعة شركات مثل كوكاكولا coca cola)، وعلى المستوى المالي (اللجوء إلى مصادر تمويل متعددة) أو على مستوى البحث (مجموعة الشركات الصيدلانية أو المستحضرات)

(4) مصروفات البحث والتطوير

(5) المصروفات الدعائية وغيرها ..

ويتعين أن تكون هذه المزايا كبيرة إلى حد ما للتعـويض عـن مصروفات التأسـيس أو تكاليف الإنشاء في الخارج . ويمكن التطرق هنا إلى بعض النظريات التي يستند إليها مفهوم هيكل الأسواق . إذ يوجد هذا المفهوم في كل من نظرية دورة المنتج ونظريـة الأسـواق غـير الكاملة ونظرية حجر الأسواق فضلاً عن بحوث ودراسات أخرى في هذا المجال .

(أولاً) نظرية دورة المنتج theory of product cycle

اكتشفت نظرية دورة المنتج مـن قبـل الاقتصـادي الأمريكي فيرنـون (Vernon) عـام
1966م . وقد عمل هذا المؤلف على توظيف مفهـوم دورة المنتج في البيئـة الدوليـة . لقد
أشار فرنون (Vernon) في نظريتـه إلى أن اختيـار الشركة بـين التصـدير والإنتـاج في الخـارج
وقبول الإجازة (الترخيص) يعتمد على مدة الدورة التي يقع فيها المنتج .

وتتضمن دورة المنتج ثلاث مراحل هي :-

(1)   تطور المنتج في البلد الأصلي الذي تتمتع فيه الشركة بالامتياز التكنولوجي .

(2)   بلوغ المنتج مستوى قياسي (نموذجي) وبلوغه مرحلة النضوج .

(3)   وصول منتجات الشركة متعددة الجنسيات إلى الخارج .

توضح نظريـة دورة المنتج العديـد مـن الاستثمارات المباشرة للشركـات الصـناعية
متعددة الجنسيات في الخـارج خلال السـتينات والسـبعينات مـن القرن العشـرين . كـذلك
تشدد هذه النظرية على حقيقة أن مزايا الشركات متعددة الجنسيات لم تكن ثابتة و إنما
تتغير بمرور الوقت . كما أن النظرية توضح لماذا لا تستطيع الشركات متعددة الجنسيات أن
تحـافظ عـلى نفسـها وقتـاً طـويلاً في قطاعـات معينـة حينمـا تكـون التكنولوجيـا متواضعـة
والاستثمار مرتفع فانه تكون هنالك مخاطرة كبيرة ، وذلك لأن شركات البلد المضيف يمكن
بسـرعة أن تسـتوعب مهـارة الشركـات متعـددة الجنسـيات . وعليـه فـأن البلـدان المضيفة
للشركات الأجنبية العاملة على أراضيها تمارس عليها ضغوط كبيرة بهدف مراقبتها ومتابعتها .

46

(ثانياً) نظرية هايمر (Hymer) للأسواق غير الكاملة (غير المتكافئة) theory

of imperfect markets

اكتشفت هذه النظرية من قبل الاقتصادي الكندي هايمر (S.Hymer) عام 1960 . لقد استندت نظرية (هايمر) إلى نظرية احتكار الأقلية في السوق . فالشركات المحتكرة يكون بإمكانها تحديد سعر مرتفع وذلك لأنها تتعامل مع عدد كبير من المستثمرين غير المنظمين . وبهدف تأسيس شركة في الخارج يتعين عليها أولاً أن تمتلك ميزة تكنولوجية أو تنظيمية على منافسيها في البلد المضيف ، لكن هذه الميزة لم تكن كافية بمفردها .

وهذا يمثل حالة اختلال السوق (market disequilibrium) التي تبرر أفضلية الرقابة على الفروع الأجنبية بدلا من امتياز براءة اختراع في إحدى شركات البلد المضيف . وهذه الاختلالات يمكن أن تكون إما طبيعية و إما ناشئة عن إجراءات حكومية أو تعليمات معتمدة من قبل الشركات . والاختلالات تمثل في الأساس المصالح أو المنافع التنافسية التي تقود الشركات متعددة الجنسيات إلى الاستثمار في الخارج .

يتعين على الشركات متعددة الجنسيات ، من أجل إنشاءها في الخارج ، أن تتمتع بمصالح خاصة قابلة للتحويل (convertible) دولياً تساعدها في الحصول على مكاسب أعلى من تكاليف التأسيس وفي امتلاك كفاءة وفعالية مؤثرة في البلدان الأجنبية . وتستمر الشركات متعددة الجنسيات بالمحافظة على مصالحها على المستوى الدولي عن طريق إتباع نوعين من السياسة هما :-

(أ) تخفيض تكاليف السوق

تقوم مجموعة الشركات متعددة الجنسيات بتقليص تكاليف السوق ذات المنافسة الكاملة (perfect competition) ، ويمثل ذلك إحدى خواص الشركات الكبيرة . فالأسواق الكاملة (perfect markets)، التي من خلالها تستطيع الشركة اقتناء جميع السلع والخدمات بسعر تنافسي حيث تتداول المعلومات بسرعة وبدون كلفة ، يكون لها أثر على الأرجح في تحديد الاستثمارات المباشرة .

(ب) التنظيم الفعال لموارد الشركات متعددة الجنسيات

ميز هايمر (Hymer) بين وفورات الحجم المتحققة على مستوى القطاع ووفورات الحجم المتحققة على مستوى الشركة ، فالأولى تنشأ من تقسيم العمل والثانية تنشأ من تنظيم الشركة . وتتم هذه القدرة التنظيمية على مستويات عدة تتمثل في الإنتاج ، والمتاجرة (التسويق) ، ونشاطات البحث والتطوير ، وفعاليات الموارد البشرية والنشاطات المالية . ويعتبر هايمر (S. Hymer) أول مؤلف اقتصادي تناول اختلال الأسواق ونواقصها وان جميع النظريات اللاحقة أتبعت هذه الفرضية . بيد أن نظرية هايمر لم توضح دوافع منافع الشركات متعددة الجنسيات ولم تسمح بمعرفة ماهية الشركات التي تستثمر في هذه المنافع بدلاً من الموجودات الأخرى . فضلاً عن أن هذه النظرية تتطلع إلى منفعة واحدة في حين أن الشركات متعددة الجنسيات تمتلك بشكل عام سلسلة من المنافع . وأخيراً فان هذه النظرية لم توضح إمكانية تعددية الجنسيات في قطاع الخدمات .

48

(ثالثاً) نظرية حجر أسواق المنتجات الوسيطة

theory of internationalization

أعـدت نظريــة حجــر أسـواق السـلع الوسـيطة مـن قبـل بـوكلي وكاسـون (P.J.Buckley,M.Casson) وهي نظرية عامة مركبة من نظريات عدة تحاول توضيح الإجابة عـن تسـاؤل مفـاده لمـاذا تصبح الشـركات متعـددة الجنسـيات . إن المهارة أو المعرفـة (knowledge) وبــراءات الاخـتراع والعلامـات التجاريــة تعـد مـن السـلع الوسـيطة (intermediate goods) التي تسـتخدم في العمليـات الإنتاجيـة بوصفها منتجـات وسيطة . والسوق الداخليـة (internal market) لمجموعـة الشـركات متعـددة الجنسـيات يسـاعد في إنتاج المنتجات النهائية التي تستخدم المعرفة أو المهارة بوصفها منتج وسيط يؤدي إلى بلوغ عائد أفضل مقابل مصروفاتها السابقة في البحث والتطوير .

والحجر الداخلي يعني الاحتفاظ في داخل مجموعـة الشركات متعددة الجنسيات بالمزايا التنافسية بأسلوب يصون مركزها . وبالعكس مـن ذلـك فان الحجر الخارجي يعني تقديم المزايا بسهولة للآخرين من خلال بيعها براءات الاختراع والإجازات وغيرها ...

إن الميزة التي يستخلصها الاستثمار في الخارج تتمثل في ابتكار ناجم عن بحث سابق . والأسلوب الأفضل للاحتفاظ بهذه الميزة التنافسية الخاصة يتمثل في التمسك بالرقابة علـى رأس المال البشري وذلك من خلال إنشاء الفروع . وهذا يمثل رأس المال الذي يمكن أن يقود إلى معلومات جديدة بفضل المهارات أو الخبرات والتكنولوجيا والتسويق ... الخ .

49

ولقد سعت الشركات قبل الحرب العالمية الثانية إلى أن تكون شركات متعددة الجنسيات لأنها تخشى النقص في المواد الأولية . لذلك سيطرت هذه الشركات على أسواق المواد الأولية ، وهذا ما يلاحظ بشكل واضح في الاستثمارات داخل الصناعات الاستخراجية . أما بعد الحرب العالمية الثانية فان الشركات أصبحت متعددة الجنسيات حينما إمتلكت المعرفة (المهارة) والتكنولوجيا . فقد قامت هذه الشركات بالسيطرة على أسواق التكنولوجيا والمنتجات الوسيطة ، التي كانت غير تامة الصنع . ويرى بوكلي وكاسون (Buckley, Casson1991) أن المنتجات الوسيطة تدخل غالبا في براءات الاختراع والأفراد والأجهزة والمعدات . ولذلك تسعى الشركات لأن تصبح دولية بسبب عدم تكامل سوق هذه المنتجات .

إذا كانت الشركات متعددة الجنسيات لديها قسم للبحوث غير متكامل فانه يمكنها أن تشتري شركة أجنبية متطورة في هذا المجال . وهذا يمثل حجز التكنولوجيا الذي يوفر للشركات متعددة الجنسيات خاصية الانفراد بالإنتاج العالمي والتسويق . وبغية الاحتفاظ بخاصية تنافسية فان الشركة يتعين أن تبقى مالكة للمعلومات ومحتجزة لراس المال البشري الذي يوفر المعلومات الجديدة في مجالات البحث والإدارة والتسويق والتكنولوجيا ... الخ .

هذه النظرية تكمل نظرية دورة المنتج وتأخذ في الحسبان وضع الشركة التي تخطط لمنتجات عديدة في سوقها الوطنية وفي الأسواق الأجنبية .كما أن هذه النظرية تكمل نظرية الأسواق غير المتكافئة أو غير الكاملة وتمثل امتداد للحديث عنها ، لكن من جانب آخر تكون صعبة التطبيق على وجه الدقة وذلك لان الأسواق تكون غير كاملة . علاوة على ذلك فان هذه النظرية لا تخدم بشكل دقيق تعددية الجنسيات في ما يتعلق بالخدمات التي تعد من النشاطات الاقتصادية المهمة في العالم .

ثانيا :- نظريات تنظيم الشركة   Theory of firm organization

تستخدم النظريات ، التي تقوم على أساس تنظيم الشركة ، مفهـوم إداري أو مفهـوم
يقوم على سلوكية الشركة .

(أولاً) المفهوم الإداري   Managerial Approach

تنـاول العديد مـن المـؤلفين الـدور الـذي يلعبـه الإداريـين (المـدراء   managers) في
المجموعات الكبيرة للشركات متعـددة الجنسـيات التي يكون فيهـا راس المـال مـوزع بـين
الجمهور العام . ومنذ زمن بعيد جرى التطرق إلى دور المدراء في اتخاذ قرارات الاسـتثمار في
الخارج . فالبعض يرى أن نمو الشركة يبـدأ مـن إنتـاج منتجـات جديدة حتـى فتـح أسـواق
خارجية جديدة . غير أن التوسع في الخارج يكون بشكل خاص عبر الاقتناء الكامل للشركات
الجديدة أو تكوينها . والبعض الآخـر أعـد نمـوذج يحـاول فيه توضيـح أسـباب اتخـاذ قرار
التأسيس في الخارج . وهنالك نوعان من القرارات تتخـذ في الشركة . النـوع الأول يتمثل في
قرارات ذات أهداف اقتصادية وهدف معدل ربح طويل الأجل .

والنوع الثاني يتمثل في قرارات ذات " أفضليات مكانية " بموجب الأفق المكاني للمدراء .

(ثانياً) مفهوم استراتيجية الشركة   Strategic Approach

يمثل قرار الاستثمار في الخارج ، بموجب هذا المفهوم ، تلبية رغبة استثمار فرصة تنبع
أما من وازع داخلي وإما من وازع خارجي . فالوازع الخارجي يمكن أن يكون

51

تخوف الشركة من فقدان سوق معينة أو المنافسة الأجنبية في سوقها الخاص . والوازع الداخلي يمثل رغبة الإدارة العامة بالاستثمار في الخارج .

البعض من الشركات يصبح متعدد الجنسيات بشكل سريع ، والبعض الآخر ، بالعكس ، يحتاج إلى وقت أطول لتصدير إنتاجه قبل أن يؤسس في الخارج . ويمكن أن تتبنى الشركات استراتيجية تدويل هجومية أو دفاعية .

1- الاستراتيجية الهجومية offensive strategy

تقرر الشركة ، التي تمتلك مهارة معينة ، الإقامة في الخارج عندما تثبت وجودها الفاعل في بلدها ألام من خلال نجاح فعالياتها الماضية . غير أن الشركة يمكن أن تختار التأسيس أولا في الخارج بغية الحصول بسرعة على سوق واسعة عندما تمتلك تكنولوجيا عالية . وان جميع الشركات الكبيرة وعدد كبير من الشركات الصغيرة ومتوسطة الحجم تطور حاليا استراتيجية هجومية عالمية .

2- الاستراتيجية الدفاعية defensive strategy

تتأسس الشركات في الخارج من اجل الاحتفاظ بحقها في السوق والاستفادة من مزايا الكلفة والتكنولوجيا وتصبح قائدة (leaders) لمنتج معين أو تشكيلة من المنتجات . وفي نفس السياق فان الشركات ، التي تتواجد في قطاعات ذات وفورات الحجم الكبيرة أو المهمة ، تتأسس في الخارج بغية زيادة إنتاجها وإطفاء مصروفاتها في البحث والتطوير بسرعة أكبر .

كذلك يمكن أن تتأسس الشركة في الخارج في الحالات الآتية :

(1) حالة إشباع السوق المحلية مثل إنتاج السمنت .

(2) وجود تشريع (قانون) وطني يقيد التوسع في بعض المجالات مثل الأسواق التجارية الكبيرة مما يدفعها لفتح فروع جديدة في الخارج مثل أسواق (C&A) .

(3) صدور قانون للأسعار يحدد من الهوامش الربحية مما يدفع الشركات للاستثمار في الخارج .

(4) ضرورة الإنشاء في الخارج بهدف المحافظة على سوق المنتجات أو الخدمات في الحالات الآتية :-

- تصنيع منتجات ذات كلفة تصدير عالية (صناعة السمنت ، إنتاج غاز) .

- تصنيع منتجات عرضة للتلف مثل الألبان .

- تصنيع منتجات استراتيجية للبلد .
- تشريعات التعريفة الجمركية (إدارية أو قيود استيراد) .
- إلزام الشركات على امتلاك فرع في البلد من اجل الحصول على عقود مع الحكومة مثل شركات طرق المواصلات ، وشركات معالجة المياه ،والشركات الهندسية ويكون من المناسب لهذه الشركات أن تتواجد في مكان العمل للإجابة بشكل مباشر عن الدعوات المعروضة والطلبات المقدمة . وان العقبات أمام الاستيراد يمكن أن تقرر إما من بلد معين وإما من مجموعة من البلدان وذلك لصالح تنمية الصناعات الوطنية .
(5) ضرورة تنظيم شبكة التوزيع

يجري تقديم العديد من عروض المساهمة من قبل المستثمرين الأجانب للعديد من البلدان في الشركات المحلية عند إتباع سياسة الخصخصة (privatization) في أي بلد من بلدان العالم

(ثالثا) نظرية تسيورومي و كوجيما (Y.Tsurumi, K.Kojima)

1-   **نظرية تسيورومي (Y. Tsurumi)**

لقد أوضح تسيورومي (Tsurumi) في نظريته فاعلية الشركات اليابانية مقارنة بالشركات الأمريكية لأسباب تتعلق بالإدارة . وقد توصل هذا المفكر إلى أن القسم الأكبر من الشركات التنافسية والداخلية (Internalization) الأكثر فاعلية للشركات اليابانية يحتاج إلى تنظيم فعال ، ودور اكبر للمراكز التجارية اليابانية . وقد ميزت النظرية بين النماذج الأمريكية والنماذج اليابانية على أساس أن المدراء حصرا هم الذين يفكرون في اتخاذ القرارات الاستراتيجية في النماذج الأمريكية . بينما في النموذج الياباني يحصل العكس وهو أن الإدارات الوسطى والعليا تشترك في اتخاذ القرارات الاستراتيجية العملية . ولذلك فان جميع العاملين يندفع نحو الاستفادة من الأهداف طويلة الأجل . والى جانب ذلك فان في النموذج الياباني توجد علاقات ضيقة أو محدودة بين المجهزين (الموردين) ومراكز التجارة ، الأمر الذي يساعد على زيادة كفاءة إدارة تلك المراكز التي تتميز بامتلاك شبكة من المعلومات متطورة بشكل كبير تمنحها مرونة اكبر وتساعدها بسرعة في تلبية طلبات الخارج . وهذه المراكز توفر للشركات معلومات عن إمكانات التأسيس في الخارج وتساعدها في الإنشاء هنالك .

2-   **نظرية كوجيما (K. Kojima)**

كذلك وضع كوجيما (K.Kojima) نظريته عن التنظيم الخاص للشركات متعددة الجنسيات اليابانية . وقد جاء في هذه النظرية أن الاستثمارات المباشرة في الخارج والتجارة الخارجية لبلد معين تعد من النشاطات الاقتصادية الإضافية و التكميلية . وتعتبر هذه النظرية امتداد للنظرية الحديثة للتجارة الدولية التي تضم المعاملات الدولية للمنتجات الوسيطة . وتستند هذه النظرية إلى عاملين أساسيين ،

أولهما يتمثل في أن الاستثمارات اليابانية المباشرة في الخارج تتم أساسا في البلدان الآسيوية ، وثانيهما يتمثل في أن هذه الاستثمارات تتم من قبل الشركات الصغيرة ومتوسطة الحجم .

استطاعت هذه النظرية الكشف عن عدد معين من الاستثمارات اليابانية المباشرة في السبعينات من القرن العشرين . غير أن هذه النظرية لا تعبر عن الوضع الحالي للاستثمارات اليابانية وذلك لما لوحظ من زيادة في الإنشاءات اليابانية في أوروبا وأمريكا وكندا وغيرها من بلدان العالم . فقد دفعت الشركات اليابانية الكبيرة متعددة الجنسيات بإنتاجها خارج إطارها المحلي . علاوة على أن انخفاض الدولار الأمريكي الذي انخفض من (160)ين ياباني (JPY) في عام 1990 إلى (98) ين ياباني في عام 1995 م ، شجع العديد من الشركات اليابانية (تويوتا Toyota)على التأسيس (الاستثمار) في أمريكا بغية الإنتاج بتكاليف اقل (منافسة) .

ثالثا:- <u>النظرية الانتقائية للإنتاج الدولي</u>   Elected theory of international production

لقد أكدت النظريات الآنفة الذكر على بعض محددات الاستثمارات المباشرة في الخارج . غير أن هذه النظريات لم تساهم في توضيح الاستثمارات المتقاطعة ، واستثمارات بعض البلدان الحديثة صناعيا ، أو الأشكال الجديدة للتعاون الدولي . الأمر الذي دعى الاقتصاديون إلى طرح عوامل عديدة لإعداد نظريات جديدة .

طرح هذه النظرية ديوننغ (J.Dunnning) الذي استفاد من تساؤل مفاده لماذا تفضل الشركة الإنشاء والعمل في الخارج بدلا من تصدير المنتجات وبيع براءة الاختراع والترخيص (الإجازة) وغيرها .

55

وحسب رأى صاحب هذه النظرية فان أي نظرية لا يمكن لوحدها أن توضح جميع الأشكال التعددية في الجنسيات . وقد سمي تحليل ديوننغ (Dunning) بتسمية " النظرية الانتقائية " (Elected theory) أو الميزان OLI (Ownership,Location and Internal Advantages) الذي يعني (ملكية ، مكان ، مزايا داخلية) .

يتم اختيار الاستثمار المباشر ،حسب ديوننغ (Dunning) ، عندما تجمع الشركة ثلاثة أنواع من المزايا الدولية .

1- مزايا خاصة للمنشاة Ownership Advantages

تمثل هذه المزايا الخاصة بالمنشأة تلك المزايا التي تنبع من المنافسة غير الكاملة مثل اختلاف المنتج ، ووفورات الحجم ، وامتيازات خاصة للبلد ، ودخول في السوق وغيرها ... وتتكون هذه المزايا من براءات الاختراع والعلامات التجارية ومصادر التموين أو التجهيز ووفورات الحجم وقدرة التنظيم .

2- مزايا مكانية Location Advantages

تتعلق هذه المزايا باختلاف كل من الأسعار ونوعية المدخلات (Inputs) وتكاليف النقل و إمكانات التكيف أو الوفاق و الاختلافات (اللغة والثقافة) .

2- مزايا الحجر (Internalization Advantages)

تتضمن هذه المزايا تخفيض كلفة المبادلة وتخفيض عدم التأكد ورقابة العرض ومنافذ السوق ...

وتعد هذه النظرية انتقائية لأسباب عدة منها :-

- لا ترتبط النظرية بمنهج واحد وإنما ترتبط بالعديد من المناهج ،

- تتضمن النظرية نماذج دولية ، فمثلما هي موجهة نحو العرض فهـي كـذلك موجهـة نحـو السوق ،

- تهتم النظرية في جميع العمليات بالخارج.

ويرى ديوننغ (Dunning) أن الشركة إذا لم يكن لديها مزايا خاصة فإنها تفضل الترخيص (الإجازة) ، وإذا كانت تمتلك مزايا خاصة وداخلية (internalizatio) فإنها تصدر سلعها وخدماتها ، وإذا كانت تمتلك ثلاثة أنواع من المزايا (خاصة ،داخلية ،مكانية) فانه يمكن أن تنقل مكان إقامتها إلى الخارج . ويتمثل ابرز فوائد هذه النظرية في اقتراح توضيح تعددية جنسيات الشركات من وجهة نظر فردية و قطاعية . وتعتبر هذه النظرية امتداد لنظرية الحجر (Internalization) .

بيد أن تحليل هذه النظرية يبقى محدودا حصرا في إطار الاقتصاد الجزئي (Micro-Economic) . فضلا عن أن الشركات التي تتمركز (centralization) في بلد معين تفقد مزاياها الخاصة كلما ينمو ويتطور اقتصاد ذلك البلد بسبب زيادة تكاليف الإنتاج في هذه الحالة ، وعليه لا يؤخذ في الحسبان الطلب المحلي للبلد .

الخلاصة

تقدم نظريات الاستثمارات المباشرة في الخارج بعض التوضيحات عن ظاهرة تدويل الشركات .

وهذه الظاهرة تتصف باتجاهين حديثين ، فمن جانب ، إن الاستثمارات المباشرة في الخارج ، التي كانت بالبداية تخص القطاع الأولي (مناجم ،بترول ،غابات) ثم القطاع الثانوي (صناعات استخراجية) ، تدخل حديثا في الإطار المتعدد الجنسيات والدولي بالنسبة لقطاع الخدمات . ومن جانب آخر ، إن الإنشاءات في الخارج ، التي تأخذ تماما شكل الفروع المعتمدة على أشكال مختلفة اختلافا كبيرا ، تسعى للاتفاق على التعاون المشترك في إيجاد بعض الموارد . وقد قامت في بادئ الأمر النظريات التفسيرية للاستثمارات المباشرة في الخارج على نظريات التجارة الدولية . ثم طرحت نظريات حديثة ومتطورة تميزت بالتركيز على نواقص السوق وتنظيم الشركات . وان الأشكال الجديدة للاستثمار المباشر في الخارج تظهر بشكل واضح من خلال تغيرات البيئة بأنواعها المختلفة .

59

أسئلة الفصل

1- ما هي الأسباب الاقتصادية التي تدفع الشركات للاستثمار في الخارج ؟

2- على أي فرضية تستند نظرية المزايا المقارنة ؟

3- أعط أمثلة للمزايا المقارنة ؟

4- كيف يمكن تطبيق نظرية المحفظة في الاستثمارات المباشرة ؟

5- أعط أمثلة لأستراتيجية التأسيس في الخارج للشركات متعددة الجنسيات .

6- أعط أمثلة عن وفورات الحجم .

7- اشرح نظرية فرنون (Vernon) ؟

8- اشرح نظرية هايمر (Hymer)

9- ما هي فائدة نظرية ديوننغ (Dunning) ؟

10- اذكر مزايا الشركات اليابانية متعددة الجنسيات ؟

الفصل الثالث

العمليات والنشاطات الدولية

الفصل الثالث

العمليات والنشاطات الدولية

international operations & activities

لقد اتخذ تطور الفعاليات والنشاطات الدولية للشركات خلال السنوات الماضية أشكالا مختلفة . فقد دخلت عمليات جديدة للتعامل الدولي ، بعد أن كانت الصادرات تمثل الجزء الأكبر من النشاطات الخارجية لأغلب بلدان العالم . ومن ابرز العمليات الجديدة ، التي تضاف إلى التعامل بالتدفق السلعي ، يتمثل في تحويلات التكنولوجيا الصناعية وكذلك تحويلات المهارة في المجالات المختلفة اختلافاً كبيراً مثل التعليم (التكوين) والإدارة وغيرها . لقد ساعدت الاستثمارات في الخارج عوامل عدة كان من أبرزها تدويل الأسواق وزيادة إمكانية تأسيس الشركات في بعض البلدان وتقليل الرقابة على المبادلات والتكنولوجيا الجديدة وغيرها .

يستعرض هذا الفصل مختلف العمليات الدولية التي تؤدي تدريجياً إلى التزام مالي كبير من جانب الشركة . ويتناول هذا الفصل الموضوعات الآتية:-

أولاً: الصادرات

ثانياً: اتفاقات الترخيص الدولي

ثالثاً: اتفاقات الامتياز الدولي

رابعاً: عقود الإدارة في الخارج

خامساً: العقود الأخرى في الخارج

سادساً: الاستثمارات المباشرة في الخارج

سابعاً: التحالفات الاستراتيجية

ثامناً: نشاطات راس المال – المخاطرة

أولاً:- الصادرات   Exportations

اتضحت أهمية ونمو التجارة الدولية خلال العقدين الماضيين من قبل غالبية الشركات التي ساهمت فيها . وهنالك العديد من الشروط يتعين أن تتوفر في الشركة لكي تسمح لها أن تكون شركة مصدرة وهي :-

1- أن يكون سعر المنتج أكثر انخفاضاً من الأسعار الأجنبية المنافسة .

2- أن يكون المنتج ذو نوعية أفضل ويتلاءم مع الأسواق الأجنبية .

3- أن يكون قسم أو شعبة الصادرات أكثر تنظيماً .

وبعد تحليل واختيار الأسواق تقوم الشركة بوضع سياستها للصادرات وتوجه أدواتها الضرورية نحو تطبيق هذه السياسة . وهنالك احتمالات عديدة تعرض أمام المصدرين :-

(1) بيع مباشر إلى المشترين الصناعيين والى وكالات الموزعين أو وكالات تجارة الجملة.

(2) بيع بوساطة الوكالات المحلية مقابل العمولة .

(3) اللجوء إلى الشركات التجارية الدولية .

(4) اللجوء إلى طرائق من نوع (piggy back) أو طريقة التحميل أي بمعنى آخر يعقد اتفاق مع مجموعة شركات وطنية مقيمة في الخارج توافق على تمثيل شركات أخرى في هذه الأسواق الخارجية .

(5) اللجوء إلى شركات تجارية مرتبطة بالبنوك .

ولمزيد من الاطلاع يمكن الرجوع إلى الملحق (1) الذي يبين أسماء كبريات الشركات في العالم ونوع القطاع الذي تعمل فيه ومبيعاتها وعدد العاملين فيها .

ثانياً :- اتفاقات الترخيص الدولي

international license agreement

تمنح الشركة ، بموجب اتفاق الترخيص ، الحق لشركة أجنبية بان تقوم بتصنيع منتجاتها . وهذا الحق يمكن أن يكون استثنائي وغير استثنائي . كما أن هـذا الحـق يمكن أن يتمثـل في براءات الاختراع والعلامات التجارية والنماذج (الموديلات) والعملية التكنولوجيـة وحقـوق الطبع والتأليف وغيرها . وفي مقابل هـذا الحـق فـان الشركة تسـتلم تعـويض مـالي معـين . وبشكل عام فان الشركة تقدم مساعدة تقنية بطريقة تتمكن فيها الجهة المجازة أو المرخصة من تطبيق الحق الممنوح لها .

1- مزايا اتفاقات الترخيص الدولي

تنقسم مزايا اتفاقات الترخيص الدولي إلى شقين هـما مزايا تتعلـق بالشركة المانحـة للإجازة ومزايا للشركة المجازة . فبالنسبة لمزايا الشركة المانحـة للإجازة تكـون عـادة قصيرة الأجل ويمكن إجمالها بما يلي :-

(1) يساعد بيع الترخيص الشركة في الحصول على دخل يمكنها من تصنيع منتجات في الخارج يصعب عليها إنتاجها بمفردها إذا لم تمتلك الأموال الكافية واللازمة لذلك .

(2) يتكرر بيع الترخيص عندما لا تتمكن الشركة مـن تنفيـذ استثمارات مبـاشرة في بلـد مـا بسب القيود التجارية المفروضة .

65

وتجدر الإشارة إلى أن غالبية شركات صناعة السيارات في العالم تمنح تراخيص تصنيع الى منتجين أجانب يقومون بالتصنيع محلياً مثل شركة فورد ، وشركة أمريكان موتورز ، وشركة بيجو ، وشركة رينو وغيرها .

(3) تمنح الشركات تراخيص لبعض المنتجات عندما تفضل تركيز جهودها على منتجات أخرى .

أما بالنسبة لمزايا الشركة المرخصة فأنها تستفيد من المساعدة التقنية للشركة التي باعت الترخيص كما يمكنها أن تقوم بتصنيع منتج معين لديها وضوح عنه مسبقاً من الناحية الصناعية أو الفنية وقد تم استعماله من قبل المستهلكين النهائيين .

2- مآخذ اتفاقات الترخيص الدولي

(1) يمكن أن تدخل الشركة المرخصة في منافسة مع الشركة المانحة للترخيص في أسواق أخرى وخاصة بعد انتهاء تاريخ الترخيص .

(2) تفقد الشركة المانحة للترخيص نوعا ما جزءاً من السيطرة على المنتج عند تحويل الترخيص للخارج .

(3) تستلزم عقود الترخيص في العديد من البلدان الحصول على موافقات السلطات المحلية .

(4) عندما تجري الشركة المرخصة تغيير في المنتج فان ذلك يتطلب منها تطوير براءة اختراع جديدة ومن ثم تصبح منافسة خطرة في أسواق أخرى .

(5) تؤدي عقود الترخيص بشكل عام إلى عرقلة الصادرات ، الأمر الذي يؤدي إلى ارتفاع التكاليف في البلد .

ثالثاً :- <u>اتفاقات الامتياز الدولي</u>

International Franchise agreements

1-   عقد الامتياز الدولي

يمثل عقد الامتياز الدولي العقد الذي يضعه مانح الامتياز تحت تصرف الجهة الممنوحة بحيث يمتلك حقوق في العلامات والعناوين التجارية مثل المهارة الفنية والتجارية وخط منتجات وخدمات .

تتعهد الجهة آخذة الامتياز بجلب الوسائل وهي رأس المال ومستلزمات البيع ، فهي تؤمن النشاط والإدارة ، كما تلتزم باحترام القواعد التجارية والإدارية لصاحب الامتياز . ويتم تسديد حق القبول وحق صاحب الامتياز الذي يحسب دوريا على أساس المبيعات .

ففي أوروبا تتم إدارة الامتياز من خلال قانون المجموعة الأوروبية المشتركة ، وقد تطور الامتياز بشكل واسع في المملكة المتحدة وفرنسا وألمانيا . وتطور منذ زمن قريب في إسبانيا والبرتغال وبدء في الانتشار في بلدان أوروبا الوسطى والشرقية .

2- أنواع تدويل الامتياز الدولي

(1) الامتياز المباشر :- يعقد مباشرة صاحب الامتياز اتفاقات الامتياز مع الشركاء في البلدان التي يقيمون فيها .

(2) نظام الفروع :- يساعد هذا النظام على الحضور الفعلي في السوق والإطلاع بشكل مباشر على السوق .

(3) **نظام الفرع المشترك** :- يستعمل صاحب الامتياز شبكة الامتياز مع شريك محلي.

(4) **امتياز رئيسي (master franchise)** :- يمتلك حق اختيار الممنوحين للامتياز في بلـد معين وفي بيـع الامتيـازات واسـتلام مبالغها .

3- مجال الامتياز الدولي

يمكن أن يستعمل الامتياز في مجالات كل من التوزيـع (التسـويق) ومجـال المطـاعم السريعة (الوجبات الغذائية السريعة) ، وقطاع الفندقة ، والخدمات ، والصناعة .

إن الاختلاف الجوهري بين اتفاقـات الترخـيص و اتفاقـات الامتيـاز يكمـن في طبيعـة النشاط . إذ أن الطرف المرخص (المجاز) يقوم بتصنيع المنتج مـن خـلال بـراءة الاخـتراع في حين يقوم الطرف الممنوح امتيازا بتوزيع السلع والخدمات .

ويعتمد نجاح الامتياز في الخارج على شروط عدة منها :-

(1) نوعية المنتج والخدمة المقدمة .

(2) معرفة السوق الأجنبية .

(3) الأخذ في الحسبان الاختلافات الاجتماعية والاقتصادية للبلد .

(4) تكيف عقود الامتياز مع التشريع المحلي .

(5) تحفيز وتشجيع المتقدمين للحصول على الامتياز .

(6) متابعة دقيقة ومتواصلة للعمليات من قبل صاحب الامتياز .

68

رابعاً:- عقود الإدارة في الخارج

International Administration Contracts

بموجب عقد الإدارة تقوم إحدى الشركات بمساعدة شركة أخرى في إنجاز أعمال إدارية عامة أو خاصة خلال فترة زمنية معينة مقابل أجور معينة . وغالباً ما تطلب هـذه العقـود من قبل حكومة البلد التي تمتلك إحدى الشركات ، لكنها ترغب بالاحتفاظ في المساعدة الفنية . وهذا ما حصل في العقود الإدارية المبرمة مع الشركات البترولية عندما أممت هـذه الشركات التي لديها امتياز في البلدان المضيفة لها . ويمكن أن تسمح هـذه العقـود للشركة التي تقدم المساعدة التقنية بامتلاك أو حيازة بعض المواد الأولية . كـذلك يمكن أن تأخذ هذه العقود دورها وشكلها الطبيعي في إطار التعاون المشترك بين الشركات (joint-venture) . وعادة ما تطلب العقود من قبل البلد الذي لديه مشكلات إدارية في بعض القطاعات .

خامساً:- العقود الأخرى في الخارج   **Other Contracts**

تشمل غالباً عقود المعامل الجاهزة والعقود الخاصة :

1-   عقود المعامل الجاهزة finished factories contracts

يعني مفهوم عقود المعامل الجاهزة هي العقود التي تتضمن إنشاء معمل يحـول إلى مالكه عندما يتم تشغيله بالكامل . وغالباً ما وقعت هذه العقود مع بلدان الشرق والبلدان البترولية ، وقد اتسع مجال استخدامها في السنوات الأخيرة . وهي عقود تختصرـ في الغالـب على إنشاء الجسور و المطارات والموانئ وطرق المواصلات .

2-العقود الخاصة   special contracts

يجري دعوة بعـض الشركات للعمـل في الخارج وذلـك نتيجـة لقدرتها التكنولوجيـة والفنية العالية مثل الشركات العاملة في مجال الهيدروكاربونات والشركات العاملة في مجـال شبكات الطرق .

وهنالك اتفاقات تعاون تكنولوجي وقعت غالباً ، لفترة محددة ، بين اثنين أو أكثر مـن الشركات أو مجموعات الشركات التي ترغب بالتعاون من خلال تبـادل المعلومـات المشتـركة أثناء بحوثها في بعـض المجالات . و أخـذت اتفاقات التعـاون في المجـال التجاري بالتزايـد المضطرد ، وذلك بغية زيادة كفاءة مجموعة الشركات متعددة الجنسيات .

سادساً :- الاستثمارات المباشرة في الخارج

Direct Investments

يمثل الاستثمار المباشر استثمار متحقق بقصد حيازة مساهمة طويلـة الأجـل في شركة تقع في الخارج بحيث يحتفظ بسلطة كاملة لاتخاذ القرار في هـذه الشركة . وهنالك عـدد كبير من القرارات المساهمة اتخذ من قبل المستثمرين الأجانـب في الشركات المحليـة عنـد التحول إلى الخصخصة في العديد من البلدان .

وتأخذ الاستثمارات المباشرة أشكال مختلفة هي الشركة المشاركة (joint-venture) ، والاندماج (fusion) ، والاقتناءات (acquisitions) ، والعروض أو العطاءات العامـة للشراء ، والتحالفات الاستراتيجية ، وشركات راس المال الخطر وغيرها .

70

(أولا) الشركة المشاركة   joint-venture

يقصد بالشركة المشاركة هي شركة ، سواء كانت صغيرة أو كبيرة ، متكونة بواسطة اثنين أو أكثر من الأشخاص المعنويين أو الحقيقيين ، أو منظمات فيها على الأقل وحدة تشغيلية تستهدف ممارسة نشاطاتها في إطار تكوين شركة جديدة بغية تحقيق ربح بصفة دائمية . و يتم بشكل عام تقسيم الملكية من قبل المساهمين بأسلوب متساو تقريباً ، وتحت السيطرة المطلقة لأحد المتعاقدين .

تتمتع الشركة المشاركة أو الفرع المرتبط بعدد معين من المزايا ، لكن هنالك عدد من المآخذ إذا لم يتحقق أي شيء من النقاط الإيجابية في هذا الشكل من الاستثمارات . ومن أبرز المزايا التي يوفرها اللجوء إلى الشركة المشاركة هي :-

(1) يحدد أهمية الاستثمار في الخارج وخاصة بالنسبة للشركات الصغيرة ومتوسطة الحجم عندما يشكل تمويل الاستثمار عبئاً ثقيلاً على الشركة بمفردها .

(2) يمثل حماية نسبية ضد المخاطرة السياسية وانتزاع الملكية .

(3) يمكن أن ينشا اثر للتعاون بالنسبة للشركتين في حالة تركيز جهودهما بقوة في المجالات المختلفة .

(4) يفتح أسواق مالية جديدة ويسمح باستعمال أدوات جديدة للتمويل .

(5) يساعد على الانتفاع من المزايا الضريبية للشركة الأجنبية .

(6) يلبي طموحات القوميات المحلية .

أما مآخذ الشركة المشاركة فيمكن إجمالها بما يلي :-

(1) صعوبة إدارة الشركة المشاركة وذلك لاختلاف الأساليب الإدارية المستخدمة .

(2) إذا اقتنت الشركة أكثر من (50%) من رأس المال فإنها يمكن أن تواجه مشكلات إدارية جراء عدم رضا الأقلية.

71

(3) إذا اقتنت الشركة اقل من (50%) من رأس المال فإنها يمكن أن تواجه صعوبة في أدارتها
.

(4) بعض التعهدات المتخذة في بداية العمل يمكن أن تكون صعبة التطبيق بعد فترة من
الزمن مثل التعهد بالتمويل وتصدير نسبة من الإنتاج .

(5) في حالة إخفاق الشركة المشاركة فان الخسائر يمكن أن تسبب مشاكل كثيرة للشركة التي
يتعين عليها أن تنسحب أو التي تكون عرضة لمنافسة جديدة والتي غالبا ما تفقد
السوق ...

وعلى الرغم من كل المآخذ الآنفة الذكر فان الشركة المشاركة تعد شكل من أشكال
الإنشاءات والتأسيسات الأكثر استخداماً من قبل الأجانب في بعض البلدان .

(ثانياً) الاندماجات والاقتناءات

fusions & acquisitions

طرح العديد من الشركات ، خلال عقد التسعينات من القرن العشرين، عمليات
التوسع الخارجي وذلك بإجراء الانضمامات والاقتناءات في الأنشطة المتجانسة سواء كان على
المستوى الدولي أو على مستوى التجمع الإقليمي .

1- أهمية سوق الاندماج والاقتناءات الدولية

ففي عام 1998م حصلت العديد من الاندماجات الدولية ، وقد ساعد الارتفاع الكبير
في أسعار الأسواق الأوروبية والأمريكية في النصف الأول من ذلك العام على التعامل
بالأوراق المالية عن طريق مبادلة الأسهم . وبعد الأزمة المالية الآسيوية ، في عام 1998م ،
تم اقتناء عدد كبير من الشركات الآسيوية .

وقد زادت نشاطات الاندماج والاقتناءات بعد هبوط أسعار الأسواق الرئيسية، التي أتبعت الإصلاحات الاقتصادية في عقب تدخل صندوق النقد الدولي IMF (International Monetary Fund) بسبب الاختلافات التي حصلت فيها . وقد شملت هذه الاندماجات والاقتناءات قطاع التأمينات والقطاع المالي وقطاع السيارات وقطاع المشروبات الغازية .

2- مزايا ومآخذ الاندماجات والاقتناءات

توفر الاندماجات والاقتناءات العديد من المزايا بالنسبة للشركات متعددة الجنسيات -:

(1) تعد وسيلة سريعة للإنشاء في الخارج ، وتمثل تكنولوجيا جديدة .

(2) تساعد في تحقيق وفورات الحجم ، وخاصة في مجال البحث والتطوير ، وفي عمليات تدويل العلامات التجارية .

(3) تسمح بالإنتاج الميداني (أي في المكان المطلوب) وهي بذلك تقلل من مخاطر الصرف الناجمة عن الصادرات .

(4) تشكل وسيلة سريعة لزيادة الحصة السوقية .

(5) عندما تكون عملة البلد ضعيفة ، فان الاندماج يمكن أن يمثل فرصة مناسبة لشراء شركة بسعر منخفض .

إن تقييم الشركات المقتناة أو المندمجة يجب أن يجري بعناية فائقة ، وذلك لأن مشاكل التكامل تظهر مخاطرها بعد الاندماج .

3- العطاءات العامة للشراء أو العطاءات العامة للمبادلة

public tenders for purchase or exchange

تتحقق في اغلب الأحيان الاندماجات والاقتناءات إما عن طريق العطاءات العامة للشراء وإما عن طريق العطاءات العامة للمبادلة (public tenders for purchase or exchange) . وتعد العطاءات (العروض) العامة للشراء أو للمبادلة أسلوب مالي يساعد في إعادة بناء البنية الأساسية للشركات أما بشكل ودي و إما بشكل غير ودي (عدائي) . ويسدد السعر نقداً أو عن طريق دفع أسهم أو سندات . وعندما يحصل العطاء العام للشراء أو للمبادلة ، في الوقت الذي لا يعبر عن رضا أو موافقة الإدارة ، فان ذلك يعني أن العطاء (العرض) غير ودي أو عدائي .

إن إجراء العطاء العام للشراء المألوف في الولايات المتحدة الأمريكية ، لم يستعمل بسهولة في كل مكان . وهنالك العديد من البلدان تستخدم استراتيجيات الدفاع ضد العطاء العام للشراء . وتجدر الإشارة إلى أن هذا الإجراء لم يعرف بشكل واسع في غالبية البلدان الأوروبية وحتى لو كان معروفاً فانه يمثل حالات نادرة الاستعمال ، لكنه يشاع استخدامه في المملكة المتحدة ، وقد تطور في السنوات الأخيرة في فرنسا .

أما في البلدان الناطقة بالإنكليزية (انكلو - ساكسون Anglo-Saxon) فتتحكم في العطاء العديد من العوامل المالية ، بينما في البلدان اللاتينية فانه يتمتع بمزايا ناجمة عن متطلبات الحاجة الصناعية أو نمو حصة السوق .

وهنالك ثلاثة أنواع من استراتيجيات الدفاع ضد العطاء العام للشراء وهي دستورية (نظامية) ومالية وقانونية . تنصب الاستراتيجية الدستورية (النظامية) في تجنب أو تأخير تغيير رقابة الأجهزة الإدارية . وتتمثل في أشكال عدة هي تعديل حقوق

74

تصويت المساهمين ، ورقابة مجلس الإدارة و إمكانية اجتماع الهيئة العامة للمساهمين . وتنصب الاستراتيجية المالية في ارتفاع تكاليف الاقتناء ارتفاعاً كبيراًَ . ولذلك فان هذه الاستراتيجيات تستند إلى تغير حجم رأس المال (زيادة راس المال) أو هيكل الثروة (صافي المركز المالي) . أما استراتيجيات الدفاع ذات الصفة القانونية فتسعى إلى حماية الشركات من الناحية القانونية وحماية حقوق المساهمين فيها .

سابعاً :- التحالفات الاستراتيجية Strategic Coalitions

أصبحت التحالفات الاستراتيجية أحد الاتجاهات الرئيسية للعولمة (Globalization) . وقد وصفت هذه التحالفات على أساس سلطة موحدة لأثنين أو أكثر من الشركات في آن واحد ، مما يؤدي إلى اختلاف الأشكال التقليدية للمنظمة ، ويمكن أن يؤدي ذلك إلى تضارب المصالح . وهذه التحالفات يمكن أن تكون صناعية ، مثال ذلك التحالف بين الشركة البريطانية والشركة الفرنسية بهدف صناعة طائرات الكونكورد ، أو مالية مثل التحالف بين الأسواق المالية .

يميز كل من جاريت و دوسنج (B.Garrette, P.Dussange) بين التحالفات الكلية (global coalitions) والتحالفات الاستراتيجية الرامية للحصول على وفورات الحجم . فالتحالفات الكلية تميل إلى هيمنة المهارات والخبرات التكميلية وموارد الشركات المشاركة بهدف التحرك على أسواق جديدة واقتناء أهليات (كفاءات) جديدة . وهذه التحالفات تساعد في الحصول على فرص لم يكن بمقدور الشركاء وحدهم الحصول عليها . إما التحالفات الاستراتيجية فتبحث عن وفورات الحجم لغرض تعويض الحجم الضعيف .

ثامناً :- رأس المال – الخطر   Capital-Risk

يمثل رأس المـال – الخطر شـكل تمويـل يلائـم بشـكل خـاص حالـة تطوير الشركات في القطاعات ذات التكنولوجيا العالية . ورأس المـال – الخطر هـو شكل خـاص مـن أشـكال التمويل يتمثل في وضع أموال ممتلكة (حقوق ملكية) ضرورية تحت التصرف والمساعدة من الناحية الإدارية .

يمكن أن تكون الحصص في الأموال الممتلكة (حقوق الملكية) عـن طريـق المساهمة في رأس المال ، أو الاكتتاب بالسندات الممكـن تحويلها إلى أسـهم أو إلى حسابات مجمدة للمساهمين . كذلك يمكن أن تكون الحصص في الأمـوال الممتلكـة بـالقروض المشاركة (Accompaniment-loans) وهي القروض المشتركة و السندات المشتركة والسندات المضمونة .

إن تكوين شركة رأس المال – الخطر في الخارج يمكن أن يشـكل ، بالنسبة لمجموعـة الشركات متعددة الجنسيات ، وسيلة للدخول في التكنولوجيا المتقدمة . كـما تسـاعد هـذه الشركة في تنفيذ متابعـة تطور الشركات المستحدثة (المبتكـرة) ، والتعاون المحتمـل مـع الشركات الأخرى في رأس المال – الخطر ، وإجراء تقييم ملائم لتطور بعض الأسواق .

ومن الجدير بالذكر أن المساهمة في رأس المال – الخطر لا يستخدم للأجل الطويـل . فبمجرد ما أن تتطور وتنمو الشركة بواسطة وسـائلها الخاصة فانه يعاد بيع المساهمة . وحينما يتوقف نمو الشركة الممولة وتقل العوائد المتحققة خـلال فـترة حيـاة المشاركة ، فان المستثمرين لا يستلمون الفوائد وحصص الأرباح . ويعتمد عائد الاستثمار على فائض القيمة عند البيع .

الخلاصة

إن البحث عن أسواق جديدة يدفع الشركات إلى تنفيذ عمليات متنوعة في الخارج .
فبالإضافة إلى صادراتها من السلع والخدمات فان الشركات تمنح موافقات ترخيص (إجازة)
أو امتياز إلى شركة أجنبية ، وتبرم عقود إدارية في الخارج ، وتؤسس معامل جاهزة ، وتؤسس
اتحاد شركات (تعاون) مع شركات أخرى . وان جميع هذه الفعاليات يجب أن يتلاءم مع
البيئات المختلفة للبلدان التي تعمل فيها . وغالبا ما يكون النمو الخارجي (external
growth) الوسيلة المستخدمة من قبل الشركات متعددة الجنسيات بهدف بلوغها الشكل
المثالي (optimum type) . وفي الواقع ، إن حجم أدنى من الإنشاءات يكون ضروري لصناعة
كميات كبيرة في العديد من القطاعات ، مثل كيمياء القاعدة أو إنتاج السيارات . وفي
قطاعات أخرى ، تشكل مصروفات البحث والتطوير جانباً كبيراً لا يمكن تحقيقها إلا بواسطة
مجموعات الشركات . الأمر الذي يدعو إلى تعزيز مصروفات البحث والتطوير في البلدان
الصناعية القديمة والجديدة كلما كانت تكاليف الاستثمارات في الخارج مرتفعة . ويتعين
على العديد من الشركات أن تتحول إلى القطاع الخاص في العديد من البلدان وأن يسمح
للاستثمارات الأجنبية (الخارجية) فيها . علاوة على ذلك فان تطوير الاتحادات النقدية ،
من خلال تخفيض مخاطرة الصرف ، يمكن أن يكون دافعا للاستثمارات في البلدان الأخرى .

أسئلة الفصل

1- ما هي موافقة الترخيص (الإجازة) ؟ الفوائد والعيوب .

2- ما هي الأسباب التي تدعو الشركة إلى التصدير ؟

3- بافتراض تم تكليفك بتنظيم قسم أو شعبة الصادرات لشركة صغيرة أو متوسطة الحجم التي تصنع منتجات بأسعار تنافسية . كيف تتصرف إزاء ذلك؟

4- في أي حالة يمكن أن تكون الصادرات المرسلة إلى بلد ما خطرة أو مهددة ؟

5- ما هو الامتياز ؟ أعط أمثلة عن الامتياز الدولي .

6- ماذا يقصد بالشركة المشاركة ؟ أعط أمثلة .

7- اذكر وسائل الدفاع ضد العطاء العام للشراء .

8- ما هي مزايا ومساوئ الشركة المشاركة ،

- بالنسبة للشركات متعددة الجنسيات ؟

- بالنسبة للشركاء الأجانب ؟

- بالنسبة للبلد المضيف ؟

9- ماذا يقصد بالعطاء العام للشراء والعطاء العام للمبادلة ؟

10- ما هي مصلحة الشركة متعددة الجنسيات باللجوء إلى العطاء العام للشراء ؟

11- اشرح الأسباب التي تدعو اليابان للاستثمار في كل من أوروبا وجنوب شرق آسيا ...

79

الفصل الرابع

النظام النقدي الدولي

الفصل الرابع

النظام النقدي الدولي

International monetary system

يمثل النظام النقدي الدولي الإطار المؤسسي (Institutional framework) للمبادلات الدولية . ويتكون هذا النظام من مجموعة قواعد وطرائق تهدف إلى إصدار و إدارة ورقابة النقد الدولي . ويسعى هذا النظام إلى تأمين تطور متوازن للمبادلات الدولية ، ومن ثم نمو الاقتصادات الوطنية . ويتصف النقد الدولي بأربعة ملامح تتمثل في نظام المبادلات ، واختيار الاحتياطات الدولية ، وإجراءات إلغاء عدم التوازن الخارجي (external unbalance) وأسس إدارة الأزمات الدولية (International crisis) .

يتناول هذا الفصل الموضوعات الآتية :-

أولاً :- نبذة تاريخية عن النظام النقدي الدولي

ثانياً :- نظام بريتون وودز (Bretton Woods) من 1944م إلى 1971م

ثالثاً :- النظام النقدي الدولي منذ عام 1971م

رابعاً :- نظم أسعار الصرف

خامساً :- انتقادات النظام النقدي الدولي والإصلاحات المنشودة

أولاً:- نبذة تاريخية عن النظام النقدي الدولي

Historical Briefing

استخدم الذهب (gold) ، منذ القدم ، كوسيلة للمبادلة وخزن القيمة (reserve value) ، وفي بعض الفترات لعبت كذلك النقود هذا الدور . ومنذ القرن السابع عشر ، وعلى وجه التحديد عام 1816م ، تم قياس الليرة الإسترلينية (Lire Sterling) بالذهب ، وفي هذه الأثناء تبنت إنكلترا رسمياً قاعدة الذهب (Standard Gold) من خلال إعطاء أسعار قانونية للذهب من أجل مدفوعات القروض العامة والخاصة . وفي أمريكيا الشمالية وفرنسا بقي نظام المعدنين (نظام يجعل من النقود الذهبية والفضية قوة إبراء مطلقة بعد تحديد النسبة فيها) يعمل حتى نهاية القرن التاسع عشر .

(أولاً) نظام قاعدة الذهب   Gold Standard

يستند نظام قاعدة الذهب ، الذي استخدم في أوروبا وأمريكيا الشمالية حتى عام 1914م ، إلى عدد من الأسس يمكن إجمالها بما يأتي :-

(1) البلدان تحدد تكافؤ (parity) الذهب لعملاتها ، أي أنها تحدد أوزان الوحدة النقدية بالذهب .

(2) ضمان تحويل جميع أشكال النقد إلى الذهب من قبل معهد الإصدار .

(3) الذهب ، الذي بحوزة أفراد القطاع الخاص ، يمكن أن يحول إلى النقد من قبل معهد الإصدار .

(4) حرية التداول الداخلي والخارجي للذهب .

82

ويتصف نظام قاعدة الذهب بجملة من المزايا هي :

(1) تأمين الاستقرار أو الثبات الداخلي للأسعار (Internal stability of prices) ، وذلك من خلال الربط بين كمية الذهب وكمية النقد من جانب ، والعلاقة بين كمية النقد ومستوى الأسعار من جانب آخر .

(2) تحديد إنشاء النقود (creation of money) وذلك لأهمية الاحتفاظ بمخزون من الذهب بغية تأمين عملية تحويل النقود إلى ذهب .

(3) المساعدة في استقرار نسبي لمعدلات الصرف (exchange rates) .

لكن بالمقابل هنالك عيوب لنظام قاعدة الذهب نتيجة لأسباب عدة من أبرزها أن النظام يعتمد بشكل كلي على إنتاج الذهب . وإن قدوم كميات كبيرة من الذهب إلى بلد معين يمكن أن يسبب التضخم في هذا البلد ، ومن المحتمل أن ينتقل أو يصدر هذا التضخم إلى بلدان أخرى .

(ثانيا) نظام النقدي الدولي من عام 1918 إلى عام 1944م

من المعروف أن الحرب العالمية الأولى (من عام 1914-1918م) أدت إلى تقليص العلاقات التجارية بشكل كبير بين البلدان ، مما انعكس كذلك على تخفيض صادرات الذهب هي الأخرى ، ومن ثم فرضت قيود على انتقال رؤوس الأموال بين بلدان العالم . الأمر الذي أدى إلى نهاية نظام قاعدة الذهب . وقد جرت محاولات للعودة إلى هذا النظام بعد الحرب العالمية الثانية (في الولايات المتحدة عام 1919م ، وفي إنكلترا عام 1925م) .

ففي عام 1922م عقد مؤتمر جنـز (Genes) ، اقترح المشاركون فيه نظام دولي جديـد بديل عن نظام قاعدة الذهب . وفي هذا النظام ، الذي يدعى بنظام قاعدة مبادلـة الـذهب (Gold Exchange Standard) ، تتكون احتياطات البنوك المركزية مـن الـذهب ومن النقـود الاحتياطية القابلة للتحويل إلى الذهب . ويمثل ذلك أحد الفوائد للاقتصاد في الذهب عندما لا يلبي إنتاجه متطلبات تسديد العجز في ميزان المدفوعات (payments balance) . ولكن في عام 1931م تم اتخاذ قرار بعدم تحويل الليرة إلى الذهب ، ويعتبر هـذا القـرار نهايـة نظـام قاعدة مبادلة الذهب .

وبقي الدولار الأمـريكي (U.S. Dollar) العملـة الوحيـدة القابلـة للتحويـل إلى ذهـب ، وبذلك أصبح الدولار العملة الدولية التي حلت محل الليرة الإسـترلينية (Sterling Lire) . وكانت الفترة من عام 1915م حتى عام 1939 م فتـرة مركبـة علـى المسـتوى النقـدي . فقـد حصل التضخم الجامح في ألمانيا عام 1922م . ثم أعقب ذلك حصول الأزمـة العالميـة عـام 1929م وهي أزمة الكساد العظيم . الأمر الذي دفع العديـد مـن البلـدان إلى أجـراء إعـادة تقييم عملاتها النقدية بسبب الانعكاسات السلبية لهـذه الأزمـات وبهـدف الاستفادة مـن مزايا صادراتها .

ثم جاءت الحرب العالمية الثانية عام 1939م لتدمر العديد مـن الاقتصادات . وقبـل انتهاء الأعمال الحربية ، في عام 1944 م ، انشغل المسؤولون عـن السياسـة النقديـة للبلدان المتحالفة بإعداد نظام نقدي دولي يساعد في إعادة أعمار اقتصاديات الدول المتحاربـة ويساهم في نمو التجارة الدولية .

ثانياً :- نظام بريتون وودز (Bretton Woods) مـن عـام 1944م وحتـى عـام 1971م

في عام 1944م عقد مؤتمر للأمم المتحدة في مدينة بريتون وودز (BrettonWoods) بالولايات المتحدة الأمريكية وقد توصل إلى تنظيم نظام دولي بمعدلات شبه ثابتة.

(أولاً) النظام النقدي لبريتون وودز (Bretton Woods) 1944-1971م

يتعين على جميع البلدان قياس عملاتها بالذهب ، ما عدا الدولار كان ممكن تحويلـه إلى ذهب بمعدل (35) دولار للأونصة الواحدة أو المثقال الواحـد (Ounce). إذ أن الولايـات المتحدة الأمريكية ضمنت التحويل الدولي للدولارات بالذهب .

لقد حدد هامش تغيير كل عملة مقابل الدولار بنسبة (1%) تقريبا من جانب ومـن الجانـب الآخـر بالتكـافؤ الثابـت (fixed party) . ويتعين عـلى البلـدان أن تلتـزم بمتابعـة السياسات الاقتصادية والنقدية المناسبة مـن أجـل أن تبقـى تغيـرات الأسعار محصورة في داخل الهوامش (margins) ، وبتعبير آخر يتعين عـلى البنـك المركـزي (central bank) لكـل بلد من بلدان العالم أن يتدخل في بيع أو شراء العملات الأجنبية .

إن تخفيض (devaluation) أو إعادة تقدير (revaluation) قيمة العملة بأعلى مـن (5 %) يتطلـب الحصـول عـلى الموافقـة المسبقة مـن صـندوق النقـد الـدولي (IMF) (International Monetary Fund . وقد صدر هذا الإجراء مـن قبـل صـندوق النقد الـدولي لتجنب التخفيضات المتلاحقة للعملات التي حصلت قبل انـدلاع الحرب العالمية الثانية 1939م . وخلال اجتماع (بريتون وودز) تم تأسيس

مؤسستين تهدف كلاً منهما إلى تحقيق نمو طويل الأجل واستقرار بلدانها الأعضاء والاستمرار في ممارسة نشاطاتها بشكل فاعل وهما صندوق النقد الدولي و البنك الدولي.

(ثانياً) صندوق النقد الدولي

International Monetary Fund

تأسس صندوق النقد الدولي (IMF) في عام 1944م وكان عدد أعضاءه (45) دولة . ومنذ عام 1998 م بلغ عدد أعضاء الصندوق أكثر من (181) بلد، باستثناء كوبا ، وأصبح مؤسسة ذات نزعة مشتركة (universal vocation) ، ويجتمع بشكل دوري لمناقشة الأمور المالية والاقتصادية وكان آخر اجتماع له في دبي (دولة الإمارات العربية المتحدة) في أيلول عام 2003م حضره ممثلو (184) دولة .

1- مهمات صندوق النقد الدولي

يقوم صندوق النقد الدولي بمهمات متعددة هي :-

(1) مراقبة تطور نظام النقد الدولي وتشجيع التعاون النقدي الدولي .

(2) المساعدة في استقرار المبادلات وأسعار الصرف .

(3) مساعدة البلدان في الدفاع عن عملاتها النقدية حينما يكون لديها عدم توازن مؤقت في ميزان مدفوعاتها وذلك من خلال منحها تمويل قصير ومتوسطة الأجل.

(4) تشجيع حرية تداول الأموال والسلع بين البلدان .

(5) المساعدة في وضع أنظمة مصرفية فاعلة ومراقبة القواعد الدولية في البلدان ذات الأسواق الناشئة والبلدان النامية والبلدان التي في طريقها للتحول إلى بلدان صناعية .

2- موارد صندوق النقد الدولي

يمتلك صندوق النقد الدولي موارد خاصة وأموال ناتجة عن القروض التي يصدرها .

(1)   رأس مال صندوق النقد الدولي

يتكون رأس مال صندوق النقد الدولي من مجموع الحصص (quotas) المسددة من قبل البلدان الأعضاء عند انضمامها . وتعتمد هذه الحصة على الأهمية الاقتصادية للبلد ومدى مساهمته في التجارة الدولية وهنالك مراجعات عامة للحصص تجري كل خمس سنوات . وتسدد مبدئياً نسبة (25 %) من الحصص بالذهب والمتبقي (75 %) من الحصص يبقى بالعملة الأجنبية للبلد .

وفي عام 1971م صدرت أداة جديدة للاحتياطي الدولي وهي حقوق السحب الخاصة SDR (Special Drawing Rights) بغية تلبية احتياجات السيولة الدولية طويلة الأجل . ومنذ عام 1978م فان الربع الأول من الحصص يمكن أن يسدد بالعملات الصعبة المحددة من قبل صندوق النقد الدولي أو في حق السحب الخاص . وان مقدار وأهمية الحصص يحدد نسبة حقوق تصويت البلدان في الصندوق . وهنا تجدر الإشارة إلى أن رأس مال صندوق النقد الدولي يبلغ في عام 1998 مبلغاً قدره (146,2) مليار دولار أمريكي من حقوق السحب الخاص . وتتكون حالياً حقوق السحب الخاص من عملات البلدان الأعضاء في صندوق النقد الدولي والتي كانت قيم صادراتها من السلع والخدمات أكثر ارتفاعاً . وتتم مراجعة هذه السلة (basket) كل خمس سنوات . وان آخر اجتماع عقد في عام 2001 م. والجدول الآتي يتضمن نسب ومبالغ العملات المكونة لحقوق السحب الخاصة .

الجدول (1)

مكونات حقوق السحب الخاصة

المبلغ amount	الوزن (%) weighting	العملة currency
0.572	39	دولار أمريكي (U.S Dollar)
0.446	21	مارك ألماني (Deutsche Mark)
27.200	18	ين ياباني (Yen)
0.813	11	فرنك فرنسي (French Franc)
0.105	11	ليرة إسترلينية (Sterling lire)
	100	المجموع

المصدر :- صندوق النقد الدولي (IMF) ، التقرير السنوي ، عام 1997م

لقد استخدمت حقوق السحب الخاصة بوصفها وحدة حساب (unit of accounting) في الصفقات والعمليات الخاصة بصندوق النقد الدولي وبعض المنظمات الدولية والقطاع الخاص (private sector) كما أن حقوق السحب الخاصة تشكل أساس في بعض العمليات .

(2)   قروض صندوق النقد الدولي

يمكن أن يحقق صندوق النقد الدولي قروضاً بالنسبة للدول الأعضاء . وهنالك اتفاقات عامة للقروض ، وقعت منذ عام 1962م من قبل البلدان الأعضاء في مجموعة العشرة (group of ten) التي يطلق عليها تسمية نادي باريس (Paris Club) الذي يضم عشرة بلدان صناعية رئيسية هي ألمانيا ، بلجيكا ، كندا ، الولايات المتحدة

الأمريكية ، فرنسا ، إيطاليا ، اليابان ، هولندا ، المملكة المتحدة ، والسويد . وهذه الاتفاقات تسعى إلى تزويد صندوق النقد الدولي بالموارد الإضافية من العملات القابلة للتحويل . ومنذ عام 1997م فان الاتفاقات الجديدة للقروض ساعدت صندوق النقد الدولي على زيادة قدرته الاقراضية عندما تكون الموارد الإضافية ضرورية من أجل المساهمة في الحيلولة دون تدمير النظام النقدي الدولي . كذلك يحصل صندوق النقد الدولي على الأموال من أسواق رؤوس الأموال المحلية والدولية .

2-   نشاطات صندوق النقد الدولي

يتطلب العمل الكفء لنظام النقد الدولي ما يلي :-

(1) السيولة النقدية الدولية الكافية :- الاحتياطات الدولية (ذهب ، عملات صعبة، حقوق السحب الخاصة ، مراكز احتياطية لدى صندوق النقد الدولي) ، ومديونية تجاه صندوق النقد الدولي ، وتخصيصات حقوق السحب الخاصة .

(2) طرائق التسوية أو التسديد (adjustment) .

(3) مراقبة دقيقة ومستمرة للسياسات المعتمدة من قبل البلدان الأعضاء فيما يتعلق بأسعار الصرف .

(4) التحام واسع للبلدان الأعضاء .

(أ)   الإجراءات المتخذة لتوفير السيولة الدولية

international liquidity

لقد ساعد تأسيس حقوق السحب الخاصة ، المشار إليها آنفاً ، في زيادة السيولة الدولية . وان هذه السيولة التي يوفرها صندوق النقد الدولي يمكن أن تكون بالشكل الآتي :-

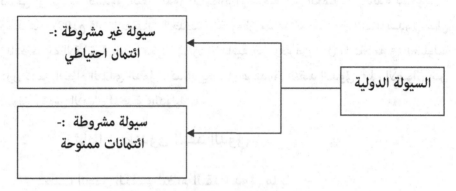

يمكن أن تستخدم،السيولة غير المشروطة (Liquidity Unconditional) التي تتمثل في الملكية في حقوق السحب الخاصة وفي وضع الاحتياطات (Reserves)،في عملية تمويل عجز ميزان المدفوعات (deficit of payment balance).ويمكن أن تأخذ السيولة المشروطة (Liquidity Conditional) شكل الائتمانات بحيث يشترط في منح هذه المساعدة ، أن البلد يتبنى برنامج التسوية (adjustment) لإعادة ترتيب مركزه المالي الخارجي .

(ب)   الإجراءات المختلفة لمساعدة صندوق النقد الدولي

(1) التسهيلات الائتمانية المنتظمة أو الاعتيادية .

(2) الإجراءات الموسعة للائتمان في حالة العجز الدائم لميزان المدفوعات .

(3) الإجراءات الخاصة كما في حالة تغطية خسائر الصادرات .

(4) التسهيلات الائتمانية للبلدان ذات الدخل المنخفض .

(5) المساعدة العاجلة للبلدان التي تعاني من أزمة اقتصادية ومالية .

(6) مساعدة البلد عند التحول من نظام إلى آخر .

90

(ج) مراقبة سياسة المبادلات

يأخذ صندوق النقد الدولي على عاتقه تحمل مسؤولية المراقبة الشديدة على سياسة المبادلة للبلدان الأعضاء . ويتعين على هذا الصندوق أن يمارس الرقابة على النظام النقدي الدولي . وبهدف تحقيق هذه المهمات ، فان صندوق النقد الدولي ينظم استشارات (consultations) منتظمة مع كل بلد من البلدان الأعضاء .

وان السياسة الاقتصادية والسياسة الهيكلية الداخلية المتبعة من قبل البلدان يجب أن تسعى إلى نمو الاقتصاد واستقرار الأسعار . إضافة إلى ذلك فان مجلس إدارة صندوق النقد الدولي يمارس رقابة متعددة الجوانب . يقوم صندوق النقد الدولي بدراسة وتقييم تفاعلات (interactions) السياسات الاقتصادية للبلدان الأعضاء والآفاق الاقتصادية للاقتصاد العالمي . كذلك يقوم هذا الصندوق (IMF) بصورة منتظمة بدراسة تطور أسعار الصرف والأسواق المالية وتتم كذلك متابعة أوضاع المدفوعات الخارجية للبلدان الأعضاء . ويتسع مجال عمليات الصندوق (IMF) مع زيادة عدد البلدان الأعضاء وبخاصة مع دخول البلدان التي ترغب باعتماد اقتصاد السوق وتحتاج إلى المساعدة الفنية مثل بلدان أوروبا الوسطى والشرقية .

إن سياسة واستراتيجية الصندوق (IMF) توضع من قبل مجلس المحافظين (council of governors) ووزراء مالية البلدان الأعضاء . ويتم تمثيل المحافظين داخل مجلس الإدارة الذي يضم (24) عضواً لغرض القيام بالأعمال الإدارية يومياً . هنالك ثمانية بلدان لها ممثلين دائمين في المجلس وهي الولايات المتحدة الأمريكية ، والمملكة المتحدة ، وفرنسا ، وألمانيا ، واليابان ، وروسيا ، والمملكة العربية السعودية والصين . أما بقية الأعضاء فتقسم إلى (16) مجموعة ، يمثل مدير واحد لكل عضو من

الأعضاء . ويعين مدير عام كل خمس سنوات لتوجيه وإدارة سياسة صندوق النقد الدولي .

علاوة على ما تقدم فان صندوق النقد الدولي يلعب دوراً مهماً في إدارة أزمة البلدان النامية . تهدف عملية مساعدة البلدان المدينة إلى إيجاد مركز نقدي خارجي ملائم والوصول من جديد إلى معدل نمو مقبول . وقد قام الصندوق (IMF) ، بالتعاون مع البنك الدولي ، في السنوات الأخيرة ، بالعمليات والصفقات والاتفاقات لإعادة الأعمار وهيكلة الديون . ومن أبرز هذه النشاطات هو ما حصل في اجتماع هاتين المؤسستين الدوليتين ، الذي عقد في دبي (دولة الإمارات العربية المتحدة) في الثالث والعشرين من أيلول عام 2003 م ، وكرس هذا الاجتماع لإعطاء أولويات بخصوص إعادة أعمار العراق وأفغانستان .

(ثالثاً) البنك الدولي International Bank

تأسس البنك الدولي أساسا للمساعدة في تمويل إعادة أعمار الاقتصادات الأوروبية المدمرة نتيجة الحرب العالمية الثانية ، ثم بعد ذلك اهتم البنك الدولي بمشاكل نمو البلدان النامية . وينضم في عضوية هذا البنك (181) دولة .

و تشمل مجموعة البنك الدولي المؤسسات الآتية :

1 - البنك الدولي للإنشاء والتعمير والتنمية (IBRD) (for International Bank Reconstruction and Development) والمؤسسة الدولية للتنمية (IDA) (International Development Association) ، تأسستا عام 1960م ، وتمنحان القروض إلى الشعوب الأكثر فقراً وبمعدلات فائدة منخفضة انخفاضاً كبيراً .

2 - المؤسسة المالية الدولية (International Financial Association) (IFA) تأسست في عام 1956م ، ومخصصة لمساعدة الشركات الخاصة في البلدان النامية . وبعكس البنك الدولي للإنشاء والتعمير والتنمية فان المؤسسة المالية الدولية لا تطلب ضمان البلدان المضيفة . لقد نشطت هذه المؤسسة في عقد التسعينات من القرن العشرين وذلك بهدف تنمية وتطوير أسواق رؤوس الأموال في البلدان النامية .

3- الوكالة متعددة الجوانب للضمان ، تأسست في عام 1988م ، وتقدم ضمانات للمستثمرين ضد الخسائر الناجمة عن المخاطر غير التجارية بغية تشجيع تدفقات الاستثمارات المباشرة لصالح البلدان النامية .

(أ) أهداف البنك الدولي للإنشاء والتعمير (IBRD)

يهدف البنك الدولي للإنشاء والتعمير إلى تحقيق ما يأتي :-

(1) تشجيع التنمية الاقتصادية والإصلاحات الهيكلية في البلدان النامية .

(2) مساعدة البلدان النامية في منحها قروض طويلة الأجل لمشروعات التنمية .

ب - موارد البنك الدولي للإنشاء والتعمير

يمتلك البنك (IBRD) أموال خاصة تتأتى من دول الأعضاء وخاصة الأموال المقترضة من الأسواق الدولية لرؤوس الأموال .

(1) رأس مال البنك (IBRD) : يكتتب رأس المال من قبل (181) دولة عضو. وقد بلغ رأس مال البنك (184,4) مليار دولار في عام 2003م .

(2) القروض :- يعلن البنك الدولي عن قروض في مختلف الأسواق المالية . وتحرر السندات (bonds) بالدولار الأمريكي أو بالعملات الوطنية الأخرى .

وان متوسط الاستحقاق لهذه القروض يكون لمدة سبع سنوات .

(ج) نشاطات البنك الدولي للإنشاء والتعمير

يقوم البنك (IBRD) بعمليات تمويل طويلة الأجل (15-20 سنة) في المجالات الآتية
-:

(1) البنية التحتية (Infrastructure) :- الطرق البرية ، السكك الحديدية ، الاتصالات ،
المطارات ، الموانئ ، شبكات الكهرباء ...وغيرها .

(2)البرامج الزراعية والتنمية الريفية :- ري وبزل ...

كذلك يقوم البنك (IBRD) بتمويل المشروعات المتعلقة في قطاع التربية والتعليم
والقطاع الاجتماعي (Social Sector) أو البيئة الاجتماعية (Social Environment) والقطاع
الصحي (Health Sector) .

ويشجع البنك الدولي توسع دور القطاع الخاص وذلك من خلال الاهتمام بالحفاظ
على نشاطاته . علاوة على أن البنك الدولي يساهم في وضع أنظمة مالية أكثر مرونة وملائمة
بشكل أفضل إلى أوضاع البلدان .

(3) منح مساعدة استثنائية (exceptional aid) للدول الفقيرة والمثقلة بالديون
وذلك في أيلول عام 1996م ، والدعوة إلى دعم البلدان الفقيرة . وقد اقترح هذا
البرنامج من قبل البنك وصندوق النقد الدوليين . وخصص هذا البرنامج إلى الدول التي
تستلم مساعدات (Aids) من المؤسسة الدولية للتنمية (IDA) بهدف إعادة هيكلة
مديونية هذه البلدان من جديد ، شرط تحقيق نتائج مرضية على صعيد السياسة
الاقتصادية .

وفي إطار القروض التي يقدمها البنك الدولي فانه يوفر مساعدة فنية . والى جانب ذلك قام البنك الدولي بإجراء البحوث والدراسات الاقتصادية وساهم مع العديد من الجهات الدولية في تمويل المشروعات في مجالات مختلفة كالتعليم والصحة والزراعة ... تمنح القروض إلى الحكومات أو إلى الشركات بضمان الحكومة المضيفة . ويتعين أن تكون المشروعات ذات جدوى اقتصادية ويؤدي الدخل الذي ينشأ عنها إلى تحسين الدخل القومي للبلد المعني ، ويجب أن يكون كافياً لتسديد القرض الممنوح في المدد المحددة . وان معدلات الفائدة تكون دالة لمعدلات قروض البنك الدولي .

لقد تطور بمرور الزمن الدعم (support) الذي قدم من قبل مجموعة البنك الدولي . فقد كانت منذ البداية المشروعات الممولة موجهة نحو إنشاء البنية التحتية أو الهياكل الأساسية بهدف دعم وإسناد التنمية الصناعية والزراعية . ففي عام 1998م خصص البنك الدولي وبلدان الاتحاد الأوروبي مبلغا من المال قدره (40) مليون دولار لمساعدة البلدان الآسيوية المتضررة من الأزمة المالية في وضع سياسات لمكافحة البؤس الاجتماعي .

(د) تطور دور البنك و صندوق النقد الدوليين

إذا كان للبنك وصندوق النقد الدوليين في بداية تاريخهما مهمات متميزة ، منذ السبعينات وخاصة مع إقامة (restoration) أنظمة مبادلات عائمة ، فان تحديد المهمات أصبح أقل وضوحاً ، أي بتعبير آخر أن صندوق النقد الدولي (IMF) كان يركز اهتمامه بشكل أكثر على الأهداف طويلة الأجل وان البنك الدولي أخذ يتخصص كذلك في مشاكل سياسة الاقتصاد الكلي (macro-economic) . وتقوم كل من هاتين المؤسستين في تنسيق جهودهما حول تشجيع النمو الدائم والتنمية للبلدان الأعضاء .

كذلك في شباط عام 1995 م ، وافق صندوق النقد الدولي على منح الحكومة المكسيكية أكبر قرض في تاريخه بمبلغ (5.2) مليار دولار أمريكي من حقوق السحب الخاصة ، ووافق البنك الدولي على قرض بمبلغ (2) مليار دولار من أجل مواجهة الأزمة النقدية المكسيكية ودعم النظام المصرفي وتحسين القطاع المالي المكسيكي .

وفي عام 1998م ، الذي شهد الأزمات المالية الآسيوية والروسية ، تم تعبئة أموال كبيرة لمواجهة هذه الأزمات ومساعدة بعض البلدان التي أطالتها الانعكاسات السلبية لهذه الأزمات ...

ثالثاً:- النظام النقدي الدولي منذ عام 1971م

International Monetary System

بدأ ميزان المدفوعات الأمريكي ، منذ بداية الستينات من القرن العشرين ، يشكو من العجز الكبير . وقد ساعد هذا العجز (deficit) في نمو السيولة النقدية لغرض تسوية المدفوعات الدولية . غير انه كلما ازداد هذا العجز كلما أدى ذلك إلى انخفاض الثقة في العمل الكفء للنظام النقدي الدولي .

(أولاً) انتهاء نظام التكافؤ الثابت   fixed parity system

لقد اتخذت إجراءات عديدة من قبل الولايات المتحدة الأمريكية بخصوص إعادة توازن ميزان المدفوعات ، لكن دون جدوى ، وقد تبين فجأة أن احتياطات الذهب الممتلكة من قبل الاحتياط الفيدرالي (federal reserve) لا تكفي لتسديد ديون المؤسسات المالية الأجنبية .

96

في عام 1971م حصلت مبيعات كبيرة للدولار ، ناتجة عن توقعات عجز كبير في ميزان المدفوعات ، كما حصل ارتفاع في سعر الذهب . وفي الخامس عشر من آب عام 1971م قرر الرئيس الأمريكي نيكسون (Nixon) إيقاف المشتريات والمبيعات الرسمية للذهب . الأمر الذي أدى إلى نهاية العمل بنظام بريتون وودز (Bretton Woods) . وفي كانون الأول عام 1971م تم التوقيع في واشنطن على اتفاقية سمثسونيان (Smithsonian agreement) التي تضمنت ما يلي :-

(1) تخفيض قيمة الدولار وإعادة تقييم العملات النقدية الأخرى . وارتفع عيار مثقال (أوقية) الذهب (ounce) من (35) إلى (38) دولار .

(2) وضع هوامش جديدة لتقلب الدولار الأمريكي من (1 %) إلى(2,25 %)

(3) عدم تحويل الدولار الأمريكي .

وفي عام 1973م حصل انخفاض للدولار مرة أخرى . فقد أضافت الأزمات البترولية إرباكاً جديداً للنظام النقدي الدولي ، الأمر الذي انعكس على حجم المبادلات بين البلدان بشكل ملحوظ . وفي عام 1976م تم توقيع اتفاقات جامايكا التي نصت على تشريع نظام المبادلات العائمة (flexible exchanges) ، وإلغاء الصفة النقدية (demonetizations) عن الذهب بوصفه عملة احتياطية . كذلك فان الحصة ، التي يجب أن تسدد بالذهب إلى صندوق النقد الدولي ، يمكن أن تسدد بالعملات الأخرى ، وفي الوقت نفسه باع صندوق النقد الدولي ثلث احتياطاته من الذهب .

وفي عامي 1977م و 1978م ارتفع معدل التضخم في الولايات المتحدة الأمريكية بحيث تسبب في انخفاض قيمة الدولار . فضلاً عن أن النظام النقدي الأوروبي كان قد تأسس في تلك الفترة . وتم إتباع سياسة نقدية متشددة وصارمة في

الولايات المتحدة الأمريكية . ومن عام 1980م وحتى عام 1985م انتعش الدولار الأمريكي لكنه في الوقت نفسه استمر في إلحاق الضرر في ميزان المدفوعات الأمريكية.

(ثانيا) تطور النظام النقدي الدولي

Development of (I M F)

يمكن إجمال تطور نظام النقد الدولي بالخطوات الآتية :

(1) في عام 1985م (اتفاقات بلازا) تأسس نظام لأسعار الصرف الدولي ذا صفة غير رسمية بهدف تثبيت المبادلات الحقيقية بين مختلف العملات .

(2) في عام 1987م (اتفاقات اللوفر) تم الاتفاق على رقابة أسعار صرف العملات الرئيسية وذلك بهدف تشجيع التجارة والازدهار في مختلف البلدان .

(3) في عام 1992م (قمة ميونخ) وجهت الجهود نحو النمو من أجل تنمية الاستخدامات .

(4) في عام 1993م (قمة طوكيو) تبنت مجموعة السبعة بلدان (G7) (أمريكيا ، فرنسا ، إنكلترا ، ألمانيا ، اليابان ، كندا ، إيطاليا) إجراءات لمساعدة روسيا .

(5) في عام 1995م (اجتماع واشنطون) اعتمدت مجموعة السبعة بلدان (G7) هدف تكريس جهودها نحو الادخار وتخفيض عجزها التجاري وعجزها في موازناتها بسبب الانخفاض الحاد في قيمة الدولار مقارنة بالعملات الأخرى كالمارك الألماني والين الياباني .

(6) في عام 1996م (قمة هاليفاكس) أعدت مجموعة السبعة (G7) أسلوبا للتنبؤ ولإدارة الأزمات .

(7) في عام 1998م (اجتماع لندن) سعت مجموعة السبعة بلدان (G7) إلى الاستفادة من دروس الأزمة المالية الآسيوية الناجمة عن ارتفاع المديونية قصيرة الأجل ارتفاعا كبيراً .

رابعاً :- نظم أسعار للصرف

Different of Exchange System

يصنف صندوق النقد الدولي (IMF) نظم أسعار الصرف إلى أربعة أنواع هي :-

- نظام أسعار الصرف الثابتة .
- نظام أسعار الصرف المتقلبة بحرية .
- نظام أسعار الصرف ذات التقلب الموجه .
- نظام أسعار الصرف ذات المرونة المحدودة .

ويتصف كل نظام من هذه النظم بالمزايا والمآخذ ، والاختيار بين هذه النظم يتم تبعاً لاحتياجات البلدان وظروفها .

(أولاً) نظم أسعار الصرف الثابتة fixed exchange systems

تمثل نظم أسعار الصرف الثابتة (الملحق 3) نظام لـربط العملـة النقديـة المحليـة في عملة صعبة أجنبية مع تكافؤ ثابـت (fixed parity) . وفي مثـل هكـذا نظـام فـان المعـدلات تكون ثابتة أو يمكنها كذلك التقلب في داخل مساحة ضيقة . وحينما تتجـه العملـة النقديـة إلى تجاوز الحدود المتوقعة فان الحكومات تتدخل من اجل جعلها في داخل هذه الحدود .

(أ) الربط بعملة أخرى

يربط البلد عملته النقدية بعملة أخرى عندما تكون غالبية معاملاته الدوليـة تحـرر بهذه العملة . وهنالك بعض البلدان ربطت عملاتها النقدية بحقوق السحب

الخاصة . ويلجأ إلى عملية الربط البلد الـذي يمتلك عملات أجنبية أخرى وليس فقط الدولار الأمريكي بوصفه عملة نقدية تستخدم للتعامل التجاري مع البلدان الأجنبية .

تتمثل عملات الربط في الدولار الأمريكي (21 دولة) ، و اليـورو (14) دولة إضافة إلى الدول الأفريقية المرتبطـة بالفرنك الفرنسي ، وحقـوق السـحب الخاصـة (2 دولة) ، وعملات أخرى (9 دولة) . كذلك يمكن أن تكون العملة النقدية مرتبطـة بسـلة (basket) من العملات النقدية الأجنبية ، لكن مع مرونة محدودة (24 دولة) . ومن المؤكـد أن قيمـة السلة من العملات النقدية الأجنبية تكون أكثر استقراراً مـن قيمـة عملـة نقديـة بمفردها . ففي بعض البلدان ، مثل بلغاريا ، يوجد هيئة أو مجلس للعملة النقدية (currency board) يربط بقوة عملة البلد بعملة أخرى ويتحدد حجم إصدار العملـة النقديـة بمقـدار حجـم المدخلات من العملات النقدية الأجنبية الأخرى إلى البلد .

(ب) مزايا نظام سعر الصرف الثابت

يمكن إجمال المزايا بالآتي :-

(1) يوفر نظام سعر الصرف الثابت ثقة معينة في عملة البلد باعتبار أن هذه العملة تـرتبط بعملة معروفة أو بسلة من العملات الأجنبية .

(2) يؤدي نظام سعر الصرف الثابت ، بالنسبة للبلدان التي تتبعه ، إلى نوع من الانضباط في السياسات الداخلية .

(ج) مآخذ نظام سعر الصرف الثابت

تتمثل مآخذ أنظمة سعر الصرف الثابت في النقاط الآتية :-

(1) تقييد حرية السياسات النقدية للبلدان .

(2) ضرورة أن تكون الاحتياطات الدولية للدولة كبيرة .

(3) اعتماد سياسات إعادة توازن موازين المدفوعات على السياسات الوطنية التضخمية أو الانكماشية .

(4) ظهور عيوب في نظام التكافؤ الصارم بين عملة البلد والعملات الأجنبية وكما أظهرته الأزمة المالية الآسيوية عام 1997م .

(5) إمكانية الحصول على أسعار صرف ذات مستويات متناقضة مع المعطيات الاقتصادية .

(ثانياً) نظم أسعار الصرف العائمة (المرنة)

flexible exchange systems

تتم التسوية ، في نظام الصرف المرن أو العائم ، في السوق على أساس الحركة الحرة للعرض أو الطلب . لكن في الحياة العملية تتدخل البنوك المركزية في بعض الحالات .

1 - نظم أسعار الصرف المرنة

توجد أنواع عدة من نظم أسعار الصرف المرنة (الملحق 4) :-

(1) نظم أسعار الصرف المرنة الحرة .

(2) نظم أسعار الصرف ذات المرونة الموجهة .

(3) نظم أسعار الصرف ذات المرونة المحكمة بموجب سلسلة من المؤشرات .

(4) نظم أسعار الصرف ذات المرونة محدودة العلاقة مع عملة أجنبية واحدة .

2 - مزايا نظام أسعار الصرف المرن

(1) المساعدة في الترتيب العاجل للصدمات (Chocks) الخارجية وذلك لأن الترتيب يكون ثابت .

(2) مرونة السياسات النقدية والضريبية للبلدان .

101

(3)عدم حاجة البنوك المركزية للاحتفاظ باحتياطات كبيرة للدفاع عن قيم العملات النقدية .

3 - مآخذ نظام أسعار الصرف المرن

(1) تسجل أسعار الصرف طفرة كبيرة الأمر الـذي يكـون لـه انعكـاس سلبي عـلى التجـارة الدولية .

(2) يمكن أن يكون نظام أسعار الصرف المرن تضخمي مـما يـؤدي إلى تخفيـف القيـود عـلى السياسات النقدية للبلدان .

(3) تكون التقلبات كبيرة بالنسبة لانتقال رؤوس الأموال قصيرة الأجل .

(4) يمكن أن تكون العملة النقدية للبلد أقل ثقة من العملة النقدية الأجنبية بمعدل صرف ثابت .

خامساً :- انتقادات النظام النقد الدولي والإصلاحات المنشودة

(أولا) الانتقادات الموجهة إلى صندوق النقد الدولي

The Criticisms

هنالك العديد مـن الانتقـادات الجوهريـة والتوصيـات التـي تمـت في صـندوق النقـد الدولي (IMF) بعد الأزمات المالية الآسيوية لعام 1997م و الأزمـة الماليـة الروسـية لعـام 1998م . يمكن إجمال هذه الانتقادات والتوصيات بالنقاط الآتية :-

(1) يتعين على صندوق النقد الدولي أن يطالب باعتماد نظم مالية رصينة ، وبيانات ملائمة وموثوقة وذات شفافية واسعة لمعاملات البنـوك المركزيـة ، وتطبيـق صـارم للقواعـد المصرفية الدولية ، وقواعد محاسبية ثابتة ودقيقـة ، ومتابعـة انتقـال رؤوس الأمـوال قصيرة الأجل ، ونشاطات الأسواق المالية ، وخاصة في البلدان البارزة ... الخ .

102

(2) شدد صندوق النقد الدولي بشكل كبير على إحكام الاقتصاد الكلي ولم يدرك بسرعة طبيعة الأزمة الآسيوية التي يكمن سببها الرئيسي في الإفراط بالقطاع الخاص .

(3) كانت معالجات صندوق النقد الدولي أقل فاعلية بوجه الأنظمة الفاسدة أو حينما تكون سمعة أو ثقة الحكومة ضعيفة .

(4) ضرورة أن تكون هنالك نظم رقابة ذات كفاءة عالية وذلك لمواجهة المخاطر التي تواجه رأس المال طويل الأجل (long-term capital management)

(ثانيا) الإصلاحات المنشودة   Waited Reforms

هنالك ثلاثة أنواع من الإصلاحات المنشودة يمكن إجمالها بالأتي :-

(1) وضع نظام رقابة فاعل للأنظمة المالية واستعمال الشفافية فيها ، ويجب أن تستعمل قواعد حذرة تفرض على المؤسسات المالية بطريقة يمكن من خلالها توحيد التحركات الدولية لرؤوس الأموال .

(2) إنشاء أداة جديدة للائتمان قصير الأجل بهدف معالجة مشاكل عجز رؤوس الأموال قصيرة الأجل في ميزان المدفوعات .

(3) زيادة الرقابة على تحركات رؤوس الأموال قصيرة الأجل ، بحيث يمكن تجنب عدم تأثير هذه التحركات على توازن النظام النقدي الدولي بشكل عام .

كذلك يبدو من الضروري إعطاء صندوق النقد الدولي شرعية جديدة لكي يمكن قبول قراراته بشكل افضل ، ولربما يتحقق ذلك من خلال اعتماد تركيبة أكثر متوازنة لأجهزة اتخاذ القرار في صندوق النقد الدولي . هنالك العديد من الدول تتطلع إلى إجراء إصلاح للنظام النقدي الدولي ، فالبعض يفضل تحديد مناطق أهداف (zones of aims) تحدد العملات النقدية ذات التقلبات في أسعار الصرف بحيث

يمكن للبنوك المركزية أن تلتزم باحترامها . والبعض الآخر يفضل تكافؤ الأساس الـذي يحـدد معدلات الصرف المفضلة بين العملات النقدية التي بمقتضاها يتم تقييم السياسات النقدية . وفي مثل هكذا نظام فان السلطات الاقتصادية تتكفل بالتدخـل في معالجـة حـالات إخـلال التوازن المحتمل . كما أن هنالك فريق آخـر يـذهب إلى أبعـد مـن ذلك فيـدعو إلى اعـتماد عملة نقدية عالمية واحدة لجميع دول العالم .

وعلى الرغم من ذلك فان صندوق النقد الدولي يمثل إطار يتمكن المجتمع مـن خلالـه حل غالبية المشاكل المالية والاقتصادية التي تتجاوز قدرة كل بلد على حالها بشكل منفرد . وان تحسين وإصلاح صندوق النقد الدولي لابد منه ويتوجب التمييز بين رأس المال المستثمر طويل الأجل ورؤوس الأموال المضاربة (speculative capital) بغية حماية النظام الدولي من مخاطر أو سوء استعمال هذه الأخيرة .

104

الخلاصة

شهد النظام النقدي الدولي ، خلال السنوات الأخيرة ، تطورات مثيرة للاهتمام. إذ تم التخلي عن نظام أسعار الصرف شبه الثابت الذي تأسس في بريتون وودز (Bretton Woods) عام 1944م ، وكرست اتفاقات جامايكا حول تبني نظام أسعار الصرف العائم (المرن) .

لقد أدت الاضطرابات ، التي هزت بلدان شرق آسيا عام 1989م ، إلى استخدام عدد كبير من العملات النقدية الأجنبية الجديدة في المعاملات الدولية . وأن التغيرات الكبيرة التي شهدها حديثاً الاقتصاد العالمي وانضمام عدد كبير من البلدان إلى اقتصاد السوق كان لها الأثر الكبير على المستوى الدولي . فقد بينت الأزمة المالية الآسيوية عام 1997م ، التي أدت إلى انهيارات متسارعة في المؤسسات المالية ، وحصول الأزمة المالية الروسية عام 1998م ، ضرورة وضع إجراءات رقابة متعددة الجوانب ومن الممكن كذلك ضرورة تكييف النظام النقدي الدولي للمتغيرات المالية والاقتصادية الجديدة . كما إن النظام النقدي الدولي شهد تغييرات بعد دخول عملة اليورو (Euro) إلى التعامل ، وتطور نحو نظام متعدد العملات النقدية مع الدولار ، اليورو ، ألين ...

أسئلة الفصل

1- هل تعتقد أن عدم استقرار أسعار الصرف يؤثر في التجارة الدولية ؟

2- ما هي أهداف النظام النقدي الدولي ؟

3- اذكر التواريخ المهمة للنظام النقدي الدولي .

4- اشرح التطورات التاريخية التي قادت إلى المبادلات العائمة .

5- هل تعتقد أن نظام سعر الصرف المتقلب (العائم) هـو إلى حـد مـا تضخمي أكـثر مـن نظام معدل الصرف الثابت ؟

6- ما هو الفرق بين تخفيض النقود (devaluation of currency) وانخفاض قيمـة النقـود (depreciation of currency) ؟

7- لماذا يتعين على الشركات متعددة الجنسيات أن تعرف النظام النقدي الدولي ؟

8- ما هو دور (مهمة) صندوق النقد الدولي (IMF) ؟

9- ماذا يقصد بشريحة الذهب (gold trench) ؟

10- ما هي الأسباب التي دعت إلى إنشاء حقوق السحب الخاصة ؟

11- ما هي العوامل التي تقود البلد إلى اختيار نظـام سـعر صـرف ثابـت أو نظـام سـعر صرف متغير ؟

12- ما هو دور (مهمة) البنك الدولي ؟

13- ما هي الأنواع الرئيسية للمشروعات الممولة من البنك الدولي ؟ أعط أمثلة .

14- في أي من الحالات تتدخل المؤسسة المالية الدولية ؟

15- ما هو هدف المؤسسة الدولية للتنمية (IDA) ؟

الفصل الخامس

أسواق صرف العملات النقدية

الفصل الخامس

أسواق صرف العملات النقدية

Devises Exchange Markets

لقد ساعدت نشاطات دولية عديدة على فسح المجال أمام عمليات الصرف . إذ يتمثل اغلب هذه النشاطات في عملية التجارة الدولية ، والاستثمار (investment) والاستثمار السلبي (disinvestment) في البلدان الأجنبية ، والإقراض والاقتراض في الخارج ، وتوظيف الأموال (place money) في العملات النقدية الأجنبية . وتحقق أسواق الصرف حالة التوازن بين عرض العملات النقدية الأجنبية والطلب عليها عن طريق تحديد أو احتساب سعر معين للعملة النقدية المحلية . ويتم تسليم العملات النقدية في الأسواق الآنية أو الفورية (spot markets) خلال (48) ساعة عمل ، في حين يتم تسليم العملات في الأسواق الآجلة بعد مضي أكثر من (48) ساعة عمل .

يستعرض هذا الفصل الموضوعات آلاتية :-

أولاً :- مفاهيم العملات النقدية الأجنبية .

ثانياً :- تنظيم أسواق الصرف .

ثالثاً :- أسواق الصرف الفوري (الحاضر) .

رابعاً :- أسواق الصرف الآجل .

أولاً:- مفاهيم العملات النقدية الأجنبية

Concepts of Foreign Currencies

تسود الاقتصاد العالمي علاقات متشابكة ومتداخلة في التعامل التجاري وإنشاء المشروعات الاستثمارية وغيرها . وتمثل العملات الأجنبية إحدى هذه العلاقات . ونتيجة للتعامل الواسع بين بلدان العالم المختلفة ، تبرز مشكلة تبادل العملات الأجنبية، وتذبذب أسعارها من حيث الارتفاع والانخفاض ، مما ينعكس على إصدار القوائم المالية في نهاية الفترة المالية تبعا للعملة النقدية المعتمدة .

إن العملة النقدية تمثل وسيلة تداول معرفة بقانون ، وشائعة التداول ، وتعتبر وحدة قياس في الدولة التي تقوم باستخدامها . وهنالك العديد من العملات النقدية الأجنبية في العالم التي تختلف من بلد لآخر وحسب الدولة المصدرة لها ، ولذلك يتعين على الأفراد والشركات أن تتعامل تلقائياً بالعملة النقدية المحلية وما يقابلها من قيمة مكافئة من العملات النقدية الأجنبية باعتبار أن العملة النقدية في المجتمعات والدول تعتبر مخزوناً للقيمة يتم التعبير بواسطتها عن الكم الهائل من المعاملات الاقتصادية بين القطاعات المختلفة للمجتمع الواحد أو مع قطاع العالم الخارجي .

لقد وصفت العملة النقدية بأنها أداة القياس المستخدمة في إعداد وعرض البيانات في القوائم المالية للوحدات الاقتصادية التابعة إلى بلد ما ، أما العملات النقدية الأجنبية فيمكن وصفها بأنها العملات المعروفة عالميا والتي تترجم القوائم المالية المنشورة بالعملة النقدية المحلية لذلك البلد . ويقصد بسعر تبادل العملات النقدية بأنه المعدل الذي يتم به تبادل العملتين النقديتين لبلدين معينين في وقت محدد ، أما سعر الإقفال فيقصد به سعر التبادل الفوري في تاريخ نهاية الفترة المالية ، إذ يؤخذ هذا السعر كأساس لاحتساب قيمة العملات النقدية الأجنبية .

وفي السنوات الأخيرة ازداد التعامل بين شركات دول العالم ، ولابد من دخول هذه الشركات بمعاملات أساسها العملة النقدية الأجنبية مثلما كانت تصدر أو تستورد بضاعة أجنبية ، ويكون الدفع في الحالتين بالعملة النقدية الأجنبية ، أو أنها تقرض أو تقترض عملات نقدية أجنبية ، أو بشكل آخر تترجم نتيجة التجارة بين الشركات بالبضاعة أو الخدمة من خلال وسيلة نقدية أو أرقام نقدية تتجه للبيع أو الشراء ، إذ تقوم الشركة بتسجيل عملياتها بالعملة النقدية المحلية . ومن ثم يلاحظ ضرورة وجود سعر تبادل للعملات النقدية التي تم استخدامها وضرورة وجود نظام محاسبي يتناول معالجة تلك العمليات أو توحيد القوائم المالية للشركات التابعة لها ، ونتيجة لذلك لابد من تسجيل العمليات المدونة بالعملة النقدية الأجنبية في سجلات الشركة بعملاتها النقدية المحلية ، ويستند في التسجيل إلى سعر الصرف السائد في تاريخ المعاملة . وإذا تغيرت أسعار التبادل للعملات النقدية بتاريخ السداد عن أسعار التبادل لتلك العملات في تاريخ إثبات المعاملة فانه تظهر فروق نتيجة لأسعار تبادل العملات النقدية .

ثانياً :- تنظيم أسواق الصرف

Organization of Exchange Markets

1- الأطراف المشاركة الرئيسية

تعمل أسواق الصرف بشكل متواصل على مدار الساعة بواسطة التلفون والتلكس . ويمكن التمييز بين ثلاثة أنواع من الأطراف المشاركة بشكل رئيسي في الأسواق :-

(أ) البنوك التجارية والمؤسسات المالية المشابهة   Commercial Banks

تتدخل البنوك التجارية في السوق عن طريق وساطة الصرافين (cambists) في

صالات السوق . وباستثناء البنوك الكبيرة وهي البنوك الوحيدة التي تشارك بشكل فاعل في

السوق . وتمثل هذه السوق التي تقع في داخل البنك سوقاً بالتراضي (bymatual

agreement) . يقوم الصرافون (cambists) بإنجاز معاملات الصرف لحساب زبائن البنك

(Bank Clients) . كما يقوم هؤلاء الصرافون بإنجاز معاملات الصرف لحساب البنك . ويجب

أن يحترم هؤلاء حدود المخاطر (limits Risks) المفروضة من قبل البنك ، كذلك يتعين أن

يحصلوا على الأرباح التي تحتسب يومياً .

(ب) سماسرة الصرف   Exchange Brokers

يتمثل سماسرة الصرف في وسطاء (jobbers) كفوئين ونشطين . يقوم هؤلاء بتركيز

أوامر الشراء أو البيع للعملات النقدية الأجنبية في العديد من البنوك . ويكون هؤلاء على

اتصال مع البنوك ويقدمون البيانات (information) عن أسعار بيع وشراء العملات

النقدية الأجنبية دون الكشف عن اسم المؤسسات المشترية أو البائعة لهذه العملات . كما

لا يتخذ هؤلاء أي وضع خاص بالعملات النقدية الأجنبية في السوق .

وتشكل بيوت السمسرة (courtage houses) نشاطات مهمة للغاية في المملكة

المتحدة . ففي لندن ونيويورك ينفذ جزء كبير من المعاملات بواسطة السماسرة (brokers)

المستقلين الذين يعملون لحساب البنوك . وتجدر الإشارة إلى أن عدد السماسرة في باريس

يبلغ حوالي العشرين ، وتتم مكافئتهم من قبل لجنة السماسرة .

112

(ج) البنك المركزي   Central Bank

يمكن أن تدخل البنوك المركزية في سوق الصرف الفوري (الحاضر) ، ليس بهدف المضاربة (speculation) والحصول على ربح (profit) ، و إنما بهدف التأثير على قيمة عملتها النقدية . ولا تتدخل البنوك المركزية في أسواق الصرف الأجل .

2- **أهمية الأسواق**   importance of the market

تشير الدراسات ومنها الدراسة التي أجراها بنك التسويات الدولية في فرنسا (international settlement bank) عام 1998م ، إلى أن هنالك تطور حصل في أسواق الصرف . فقد أظهرت هذه الدراسة أن لندن (المملكة المتحدة) تحتل المرتبة الأولى في الصرف . وان الحجم المتوسط اليومي للسوق (الصرف الفوري والصرف الآجل) ازداد بشكل كبير عن آخر دراسة أجريت عام 1995م، فقد تجاوز هذا الحجم مبلغ (1600) مليار دولار أمريكي .

الجدول (2)

متوسط الحجم اليومي لمعاملات الصرف

(المبالغ بمليارات الدولارات الأمريكية)

اسم البلد	المبلغ
المملكة المتحدة	637
الولايات المتحدة الأمريكية	350
اليابان	149
سنغافورة	139
ألمانيا	94
هونغ كونغ	79
سويسرا	82
فرنسا	72
المجموع	1602

المصدر :- بنك التسويات الدولية ، التقرير السنوي ، باريس 1998م .

3- التسعيرة Quotation

تحصل التسعيرات من الشاشات المعروفة (رويترز ، بلومبرج ، تليوانت) ، وتتم المبادلات (exchanges) مع السماسرة الآخرين عن طريق وسائل الاتصال الحديثة مثل التلفزيون والتلكس والفاكس والانترنيت والحاسبات الإلكترونية وغيرها. وعادة تتغير التسعيرة بسرعة فائقة في الأسواق المالية أثناء التعامل .

ثالثاً :- أسواق الصرف الفوري Spot Markets

(أولا) العملات النقدية الرئيسية ذات التسعير الفوري

يرمز إلى كل عملة نقدية من العملات ، في أسواق الصرف ، حسب دليل منظمة المقاييس الدولية ISO (Standardization Organization International) بثلاثة أحرف ، حيث يشير الحرفين الأولين إلى اسم بلد العملة والحرف الثالث يشير إلى الوحدة النقدية :-

USD (United States Dollar) بالنسبة للدولار الأمريكي .

EUR بالنسبة لليورو الأوروبي .

GBP (Great Britain Pound) بالنسبة إلى الباوند (الليرة) الإسترليني .

JPY (Japanning Yen) بالنسبة للين الياباني .

وتسعر العملات النقدية مقابل الدولار في اغلب الأسواق والمؤسسات المالية . ومتوسط مبلغ المعاملات التجارية أو الصفقات الاقتصادية يمثل من (3) إلى (5) مليون دولار . والعملات النقدية التي يتكرر التعامل بها يوميا بشكل كبير في الأسواق هي الدولار والين الياباني و اليورو الأوروبي .

ويمثل اليورو العملة الأوروبية الموحدة لدول الاتحاد الأوروبي ، حيث تم اختيار هذه العملة في الثاني من شهر أيار عام 1998م ، وقد حققت هذه العملة التقارب بين دول الاتحاد الأوروبي المتكون من خمسة عشر بلد . لقد بدأ التعامل بالعملة الأوروبية (اليورو) اعتباراً من بداية عام 1999م ، واعتباراً من منتصف عام 2002م تم طرح أوراق نقدية وعملات معدنية باليورو وألغيت كافة العملات الوطنية لدول الاتحاد الأوروبي في منطقة اليورو .

ويبلغ عدد دول الاتحاد الأوروبي خمسة عشر دولة ، تشترك منها إحدى عشرة دولة في إصدار اليورو ، وتتمثل هذه الدول في النمسا ، وبلجيكا ، وفرنسا ، وفنلندا، وألمانيا ، وأيرلندا ، وإيطاليا ، ولوكسمبورغ ، وهولندا ، والبرتغال ، وإسبانيا . أما بقية الدول المتمثلة في الدانمارك والسويد وإنكلترا ، فقد أبدت عدم رغبتها في الدخول باليورو . ولم تحقق اليونان معايير التقارب النقدية اللازمة لعملية الانضمام إلى التعامل باليورو .

بدأت الخطوات الجادة نحو الوحدة الأوروبية منذ عام 1957م وحينما تم توقيع معاهدة روما والتي نصت على تأسيس المجموعة الأوروبية بهدف إنشاء تدريجي للسوق الأوروبية المشتركة ، أعقبت تلك المعاهدة خطوات أخرى أدت إلى تطوير وتنمية الاتحاد الأوروبي وحتى شباط من عام 1992م ، عندئذ تم توقيع اتفاقية ماستريخت . لقد أعادت هذه الاتفاقية تحديد مبادئ وأهداف اتفاقية روما الموقعة عام 1957م .

وقد حددت هذه المعاهدة الإطار الرئيسي للوحدة الاقتصادية والنقدية وذلك على النحو الآتي :

(1) إنشاء الوحدة الاقتصادية والنقدية .

(2) إنشاء المؤسسات النقدية الأساسية مثل المعهد الأوروبي وذلك كأساس للبنك المركزي الأوروبي .

(3) تقارب المعايير الاقتصادية للدول الأوروبية بهدف الاستقرار المالي لكامل منطقة العملة الأوروبية .

ويحقق التعامل باليورو جملة من المزايا للدول الأوروبية يمكن إجمالها بما يأتي :

(1) إلغاء تكاليف التحويل أو الصرف المتعلقة بالعملات النقدية للدول الأعضاء المكونة للاتحاد النقدي الأوروبي .

(2) انخفاض مستويات المخاطر وعدم التأكد وذلك خدمة لرجال الأعمال في عمليات التخطيط والتنبؤ واتخاذ القرارات في البيئة الاستثمارية الجديدة نظرا لإزالة المخاوف من حدوث تغييرات في أسعار الصرف .

(3) تحقيق نتائج هيكلية كبيرة ، إذ تصبح الأسواق المالية أكثر سيولة وعمقاً في أجزاء عديدة أو قطاعات أكثر تنوعاً في الأدوات المالية المتاحة .

(4) جعل الفروقات والاختلافات في مستوى الأجور أكثر وضوحاً ، ويصبح النمو في مستوى الأجور أكثر تواضعاً ، مما ينعكس على توفير فرص عمل إضافية .

(5) تطبيق سياسة نقدية مشتركة مع وجود مستوى أسعار الفائدة نفسه في جميع الدول الأعضاء في الاتحاد النقدي الأوروبي .

أما العملات النقدية الأخرى مثل الليرة الإسترلينية (الباوند الإسترليني) والفرنك السويسري والدولار الكندي والدولار الأسترالي فيتم تسعيرها كذلك في الأسواق والمؤسسات المالية الدولية ولكن التسعيرات يمكن أن تكون مستمرة على وجه التقريب . وأما بقية العملات النقدية التي لها استخدامات قليلة في التجارة الدولية فتسعر بشكل محدود في بعض الأماكن المالية الدولية وهي :-

(1) أسواق لندن تسعر الجنيه المصري ، الدولار السنغافوري ، و دولار هونغ كونغ ، ودولار نيوزلندا ، الرنجيت الماليزي ، الروبية الهندية والروبية الاندنوسية ...

(2) أسواق نيويورك تسعر العديد من العملات النقدية لأمريكا الوسطى وأمريكا الجنوبية :- البزو المكسيكي ، البيزو الأرجنتيني ، البيزو الشيلي وغيرها...

(3) أسواق لندن ، باريس ، البحرين تسعر رند جنوب أفريقيا ، الدينار الكويتي ، الدينار العراقي ، الريال الإيراني ، الريال القطري والريال السعودي ...الخ .

وهنالك بعض العملات النقدية يجري التعامل بها في أسواق الصرف باستمرار وبمبالغ كبيرة مثال ذلك عملة زلوتي البولوني (zlolloty) والكورونا السلوفاكي (koruna) والفورنت الهنغاري (forint) ولاي اوليو الروماني (Lei or Leu) والكورونا التشيكي (Koruna) .

(ثانياً) أسعار الصرف الفوري Spot Prices

تجري التسعيرات تبعاً للبلدان ، فهناك تسعيرة غير قابلة للصرف (indirect , exchange variable exchange) وتسعيرة ثابتة للصرف (direct exchange ,fixed exchange) .

(1) التسعيرة غير القابلة للصرف

في جميع بلدان العالم ، باستثناء المملكة المتحدة وأسترالية ونيوزلندا وبلدان منطقة اليورو (Euro area) ، تتم فيها التسعيرة غير القابلة للصرف ، أي بمعنى آخر يذكر أو يحدد عدد الوحدات النقدية المحلية المقابل للوحدة النقدية الأجنبية .

ويمثل سعر المشتري السعر الذي يشتري فيه البنك العملة النقدية الأجنبية من الزبون ، ويمثل سعر البائع السعر الذي يبيع فيه البنك العملة النقدية الأجنبية إلى الزبون . والفرق بين سعر البائع وسعر المشتري يمثل قسط (spread) أو هامش الربح للبنك . تجري جميع التسعيرات بمفاهيم سعر الشراء (selling price or ask price) فلو كان لدينا التسعيرة الآتية :

الدولار : اليورو = 0.8450 - 0.8454 = USD/EUR

وهذا يعني أن البنك يشتري الدولار بمبلغ (0.8450) يورو (سعر المشتري) ويبيعه بملغ (0.8454) يورو (سعر البائع) .

توجد في بعض الدول تسعيرة رسمية (official quotation) أو تسعيرة ثابتة (fixing quotation) وهي تمثل تسعيرة في ساعة محددة . وقد تخلت فرنسا عن هذه التسعيرة ، غير أن هذه البنوك استمرت بإعطاء زبائنها تثبيت استدلالي (Indicative fixing) شراء / بيع في الساعة الواحدة والنصف ظهراً من كل يوم وعادة يعد جدول يومي عن البيانات الخاصة بالتسعيرة ، ويمكن أن يأخذ هذا الجدول الشكل الآتي :

جدول (3)

التسعيرة الفورية (الحاضرة)

4.1.1999	سعر البنك المركزي الاوروبي	التغيرات مقارنة بالأساس %	المتوسط للشهر السابق	المتوسط للسنة السابقة	سعر السوق		سعر الشباك	
					بيع	شراء	بيع	شراء
(USD) (GBP) (CHF) (JPY)								

ويعبر بشكل عام عن التسعيرات للوحدة النقدية الواحدة من العملة الأجنبية بأربعة أرقام بعد الفارزة . وان النقطة تساوي (1/10000) ، أي واحد من العشرة

آلاف ، من العملة النقدية . وهذا ما يمثل الرقم الأخير من التسعيرة إذا سعرت العملة النقدية بأربعة أرقام بعد الفارزة . ويكون الشكل أو الرمز الواحد (figure) ممثلاً بالرقم الثاني بعد الفارزة .

ويمكن أن تذكر الأسعار بأسلوبين ، فبالنسبة للدولار على سبيل المثال ، فان التسعيرة يمكن أن تدرج كما مر ذكره (0.8470 - 0.8450) أو يمكن ذكره كذلك : (70 - 0.8450) ، وان سعر المشتري يذكر بالكامل (0.8450) ، وبعد المعالجة ، لا تظهر إلا الأرقام التي تختلف عن سعر المشتري .

(2) التسعيرة الثابتة fixed quotation

في المملكة المتحدة واستراليا ونيوزلندا وفي بلدان منطقة اليورو ، يكون التسعير ثابت ، أي بمعنى آخر يتم تحديد عدد الوحدات النقدية من العملة النقدية المحلية التي تقابل العملات النقدية الأجنبية .

كذلك لو نفترض أن لدينا ، في المملكة المتحدة ، التسعيرة الآتية :-

الجنيه الإسترليني : اليورو GBP/EUR : 1.46950 – 1.47050

يسعر اليورو بالتسعيرة الثابتة مقابل العملات النقدية الأجنبية . كذلك فان تسعيرة (EUR/USD) : (1.1590-1.1580) تعني أن البنك يشتري اليورو بمبلغ (1.1580 USD) ويبيعه بمبلغ (1.1590 USD) .

ولغرض الحصول على التسعير المكافئ في (USD /EUR) فانه يمكن اخذ مقلوب سعر البائع (1/1.1590) بوصفه سعر للمشتري ومقلوب سعر المشتري (1/1.1580) بوصفه سعر للبائع ، وبذلك يصبح السعر كما يلي :-

USD/EUR : 0.8628 -0.8636

(3) الأسعار المتقاطعة   cross prices

تحسب الأسعار المتقاطعة من خلال مقارنة التسعيرة لعملتين نقديتين أجنبيتين
بعملة نقدية أجنبية ثالثة متخذة كأساس وبشكل عام الدولار الأمريكي . فإذا كان لدينا ،
على سبيل المثال ، التسعيرات الآتية :-

1 دولار أمريكي (USD) = 0.8560 يورو (EUR)

1 دولار أمريكي (USD) = 1.3425 فرنك سويسري (CHF)

عندئذ يحتسب سعر الفرنك السويسري مقابل اليورو كما يلي :-

1 فرنك سويسري (CHF) = 0.8560 ÷ 1.3425 = 0.6376 يورو
(EUR)

ومن الجدير بالذكر أن الدوريات والنشرات المالية تنشر كل يوم الأسعار المتقاطعة
بين العملات النقدية المهمة في بلدان العالم .

(4) تسوية العرض والطلب للعملات في السوق الفورية (الآنية) Adjustment of
Offer & Demand

تقوم البنوك بتجميع أوامر الشراء والبيع لزبائنها ، ومقاصة (compensation)
هذه الأوامر يظهر لكل عملة نقدية صافي رصيد مشتري أو بائع. ويمكن للصرافين اللجوء إلى
أحد الخيارين الآتيين :- إما مشتريات مباشرة للعملات النقدية مقابل اليورو ، وإما موازنات
أو ترجيحات سعر الصرف متضمنة عملتين نقديتين أو أكثر . ويمكن تعريف موازنة سعر
الصرف (arbitrage) بأنها العملية التي يتم من خلالها الحصول على الربح دون التعرض إلى
خطر انحراف موجود بين الأسعار المحددة .

121

وفي أسواق الصرف الفورية يمكن أجراء موازنات سعر الصرف الجغرافية ، أو موازنـات سعر الصرف الثلاثية .

(1) الموازنة الجغرافية   geographic arbitrage

تساعد الموازنة الجغرافية في الحصول عـلى تسـعيرة متقاربـة في مختلـف الأسـواق في نفس اللحظة بالنسبة لنفس العملات . فإذا كان لدينا ، لغرض تسعير (الـدولار الأمريكي : الدولار الكندي) USD/CAD الأسعار الآتية المحصلة من البنك (أ)   والبنك (ب) :

	البنك (أ)	البنك (ب)
سعر المشتري	1.4900	1.4915
سعر البائع	1.4910	1.4918

يمكن للصراف الذي بحوزته (10) ملايين دولار كندي (CAD) :-

-   شراء دولارات أمريكية (USD) مقابل (CAD) من البنك (أ   ) :
10000000 ÷ 1.4910 = 6706908 دولار أمريكي (USD)

- بيع هذه الدولارات الأمريكية (USD) مقابل دولارات كندية (CAD) الى البنك (ب):
6706908 × 1.4915(CAD)   = 10003353 دولار كندي (CAD)

وبذلك يكون صافي المكتسب (gain) كما يلي :-
10003353 دولار كندي- 10000000 دولار كندي = 3353 دولار كندي (CAD)

122

فإذا قام العديد من الصرافين في التعامل بهذه الطريقة فان ذلك ينجم عنه زيادة أسعار البنك (أ) جراء الطلب المتزايد ، وانخفاض أسعار البنك (ب) جراء العرض المتزايد . ويمكن أن يؤدي ذلك إلى توازن السعر بشكل مباشر وسريع . وبهدف تنفيذ موازنة جغرافية فانه يكفي أن يكون سعر المشتري لبنك معين أعلى من سعر البائع لبنك آخر .

(2) الموازنة الثلاثية triangularly arbitrage

تمثل الموازنة الثلاثية الموازنة التي تستعمل عندما يكون هنالك فرق بين الأسعار المتقاطعة . وهنا يتعين أن تتدخل ثلاث عملات نقدية وليس عملتان كما هو الحال في الموازنة الجغرافية . وتستخدم بشكل عام في العملية المتغيرات الآتية :-

- قيمة العملة النقدية (C) مقابل للدولار الأمريكي ،
- قيمة العملة النقدية (D) مقابل للدولار الأمريكي ،
- معدل الصرف المتقاطع بين العملتين النقديتين (D ، C) .

مثال

إذا كان لدينا الأسعار آلاتية في البنك (أ) ، والبنك (ب) فهل يستطيع الصراف الذي يمتلك (10000000) يورو (EUR) أن يجري موازنة سعر صرف معينة ؟

	سعر المشتري	سعر البائع
<u>البنك (أ)</u> :		
الدولار الأمريكي : الدولار الكندي (USD/CAD)	1.49500	1. 49650
الدولار الأمريكي : اليورو (USD/EUR)	0.88770	0.88806
<u>البنك (ب)</u> :		
الدولار الكندي : اليورو (CAD/EUR)	0.58851	0.58874

السعر المتقاطع المشتري (CAD/EUR) للبنك (أ) يساوي :-

0.59318 = 1.49650 ÷ 0.88770

السعر المتقاطع البائع (CAD/EUR) للبنك (أ) يساوي :-

0.59402 = 1.49500 ÷ 0.88806

وبما أن سعر المشتري للبنك (أ) هو أعلى من سعر المتقاطع البائع للبنك (ب) فانه يمكن إجراء عمليات موازنة الصرف الآتية :-

* شراء من البنك (ب) دولار كندي (CAD) مقابل اليورو (EUR)

(CAD) دولار كندي 16985426 = 0.58851 ÷10000000

* بيع إلى البنك (أ) دولار كندي (CAD) مقابل الدولار الأمريكي (USD)

16985426 ÷ 1.49650 دولار كندي = 11350100 دولار أمريكي (USD)

* بيع إلى البنك (ب) دولار أمريكي (USD) مقابل اليورو (EUR) :

11350100× 0.8877 = 10075423 يورو (EUR)

* مكتسب الصراف :

10075483يورو - 10000000 يورو =75489 يورو

ويمكن تبسيط العمليات السابقة بالمخطط الآتي :-

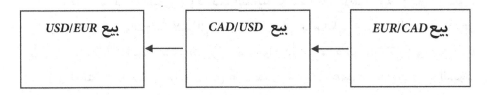

وأن تحقيق التوازن يحصل من خلال الآتي :-
(1) زيادة الطلب على الدولار الكندي مـن البنـك (ب) يـؤدي إلى ارتفاع سعر البـائع للدولار الكندي .
(2) بيـع الـدولار الكنـدي مقابل اليـورو إلى البنـك (أ) يـؤدي إلى انخفـاض سعـر المشتري(CAD/EUR)للبنك(أ) . وعليـه فان موازنـة الصرف الثلاثيـة تـؤدي إلى توافـق (Harmonization) بيـن أسعـار الصرف للعمـلات النقديـة والأسعـار المتقاطعة .

رابعاً :- أسواق الصرف الآجل

Forward Market

يمثل سوق الصرف الآجل سوق غير محددة المكان ، إذ أن العمليات تجري عن طريق التلكس أو التلفون . تسلم العملات بأكثر من (48) ساعة عمل . وتساعد

125

بصورة مباشرة هذه السوق في تثبيت سعر السوق المستقبلي لمقتنيات (أصول) حسابية بين المشترين والبائعين . وتتمثل فائدة هذه العملية ، عند إتمام العقد ، في تثبيت السعر الـذي تنفذ به المعاملة (العملية) ، الأمر الذي يؤدي إلى تجنب مخاطرة أسعار الصرف .

(أولا) العملات الرئيسية المسعرة لأجل

Principles Currencies

سعرت العملات النقدية الرئيسية المسعرة لأجل مقابل الدولار الأمريكي . وتشمل هذه العملات ما يلي :- اليورو ، والفرنك السويسري ، والليرة الإسترلينية والين الياباني ، والدولار الأمريكي ، والدولار الأسترالي وغيرها . وبشكل عـام فـان العمـلات النقديـة تسـعر لأجل لشهر ، ثلاثة أشهر ، سـتة اشـهر أو سنة واحـدة . وهـذه الفـترات تتـوافق مـع فـترة الائتمان الممنوحة للزبائن . لكن يمكن أن تحصل الشركات على التسعيرات مـن البنـوك للفترات المختلفة .

(ثانيا) أسعار الصرف الآجل   Forward

لا تخضع أسعار الصرف الآجل للتسعير الرسمي . وتستند هذه الأسعار إلى مفهوم كل مـن سـعر الاستـلام المؤجـل (carrying over- rate) أو سـعر التسـليم المؤجـل (Backwardation rate) . ويعني المفهوم الأول تأجيل الاستلام لصالح البائع أمـا المفهوم الثاني فيعني تأجيل التسليم لصالح المشتري . ومن اجل الحصول على السعر الآجل لابد مـن زيادة سعر الاستلام المؤجل أو تخفيض سعر التسليم المؤجل.

فإذا كان السعر لأجل يسعر بسعر الاستلام المؤجل فان ذلـك يعنـي أن السـعر الآجـل يكون أكثر ارتفاعا من السعر الفوري . وإذا كان السعر الآجل يسعر بسعر

126

التسليم المؤجل فان ذلك يعني أن السعر الآجل يكون اقل بكثير من السعر الفوري . أما إذا كان السعر لأجل يعادل السعر الفوري فانه يمكن القول أنهما في حالة تكافؤ . والجدول (4) يبين أسعار البائع والمشتري الفورية ، وأسعار الاستلام المؤجل للمشتري والبائع أو التسليم المؤجل للمشتري والبائع . والتسليم المؤجل يؤشر بإشارة سالبة .

السعر الفوري (اليورو : الدولار)   =   1.6080 -1.6090   EUR/USD

يمكن الحصول على السعر المشتري في شهر واحد وذلك من خلال إضافة (أو طرح) سعر الاستلام المؤجل(او سعر التسليم المؤجل)المشتري شهر واحد إلى السعر الفوري ، معبر عنها بالنقاط :-

1.1698 = 0.0018 + 1.6080

ويمكن الحصول على السعر البائع في شهر واحد وذلك بإضافة (أو طرح) إلى السعر الفوري سعر الاستلام المؤجل (أو التسليم المؤجل) البائع شهر واحد .

1.17085 = 0.001850 + 1.6090

وفيما يأتي جدول (4) يبين أسعار لأجل لليورو مقابل العملات العالمية الرئيسية .

الجدول (4)
أسعار لأجل لليورو مقابل العملات الرئيسية

الدولار الكندي CAD	ألين الياباني JPY	الفرنك السويسري CHF	الجنيه الإسترليني GBP	الدولار الأمريكي USD	البيان
					السعر الفوري :
1.7830	130.10	1.5960	0.7090	1.1680	الشراء
1.7840	130.20	1.5970	0.7100	1.1690	البيع
					في شهر واحد :
27.5+	33-	30-	17+	18+	الشراء
29.5+	32-	29-	18+	18.5+	البيع
					في ثلاثة اشهر :
76+	95-	78-	45+	52+	الشراء
81+	94-	76-	46+	51+	البيع
					في ستة أشهر :
154+	184-	142-	84+	107+	الشراء
160+	181-	141-	85+	109+	البيع
					في سنة واحدة
320+	358-	253-	157+	228+	الشراء
335+	353-	246-	160+	230+	البيع

Source: - Les echocs, 5 Jan. 1999.

128

وهنالك بعض الصحف ، مثل وول ستريت جورنال (Wall Street Journal)، تنشر مباشرة السعر لأجل بالنسبة للدولار وكما في الجدول (5) . ويمكن أن يعبر عن سعر الاستلام المؤجل أو سعر التسليم المؤجل بنسبة أو معدل زيادة مقارنة بالسعر الفوري . فإذا استخدم سعر لأجل لمدة (N) شهر فان معدل استلام مؤجل أو تسليم مؤجل سنوي يحسب وفقا للمعادلة الآتية :-

[(السعر لأجل - السعر الفوري) ÷ (السعر الفوري)] × (12 ÷ N) × 100

فإذا كانت النتيجة سالبة فان ذلك يعني معدل استلام مؤجل سنوي . أما إذا كانت الحالة معاكسة فان ذلك يعني تسليم مؤجل سنوي . ففي حالة اخذ الأسعار السابقة مرة أخرى (اليورو : الدولار الأمريكي) (EUR/USD)

السعر الفوري : EUR/USD 1.1690 - 1.1680

السعر شهر واحد : EUR/USD 1.17085 -1.1698

إن معدل الاستلام المؤجل لليورو مقابل الدولار الأمريكي يحسب كما يلي :-

[(1.1698 - 1.1680) ÷ 1.1680] × 12÷ 1 = 0.0185 أي بنسبة (%1.85)

وكذلك يمكن احتساب التسليم المؤجل بالنسبة للدولار الأمريكي مقابل اليورو (EUR)

الجدول (5)

السعر الفوري والسعر لأجل

البلد	الدولار الأمريكي المكافئ		العملة لكل دولار واحد أمريكي	
	الثلاثاء	الاثنين	الثلاثاء	الاثنين
بريطانيا (باوند)	1.6309	1.6293	0.6132	0.6138
(1) شهر تأجيل	1.6294	1.6277	0.6137	0.6144
(2) شهر تأجيل	1.6279	1.6262	0.6143	0.6149
(6) اشهر تأجيل	1.6270	1.6255	0.6146	0.6152
كندا (دولار)	0.6607	0.6641	1.5135	1.5057
(1) شهر تأجيل	0.6607	0.6641	1.5135	1.5057
(2) شهر تأجيل	0.6608	0.6642	1.5133	1.5055
(6) اشهر تأجيل	0.6611	0.6646	1.5126	1.5046
اليابان (الين)	0.0088892	0.009198	112.46	108.72
(1) شهر تأجيل	0.0088892	0.009198	112.46	108.72
(2) شهر تأجيل	0.8893	0.0009199	112.45	108.71
(6) اشهر تأجيل	0.008894	0.009200	112.43	108.69
سويسرا (فرنك)	0.7207	0.7140	1.3875	1.4005
(1) شهر تأجيل	0.7232	0.7166	1.3827	1.3955
(2) شهر تأجيل	0.7274	0.7205	1.3749	1.3879
(6) شهر تأجيل	0.7338	0.7268	1.3628	1.3758

Source: -Wall Street Journal, 12 Jan. 1999.

(ثالثا) تكوين الأسعار لأجل

Forward Prices Formation

يتعين على البنك أن يقوم بتحويل النقدية في خزينته إلى العملات النقدية الأجنبية ر ، واللجوء إلى الإقراض أو الاقتراض لكي أن يكون قادرا على تسليم العملات النقدية الأجنبية لأجل إلى المستورد أو شراء العملات النقدية الأجنبية لأجل إلى المصدر ، وهذا ما يفسر أن الأسعار لأجل تكون حسبما يلي :

(1) الأسعار الفورية للعملات النقدية الكبيرة ،

(2) معدلات الفائدة للأسواق المالية التي على أساسها تقرض أو يقترض العملات النقدية الأجنبية و اليورو (سوق نقدية محلية وسوق عملات اليورو) .

ويثبت السعر لأجل من خلال الأخذ في الحسبان خسائر أو مكاسب الفائدة التي سيحققها البنك خلال عملياته . إن العلاقات بين أسعار لأجل والأسعار الفورية يتعين ، في السوق الحرة ، أن تكون محددة عن طريق العلاقة بين معدلات الفائدة في البلدين . فضلا عن ذلك إذا أخذت الأمور بشكل اعتيادي فان عملة البلد التي يكون فيها معدل الفائدة الأكثر ارتفاعا تباع بسعر التسليم المؤجل في السوق الأجل . وعملة البلد التي يكون فيها معدل الفائدة الأقل انخفاضا يباع بسعر الاستلام المؤجل في السوق الآجل . ويعكس معدل الاستلام المؤجل أو التسليم المؤجل الفرق في معدل الفائدة بين العملات لبلدين للفترة المطابقة للأجل . وبغية عدم الدخول في مخاطرة أسعار الصرف يلجأ الصرافون عموما إلى المبادلات (swaps) النقدية المسماة بصرافي سوابس (swaps cambists) الذين يقومون باقتراض عملة نقدية معينة لفترة قصيرة معينة أو إقراض عملة نقدية أخرى بمبلغ مكافئ وللفترة نفسها . كما أن نقاط الاستلام المؤجل أو التسليم المؤجل تسمى بنقاط سوابس (swaps points) .

1-احتساب السعر لأجل المشتري والبائع للبنك :

لدينا البيانات الآتية :-

السعر الفوري للدولار

السعر المشتري الدولار الأمريكي : اليورو (USD/EUR) : 0..8900

السعر البائع الدولار الأمريكي : اليورو (USD/EUR) : 0.8904

فإذا توفرت معدلات الفائدة كما في القائمة الآتية :-

المعدل	السوق النقدية / يورو	سوق اليورو دولار
معدل المقترض (3 اشهر)	3 ½	5
معدل المقرض (3 اشهر)	3 ⅝	5 ⅛

كيف يتم احتساب السعر لأجل المشتري والسعر لأجل البائع للبنك تبعا لهذه المعطيات ؟

(أ) احتساب السعر الأجل البائع للدولار

مستورد إيطالي يجب أن يدفع في ثلاثة اشهر (1000000) دولار أمريكي إلى مجهز أمريكي . ويشتري هذا المستورد (1000000) دولار أمريكي لمدة ثلاثة اشهر من البنك . وعلى الرغم من أن البنك لا يرغب في الدخول بمخاطرة نمو غير ملائم للدولار ، فان العمليات يمكن نظريا أن تكون كما يلي :-

(1) يشتري البنك مباشرة الدولارات بالسعر الفوري وذلك باستقطاع من نقديته باليورو (خزينة اليورو) ويوظفها لمدة ثلاثة اشهر في سوق اليورو دولارات .

المبلغ باليورو لشراء (1000000) دولار أمريكي (USD) :-

. (EUR) يورو 890400 = 0.8904 × 1000000

(2) مثلما اشترى البنك من خزينته لليورو (EUR) فانه يسجل مكسب معدل لأن المعدل على اليورو يكون أكثر انخفاضا من المعدل على الدولار . ويمكن اعتبار أن البنك اقترض مبالغ باليورو بمعدل مقترض من السوق بنسبة

($3\frac{3}{8}$ %) لغرض شراء الدولارات التي وظفها بمعدل مقرض في سوق اليورو دولار بنسبة (5 %) .

(3) صافي مكتسب الفائدة للثلاثة اشهر يكون (%) :-

$$[(5 - 3\frac{5}{8}) × 3] ÷ 12 = 0.34$$

(4) معدل التسليم المؤجل سيكون كما يلي :-

(EUR) يورو 0.00303 = 0.0034 × (EUR) يورو 0.8904

سعر البائع لأجل للدولار سيكون :-

(EUR) يورو 0.88737 = (EUR) يورو 0.00303 - (EUR)يورو0.8904

المستورد سيدفع من اجل (1000000) دولار (USD) المبلغ الآتي :-

(EUR) يورو 887370 = (EUR) يورو 0.88737 × 1000000

(ب) احتساب سعر الأجل المشتري للدولار :

مصدر إيطالي يجب أن يستلم في ثلاثة أشهر 1000000 دولار أمريكي (USD) من زبونه الأمريكي . ويبيع هذا المصدر هذه الدولارات لمدة ثلاثة اشهر إلى البنك . ويجب إن يمتلك البنك بعد ثلاثة اشهر مبلغ من اليورو يتطابق مع ديون المصدر . ولهذا فان البنك يستبدل خزينة اليورو بخزينة الدولار .
وتكون العمليات كما يلي :-

بيع فوري للدولار الأمريكي (USD) مقابل اليورو (EUR) :-

1000000 × 0.8900 = 890000 يورو (EUR)

وبما أن معدل الفائدة على اليورو يكون اقل من المعدل على الدولار الأمريكي (USD) ، فان البنك يسجل خسارة تنعكس على السعر الآجل للدولار .

خسارة معدل الفائدة (%) :-

$$[3 \times (3 \tfrac{1}{2} - 5 \tfrac{1}{8})] \div 12 = 0.41$$

معدل التسليم المؤجل ثلاثة اشهر :-

$$(0.8900 \times 0.41) \div 100 = 0.0036$$

سعر المشتري ثلاثة اشهر

$$0.890000 - 0.0036 = 0.88640$$

- المصدر سيستلم بالنسبة لمليون واحد من الدولارات في ثلاثة اشهر المبلغ الآتي :-

1000000 × 0.8864 = 886400 يورو (EUR) .

وعليه فان الأسعار لمدة ثلاثة اشهر للدولار الأمريكي تكون كمايلي :-

0.88640 - 0.88737

لقد تمت الحسابات السابقة دون الأخذ بنظر الاعتبار المصروفات والعمولات المصرفية . وبغية تغطية مصروفاته ، فان البنك يعدل أسعاره في ضوء أهمية طلبات الزبائن وتطورات السوق المالية وتوقعات الأسعار ومعدلات الفائدة على العملات المختلفة ووضعه أو مركزه النقدي .

وبشكل عام فأن الاستلام المؤجل (أو التسليم المؤجل) المشتري على الدولار يكون معدلا إلى :-

* سعر المشتري [معدل المقترض EUR- معدل المقرض يورو دولار] × (N ÷ 12)

* التأجيل (أو التسليم المؤجل) البائع على الدولار يكون مساويا إلى :-

سعر البائع [معدل مقرض EUR - معدل مقترض يورو دولار] ×(N÷12)

عندما تكون العملة النقدية في التسليم المؤجل فان المصدر أو البائع يستلم لبيعه لأجل اقل مما كان قد دفع نقدا . وبالعكس إذا كانت العملة النقدية في الاستلام المؤجل فانه ينتفع من التأجيل .

2- تحقيق التوازن في سوق الصرف الأجل

يتحقق التوازن في أسواق الصرف الأجل عن طريق إعداد المحكمين لموازنة أسعار الصرف (arbitrators) الذين يقومون بالآتي :-

(1) تنفيذ برامج الاستثمار والتوظيف داخل البلد .

(2) تغطية مخاطرة الصرف بواسطة عقد الصرف الأجل .

وهذه الموازنة أو المراجحة في الصرف تدعى بموازنة "معدل الفائدة المغطى" (rate of covered interest) . وموازنة معدل الفائدة المغطى يمكن آن تحصل إذا كان التباين في معدل الفائدة بين عملتين أكثر ارتفاعا أو اقل انخفاضا من معدل الاستلام المؤجل (أو التسليم المؤجل) . وتقود هذه الموازنة في الصرف (arbitrage of exchange) إلى التعادل (التكافؤ) بين فروقات معدل الفائدة لعملتين نقديتين من العملات النقدية ومعدلاتهما للاستلام المؤجل أو التسليم المؤجل . كما أن هذه الموازنة تساعد في الحصول على الربح دون مخاطرة .

135

مثال (1)

توفرت لدينا المعلومات الآتية :-

السعر الفوري الدولار الأمريكي : الدولار الكندي (USD/CAD) =1.3170

السعر لمدة ستة اشهر للدولار (USD/CAD) = 1.3203

معدل فائدة ستة اشهر للدولار الأمريكي (USD) = 3 ½ %

معدل فائدة ستة اشهر للدولار الكندي (CAD) = 4 ½ %

المطلوب : ماذا يمكن أن يفعله الصيرفي الذي بحوزته (1000000) دولار أمريكي (USD) أو ما يعادله باليورو (EUR) ؟

الحل

يمكن للصيرفي أن يتبع خطوات متعددة .

الخطوة الأولى :

يجب التأكد من أن هنالك فرق بين التباين في معدل الفائدة ومعدل الاستلام المؤجل أو التسليم المؤجل .

احتساب معدل الاستلام المؤجل السنوي للدولار الأمريكي بالنسبة للدولار الكندي:

$$0.50 = 100 \times 2 \times [\ 1.3170 \div (\ 1.3170 - 1.3203\ )\ ]$$

الفرق في معدل الفائدة = 4 ½ % - 3 ½ % = 1 %

وعليه يبدو أن التباين في المعدل هو أكثر ارتفاعا من معدل الاستلام المؤجل السنوي لذلك فان من مصلحة محكم الموازنة اللجوء إلى اقتراض أموال يكون فيها .

معدل الفائدة أكثر انخفاضا ، أي بمعنى آخر الاقتراض من الولايات المتحدة وتوظيفها أو استثمارها في كندا .

إذا كان التباين في معدل الفائدة أكثر ارتفاعا من معدل الاستلام المؤجل أو التسليم المؤجل السنوي فان من مصلحة الصراف الاقتراض عندما يكون المعدل أكثر انخفاضا واستثمار هذه الأموال في المجال الذي يكون فيه معدل الفائدة أكثر ارتفاعا .

الخطوة الثانية :

قرض إلى الولايات المتحدة بمبلغ (1000000) دولار (USD) لمدة (6) أشهر :-

1000000 × 1.3170 (CAD) =1317000 دولار كندي (CAD)

استثمار في كندا بنسبة (½ 4 %) لمدة (6) اشهر :-

1317000 دولار كنـــدي (CAD) × [(1+ (½ × 4½] = 1346632.5 دولار كنـــدي (CAD)

بيع لأجل لمدة (6) اشهر لهذه الدولارات الكندية مقابل الدولارات الأمريكية المتحققة حال الاستثمار في كندا :

1346632.5 دولار كندي ÷ 1.3203 = 1019944 دولار أمريكي (USD)

الخطوة الثالثة :

تسديد القرض بالدولار :-

1000000 × [(1+ 3½) × ½] = 1017500 دولار أمريكي (USD)

مكتسب هذه العمليات يكون مساويا إلى :-

1019944 دولار أمريكي (USD)   -   1017500 دولار أمريكي (USD)   =   2444 دولار أمريكي (USD)

وهذا المكتسب لم يتحقق مباشرة مثلما هو الحال في موازنات الصرف في السوق الفورية ، لكنه يتحقق في نهاية (6) اشهر .

مثال (2)

توفرت لدينا المعلومات الآتية :-

السعر الفوري (الدولار الأمريكي : اليورو) (USD/EUR) = 0.8750

السعر لمدة ستة اشهر (الدولار الأمريكي : : اليورو) (USD/EUR) = 0.8700

معدل فائدة ستة اشهر للدولار الأمريكي (USD) = $3\frac{7}{8}$ %

معدل فائدة ستة اشهر لليورو الأوروبي (EUR) = 3 %

المطلوب : ماذا يمكن أن يفعله الصيرفي الذي يقترض مبلغ قدره (1000000) دولار أمريكي (USD) أو ما يعادله باليورو (EUR) ؟

الحل

يمكن أن يتبع الصراف خطوات متعددة :-

الخطوة الأولى :

يجب التأكد من أن هنالك فرق بين التباين في معدل الفائدة ومعدل الاستلام المؤجل أو معدل التسليم المؤجل . احتساب معدل التسليم المؤجل السنوي للدولار الأمريكي بالنسبة لليورو :-

138

% 1.14 = 100 × 2 × [0.8750 ÷ (0.8700 – 0.8750)]

الفرق في معدل الفائدة هو ($7/8$ %) .

يبدو أن التباين في المعدل ($7/8$ %) يكون أكثر انخفاضا من معدل التسليم المؤجل السنوي (1.14 %) . لذلك فان محكم الموازنة (arbitrator) سـيقترض الأمـوال حيـث يكون معدل الفائدة أكثر ارتفاعا ، أي بتعبير آخر اقتراض الأموال من الولايات المتحدة واسـتثمارها في إسبانيا (إحدى الدول الأوروبية التي عملتها اليورو) .

الخطوة الثانية :

قرض مبلغ   (1000000) لمدة (6) اشهر :-

1000000 × [(1+ $7/8$ 3) × ½] = 1019375 دولار أمريكي (USD)

واستثمار في إسبانيا لمدة (6) اشهر بمعدل (3 %) :-

(1000000 × 0.8750)× [(1+3 %) × ½] = 888125 يورو (EUR)

بيع لأجل لمدة ستة اشهر لهذا المبلغ من اليورو مقابل الـدولارات المنخفضـة في حالـة الاستثمار في إسبانيا .

888125 ÷ 0.8700 = 1020833 دولار أمريكي (USD)

الخطوة الثالثة :

تسديد الدولارات الأمريكية (USD) من قبل المصرف (1020833) USD

تسديد القرض بالدولارات الأمريكية (USD)   USD (1019375)

صافي المكتسب من هذه العمليات يكون الآتي :-

1020833 دولار أمريكي (USD) - 1019375 دولار أمريكي (USD) = 1458 دولار أمريكي (USD)

وهذا المكتسب لم يتحقق مباشرة كما هو الحال في موازنات أسعار الصرف في السوق الفورية ، و إنما يتحقق في نهاية ستة اشهر .

(رابعا) فائدة العمليات لأجل

هنالك ثلاثة أنواع من العمليات لأجل هي موازنات سعر الصرف (راجع الموضوع السابق) ، والتحوط ضد مخاطرة أسعار الصرف ، والمضاربة . وتساعد سوق الصرف لأجل في تحويل القوة الشرائية ، فإذا استوردت ، على سبيل المثال ، إحدى الشركات الأسبانية شبه موصل (Semiconductor) من إحدى الشركات اليابانية ، و أعدت قائمة الحساب بالين الياباني فانه يتعين عليها أن تحول عملتها اليورو الأوروبي إلى الين الياباني للقيام بالتسديد فضلا عن أنها تحول القوة الشرائية إلى الشركة المصدرة . وفي حالة تأجيل الدفع إلى تاريخ مستقبلي فان السوق الآجل يوفر نوعا ما ائتمانا إلى الشركة . كذلك تستخدم المعاملات لأجل للتحوط ضد مخاطرة أسعار الصرف ، إذ أن المشاركين في التجارة الدولية يسعون إلى تجنب مخاطرة أسعار الصرف . وتمثل هذه الوظيفة إحدى الوظائف المهمة التي يؤديها بالكامل سوق الصرف الآجل .

(1) تغطية مخاطرة أسعار الصرف

تتضمن عمليات التصدير والاستيراد ، بصورة عامة ، فترات للدفع أو التسوية. وخلال هذه الفترات فان تقلبات أسعار الصرف يمكن أن تحدد ، بأسلوب واضح ، مقدار المبالغ المحولة إلى العملة النقدية المحلية . ومن اجل التغطية ضد مخاطرة أسعار الصرف فان المصدر يجب أن يبيع لأجل ، إلى بنكه ، المبلغ المقابل إلى المدينين له كذلك يثبت المصدر ، بشكل دقيق ، مبلغ العملة النقدية الذي يستلمه في موعد الاستحقاق . ومن اجل التغطية ضد مخاطرة أسعار الصرف فان المستورد يجب أن يشتري لأجل ، من بنكه ، العملات النقدية المقابلة إلى مبلغ دينه (debt) . كذلك يثبت المستورد بدقة المبلغ الذي يتعين عليه أن يدفعه بالعملة النقدية المحلية .

(2) المضاربة في الأسواق الآجلة للعملات النقدية الأجنبية

(أ) توقع ارتفاع الأسعار

بافتراض أن لدينا الأسعار الآتية :-

السعر الفوري (الدولار الأمريكي : اليورو) (USD/EUR) =0.8300

السعر لمدة ستة اشهر (الدولار الأمريكي : اليورو) (USD/EUR) =0.8217

يتوقع مضارب ما ارتفاع الدولار إلى 0.8500 في الستة اشهر القادمة .

سيتخذ هذا المضارب مركز طويل (Long Position) من خلال شراء الدولارات لأجل بمبلغ (0.8217) يورو . فإذا تحققت توقعات المضارب فانه سيبيع ثانية الدولارات المشتراة لأجل في ستة اشهر وربحه في الدولار الواحد سيكون بمبلغ (0.0283) يورو للدولار الواحد (0.8500 - 0.8217) .كان من الممكن

للمضارب أن يشتري الدولارات من السوق الفورية وينتظر ستة اشهر لكي يبيعها مرة ثانية ، ولكن العملية كانت محفوفة بالمخاطر الكبيرة ، إلى جانب ذلك فان هذا المضارب يمكن أن يجمد جزء كبير من نقديته نتيجة لهذه العملية .

(ب) توقع انخفاض الأسعار

نفترض أن المضارب المذكور سابقا توقع انخفاض في قيمة الدولار ويعتقد أن قيمته ستكون (0.8100) في ستة اشهر . فقد يتخذ هذا المضارب مركز قصير (Short Position) من الدولارات وذلك من خلال بيعه دولارات لأجل بمبلغ (0.8217) يورو . فإذا تحققت توقعات هذا المضارب فانه سيشتري ثانية الدولارات المشتراة لأجل في ستة اشهر وسيكون ربحه بمبلغ (0.0117) يورو للدولار الواحد (0.8217 – 0.8100) وتجدر الإشارة أن تكاليف المعاملة أو الصفقة (transaction) لم تؤخذ بنظر الاعتبار في الأمثلة السابقة .

(ج) المضاربة في فروقات الأسعار (spreads)

إذا اعتقد المضارب بان الفرق بين معدلات الفائدة لبلدين يتغير ، فانه يمكنه ، في آن واحد الشراء والبيع في سوق الأجل عملات نقدية أجنبية بمواعيد استحقاق مختلفة وتأجيـل العقود إلى تاريخ لاحق بعيدا نوعا ما . وإذا تغيرت معدلات الفائدة فان معدلات لأجل تتغير كذلك ، وإذا تحققت توقعات المضارب فانه يحصل من خلالها على الربح .

الخلاصة

تتأثر أسواق الصرف بالعديد من العوامل الاقتصادية كالواردات والصادرات ، والاستثمارات ، والاستثمارات السلبية ، والعوامل المالية كالقروض الممنوحة والقروض المستلمة ، والعوامل السيكولوجية (النفسية) ، مثل توقعات ارتفاع أو انخفاض العملات النقدية ، والعوامل الاجتماعية والسياسية مثل البؤس الاجتماعي والفقر وعدم الاستقرار السياسي والحكومي .

أسئلة الفصل

1- ما هي فائدة سوق الصرف ؟

2- ما هي فائدة السوق لأجل ؟

3- ما الذي يفعله عرض العملة النقدية ؟

4- ما الذي يفعله طلب العملة النقدية ؟

5- احسب معدل التسليم المؤجل أو معدل الاستلام المؤجل للدولار الأمريكي مقابل اليورو ، إذا توفرت لديك التسعيرة الآتية :-

أ- السعر الفوري (USD/EUR) = 0.87500   سعر ثلاثة أشهر (USD/EUR) = 0.87073

ب- السعر الفوري (USD/EUR) = 0.8820   سعر ثلاثة أشهر (USD/EUR) = 0.8787

6- إذا كان التضخم في بريطانيا أكثر ارتفاعا من معدل التضخم في ألمانيا ، ومع بقاء الأشياء على حالها فما هو التأثير :-

- على طلب الليرة الإسترلينية ؟

- على عرض الليرة الإسترلينية ؟

- على قيمة التوازن لليرة الإسترلينية بالنسبة إلى اليورو ؟

7- إذا ارتفعت معدلات الفائدة الأمريكية مقارنة بمعدلات الفائدة الألمانية ، فكيف ينعكس على ما يلي :-

- الطلب الأمريكي على اليورو ؟

- عرض اليورو ؟

- قيمة التوازن لليورو الأوروبي بالنسبة إلى الدولار الأمريكي ؟

8- إذا خففت اليابان قيودها على الواردات ، مع بقاء جميع الظروف على حالها ، فكيف ينعكس ذلك على :-

145

- الطلب من قبل الأمريكيين على الين الياباني ؟

- عرض الين الياباني ؟

- قيمة الين الياباني بالنسبة للدولار ؟

9- توفرت لديك البيانات الآتية :-

السعر الفوري للين الياباني : اليورو (JPY/EUR) =0.00724

السعر لمدة (6) اشهر الين الياباني: اليورو (JPY/EUR) =0.00730

معدل فائدة مقترض (6) اشهر للين الياباني (JPY) =0.5 %

معدل فائدة مقترض (6) اشهر لليورو (EUR) = 3 %

معدل فائدة مقرض (6) اشهر للين الياباني (JPY) = $\frac{5}{8}$ %

معدل فائدة مقرض (6) اشهر لليورو (EUR) = 3 $\frac{1}{8}$ %

المطلوب :- ماذا يجب أن يفعله صراف بحوزته مبلغ (10) مليون يورو (EUR) أو ما يعادله بالين الياباني (JPY) ؟

10-توفرت لديك البيانات الآتية :-

معدل فائدة مقترض للفرنك السويسري (CHF) = 1.25 %

معدل فائدة مقترض لليورو (EUR) = 3 %

معدل فائدة مقرض للفرنك السويسري (CHF) = 1 $\frac{3}{8}$ %

معدل فائدة مقرض لليورو (EUR) = 3 $\frac{1}{8}$ %

السعر الفوري (spot) (CHF/EUR) =0.6289

السعر لمدة سنة واحدة (CHF/EUR) = 0.6349

المطلوب :- ماذا يجب أن يفعله صراف بحوزته مبلغ (10) مليون يورو أو ما يعادله بالفرنكات السويسرية ؟

146

الفصل السادس

نظريات أسعار الصرف العملات النقدية

الفصل السادس

نظريات أسعار الصرف

Theories of Exchange Rates

حاولت نظريات عديدة تفسير تكوين أسعار الصرف ، غير انه لم تتمكن أي من هذه النظريات من الإلمام بكل تعقيدات المتغيرات التي يجب أن تؤخذ في الاعتبار. وعلى الرغم من ذلك فأن لكل من هذه النظريات فائدة فيما يتعلق بالتطرق إلى أسعار الصرف . والتنبؤ بأسعار منتجات الشركات عند اتخاذ القرارات الإدارية .

يتم التطرق في هذا الفصل إلى الموضوعات الآتية :-

أولاً :- العوامل الاقتصادية المؤثرة في أسعار الصرف .

ثانياً :- نظرية تكافؤ القوة الشرائية .

ثالثاً :- نظرية تكافؤ معدلات الفائدة .

رابعاً :- نظرية أثر فيشر الدولي (Fisher effect international) .

خامساً :- نظرية كفاءة السوق .

سادساً :- العلاقة بين النظريات المختلفة .

سابعاً :- طرائق التنبؤ بأسعار الصرف .

أولاً:- العوامل الاقتصادية المؤثرة في أسعار الصرف

Economic Factors

مما لاشك فيه أن أسعار صرف العملات النقدية في البلدان ، التي تتعرض إلى ضغوط اقتصادية ومالية وسياسية ونفسية ، تتغير بإضطراد جراء هذه الضغوط . وهنالك العديد من العوامل التي تؤدي إلى تغيير سعر الصرف أو سعر العملة النقدية مقابل العملات النقدية الأخرى . ويمكن تقسيم هذه العوامل إلى عوامل اقتصادية وسياسية وسايكولوجية (نفسية) . وسيتم التطرق هنا إلى العوامل الاقتصادية بشي من التفصيل وذلك لأهميتها وعلاقتها المباشرة بالمالية الدولية .

تتمثل العوامل الاقتصادية في أن هنالك العديد من المتغيرات الاقتصادية التي تؤثر في سعر صرف العملة النقدية . وتتركز أبرز هذه المتغيرات بالآتي :-

1- تغير الأسعار النسبية   change in relative prices

يؤدي انخفاض الأسعار في دولة ما إلى انخفاض الأسعار النسبية في الدول الأخرى . فإذا انخفضت الأسعار في أحد البلدان ، فان ذلك يؤدي إلى زيادة صادرات ذلك البلد ، ومن ثم يؤدي إلى زيادة الطلب على عملة البلد . ومع بقاء العوامل الأخرى المؤثرة في أسعار الصرف ثابتة فان زيادة الطلب على العملة النقدية تؤدي إلى رفع قيمة عملة ذلك البلد أو زيادة سعر صرفها مقابل العملات النقدية الأخرى ، ومن المؤكد أن العكس يكون صحيحاً . وإذا ارتفعت الأسعار في أحد البلدان ، فان الطلب على منتجات ذلك البلد ينخفض ، ومن ثم ينخفض الطلب على عملة البلد ، الأمر الذي يؤدي إلى انخفاض قيمة عملة ذلك البلد أو سعر صرفها .

2- تغير الصادرات والواردات

change in exportations & importations

يتأثر سعر صرف العملة النقدية بالصادرات والواردات.فإذا كانت صادرات دولة ما اكبر من وارداتها فان ذلك يعني أن الطلب على عملة هذه الدولة من قبل الدول الأخرى سيكون أكبر من طلب هذه الدولة على العملات النقدية الأخرى ، والعكس يكون صحيحاً . ونتيجة لذلك فان قيمة عملة الدولة المصدرة والمستوردة تتأثر بالارتفاع والانخفاض من خلال حجم صادراتها قياسا بوارداتها .

3- حركة رؤوس الأموال **funds movement**

تؤثر حركة رؤوس الأموال في قيمة عملة دولة ما مقابل العملات الأخرى ، إذ ترتفع قيمة عملة الدولة المستوردة لرأس المال وتنخفض قيمة العملة بالنسبة للدولة المصدرة لرأس المال . وبناء على ذلك فان تغيير حركة رؤوس الأموال يؤدي إلى تغيير صرف العملات النقدية .

4- أسعار الفائدة **interest rate**

يؤدي ارتفاع أسعار الفائدة إلى زيادة الطلب على العملة النقدية ومن ثم ترتفع قيمتها والعكس صحيح . وتجدر الإشارة إلى أن أسعار الفائدة الرسمية على العملات النقدية الرئيسية في العالم تأثرت بالأزمة المالية التي اجتاحت جنوب شرق آسيا عام 1997م وروسيا عام 1998م وهددت بعض الاقتصادات في الدول الصناعية الرئيسية ذات العلاقة الوثيقة بالدول الآسيوية .

5- التغييرات الهيكلية   structure changes

تؤدي التغييرات الهيكلية ، وخاصة تلك المتعلقة بالهيكل الإنتاجي في دولة ما، إلى تغيير سعر صرف عملتها النقدية . فإذا استخدمت الدولة وسائل تكنولوجية حديثة في مجال الإنتاج ، فأنها تتمكن من زيادة إنتاجيتها إلى الحد الذي يؤدي إلى انخفاض أسعار منتجاتها تدريجياً بسبب هذه الزيادة ، ويؤدي ذلك إلى زيادة الطلب على منتجاتها من قبل الدول الأخرى وتزداد صادرات تلك الدولة ومن ثم يزداد الطلب على عملتها النقدية ، ويؤدي ذلك بالنتيجة إلى زيادة سعر صرف عملتها النقدية .

6- المضاربة   speculation

تؤدي المضاربة في الأسواق الدولية للعملات إلى التأثير في صرف العملات النقدية وخاصة على المدى القصير . فإذا توقع المضاربون أن قيمة العملة النقدية لدولة ما سترتفع في المستقبل فإنهم سيلجئون إلى اقتناء هذه العملة ومن ثم يزداد الطلب عليها ويرتفع سعر صرفها . أما إذا توقع المضاربون أن قيمة هذه العملة ستنخفض في المستقبل فإنهم سيلجئون إلى بيعها ومن ثم ينخفض سعر صرفها مقابل العملات النقدية الأخرى .

ثانياً :- نظرية تكافؤ القوة الشرائية

Parity of Purchasing Power

1- عرض النظرية

تقوم نظرية تكافؤ القوة الشرائية ، التي أعدت من قبل كاسيل (G.Cassel)،على أساس أن الأسعار الخاصة بعملتين نقديتين تتطور بحسب قوتهما الشرائية وفي حالة البدء من نقطة التوازن لأسعار الصرف الفوري فان

150

نظرية تكافؤ القوة الشرائية تشترط أي تباين لمعدل التضخم الاقتصادي بين بلدين يتعين أن يعوض ، في الأجل الطويل ، عن طريق تغيير الأسعار بنفس الأهمية . ويرى كاسيل (Cassel) أن التوازن يتحقق بالطريقة الآتية :-

إذا كان معدل التضخم الاقتصادي في البلد (أ) أعلى بكثير من معدل التضخم الاقتصادي في البلد (ب) فان البلد (أ) سيزيد وارداته من البلد (ب) وذلك لأن الأسعار في هذا الأخير ستكون منخفضة . وفي الوقت نفسه فان صادرات البلد (أ) ستنخفض وذلك لأن أسعار منتجاته ستكون مرتفعة . الأمر الذي ينجم عنه حصول عجز في الميزان التجاري للبلد (أ) ، ويميل الاتجاه نحو تخفيض نقود البلد (أ) قياساً بنقود البلد (ب) وتحقيق تكافؤ جديد للنقود .

وبالتعبير عن الرموز الآتية :-

CCo = السعر الفوري للنقد في الزمن (o) ،

CC_1 = السعر الفوري المتوقع للنقد في الزمن (1) ،

IF = مؤشر الأسعار في البلد الأجنبي (Foreign country) ،

ID = مؤشر الأسعار في البلد الوطن (Domestic country) .

يمكن الحصول على المعادلة الآتية :-

$$\frac{CC_1}{CC_o} = \frac{ID}{IF}$$

مثال (1)

إذا كان السعر الفوري للدولار الأمريكي مقابل الدينار العراقي في الأول من كانون الثاني للسنة (ن) كما يلي :-

الدولار/ الدينار = 0.332

ويتوقع أن تحصل زيادة في المستوى العام للأسعار بنسبة (6 %) في العراق و (2 %) في الولايات المتحدة الأمريكية خلال السنة . وإن مؤشر الأسعار هو (100) في الأول من كانون الثاني للعام نفسه . فماذا يجب أن يكون عليه سعر الدولار / الدينار في نهاية السنة ، في حالة إثبات نظرية تكافؤ القوة الشرائية ؟

الحل:

$$CC_1 / CC_o = ID / IF$$

$$CC_1 / 0.332 = 106 / 102$$

وبذلك فان قيمة السعر الفوري المتوقع (CC_1) للزمن (1) =

$CC_1 =$ 0.345 (دينار)

وهذا ما يعادل زيادة في قيمة الدولار بنسبة (3.9 %) أي ما يقارب التباين في معدل التضخم الاقتصادي البالغة نسبته (4 %) . ويمكن احتساب هذا المعدل كما يلي :-

$C C_1 / CCo = 0.345 / 0.332 = 1.039$ $\quad$ $1.039 \times 100 - 100 = 3.9$

ومن الجدير بالذكر أن السعر الفوري (spot rate) المتوقع قد يؤدي إلى النقص في قيمة النقد وليس الزيادة فيها كما وردت في المثال . ومن المؤكد أن ذلك يعتمد على المعطيات الرقمية المتاحة وكما في المثال الثاني الآتي :-

مثال (2)

كان السعر الفوري للدينار الأردني مقابل الدولار الأمريكي في بداية السنة (2) كالآتي :-

الدينار الأردني / الدولار (USD/JOD) = 1.4286

ويتوقع أن يزداد المستوى العام للأسعار في الولايات المتحدة الأمريكية بنسبة (5 %) وفي الأردن بنسبة (3 %) . وإن مؤشر الأسعار هو (100) في بداية السنة نفسها . فماذا يجب إن يكون عليه سعر الدينار الأردني / الدولار في نهاية السنة ، في حالة إثبات نظرية تكافؤ القوة الشرائية ؟

الحل:

بإتباع نفس الخطوات في المثال (1) يمكن التوصل إلى قيمة السعر الفوري المتوقع (CC_1) :-

$$1.4014 = CC_1$$

وهذا ما يعادل انخفاض قيمة الدينار الأردني (depreciation) بنسبة (1.9 %) (1.4286/1.4014) وهو ما يقارب التباين في معدل التضخم البالغ (2 %) .

كذلك من المؤكد أن تتحقق التسوية (adjustment) على مستوى الأسعار . لكن عند الأخذ في الحسبان جمود أو عدم مرونة الأسعار (prices rigidity) في أسواق السلع والخدمات مقارنة بتلك الأسعار المطبقة في الأسواق المالية ، فأن سعر الصرف يمكن أن يساهم في تحقيق التوازن أكثر من سعر السلع والخدمات .

2- العرض البياني لنظرية تكافؤ القوة الشرائية

يشير كل من الشكلين الآتيين إلى أن اختلاف معدل التضخم الاقتصادي الوطني والأجنبي يجب أن يعوض بواسطة تغيير أسعار الصرف المستقبلي . وإن الخط المستقيم لتكافؤ القوة الشرائية يمثل هذا التوازن . وفيما يتعلق بالرسم البياني يؤخذ المثالين السابقين كلاً على حده لبيان خط تكافؤ القوة الشرائية .

الرسم البياني (المثال الأول)

إذا كان معدل التضخم الاقتصادي المتوقع في العراق يمثل (6 %) وفي الولايات المتحدة الأمريكية (2 %) فان الزيادة المتوقعة في سعر صرف الدولار الأمريكي ، بموجب نظرية تكافؤ القوة الشرائية ، يجب أن تكون (4 %) (نقطة -أ - على الشكل 7) .

الشكل (7)

خط تكافؤ القوة الشرائية

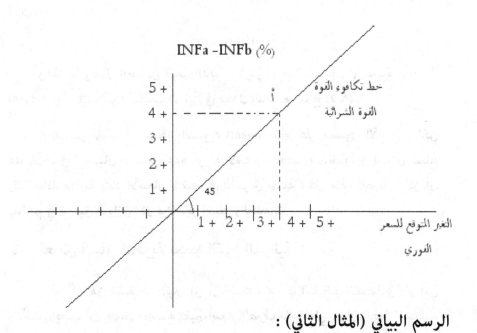

الرسم البياني (المثال الثاني) :

إذا كان معدل التضخم الاقتصادي المتوقع في الأردن يمثل (3 %) وفي الولايات المتحدة الأمريكية (5 %) فان الانخفاض المتوقع في سعر صرف الدينار

154

الأردني،بموجب نظرية تكافؤ القوة الشرائية يجب أن تكون (2 %) (نقطة - P - على الشكل 8) :-

الشكل (8)
خط تكافؤ القوة الشرائية

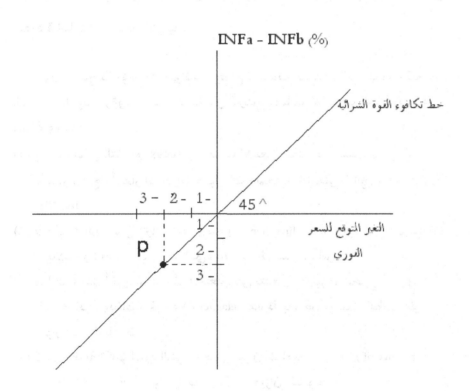

3- **تقييم نظرية تكافؤ القوة الشرائية**

لقد اختبر العديد من الباحثين والمؤلفين نظرية تكافؤ القوة الشرائية . وقد تبين أن هذه النظرية تطبق وتتحقق بشكل أفضل على المدى الطويل أكثر منه على المدى القصير . إذ أن هذه النظرية تقوم على أساس وجود فروقات منتظمة ومتكررة وواسعة لبعض النقود قياساً بتكافؤ القوة الشرائية .

وإن نموذج تكافؤ القوة الشرائية لا يصلح للعملات الصعبة ، التي لها وزن كبير في التحركات الدولية لرؤوس الأموال ، أكثر من غيرها . وهنالك العديد من المشكلات تبقى معلقة ومنها :-

(1) يختلف قياس التضخم الاقتصادي بحسب الأسعار المعتمدة : أسعار المستهلك أسعار المنتج ، أسعار الصادرات والواردات ، المخفض الضمني للناتج المحلي والإجمالي ...

(2) لا يمكن تحديد مدى فترة تسوية الأسعار (prices adjustment) بشكل دقيق قياسا بالأسعار (prices) ، وذات الشيء بالنسبة إلى سنة الأساس .

(3) هنالك عوامل أخرى علاوة على الأسعار التي تتدخل في الميزان التجاري وميزان المدفوعات ، وبخاصة المرونة (elasticity) مقارنة بالدخل وبأسعار الطلب على الواردات والصادرات .

(4) تخص نظرية تكافؤ القوة الشرائية حصراً ميزان المعاملات الجارية (balance of current transactions) وليس جميع فقرات ميزان المدفوعات (Balance of payment) .

(5) تقوم نظرية تكافؤ القوة الشرائية على أساس توقع معدلات التضخم الاقتصادي في مختلف البلدان .

156

(6) وأخيراً فان الحكومات تمتلك جميع الوسائل ، علاوة على تغيير أسعار الصرف، من أجل مقاومة العجز في ميزان المدفوعات .

4- مؤشرات معدلات الصرف الاسمية والحقيقية

يحتسب مؤشر معدل الصرف الاسمي الفعلي قيمة عملة نقدية معينة في حدود معينة من الزمن . ومثلما يقوم البلد بتجارته الدولية مع الأطراف المختلفة فانه من الضروري معرفة ما إذا كانت عملة البلد المعني مرتفعة القيمة أو منخفضة القيمة وذلك حسب مفاهيم تكافؤ القوة الشرائية .

إن أسعار الصرف الفعلية الحقيقية توفر نمو متوسط سعر الصرف بالنسبة إلى نقود الشركاء التجاريين ، موزوناً تبعاً للتدفقات التجارية (commercial flows) . وان مؤشرات معدل الصرف الحقيقية تحصل من خلال وزن معدلات الصرف الثنائية بين البلدان موضع الدراسة وشركاءها التجاريين الأساسين . وهذه المؤشرات تبين كم تغيرت القوة الشرائية الموزونة للعملة النقدية قياساً بسنة أساس معينة (Morgan guaranty index) . كذلك تساعد هذه المؤشرات في عملية تقييم تأثير ارتفاع أو انخفاض أسعار الصرف على ميزان المدفوعات ومعرفة المؤشر التنافسي (competitive) للبلد .

وفي حالة تعويض فروقات معدل التضخم الاقتصادي بشكل دقيق عن طريق تغييرات أسعار الصرف فان مؤشرات الأسعار الحقيقية الفعلية ستبقى (100)، وإذا تعزز سعر الصرف وتم تسويته مع معدل التضخم الاقتصادي ، وتجاوز هذا السعر المؤشر (100) ، فان سعر الصرف سيكون مرتفع القيمة من وجهة النظر التنافسية . وبالعكس ، إذا كان المؤشر أقل من (100) فان سعر الصرف سيكون منخفض القيمة من وجهة النظر التنافسية .

وتنشر الفايننشال تايمز (financial times) كل يوم مؤشر مورجان (Morgan Index) كما في الجدول (6) . وان سنة الأساس المعتمدة هي 1990 م .

جدول (6)

مؤشر مورجان (Morgan)

اسم البلد	المؤشر	اسم البلد	المؤشر
النمسا Austria	103.6	لوكسمبورغ Luxembourg	103.4
بلجيكا Belgium	103.4	هولندا Netherlands	102.6
الدانمارك Denmark	106.5	النرويج Norway	92.9
فلندا Finland	82.3	برتغال Portugal	93.2
فرنسا France	106.4	إسبانيا Spain	77.1
ألمانيا Germany	104.5	السويد Sweden	79.6
اليونان Greece	62.1	سويسرا Switzerland	107.4
إيطاليا Italy	76.0	المملكة المتحدة U.K	101.1

Source: - Financial Times, Dec.1998.

ثالثاً :- نظرية تكافؤ معدلات الفائدة

Parity of Interest Rates

1- عرض النظرية

تقوم نظرية تكافؤ معدلات الفائدة على أساس أن سعر الاستلام المؤجل (carrying over-rate) أو سعر التسليم المؤجل (backwardation rate) لعملة نقدية أجنبية معينة يجب أن يعكس التباين أو الاختلاف في معدل الفائدة بين البلدين .

وبموجب هذه النظرية فان المستثمر لا يمكنه الحصول من خلال توظيف أمواله في الخارج ، في بلد يكون فيه معدل الفائدة (IF) أكثر ارتفاعاً من سوقه المحلية ، على معدل عائد أعلى من ذلك المعدل الذي سيحصله في سوقه الخاص ، وذلك لأن اختلاف المعدلات يجب أن يعوض عن طريق الفرق بين السعر الفوري والسعر لأجل (forward rate) .

ويمكن أن تنجز العمليات بالأسلوب الآتي :- المستثمر يمكن أن يوظف أمواله (M) في سوقه الخاص لمدة سنة واحدة ، على سبيل المثال ، والحصول في نهاية الاستثمار أو التوظيف (Investment) (1+ Id) M . وهذا المبلغ يجب أن يكون معادلاً ، بموجب هذه النظرية ، إلى المبلغ الذي سيحصله من خلال تحول أمواله في البداية إلى عملات نقدية أجنبية بالسعر الفوري ، ومن خلال توظيف هذه العملات في السوق الأجنبية بمعدل (If) ومن خلال البيع الآجل المجموع المستقبلي بأسلوب يمكن أن تحصل بواسطته على مبلغ جديد بالعملة النقدية المحلية .

وبالمعادلات الرياضية يمكن التعبير عن ذلك بما يلي :-

$$M(1+Id) = M/CC \ (1+If) \times CT \qquad \ldots\ldots\ldots\ldots(1)$$

حيث أن :-

CC = السعر الفوري

CT = السعر لأجل

If = معدل الفائدة الاسمي الأجنبي

Id = معدل الفائدة الاسمي المحلي

$$CT / CC = (1+Id) / (1+If) \quad ....(2)$$

ويمكن كتابة المعادلة (2) مرة أخرى عن طريق طرح (1) من الطرفين :-

$$CT / CC - 1 = (1+Id) / (1+If) - 1 \quad ....(3)$$

أو يمكن كتابة

المعادلة السابقة بالشكل الآتي :-

$$(CT-CC) / CC = (Id-If) / (1+If)$$

وإذا اعتبر أن المقدار (If) ضعيف فانه يمكن كتابة المعادلة بطريقة أخرى كما يلي :-

$$(CT-CC) / CC = Id - If$$

وعليه فان سعر الاستلام المؤجل (أو التسليم المؤجل) يجب أن يكون تقريباً مساوياً إلى الفرق في معدل الفائدة بين العملتين النقديتين . وان سعر الاستلام المؤجل (أو التسليم المؤجل) وتباين معدل الفائدة المأخوذ في الحسبان يجب أن تكون لهما نفس الفترة .

مثال

نفترض أن أسعار ومعدلات الفائدة كانت كما يلي :-

- السعر الفوري للدولار الأمريكي/الدينار العراقي(USD/IRD) = 0.33000
- معدل الفائدة السنوي بالدولار (USD) = 6 %
- معدل الفائدة السنوي بالدينار (IRD) = 4 %

في حالة تطبيق نظرية تكافؤ معدلات الفائدة فان معدل التسليم المؤجل خلال سنة للدولار مقابل الدينار العراقي يجب أن يكون تقريباً معادلاً إلى :-

160

$$(CT - 0.330) / 0.330 = 6 \% - 4 \%$$

$$CT = 0.3366$$

يجب أن يكون معدل التسليم المؤجل للدولار حوالي (2 %) وهو تقريباً ما يعادل التباين في معدل الفائدتين خلال سنة واحدة . ويحسب كما يلي :-

$$0.3366 / 0.3300 = (1.02 - 1) \times 100 = 2 \%$$

وإذا كانت الأسواق في حالة توازن فان السعر لأجل خلال سنة يجب أن يقترب من النتيجة الآتية :-

$$CT - 0.33000 = (-2 \%) \times 0.33000$$

$$CT = 0.33000 (1 - 2 \%)$$

$$CT = 0.3234$$

وكما أشير إليه آنفاً ، إذا لم تكن هنالك رقابة على الصرف فان الأسعار لأجل يجب أن تعكس التباين أو الاختلاف في معدلات الفائدة بين العملات النقدية. وإن التوازن في أسواق الصرف حصل بفضل الموازنة أو الترجيح في أسعار الصرف (arbitrage) بمعدل الفائدة المغطى (covered) .

2- العرض البياني لنظرية تكافؤ معدلات الفائدة

يوضح الشكل التالي (9) نظرية تكافؤ معدلات الفائدة . إذ يبين ، بنفس الأهمية ، الفرق بين معدلات الفائدة المحلية والأجنبية (IF-ID) سعر الاستلام المؤجل أو سعر التسليم المؤجل للعملة النقدية الأجنبية مقابل العملة النقدية المحلية .

161

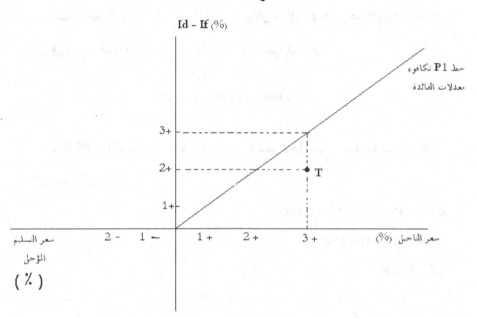

الشكل (9)

خط تكافؤ معدلات الفائدة

فالخط P1 (تكافؤ معدلات الفائدة) يمثل خط التوازن الذي تقع عليه جميع النقاط (points) التي تبين التكافؤ بين تباين معدل الفائدة وسعر الاستلام المؤجل (أو سعر التسليم المؤجل).أما النقطة T ، فتقع خارج خط نقاط التوازن، ومن ثم فأنها لا تمثل نقطة توازن .

3- تقييم نظرية تكافؤ معدلات الفائدة

تساعد نظرية تكافؤ معدلات الفائدة في عملية ربط الأسواق النقدية الوطنية بأسواق الصرف الأجنبية . ويكفي ، لغرض اختبار هذه النظرية ، مقارنة سعر الاستلام المؤجل أو سعر التسليم المؤجل في فترات مختلفة . غير أنه من الصعوبة

الحصول على المعطيات المطابقة تماماً إلى نفس الفترة الزمنية . ومع ذلك فان الدراسات ، التي أجريت ، تحاول إثبات هذه النظرية ، على الرغم من وجود بعض الانتقادات الموجهة إليها .

وفي حالة ارتفاع الفروقات (deviations) بين سعر الاستلام المؤجل وسعر التسليم المؤجل والتباين في معدل الفائدة فان موازنات أو ترجيحات (arbitrages) معدل الفائدة المغطى سيقود الأسعار نحو التوازن في أسواق الصرف .

رابعاً :- نظرية اثر فيشر الدولي

International Fisher Effect   (IFE)

1- اثر فيشر   Fisher Effect

توصل الاقتصادي ايرفنج فيشر (Irving Fisher) إلى أن معدل الفائدة الاسمي في كل بلد يساوي معدل الفائدة الحقيقي المطلوب من قبل المستثمر ، مضافاً إليه معدل التضخم الاقتصادي المتوقع . إن معدلات الفائدة الحقيقية في مختلف البلدان يجب أن تتجه نحو المساواة في حين معدلات الفائدة الاسمية يجب أن تختلف تبعاً لمعدلات التضخم المتوقعة .

فعلى سبيل المثال ، لو نفترض أن هنالك حرية الدخول في أسواق رؤوس الأموال ، وكانت معدلات الفائدة على الأوراق المالية المقارنة خلال سنة واحدة هي على التوالي (3 %) في الأردن و (5 %) في العراق . وهذا الفرق في معدل الفائدة 2 % (5 % - 3 %) يجب أن يعكس تباين معدل التضخم الاقتصادي المتوقع (2 %) بين الأردن والعراق . فالبلد الذي يكون فيه معدل الفائدة أكثر

ارتفاعاً يواجه تسجيل معدل تضخم اقتصادي أكثر ارتفاعاً ، وسيكون الفرق بين اختلاف معدل الفائدة بنسبة (2 %) منسجم مع معدلات التضخم الاقتصادي المتوقعة بنسبة (2 %) في الأردن وبنسبة (4 %) في العراق على سبيل المثال . وهذه العلاقة لفيشر كانت قد طالت المجال الدولي من اجل التنبؤ بأسعار الصرف .

2- عرض نظرية اثر فيشر الدولي (IFE) Fisher effect

يبين اثر فيشر الدولي أن سعر الصرف الفوري (الحاضر) يجب أن يختلف بنسبة معينة معادلة إلى التباين في معدل الفائدة ، ولكن باتجاه معاكس . وبعبارة أخرى،يجب أن يعكس التباين في معدل الفائدة بين بلدين،معدل الانخفاض أو الزيادة المتوقعة لعملة نقدية أجنبية مقابل العملة النقدية المحلية.فإذا كان معدل الفائدة على الدينار هو (6 %) وإذا كان معدل الفائدة على الدولار الأمريكي هو (4.5 %) فان ذلك يعني ، وحسب نظرية أثر فيشر الدولي ، إن قيمة الدينار يجب أن تنخفض بنسبة (1.5 %) عن قيمة الدولار الأمريكي .

إن الفرضية التي تستند إليها نظرية أثر فيشر الدولي (IFE) هي إذا لم يكن هنالك قيود على حرية حركة رؤوس الأموال فان معدل فائدة أكثر ارتفاعاً في بلد ما يجب أن يقود (في حالة توقع عدم انخفاض هذه القيمة) إلى زيادة تدفقات رؤوس الأموال تجاه هذا البلد . وهذا التدفق لرؤوس الأموال يتعين أن يتابع حتى تتحقق المعادلة (equalization) بين معدلات الفائدة .

تستخدم نظرية أثر فيشر الدولي معدلات الفائدة في توضيح التغيرات في أسعار الصرف . لكن علاقة هذه النظرية بنظرية تكافؤ القوة الشرائية ضيقة وذلك بسبب ضعف الارتباط بين معدلات الفائدة ومعدلات التضخم الاقتصادي . وفي حالة ما إذا تحقق إثبات نظرية أثر فيشر الدولي (IFE) حينئذ ليس من مصلحة

164

المستثمر أن يوظف أمواله في الخارج وذلك لأن أسعار الصرف يجب أن تجري تسويتها (adjustment) من أجل تعويض الفروقات في معدلات الفائدة .

3-العرض البياني لنظرية أثر فيشر الدولي (IFE)

يوضح الشكل (10) التالي العلاقة التي يجب أن توجد ، حسب نظرية أثر فيشر الدولي (IFE) ، بين معدل التغيير المتوقع في السعر الفوري للعملة النقدية الأجنبية (F) مقارنة بالعملة النقدية المحلية (D) والتباين في معدل الفائدة (Id-If) ، أي بتعبير آخر معدل العملة النقدية المحلية مطروحاً منه معدل العملة النقدية الأجنبية

الشكل (10)

أثر فيشر الدولي (IFE)

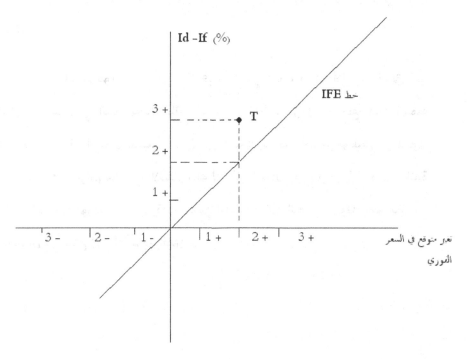

165

يمثل الخط (IF) (فيشر الدولي) خط التوازن . وبالنسبة لجميع النقاط التي تقع على هذا الخط فانه يكون هنالك مساواة (معادلة) بين تغير أسعار الصرف الفوري وتباين معدل الفائدة بين العملات النقدية . والنقطة (T) لا تمثل نقطة توازن وذلك لأنها تمثل تغير سعر بنسبة (2 %) في حين أن تباين معدل الفائدة كان بنسبة (3 %) .

4- تقييم نظرية أثر فيشر الدولي (IFE)

لقد أصبحت هذه النظرية هدفا للعديد من الدراسات . وقد تم التحقق من النظرية بشكل جيد إلى حد ما خلال فترات معينة وفي بلدان متعددة . وأظهرت هذه النظرية أن العملات النقدية القوية تنتفع من علاوة مخاطرة أسعار الصرف وان التغيرات في أسعار الصرف المنتظرة (waited) كانت أكثر ارتفاعاً من التباين في معدل الفائدة .

هنالك انتقاد موجه إلى نظرية أثر فيشر الدولي (IFE) وهو إذا دخل تدفق كبير لرؤوس الأموال في البلد بمعدل فائدة مرتفع فان ذلك يؤدي إلى رفع قيمة العملة النقدية لأن هذه الأموال يجب أن تحول إلى عملة البلد قبل أن يتم توظيفها في السوق المحلية . وعلى الرغم من هذا الانتقاد فانه لا يمكن إهمال دور التباين في معدل الفائدة على الأسعار الفورية (الحاضرة) المستقبلية للعملات النقدية . وقد اخذ ذلك في الحسبان في نموذج التنبؤ بأسعار الصرف .

خامساً :- نظرية كفاءة السوق

Theory of Market Efficiency

تعرف السوق الكفؤة بأنها السوق التي تعكس فيها الأسعار جميع البيانات المتاحة . وتقوم هذه السوق على افتراض أن جميع العاملين والمشاركين (participants) في السوق قد حصلوا على البيانات ، التي تشمل البيانات الاقتصادية الحالية والمتاحة مثل الإفصاح عن العجز أو الفائض في ميزان المدفوعات، وعجز الموازنات ومعدل التضخم الاقتصادي وغيرها . وتتميز السوق الكفؤة ببعض الخواص والمميزات الملازمة لها وهي أن تتضمن البيانات الجديدة مباشرة أسعار الصرف الفوري والآجل، وأن تكون تكاليف المعاملات(transactions) منخفضة ، وأن تكون تغيرات الأسعار محتملة وغير أكيدة (uncertain) . ويمكن أن تقود هذه الخواص إلى بعض النتائج التي تتمثل في عدم التمكن من إجراء التنبؤ ، وعدم تمكن المضارب (speculator) من تحقيق أرباح على المدى الطويل . ويمكن أن يمثل السعر الأجل ، بوصفه مؤشر بدون انحراف (oblique) ، السعر الفوري المستقبلي . وهذا يعني بتعبير آخر أن هنالك فرص لارتفاع أو انخفاض السعر لأجل والسعر المستقبلي .

وهنالك جدل واسع بين المنظرين (theoreticians) حول مسالة تحديد ما إذا كانت أسواق الصرف كفوءة نسبياً . فمن جانب يرى المنظرون أن الأسواق تعد كفؤة ، ولكن اختبارات (tests) كفاءة السوق لا تتوصل دائما إلى النتائج نفسها. هنالك العديد من الدراسات مثل دراسة جيدي و دوفي (1976 -1975 , Giddy ,Dufey) كان قد توصل إلى استنتاج كفاءة السوق. وهنالك دراسات أخرى مثل دراسة هانت (Hunt 1986) أو كرني و

ماكدونالد (Kearney , Macdonald 1989) توصلت إلى استنتاج عدم الكفاءة النسبية
(inefficiency) لأسواق الصرف. ومن جانب آخر يرى العاملون والمشاركون (participants
) في السوق بأن هنالك العديد من العوامل والمتغيرات تعد غير كفؤة ومن ثم لا تساعد
على كفاءة السوق . إن هذه الاختلافات في الآراء والنتائج قد تكون ناجمة عن اختلاف
الأفق الفكري للمنظرين عما يتوصل إليه العاملين في الأسواق من نتائج ومعلومات .

سادساً :- العلاقة بين النظريات المختلفة

Relation Between the Different Theories

تتظافر النظريات من اجل تفسير الارتباطات بين مختلف أسعار الصرف للعملات
النقدية . والشكل (11) التالي يوضح الارتباطات بين الأسعار الفورية ومعدلات التضخم
ومعدلات الفائدة والأسعار لأجل .

الشكل (11)

العلاقات بين الأسعار الفورية ومعدلات التضخم ومعدلات الفائدة وأسعار لأجل .

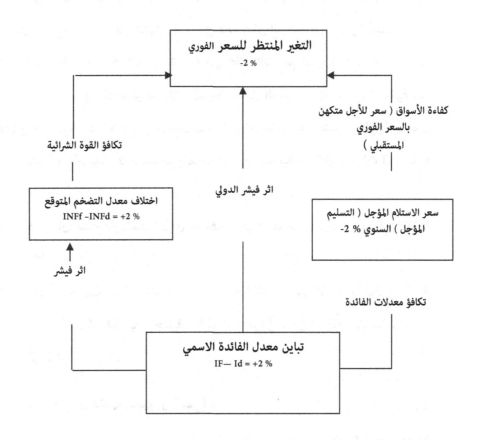

ويتعين أن يعكس التغير المنتظر للأسعار الفورية فروقات (اختلافات) معدلات الفائدة الاسمية ، وفروقات (اختلافات) معدلات التضخم المتوقع . ويتعين أن يكون اختلاف معدلات الفائدة الاسمية (ID-I F) مساوياً (equal) ، ولكن بإشارة معاكسة ، إلى معدل الاستلام المؤجل أو التسليم المؤجل على العملة النقدية .

إذا كانت السوق كفؤة فان السعر لأجل يكون متكهن (predictor) دون انحراف للسعر الفوري المستقبلي .

فعلى سبيل المثال ، إذا كان معدل الفائدة الاسمي على الدينار اقل من (2 %) من معدل الفائدة الاسمي على الدولار الأمريكي فانه يمكن التوصل إلى الأمور الآتية:-

(1) يظهر هذا الفرق في المعدل (2 %) من خلال التضخم المتوقع بنسبة (2 %) في السعر الفوري المستقبلي للدولار الأمريكي مقابل الدينار (تكافؤ القوة الشرائية) .

(2) يدخل كذلك هذا الفرق في المعدل (2 %) في احتساب سعر التسليم المؤجل للعملة النقدية الأجنبية(- 2%) مقارنة بالعملة النقدية المحلية (تكافؤ معدلات الفائدة) .

(3) يمكن أن يستخدم السعر لأجل بوصفه متكهن للسعر الفوري المستقبلي (كفاءة الأسواق) .

(4) اختلاف معدلات الفائدة الاسمية في التنبؤ بانخفاض السعر الفوري المستقبلي بنسبة (2 %) للعملة النقدية الأجنبية (الدولار الأمريكي) عن العملة النقدية المحلية (أثر فيشر الدولي) .

سابعاً :- طرق التنبؤ بأسعار الصرف

Methods of Forecasting

تعد عملية التنبؤات بأسعار الصرف من العمليات صعبة التحقيق إلى حد كبير ، غير أن هذه التنبؤات تعتبر ضرورية حينما تضع المنشأة سياسة مالية دولية . لذلك فان التنبؤات تكون مفيدة في الحالات الآتية :-

(1) إعداد سياسة تغطية أسعار الصرف :- حسب توقعات الأسعار (prices anticipations) تفضل طريقة دون أخرى .

(2) اتخاذ قرارات التمويل (الاقتراض) أو الاستثمار (placement) :- تدخل الشركات الكبيرة في مختلف الأسواق ويتعين أن تدرس بعناية كبيرة حالة التغيرات في أسعار الصرف .

(3) اتخاذ قرارات الاستثمار (investment decisions) :- يتضمن قرار الاستثمار في الخارج احتساب التدفقات النقدية المستقبلية (future cash flows) ، وان تلك التدفقات تعتمد على تطور العملة النقدية للبلد المضيف .

(4) تقييم نتائج (performances) أعمال الشركات متعددة الجنسيات .

(أولاً) التنبؤات بالأسعار قصيرة الأجل

لم تكن النظريات التفسيرية للتغيرات في الأسعار كافية لغرض استخدامها في التنبؤ بتطورات الأسعار . ولذلك لابد من تناول بعض الطرائق المستخدمة في هذا المجال والتي غالباً ما تكون تجريبية وغير متكاملة . وتتمثل هذه الطرائق في المؤشرات المتقدمة (advanced index) ، ومعدلات صرف لأجل بوصفها متكهن للسعر المستقبلي ، والأشكال البيانية أو الخرائط البيانية (chart , curve) .

(1) طريقة المؤشرات المتقدمة   advanced index method

استخدم العديد من المؤشرات المتقدمة من اجل التكهن (prediction) بالأسعار.وفي الواقع يتركز اهتمام التكهن بشكل خاص عل تخفيض القيم (devaluation of values) .

171

وهنالك مؤشر غالبا ما يستخدم ويتمثل في العلاقة الآتية :-

$$\frac{\text{الاحتياطات}}{\text{الواردات}}$$

وتتضمن الاحتياطات (Reserves)،الاحتياطات بالذهب والعملات الصعبة وفي حقوق السحب الخاصة . كذلك يمكن احتساب عدد أشهر(N) الواردات (I) المغطى بواسطة الاحتياطات (R) .

$$N = (R/I) \times 12$$

وهكذا إذا كانت ، على سبيل المثال ، الواردات السنوية لأحد البلدان بمبلغ (100) مليار وحدة نقدية وكانت الاحتياطات بمبلغ (40) مليار ، فان عدد أشهر الواردات المغطى بوساطة الاحتياطات يكون كما يلي :-

$N = (40 /100) \times 12 = 4.8$ (شهر)

ففي حالة إذا كان مبلغ الاحتياطات أقل من ثلاثة اشهر لتغطية الواردات فانه يمكن أن تكون عملة البلد المعني قابلة للانتكاس (vulnerable) .

ويتعين أن يستخدم هذا المعيار حينما يمر البلد في فترة مبادلات متذبذبة أو عائمة (flexible) ، أو بعبارة أخرى يمر البلد في فترة تكون فيها أسعار الصرف متذبذبة . وهنالك مؤشر أخر يمكنه ترجمة حالة الضغط على العملة النقدية التي يمكن أن تقود البلد إلى إعادة تقييم عملته النقدية بهدف تجنب التضخم الاقتصادي. و يمثل هذا المؤشر العلاقة بين زيادة الاحتياطات والمعروض النقدي من العملة النقدية لبلد ما خلال الفترة نفسها . فإذا تجاوزت هذه العلاقة المحسوبة على أساس سنوي نسبة (10 %) فان ذلك يعني وجود ضغط كبير باتجاه إعادة تقييم

(reevaluation) عملة البلد . وفي الواقع ، طالما يمكن تحويل غالبية العملات النقدية الأجنبية إلى العملة النقدية المحلية ، فان ذلك يشجع السلطات المالية على زيادة مخزون العملة النقدية المحلية ومن ثم يؤدي إلى ارتفاع معدلات التضخم الاقتصادي .

(2)   استخدام السعر لأجل كمؤشر للسعر المستقبلي

يرى بعض المؤلفين ، واستنادا إلى فرضية كفاءة أسواق الصرف ، أن السعر الفوري (الحاضر) المستقبلي المتوقع لعملة نقدية معينة يتعين أن يكون معادلا إلى السعر لأجل .فإذا كان السعر لأجل للدولار الأمريكي مقابل الدينار العراقي(USD/ IRD) ، في الأول من تموز لمدة ستة أشهر ، يعادل 0.335 ، فان ذلك يعني أن السعر الفوري المتوقع للأول من كانون الثاني يتعين أن يكون مساوياً إلى 0.335 . وبتعبير آخر ، وكما يرى هؤلاء المؤلفون ، يتعين أن يكون سعر الاستلام المؤجل (أو التسليم المؤجل) متكهن دون انحراف معدل زيادة القيمة (surplus value) أو انخفاض القيمة للعملة النقدية الأجنبية (decrease in value) عن العملة النقدية المحلية .

(3)   الأشكال البيانية (graphic methods) أو مخططات التنبؤ بسعر الصرف

استخدمت هذه الطرائق ، منذ زمن بعيد ، في الأسواق المالية (Stock exchange).وإن هدف المخططات(charts) يتمثل في تحديد حدود تغيير الاتجاهات والتنبؤ في اللحظة التي يتغير فيها الاتجاه . وتقوم الفرضية الرئيسية على أساس أن الأسعار تتطور تبعاً للاتجاهات وان المخططات البيانية للسعر تساعد في تشخيص بعض الأشكال الفنية الدالة على تغيير الاتجاه (trend) . إن الطرائق

173

البيانية تربط أسعار الصرف بالقيم الماضية لنفس هذه الأسعار . وطريقة المؤشرات المتقدمة تربط أسعار الصرف بالقيم السابقة للمتغيرات الأخرى .

ويفترض التحليل التقني (Technique analyze) أن سلوكية العاملين تبقى ثابتة خلال الزمن،ويشخص هذا التحليل بعض الأشكال أو المعالم (configuration)،التي تعد التنبؤات (forecasting) بفعل ملاحظاتها السريعة وخصوصا من خلال مساعدة الحاسبات الإلكترونية .

(أ) الأشكال البيانية للسعر   (graphidiagram of the price)

● الأشكال البيانية الخطية (graph in lines)

تؤشر كل يوم أسعار الإقفال (closing prices) للعملة النقدية ، ومن ثم يربط الخط البياني النقاط المختلفة بخط واحد وكما في الشكل (12) الآتي :-

الشكل (12)

تطور سعر الدولار الأمريكي / الدينار العراقي

اعلى نقطة ٣.٤٥ في ١٩٩٥/١/١

ادنى نقطة ١.٣٥ في ٢٠٠٤/١/١

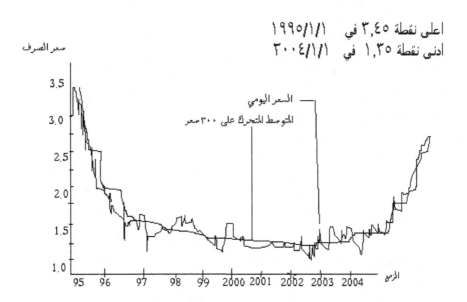

ويمكن رسم تطور لعملتين نقديتين في فترة قصيرة وكما في الشكل(13) الآتي .

الشكل (13)

تطور على فترة قصيرة

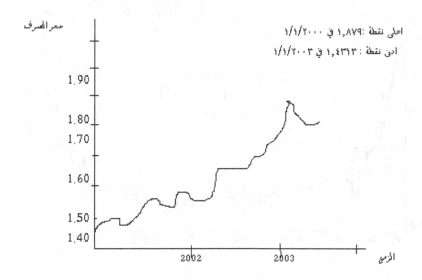

● الأشكال البيانية بخطوط مقطعة (Graph in crossed lines) :

ويتم في كل يوم وكل أسبوع أو كل شهر عرض أعلى الأسعار وأدنى الأسعار وسعر الأقفال مؤشرا بخط أفقي صغير .

176

الشكل (14)

الرسم البياني بخطوط متقطعة

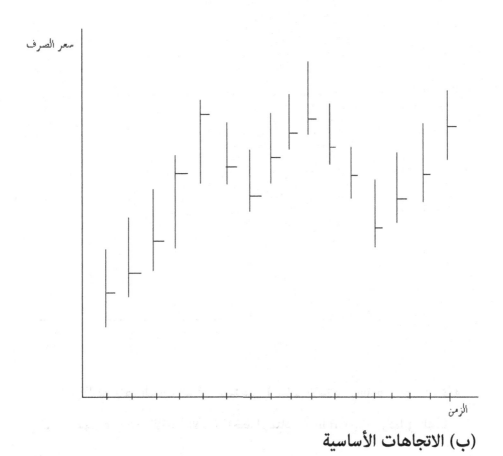

(ب) الاتجاهات الأساسية

يتم وضع النقاط على الشكل البياني وذلك لتحديد الاتجاهات من خلال ربط هذه

النقاط بعضها البعض الآخر . وهنا تبرز نقاط عليا للمنحنى (نقاط المقاومة

resistance points)يتم ربطها بخط مستقيم يسمى بخط المقاومة (resistance line)

وكما في الشكل (15) الآتي .

الشكل (15)

الخط المقاوم

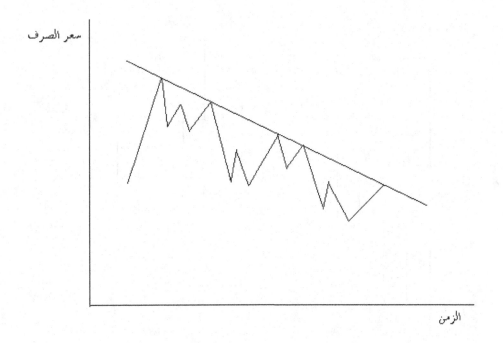

أما إذا تم ربط النقاط السفلى للمنحنى (نقاط الإسناد support points) فانه
يمكن الحصول على خط الاتجاه الأسفل (خط الإسناد   support line) وكما في الشكل (
16) الآتي .

الشكل (16)

خط الإسناد

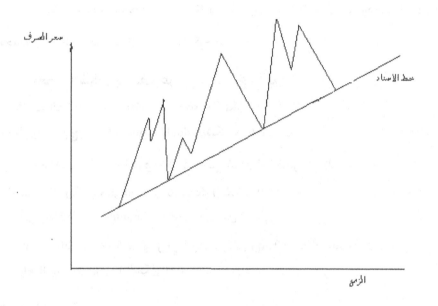

وفي حالة مزاوجة خطي النقاط السفلى والنقاط الأعلى فانه يشكل نفق (tunnel) ،
وعندما تنحرف الأسعار بشكل كبير عن هذه الخطوط فان ذلك يؤشر تغير في سلوك
السوق (market comportment) . ويمكن أن يحصل ذلك بأسلوبين هما أما تعجيل
الاتجاه السابق ، أو الاندماج قبل تغير الاتجاه . فإذا اجتاز سعر معين إلى أعلى من خطه
المقاوم فان ذلك يعني علامة أو إشارة للشراء . وبالعكس إذا اجتاز سعر معين إلى أسفل
من خطه الإسناد فان ذلك يعني علامة أو إشارة البيع .

179

(ج) الأشكال النموذجية   (typical form)

يستند أصحاب المخططات (chartists) إلى بعض الأشكال النموذجية لغرض
تحديد الاتجاهات قصيرة الأجل إلى حد كبير .

بعض الأشكال يكشف عن توقع ارتفاع ما يلي :-
- المثلثات الصاعدة   ascendant triangles (الشكل 17) ،
- التقعر المزدوج   double concavity (الشكل 18) ،

وهنالك أشكال أخرى تكشف عن توقع انخفاض ما يلي :-
- المثلثات النازلة   descendant triangles (الشكل 19) .
- الرأس والأكتاف   head and shoulder (الشكل 20) .

إن المثلثات المتناظرة لا تؤشر أي اتجاه ، ولكن زيادة محتملة لتصاعد الأسعار .
- أمواج اليوت (Elliot) (الشكل 21)

الشكل (17)   الشكل (18)

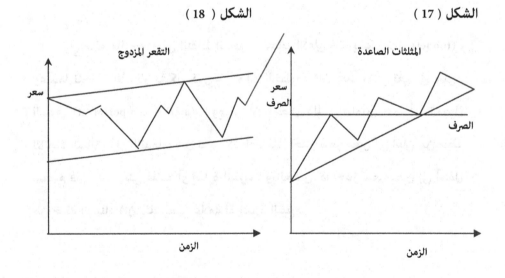

180

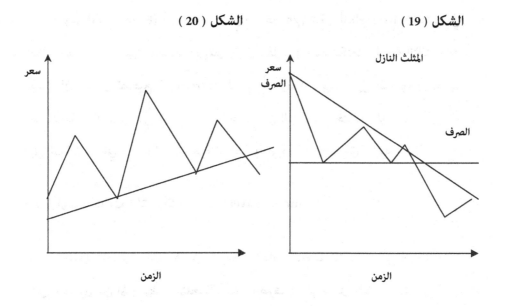

الشكل (19)

الشكل (20)

الشكل (21)

أمواج اليوت (Elliot)

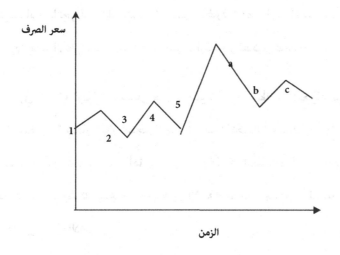

يرى اليوت (Elliot) أن أسعار الأسهم تتغير على شكل أمواج (waves) تتمثل في ثلاثة أمواج إلى الأعلى تقطعها موجتين إلى الأسفل . وعندما تكتمل الموجة الثالثة فانه يجب أن يحصل تصحيح (correction) للأسعار . وتجدر الإشارة إلى انه يوجد العديد من الأشكال الأخرى التي توضح بيانياً العديد من الظواهر المختلفة ، لذا يمكن الرجوع إلى التحليل البياني في المصادر العلمية الخاصة بالبورصات (الأسواق المالية) .

(د) المتوسطات المتحركة   moving averages

تساعد المعدلات المتحركة في متابعة الاتجاه المتوسط للأسواق . ويمكن الاعتماد على منحنيين من المتوسطات المتحركة لسعر الصرف ، على سبيل المثال منحنى (curve) واحد لمتوسطات متحركة على مدة قصيرة بمعدل (10) أسعار ومنحنى آخر لمتوسطات متحركة على مدة أطول بمعدل (30) سعر مثلاً . وعلى نفس الشكل البياني يمكن عرض تغييرات الأسعار ومنحنيات المتوسطات المتحركة (الشكل 12) وعندما يقطع منحنى المتوسطات المتحركة ، المستندة إلى نفس الفترة القصيرة ، المنحنى الآخر للمتوسطات المتحركة نحو الأعلى ، فان ذلك يمثل إشارة ارتفاع والعكس صحيح .

وفي فترات ارتفاع الأسعار فان منحنيات المتوسطات المتحركة توجد بشكل عام تحت منحنى الأسعار ، وان منحنى المتوسطات المتحركة المستندة إلى نفس الفترة الأطول يوجد في الأدنى (الأسفل) . أما في فترات انخفاض الأسعار، فان منحنيات المتوسطات المتحركة توجد بشكل عام فوق منحنى الأسعار ، وان المنحنى المستند إلى نفس الفترة الأطول يوجد في الأعلى .

(ثانياً) التنبؤ بأسعار الصرف متوسطة وطويلة الأجل

توجد طرائق عدة للتنبؤ بأسعار الصرف متوسطة وطويلة الأجل . وتستند هذه الطرائق إلى المفهوم الاقتصادي economic approach والمفهوم الاجتماعي والسياسي socio-political approach.

(أ) المفهوم الاقتصادي   economic approach

يقوم هذا المفهوم على مراحل عدة هي :

(1) دراسة تطور ميزان المدفوعات ، فإذا كان البلد يستورد أكثر مما يصدر خلال مدة طويلة فانه يزداد احتمال انخفاض قيمة عملته النقدية .

(2) فحص تطور احتياطات الذهب واحتياطات العملات الصعبة للبلد.فالعجز في ميزان المدفوعات يسبب انخفاض احتياطات البلد . وان الانخفاض الكبير في الاحتياطات يزيد من احتمال انخفاض قيمة العملة النقدية لذلك البلد .

(3) فحص مقارن لمعدلات الفائدة ومعدلات التضخم الاقتصادي . فمعدل التضخم الاقتصادي الأكثر ارتفاعاً من معدل البلدان المنافسة يزيد مخاطر انخفاض العملة النقدية .

(4) دراسة مستوى النشاط(activity)والاستخدام أو العمالة (employment) وفائض أو عجز الموازنة .

وبما أن غالبية الاقتصادات الحالية متداخلة فانه يتعين إتباع مؤشرات عديدة في بلدان عدة .

(ب) المفهوم الاجتماعي والسياسي

socio-political approach

يعد هذا التحليل مكملاً للتحليل الاقتصادي وذلك لأن سلوك الحكومة تجاه انخفاض قيمة العملة النقدية يعتمد على عوامل عدة منها قرب الانتخابات ، وسلوكية الأحزاب المعارضة ، وتوصيات صندوق النقد الدولي وغيرها ...

هنالك العديد من الإجراءات التي يمكن أن تقوم بها الحكومة لمواجهة مخاطر انخفاض قيمة عملتها النقدية لتجنب اللجوء ، على الأقل بعض الوقت ، إلى اتخاذ قرار تخفيض قيمة العملة النقدية . وتتمثل هذه الإجراءات في رقابة صارمة على أسعار الصرف،وزيادة معدلات الفائدة،وإتباع سياسة الانكماش (deflation) . وكل سياسة من هذه السياسات تؤدي إلى عواقب يمكن أن تكون خطيرة بالنسبة لاقتصاد البلد .

(ج) الطرائق الإحصائية :

تستخدم بعض العلاقات الإحصائية بين متغيرات عدة للتنبؤ بالأسعار . فعلى سبيل المثال ، أعدت بعض العلاقات بين الأسعار في الزمن (t) وفي (t-1 و t-2) أي بمعنى آخر الأسعار في السنة الحالية و في السنة أو السنوات اللاحقة .وتساعد برمجيات الحاسبات الإلكترونية في اختيار العلاقات المتطابقة تماماً .

184

الخلاصة

لقد حاولت نظريات عديدة إعطاء تفسير لمحددات أسعار الصرف . إن نظرية تكافؤ القوة الشرائية وكذلك نظرية اثر فيشر (Fisher effect) الدولي ارتبطتا بتغيرات أسعار الصرف الفوري . فنظرية تكافؤ القوة الشرائية تنص على أن تغيير السعر الفوري المستقبلي يتعين أن يكون مساوياً إلى تباين معدل التضخم الاقتصادي . أما نظرية أثر فيشر الدولي فتفترض أن هذا التغير يتعين أن يكون مساوياً إلى تباين معدل الفائدة . وتبين نظرية تكافؤ معدلات الفائدة العلاقة بين تباين معدل الفائدة بين بلدين ومعدل الاستلام المؤجل (أو التسليم المؤجل) بين العملتين النقديتين المعنيتين . وهذه النظرية الأخيرة توضح بشكل جيد الأسعار لأجل.وتقوم نظرية كفاءة الأسواق على افتراض أن السعر لأجل يمثل مؤشر دون انحراف السعر الفوري المستقبلي إذا كانت الأسواق كفؤة . وان جميع النظريات التفسيرية تكون في الواقع مرتبطة بعضها بالبعض ، ولكنها لا تكفي للتنبؤ مسبقاً بأسعار الصرف . وهنالك طرائق أخرى استخدمت في تقدير الأسعار لأجل قصير و بخاصة الأشكال البيانية والطرائق الإحصائية .

أسئلة الفصل

1- إذا كان السعر الفوري (الحاضر) (الدولار : اليورو) يبلغ (0.89000) وان معدل التضخم الاقتصادي في أوروبا يبلغ نسبة (2.5 %) ومعدل التضخم المتوقع في الولايات المتحدة الأمريكية يبلغ نسبة (4.5 %) . فماذا يجب أن يكون عليه السعر الفوري بعد عام واحد في حالة إثبات نظرية تكافؤ القوة الشرائية ؟

2- وضح مفهوم نظرية تكافؤ معدلات الفائدة .

3- ما هي الطريقة التي يمكن استخدامها لاختبار نظرية تكافؤ معدلات الفائدة ؟

4- اشرح نظرية تكافؤ القوة الشرائية ، و بين فائدتها .

5- احسب سعر الصرف لأجل لمدة ثلاثة أشهر الدينار (الأردني : اليورو) علماً أن السعر الفوري (الدينار : اليورو) يبلغ (0.8264) ، وان معدل الفائدة للدينار الأردني لمدة ثلاثة أشهر يبلغ نسبة (4 %) وان معدل الفائدة اليورو لمدة ثلاثة أشهر يبلغ بنسبة (3 %) .

6- احسب سعر الصرف لأجل لمدة ثلاثة أشهر (الدينار : الدولار)علما أن السعر الفوري (الدينار : الدولار) يبلغ (1.1585)،وإن معدل الفائدة للدينار لمدة ثلاثة أشهر يبلغ نسبة (4 %) وان معدل الفائدة للدولار لمدة ثلاثة أشهر يبلغ نسبة (3 %) .

7- ما هي فائدة نظرية أثر فيشر الدولي (International Fisher effect) ؟

8- ما هي العلاقات بين النظريات التفسيرية المختلفة لأسعار الصرف ؟

9- اذكر الأشكال البيانية المختلفة للتنبؤ بأسعار الصرف .

10- توفرت لديك المعلومات الآتية :-

(1) معدل الفائدة على سندات الخزينة المصرية لمدة سنة واحدة يبلغ نسبة(4 %) ومعدل التضخم الاقتصادي المتوقع للجنيه المصري يبلغ نسبة (3 %) .

(2) معدل الفائدة على سندات الخزينة الأمريكية لمدة سنة واحدة يبلغ نسبة (5 %) والمعدل المتوقع للتضخم الاقتصادي الأمريكي يبلغ نسبة (4 %) .

(3) السعر الفوري للجنيه المصري : الدولار يبلغ (0.8400) السعر لأجل لمدة سنة واحدة يبلغ (0.8316) .

المطلوب :- وضح من خلال هذه المعطيات ، النظريات الاقتصادية التفسيرية المختلفة لأسعار الصرف .

الباب الثاني

مخاطر العمليات والنشاطات الدولية

الباب الثاني

مخاطر العمليات والنشاطات الدولية

Risks of international operations & activities

يعتمـد نمـو وتطـور المبـادلات التجاريـة عـلى تقـديرات غـير متجانسـة في المجـالات الاقتصادية والنقدية والسياسية . فإن التقليل من عدم التأكد (uncertainty) مـا يـزال يمثـل شيء نسبي حتى لو تمت التوقعات أو التقديرات على المسـتوى العـالمي بطريقـة الأسـاليب المصطنعة (sophistic techniques) . وعليه فإن إدراك المخاطر المرتبطـة بالعمليات الدوليـة يتعين أن بطريقة يمكن السيطرة عليها بشكل أفضل ، أو عـلى الأقـل يكـون بطريقـة يمكنهـا تغطية هذه المخاطر .

يتنـاول هـذا البـاب دراسـة مخـاطرة أسعـار الصرـف وتقييمها والطرائـق الداخليـة والخارجية المستخدمة في تغطيـة هـذه المخـاطرة . كـذلك يتطـرق هـذا البـاب إلى مخـاطرة معدل الفائدة التي تنجم عن التقلبات الكبيرة في المعدل وتؤدي إلى عدم تأكد عـالي في بيئـة الشركات التي تمارس عملية الاقتراض والإقراض بالعملات النقدية الأجنبية . كما أن المخاطرة السياسية ، الناجمة عن تدخل الحكومات الأجنبية في العمليات التجاريـة والصناعية ، يمكـن أن تكون لها انعكاسات كبيرة ومهمة على النشاط الدولي للشركات . وان عدم استقرار بعـض الأنظمة ، والمتغيرات السياسية يمكن أن تهدد وجود الشركات الأجنبية في بلـد مـا أو تعرقـل بشكل فعلي نشاطاتها . أما المخاطر التجارية فـلا تـرتبط حصراً بالتجـارة الدوليـة ولـذلك لا يمكن التطرق إليها في هذا الباب.

يتضمن هذا الباب الفصول الآتية :-

- تقييم مخاطرة أسعار الصرف .
- الأساليب الداخلية المستخدمة في تغطية مخاطرة أسعار الصرف .
- الأساليب الخارجية المستخدمة في تغطية مخاطرة أسعار الصرف .
- مخاطرة معدل الفائدة .
- المخاطرة السياسية .

الفصل السابع
تقييم مخاطرة الصرف

الفصل السابع

تقييم مخاطرة الصرف
Evaluation of exchange risk

تعرف مخاطرة أسعار الصرف بأنها مخاطرة الخسارة المرتبطة بتقلبات أسعار الصرف .
وتعني هذه المخاطرة الخسائر المحتملة التي تتعرض إليها الشركة جـراء تغيـيرات تكـافؤ
الصرف بين العملة النقدية المحلية ، عموما العملة الأساسية ، والعملات النقديـة الأجنبيـة .
أن التقلبات تتأتى عادة من مكاسب (gains) أو من خسائر (losses) الصرف . وتعد تغييرات
العديد من العملات النقدية الأجنبية من الأمور المهمة للغاية والتي يمكن أن تسبب خسائر
كبيرة للشركات ، ومن ثم يؤثر ذلك في قدرتها على المنافسة . ففـي عـام 1997م أدت الأزمـة
الآسيوية إلى انخفاض العديد مـن العملات النقديـة الآسيوية وكـان لهـا تأثيراً كبـيراً عـلى
التجارة الدولية لهذه البلدان . فمنذ آب (أغسطس) 1998م وحتى تشرـين الأول (أكتـوبر)
انخفض الروبل الروسي (Ruble) بنسبة (60 %) قياساً بالـدولار الأمـريكي . إن لهـذه النسـبة
تأثير كبير على الواردات القادمة إلى روسيا وعلى الصادرات أو على الفروع الأجنبيـة العاملـة
في روسيا. إذ أن هنالك خسائر صرف كبيرة كان يتحملها المصدرون لهذه البلدان حينما كانوا
يسددون معاملاتهم بالعملات النقدية المحلية لاسيما وأن صـادراتهم لم تكـن مغطـاة ضـد
مخاطرة أسعار الصرف ، أو بواسطة الشركات متعددة الجنسيات التي تقع فروعها في هـذه
البلدان . مما تقدم يمكن طرح تساؤل مفاده هـل مـن الممكـن تقيـيم مركـز خطـر الشركة
وقياس خطر الصرف الناجم عن تغيير الأسعار ؟

وبناء على ذلك يتعين على الشركة ، بهدف إدارة كفؤة لمخاطرة أسعار الصرف فيها ، أن تشخص مصادر الخطر وتقوم بعملية تقييم حالة الخطر وتأثيرها على الشركة وعلى الإستراتيجية المالية وتحديد المنتجات والأساليب المناسبة بحسب أسبقياتها .

يتناول هذا الفصل أربعة موضوعات رئيسية هي :-

أولاً : مخاطرة أسعار الصرف في المنشأة .

ثانياً : تقييم مركز سعر صرف الصفقة (المعاملة) .

ثالثاً : تقييم مركز سعر صرف الدمج في الشركات متعددة الجنسيات .

رابعاً : تقييم مركز سعر الصرف الاقتصادي .

أولاً :- **مخاطرة الصرف في المنشأة**   Exchange Risk

إن الإدارة الكفؤة لمخاطرة أسعار الصرف تتبنى عادة وضع نظام للمعلومات وتحديد سياسة أسعار الصرف وإستراتيجيات التغطية والرقابة على الطرائق و الإجراءات . ويمكن التفرقة بين ثلاثة أنواع من مراكز أسعار الصرف هي :-

(أولاً) مركز سعر صرف المعاملة (الصفقة) .

(ثانياً) مركز سعر صرف الدمج .

(ثالثاً) مركز سعر صرف اقتصادي .

(أولاً) مركز صرف المعاملة (الصفقة)

Transaction Exchange Position

تواجه المنشأة ، التي تنظم موجوداتها ومطلوباتها (Assets & Liabilities) المتداولة بالعملات النقدية الأجنبية ، مخاطرة أسعار صرف المعاملة . وتنجم هذه المخاطرة عن المعاملات الآتية :-

1- المعاملات التجارية مع الخارج عندما تثبت بالفواتير (قوائم الشراء) بالعملات النقدية الأجنبية (واردات أو صادرات) .

2- المعاملات المصرفية والمالية المثبتة بالعملات النقدية الأجنبية (قروض بالعملات النقدية الأجنبية ، إقراض ومساهمات بالعملات النقدية الأجنبية) .

وتظهر مخاطرة أسعار الصرف بشكل واضح قبل إعداد الفاتورة (قائمة الحساب). وتنشأ من خلال ما يأتي :-

(1) نشر نماذج (catalogs) المبيعات عن طريق المراسلين أو الوكلاء .

(2) توقيع العقد بهدف بيع السلع الرأسمالية (الأجهزة والمعدات) .

(3) طرح منتجات السلع الاستهلاكية .

(4) الطلب من مجهز معين أن يعد القائمة (الفاتورة) بالعملة النقدية الأجنبية ... الخ.

(ثانياً) مركز سعر صرف الدمج

Consolidation Exchange Position

يشمل مركز صرف الدمج الاستثمارات المباشرة (الفروع branches) أو غير المباشرة (المساهمة participation) في الخارج . ففي حالة دمج الميزانيات فان صافي الأصول (net assets) المعبر عنها بالدولارات (أو اليورو) تتغير بحسب قياس

قيمة العملة النقدية لذلك البلد الذي تحققت فيه الاستثمارات . فإذا كان السعر المستخدم عند الدمج يختلف عن الكلفة التاريخية فانه سينتج عنه ما يسمى (بفرق الدمج) . وفي هذا الدمج تختلف التطبيقات المحاسبية لكل بلد وأحياناً حتى داخل البلد الواحد على مستوى الشركات والمؤسسات .

(ثالثاً) مركز سعر الصرف الاقتصادي

Economic Exchange Position

يعتمد مركز سعر الصرف الاقتصادي على تأثير تغييرات أسعار الصرف على صافي القيمة الحالية (net present value) للتدفقات النقدية (cash-flows) المتوقعة . و ترتبط هذه الحالة بالنظرة المستقبلية وبأثر تغييرات الأسعار على التكاليف والأسعار وحجم المبيعات ... وهي صعبة القياس والتقييم ، ولها انعكاسات كبيرة على المنشأة ، في المدى البعيد .

ثانياً :- تقييم مركز سعر صرف المعاملة (الصفقة) Transaction Exchange Position

يقوم بشكل عام أمناء الصندوق في المنشأة (treasurer) باحتساب مركز سعر صرف المعاملة.وفي استطلاع اجري في فرنسا من قبل مجلة ليزيشو(أو الأنباء)عام 1993 م (Les Echos ,16 September 1993) أظهر أن الجهات المسؤولة عن تقييم مركز سعر الصرف في الشركات الفرنسية تتمثل في النسب الواردة في الجدول الآتي :

جدول (7)

الجهات المسؤولة عن إعداد مركز سعر الصرف

جهة إعداد مركز سعر الصرف	النسبة
المدير المالي	% 32.4
أمين الصندوق	% 66.88
قسم الحسابات	% 9.1
أخرى	% 3.9
بدون إجابة	% 3.9

ويحتسب عادة مركز سعر صرف سعر المعاملة للشركات مقارنة بالعملة النقدية الأساس.وبشكل عام فان العملة النقدية تمثل العملة النقدية المحلية للمنشأة.وبالنسبة للشركات متعددة الجنسيات فان هذه العملة النقدية تمثل عملة المنشأة ألام ونادرا ما تكون تلك المنشأة منشأة قابضة تتواجد في الخارج . ويتم تقييم مركز سعر صرف المعاملة على مرحلتين هما :-

(1) دراسة المبلغ الصافي لمدخلات (inputs) أو مخرجات (outputs) النقدية في كل عملة نقدية أجنبية .

(2) تحديد الخطر الإجمالي (global risk) لكل عملة نقدية أجنبية .

إن حسابات الميزانية (balance sheet accounts) التي تغطي المديونية والدائنية بالعملات النقدية الأجنبية يجري تحليلها إلى العملات النقدية الأجنبية وتصنف حسب مواعيد الاستحقاق . وفي الواقع أن المخاطر الناجمة لا يمكن أن تكون ذاتها

بالنسبة إلى جميع العملات النقدية الأجنبية وان طـرق التغطيـة يمكـن أن تختلـف بحسـب هذه العملات النقدية .

1- مركز سعر الصرف للشركة المصدرة فقط

يعتمد مركز سعر الصرف للشركة المصدرة فقط على حسابات زبائنها والحسابات ذات الصلة . وبهدف تحقيق الاستحقاق نفسه نفترض أن حسابات الزبائن (العملاء) والحسابات ذات الصلة تتكون مما يأتي :-

مخاطرة أسعار الصرف	الين الياباني	الجنيه الإسترليني	اليورو الأوروبي	الدولار الأمريكي	الحسابات
400000 +	50000	100000	250000	500000	الزبائن

إن المبالغ المدرجة في هذه الحسابات ضمن الموجودات (assets) في الميزانية يعبر عنها بالدولار (USD)، وهي تمثل القيمة المقابلة للديون بالعملات النقدية الأجنبية أو قيمة الحسابات المدينة (Receivable Accounts) بالعملات النقدية الأجنبية،وعليه فان مركز سعر الصرف يبلغ 400000 (250000 + 100000 + 50000) .ويقصد بذلك مركز دائن باليورو والجنيهات والين ، وهو ما يطلق عليه تسمية " المركز الطويل " (long-position) (400000+) وبإشارة موجبة .

2-مركز سعر الصرف للشركة المستوردة فقط

يعتمد مركز سعر الصرف للشركة المستوردة فقط على حسابات مجهزيها والحسابات ذات الصلة . وبهدف تحقيق الاستحقاق نفسه نفترض أن حسابات المجهزين والحسابات ذات الصلة تتكون مما يأتي :-

الحسابات	الدولار الأمريكي	اليورو الأوروبي	الجنيه الإسترليني	الين الياباني	مخاطرة أسعار الصرف
المجهزون	250000	150000	-	5000	- 155000

إن المبالغ المدرجة في هذه الحسابات ضمن الخصوم (liabilities) في الميزانية يعبر عنها بالدولار (USD)وهي تمثل قيمة الديون (loans) بالعملات النقدية الأجنبية. وعليه فإن مركز سعر الصرف يكون مساويا إلى (-155000) . وهي بذلك تمثل مركز مدين باليورو وبالين ، وهذا ما يطلق عليه تسمية "مركز قصير" (Short Position) ويشار إليها بإشارة سالبة .

3-مركز سعر الصرف للشركة المصدرة و المستوردة

إذا كانت الشركة مصدرة و مستوردة في الوقت نفسه ، فان مركز سعر الصرف فيها يحتسب على أساس التعبير عن تدفقات الدائنية والمديونية في عملات نقدية مختلفة فضلا عن مواعيد استحقاقها . يتم إعادة تجميع وتصنيف المبالغ الدائنة (القروض) والمبالغ المدينة (المدينون) في العملات النقدية الأجنبية نفسها كما أن مواعيد استحقاقاتها تكون متقاربة بشكل كبير ، ثم يجري احتساب الفرق بين المدينين والدائنين بالعملات النقدية الأجنبية . فإذا تم الاحتساب حصرا من خلال بنود الميزانية فانه يتم الحصول على مركز سعر صرف محاسبي فعلي (ex-post) . وإذا تم تضمينها معطيات متوقعة فانه يتم الحصول على مركز تقديري (ex-ante) وهي التي تساعد من الناحية العملية في تبني سياسة أسعار صرف أكثر فاعلية .

كذلك يجب الأخذ بنظر الاعتبار الأمور الآتية خارج إطار الميزانية :-

(1) الطلبات المستلمة بالعملات النقدية الأجنبية ولم تعد فيها قائمة .

(2) الطلبات الماضية بالعملات النقدية الأجنبية ولم تعد فيها قائمة .

(3) العملات النقدية الأجنبية الممكن استلامها وتسليمها حينما تكون الشركة مغطاة في سوق ذات اجل معين .

جدول (8)

مراكز أسعار الصرف

البيان	المجموع	الدولار (USD)	اليورو (EUR)	الجنيه (GBP)	الين (JAP)	المجموع الظاهر
العملاء والحسابات ذات الصلة	750000	500000	100000	150000		250000
العملات للتسليم (المبيعات الآجلة)			50000-			50000-
الطلبات المستلمة			75000+			75000+
الموجودات الظاهرة			125000	150000		2750000+
المجهزون والحسابات ذات الصلة	385000	200000	125000-	35000-	25000-	185000-
العملات للتحصيل (مشتريات آجلة بالعملات النقدية)			100000+			100000+
الطلبات الماضية				50000-	40000-	90000-
المطلوبات الظاهرة			25000-	85000-	65000-	175000-
صافي مركز سعر الصرف			100000+	65000+	65000-	100000+

وفي إطار تبسيط الموضوع يمكن افتراض أن جميع التدفقات النقدية (Cash flows) استلمت أو جرى تسويتها في الفترة نفسها ، وعليه يمكن ملاحظة ما يأتي :-

(1) تظهر مكاسب أو خسائر المعاملة التجارية (الصفقة transaction) حينما يتغير سعر الصرف بين تاريخ ضمان الحصول على العملة النقدية الأجنبية وتاريخ تصفية العقد (contract) .

(2) يحتسب مركز سعر الصرف لكل عملة من العملات النقدية الأجنبية وخلال كل فترة من الفترتين . فإذا كان رصيد إحدى العملات النقدية الأجنبية صفرا فانه يمكن القول أن مركز سعر الصرف "مغلق" وبذلك فان مخاطرة سعر الصرف تصبح صفرا. وإذا كان الرصيد موجبا فان ذلك يعني أن الأموال (النقدية) من العملات النقدية الأجنبية يزيد عن الالتزامات فيها ، ويكون مركز سعر الصرف طويل . ويعكس مركز سعر الصرف الطويل في عملة من العملات النقدية حالة توقع ارتفاع هذه العملة ، أما إذا كان الرصيد سالبا فان ذلك يجسد ، من جانب الشركة ، حالة توقع انخفاض هذه العملة .

(3) يمكن أن يكون مركز سعر الصرف القصير موازنا أو مخفضا لمركز سعر الصرف الطويل بالمبلغ نفسه والعملة النقدية نفسها . ففي مثالنا السابق ، خفض مركز سعر الصرف الطويل على اليورو عن طريق مركز سعر صرف قصير (125000 − 25000 = 100000).

(4) تساهم بعض المعاملات المالية في زيادة أو تخفيض أو إلغاء مراكز أسعار الصرف للشركة .

كذلك تتأتى مخاطرة المعاملة (الصفقة) من المبيعات والمشتريات المستقبلية إلى الخارج ، ولكن من الصعب تكميمها (قياسها) . لذلك يجب تحديد عدد اشهر المبيعات أو المشتريات التي يتعين أن تكون متضمنة داخل مركز مخاطرة المعاملة (الصفقة) . ويتوجب أن يعتمد ذلك على مرونة أسعار الشركة وإمكانياتها في تضمين أسعار

مبيعاتها الارتفاع المتأتي من سعر المواد الأولية على سبيل المثال ، معبرا عنه بالعملات النقدية الأجنبية .

ويتم مراقبة مراكز أسعار صرف المعاملة واحتسابها من خلال معايير تعد من قبل أمناء الصندوق لدى الشركات . ومن المؤكد أن الشركات الدولية البترولية التي تستورد النفط بالدولار الأمريكي لديها مراقبة يومية على مراكز أسعار الصرف فيها وذلك لان أي تغيير بسيط في الدولار الأمريكي ينعكس بشكل كبير على نتائج أعمالها .

ثالثاً :- تقييم مركز سعر صرف الدمج

Consolidation Exchange Position

يعتمد مركز سعر صرف الدمج على عوامل عدة منها أهمية الفروع الأجنبية للشركات متعددة الجنسيات ، ومكان الفروع الأجنبية ، و الطرائق المحاسبية المستخدمة في دمج الحسابات . ويدرج مركز سعر صرف الدمج في بنود الميزانية العمومية (Balance Sheet) . وهنالك طرائق محاسبية متعددة تستخدم في تحويل الميزانيات. وطبقت هذه الطرائق في نفس المثال بغية إظهار التأثيرات على مستوى مركز سعر صرف الدمج بصورة واضحة .

نفترض إن إحدى الشركات لديها فرع في بلد أجنبي . وظهرت ميزانية هذا الفرع بالوحدات النقدية المحلية وكما في الجدول الآتي :

الجدول (9)

الميزانية العمومية وكما ظهرت في السنة (س) (المبالغ بالملايين)

المبلغ	الموجودات	المبلغ	المطلوبات
50000	موجودات ثابتة	40000	راس المال
15000	مخزون	20000	قروض طويلة ومتوسطة الأجل
7500	مدينون	15000	قروض قصيرة الأجل
2500	النقدية		
75000	المجموع	75000	المجموع

* على افتراض أن 4 وحدات نقدية محلية = 1 دولار أمريكي (USD)

الميزانية موضحة بالدولار الأمريكي تكون كما يلي :-

الجدول (10)

الميزانية العمومية

المبلغ	الموجودات	المبلغ	المطلوبات
12500	موجودات ثابتة	10000	راس مال
3750	مخزون	5000	قروض طويلة ومتوسطة الأجل
1875	مدينون	3750	قروض قصيرة الأجل
625	نقدية		
18750	المجموع	18750	المجموع

نفترض أن الوحدة النقدية انخفضت بنسبة (25 %) ، أي أن كل (5) وحدات نقدية محلية = 1 دولار أمريكي . ومن اجل التبسط نفترض انه ليس هنالك أي عمليات حصلت كما أن التغيرات في أسعار الصرف حصلت خلال الفترة المالية.

(أولاً) طريقة سعر نهاية الفترة (طريقة سعر الإقفال)

Closing Rate Method

-1 تحويل بنود الميزانية conversion of balance sheet items

يتم بموجب هذه الطريقة تحويل جميع بنود الميزانية على أساس أسعار نهاية الفترة باستثناء حقوق الملكية (stockholders equity) التي تبقى مسجلة بالكلف التاريخية .

الجدول (11)

الميزانية العمومية

(المبالغ بالملايين)

العملة المحلية (1)	معدل التحويل (2)	الدولار الأمريكي (1) × (2)	الموجودات	العملة المحلية (3)	معدل التحويل (4)	الدولار الأمريكي (4) × (3)	المطلوبات
50000	0.20	10000	موجودات ثابتة	40000	0.25	10000	حقوق الملكية (رأس المال + الاحتياطيات)
15000	0.20	3000	مخزون	20000	0.20	4000	قروض طويلة الأجل
7500	0.20	1500	مدينون	15000	0.20	3000	قروض قصيرة الأجل
2500	0.20	500	نقدية				
75000		15000	المجموع	75000		17000	المجموع

يلاحظ في الميزانية أن هنالك خسارة الدمج بمقدار
2000 (17000 – 15000) .

2-   طريقة تحويل بنود حساب النتيجة (كشف الدخل)   conversion of income statement items

يتم تحويل بنود حساب النتيجة إما باستخدام متوسـط سـعر الفـترة الماليـة لكـل عملة نقدية أجنبية باستثناء تغييرات المخزون التي تترجم عن طريق الأخذ بالحسبان أسعار بداية ونهاية الفترة ، وإما باستخدام أسعار الصرف المستخدمة في تاريخ العمليات .

إن فروقات التحويل (مكاسب وخسائر أسعار الصرف) الناجمة عن ترجمة حسابات الشركة الأجنبية إلى عملة الدولار الأمريكي يتعين أن تسجل في الأربـاح المتراكمـة في حسـاب خاص يدعى "فروقات التحويـل" (differences of conversion) حتـى يتم بيـع أو تصفيـة الاستثمارات الأجنبية .

وتستخدم عادة هذه الطريقة للـدمج ، بشـكل واسـع ، في أوروبـا كمـا هـو الحـال في أمريكا . كما أن هذه الطريقة تؤدي إلى انخفاض حقوق الملكيـة ومـن ثـم انخفاض صـافي الأصول (net assets) إذا كان هنالك انخفاض لأسعار العملة النقدية الأجنبية قياسا بالعملة النقدية الأساسية . وتنخفض قيمة استثمارات الأوراق الماليـة الأجنبيـة المسجلة في ميزانيـة المنشأة ألام إذا انخفضت قيمة العملة النقدية الأجنبية قياساً بالعملة النقدية للمنشأة ألام وبالعكس .

(ثانيا) طريقة التفرقة بين البنود النقدية والبنود غير النقدية
monetary / non monetary method

1- تحويل بنود الميزانية   conversion of balance sheet items

يتم تحويل البنود النقدية (السيولة النقدية ، الذمم المدينة ، الذمم الدائنة، والقروض) بأسعار نهاية الفترة المالية (سعر الإقفال).أما البنود الأخرى فيتم تحويلها بالسعر التاريخي (الموجودات الثابتة الملموسة وغير الملموسة ، المخزون ، وحقوق الملكية) وفيما يأتي القائمة التي توضح تفاصيل الاحتساب .

الجدول (12)
الميزانية العمومية
(المبالغ بالملايين)

المطلوبات	الدولار الأمريكي (3)×(4)	معدل التحويل (4)	العملة المحلية (3)	الموجودات	الدولار الأمريكي (1)×(2)	معدل التحويل (2)	العملة المحلية (1)
حقوق الملكية (رأس المال + الاحتياطيات)	10000	0.25	40000	موجودات ثابتة	12500	0.25	50000
قروض طويلة الأجل	4000	0.20	20000	مخزون	3750	0.25	15000
قروض قصيرة الأجل	3000	0.20	15000	مدينون	1500	0.20	7500
				نقدية	500	0.20	2500
	17000		75000	المجموع	18250		75000

يلاحظ في الميزانية أن هنالك مكتسب الدمج بمقدار

1250 (18250 – 17000) .

204

2 - تحويل بنود حساب النتيجة (كشف الدخل)

conversion of income statement items

يتم تحويل بنود حساب النتيجة باستخدام متوسط السعر للفترة المالية لكل عملة نقدية أجنبية باستثناء الاندثارات والتكاليف المرتبطة بالموجودات والمطلوبات غير النقدية التي تترجم بتكاليفها التاريخية . يتمثل أبرز مزايا هذه الطريقة في أن الموجودات الأجنبية غير النقدية تبقى مسجلة بقيمتها الأصلية في القوائم المندمجة لمجموعة الشركات متعددة الجنسيات . و يلاحظ في اغلب البلدان أن هذا المفهوم يرتبط بمعالجة الكلفة التاريخية للموجودات المحلية لمجموعة الشركات . لكن مكاسب أو خسائر أسعار الصرف غير المتحققة تدخل في حساب النتيجة التي تصبح بدون شك أكثر تقلباً . وتستخدم عادة هذه الطريقة في بلدان أمريكا اللاتينية ، وهي تؤدي إلى فروقات أسعار صرف على الرصيد النقدي (الموجودات النقدية - المطلوبات النقدية). وتقوم هذه الطريقة على أساس أن الموجودات الحقيقية (الملموسة) تسعر بالعملة النقدية المحلية حينما ينخفض معدل أو سعر صرف العملة النقدية الأجنبية .

3- طريقة التفرقة بين البنود طويلة الأجل والبنود قصيرة الأجل

(current / non current method)

ترجم البنود قصيرة الأجل بأسعار نهاية السنة والبنود الأخرى تحتفظ بالأسعار التاريخية .

الجدول (13)

الميزانية العمومية (بالملايين)

العملة المحلية (1)	معدل التحويل (2)	الدولار الأمريكي (1)×(2)	الموجودات	العملة المحلية (3)	معدل التحويل (4)	الدولار الأمريكي (3)×(4)	المطلوبات
50000	0.25	12500	موجودات ثابتة	40000	0.25	10000	حقوق الملكية (رأس المال + الاحتياطيات)
15000	0.20	3000	مخزون	20000	0.25	5000	قروض طويلة الأجل
7500	0.20	1500	مدينون	15000	0.20	3000	قروض قصيرة الأجل
2500	0.20	500	نقدية				
75000		17500	المجموع	75000		18000	

ويظهر من الميزانية أن هنالك خسارة مقدارها 500 (18000 - 17500) . ومن أبرز خصائص هذه الطريقة إنها تؤدي إلى تغير راس المال العامل (working capital) للشركة عندما تتغير قيمة العملة النقدية الأجنبية .

(ثالثاً) طريقة الفروع العاملة في بلدان ذات معدل تضخم مرتفع

تختلف طريقة تحويل القوائم المالية للفروع العاملة في بلدان تشكو من ارتفاع معدل التضخم الاقتصادي فيها عن طريقة سعر نهاية الفترة وذلك لأن العملة النقدية المتداولة يكون دورها ضعيف في الاقتصاد الوطني . إذ أن هذه الطريقة تختلف عن طريقة سعر نهاية الفترة في النقاط الآتية :-

(1) يتم تحويل الموجودات الثابتة والاستثمارات المالية المتداولة (الاستثمارات القابلة للتسويق) وحقوق الملكية على أساس الأسعار التاريخية المحددة .

(2) يتم تحويل تخصيصات الاندثارات ومخصصات الاستثمارات المالية القابلة للتسويق وأرباح بيع الموجودات الثابتة في حساب النتيجة (كشف الدخل) على أساس الأسعار التاريخية المحددة .

(3) يتم تسجيل فروقات التحول في بند خاص يسمى " إيرادات أخرى ومصروفات أخرى " في حساب النتيجة أو في كشف الدخل .

رابعاً :- تقييم مركز سعر الصرف الاقتصادي

Economic Exchange Position

يعد مركز سعر الصرف الاقتصادي من المعايير المهمة للشركة ، لكنه يصعب قياسه . لذلك يعد من المقاييس غير الدقيقة لأنه يعتمد على تقدير التدفقات النقدية المستقبلية (futures cash-flow) لفترة من الزمن مختارة بطريقة عفوية (Arbitrary) . ويشير مركز سعر الصرف الاقتصادي إلى أي مدى يمكن أن تتأثر التدفقات النقدية بتغييرات أسعار الصرف . ويمكن تباعاً دراسة حالة ارتفاع قيمة العملة النقدية المحلية ومن ثم حالة انخفاضها .

يتطلب مركز سعر الصرف الاقتصادي إجراء دراسة اقتصادية ويتطلب كذلك تحديد استراتيجية معينة يمكن اعتمادها خارج إطار التغيرات المهمة في أسعار العملة النقدية الأجنبية للبلد الذي يقيم فيه الفرع . إن التغيرات المستقبلية للعملة النقدية الأجنبية تؤثر ليس حصراً على التدفقات النقدية للفرع الأجنبي المحولة بالعملات النقدية الأجنبية للمنشأة ألام ، وإنما كذلك لها تأثير على قيمة مجموعة الشركات متعددة الجنسيات وعلى قدرة الفرع على المنافسة . كذلك يعتمد مركز سعر الصرف الاقتصادي على متغيرات الاقتصاد الكلي (Macro-Economy) .

لذلك لابد من تشخيص تلك المتغيرات التي ستكون فيها التدفقات النقدية المستقبلية أكثر حساسية (Sensibility) .

1- ارتفاع قيمة العملة النقدية المحلية

Appreciation of Local Currency

يتعين باستمرار دراسة مدى تأثير ارتفاع قيمة العملة النقدية المحلية على التدفقات النقدية الداخلة والخارجة . فإذا ازدادت قيمة العملة النقدية المحلية فانه من المحتمل أن تنخفض الصادرات وذلك لأنها ستكون اقل قدرة على المنافسة . ومن المؤكد أن كل شيء يعتمد على درجة المنافسة للمنتجات المصنعة . وذات الشيء ، بالنسبة للمبيعات المحلية بالعملات النقدية المحلية (local currencies) فانه يمكن أن تنخفض في حالة وجود المنافسة في السوق المحلية . كذلك يمكن أن تنخفض فوائد الاستثمار المتحققة في الخارج والمحولة بالعملة النقدية المحلية .

وبالعكس فان المنتجات المستوردة والمسعرة بالعملات النقدية الأجنبية (foreign currencies) تنخفض حينما تحول إلى العملة النقدية المحلية . وتنخفض كذلك الفوائد المستحقة على الأموال المقترضة بالعملات النقدية الأجنبية . ويؤدي ارتفاع قيمة العملة النقدية المحلية إلى انخفاض التدفقات الداخلة و التدفقات الخارجة للنقدية على حد سواء . وبذلك فان المشكلة تكمن في معرفة ما إذا كانت إيرادات التشغيل قد تظهر متأثرة أكثر من مصروفات التشغيل . كذلك إذا كانت شركة ما تصنع للتصدير حصرا وتمول نفسها من السوق المحلية ، فان ارتفاع قيمة العملة النقدية المحلية سيكون له تأثير سلبي على صافي التدفقات النقدية ، لأن إيراداتها من المحتمل أن تكون أكثر تأثراً من مصروفاتها .

2-   انخفاض قيمة العملة النقدية المحلية

Depreciation of Local Currency

إذا انخفضت قيمة العملة النقدية المحلية فان التدفقات النقدية تظهـر عـلى وجـه الدقـة بعكس الحالـة السـابقة . ويتطلـب في هـذه الحالـة زيـادة المبيعـات المحليـة لأن المنتجـات المصـنعة محليـا تصـبح أكـثر تنافسـية . كـذلك يسـتلزم الأمـر أن يتحسـن وضـع الصادرات لأن الأسعار بالعملات النقدية الأجنبية تنخفض مـع بقـاء العوامـل الأخـرى عـلى حالها . كما أن الشركة التي تستورد جزءاً كبيراً من منتجاتها تواجه زيادة هذه الأسعار التـي تحمل على الأسعار النهائية لمنتجاتها. وتزداد المصروفات الماليـة إذا اقترضت الشركة أموالا من الخارج .

إن انخفـاض قيمـة العملـة النقديـة المحليـة يـؤدي إلى ارتفـاع إيـرادات التشـغيل ومصروفات التشـغيل . وهنا كـذلك ، لابد من تحديد ما إذا كان التأثـير على المصروفات أكـثر منـه عـلى الإيـرادات . وبشـكل عـام فان قيـاس مركـز سـعر الصـرف الاقتصـادي لمجموعـة الشركات متعددة الجنسيات يكون صعب التحقيق وذلك بسـبب وجـود تقـاطع لتـدفقات مختلفة من الأموال . وعليه يتعين القيام بضبط الأسعار والتكـاليف ، غـير أن ذلـك لـيس ممكنا بصورة دائمية في ظل ظروف المنافسة . وغالبـاً تعمـل الشركات متعددة الجنسيات على إجراء تقديرات الأسعار وتحاول تقييم تأثير التغيرات في الأسعار على الأرباح .

الخلاصة

يلاحظ من خلال استعراض هذا ا الفصل إن الشركات متعددة الجنسيات تتعرض إلى أنواع مختلفة من مخاطرة أسعار الصرف . إن مركز سعر صرف المعاملة التجارية (الصفقة) يخص جميع الشركات التي لديها حسابات مدينة ودائنة بالعملة النقدية الأجنبية . وان مركز سعر صرف الدمج يخص الشركات التي لديها فروع بالخارج وطريقة الدمج المستخدمة لها تأثير كبير على المراكز . وان أي تغيير في السعر بين العملة النقدية المحلية والعملة النقدية الأساسية يكون له انعكاسات على الميزانية المندمجة لمجموعة الشركات متعددة الجنسيات . فالتغيرات الكبيرة التي حصلت في عام 1997م و 1998م للعملات النقدية في روسيا والبلدان الآسيوية كان لها تأثيرات مهمة على الميزانيات المندمجة للشركات متعددة الجنسيات التي لديها فروع في البلدان المعنية . أما مركز سعر الصرف الاقتصادي فانه يتطلب إجراء توقعات طويلة الأجل على البيئة الاقتصادية للشركة وعلى التدفقات النقدية المستقبلية . وبما أن توقعات السعر لا يمكن أن توضع بدقة فانه يتعين أن تتم بشكل يضمن التحوط الأفضل من انعكاس التغيير السلبي للأسعار على نتائج الشركات والوسائل التي تستخدمها للحماية من تلك المؤثرات .

211

أسئلة الفصل

1- ما هي مراكز أسعار الصرف المختلفة للشركة المنتجة للسلع المحلية ؟

2- ما هي مراكز أسعار الصرف المختلفة لمجموعة الشركات متعددة الجنسيات ؟

3- كيف يتم احتساب مركز سعر صرف المعاملة التجارية (الصفقة) ؟

4- ما هي الطرائق المختلفة لمركز سعر صرف الدمج ؟

5- طلبت منك إحدى الشركات احتساب مركزها لأسعار الصرف . وتوفرت لديك في القائمة أدناه التدفقات النقدية المتوقعة .

العملات النقدية	المدخلات	المخرجات	الأسعار الفورية
دولار أمريكي (USD)	15 مليون	10 مليون	0.816
فرنك سويسري (CHF)	20 مليون	5 مليون	0.615
الجنيه (GBP)	30 مليون	22.5 مليون	1.389
الين (JPY)	210 مليون	105 مليون	0.007

6-هل يمكن القول أن الشركة التي تنتج وتبيع محليا تكون أكثر حساسية لتغيرات سعر صرف العملة النقدية المحلية ؟ وضح إجابتك ...

7- إذا كانت لدى شركة معينة تدفقات نقدية في العملات النقدية الأجنبية التي ترتبط بشكل كبير بعضها مع البعض الآخر ، فما هو تأثير النتائج على مركز سعر صرف المعاملة ؟

8- إذا ارتفعت قيمة الدولار الأمريكي (USD) قياسا بالعملات النقدية الأجنبية ، كيف يمكن تحديد أرباح الفروع الأجنبية لشركة متعددة الجنسيات ؟

9- بافتراض انك أمين صندوق (خزينة) لإحدى الشركات متعددة الجنسيات وطلب منك تقييم مركز سعر الصرف اقتصادي للشركة . كيف تقوم بذلك ؟

الفصل الثامن

الأساليب الداخلية المستخدمة في تغطية

مخاطرة أسعار الصرف

الفصل الثامن

الأساليب الداخلية المستخدمة في تغطية مخاطرة أسعار الصرف

Internal techniques for exchange risk covering

يتعين على الشركات متعددة الجنسيات ، التي تسعى إلى إدارة مخاطرة الصرف، أن تكون على معرفة ودراية تامة بمراكزها (positions) مثل مركز سعر صرف المعاملة (أو الصفقة التجارية) ومركز سعر صرف الدمج ومركز سعر الصرف الاقتصادي . ويكون لكل مركز من هذه المراكز أسلوب إداري خاص يختلف عن بقية الأساليب الإدارية للمراكز الأخرى . إذ يمكن التميز بين أساليب داخلية وخارجية عديدة لإدارة مخاطرة أسعار الصرف . فالأساليب الداخلية هي تلك الأساليب التي تتبناها الشركة بهدف تحديد هذه المخاطرة . والأساليب الخارجية تشمل أساليب اللجوء إلى الأسواق الآجلة والأسواق النقدية والأسواق المستقبلية والخيارات وغيرها.

ويمكن لشركة ما أو مجموعة معينة من الشركات أن تستخدم أساليب مختلفة لمواجهة مخاطرة أسعار الصرف حينما تتعرض لها . وهذا لا يعني أن الشركات تستطيع أن تؤمن نفسها بأسلوب متقن أو إنها تستطيع أن تغطي جميع عملياتها منْ المخاطر ، وإنما يتعين عليها أن تعمل جهد الإمكان على عدم وضع نفسها في حالة المخاطرة وذلك من خلال تكوين أسلوب ملائم لإدارة مخاطرة أسعار الصرف .

لقد أدخلت أساليب التغطية (covering techniques) إلى حيز التطبيق خلال السنوات الأخيرة وذلك لتلبية المتطلبات والحاجات المتنوعة للشركات . وهنالك العديد من أساليب التغطية التي تساعد في التأثير على مركز سعر الصرف . وتضم هذه الأساليب ما يلي :-

أولاً :-اختيار العملة النقدية في قائمة الحساب (invoice) .

ثانياً :- المؤاجلة (مدة أو اجل الاستحقاق) .

ثالثاً :- شروط التقييس في العقود .

رابعاً :- المقاصة الداخلية الثنائية والمتعددة الجوانب .

خامساً :- مركز إعادة تنظيم قائمة الحساب .

سادساً :- الائتمانات المتقاطعة ومقايضة أو مبادلة العملات النقدية (foreign (swaps) exchange) .

سابعاً :- أساليب داخلية أخرى للتغطية .

ثامناً :- أساليب تخفيض مخاطرة سعر صرف الدمج .

أولاً :- اختيار العملة النقدية في قائمة الحساب

Currency Choice for Invoice

تعرف عملة قائمة الحساب بأنها العملة النقدية التي بوساطتها تحرر عقود الشراء أو البيع . وبهدف تجنب مخاطرة أسعار الصرف فان هنالك الكثير من الشركات ، وخاصة الشركات الصغيرة ومتوسطة الحجم ، التي تقوم ببيع صادراتها بالعملة النقدية المحلية ، وتفضل كذلك الحصول على مجهزين أجانب تكون مدفوعاتهم بالعملة النقدية المحلية ، وذلك من أجل توحيد التعامل بالعملة النقدية بين المصدر والمستورد . غير أن إعداد قائمة الحساب بالعملة النقدية المحلية لا يساعد في الغالب إلا على حماية وهمية (illusory protection) .

وفي الواقع ، إن عقود الشراء المحررة باليورو (EUR) تتضمن بشكل عام معايير قياس عن تغيرات الأسعار لعملة نقدية معينة أو مادة أولية معينة . وفي عقود

البيع فان تبني اليورو (EUR) بوصفه عملة نقدية لقائمة الحساب يقود إلى تحويل مخاطرة أسعار الصرف إلى المشتري ، وإذا ارتفعت قيمة العملة النقدية مقارنة بقيمة العملة النقدية المنافسة فان ذلك يعرض الشركة إلى فقدان جزء من حصتها في السوق.

وهنالك العديد من العقود ، بخاصة مع روسيا ، كانت عملة قوائم الحساب فيها بالدولار الأمريكي ، الأمر الذي أدى إلى تخفيض مخاطر أسعار الصرف بالنسبة للمعاملات أو الصفقات . ويعد البعض من الشركات قوائم الحساب بجزئين ، الجزء الأول بالعملة النقدية المحلية والجزء الأخر بالعملات النقدية للمنشأة ألام بطريقة تؤدي إلى تخفيض مخاطرة أسعار الصرف .

ثانياً :- المؤاجلة (مدة أو اجل الاستحقاق)

Term of Payment

تقوم المؤاجلة (أو اجل الاستحقاق) على تعجيل أو تأخير المقبوضات أو المدفوعات للعملات النقدية الأجنبية تبعاً للتغيير المتوقع في العملة النقدية المعنية . ويستند مبدأ المؤاجلة على ما يلي :-

1- إذا كانت التوقعات تشير إلى انخفاض قيمة العملة النقدية المحلية فان الشركات المستوردة تعمل على تعجيل مدفوعاتها بالعملات النقدية الأجنبية ، أما بالنسبة للشركات المصدرة فإنها تعمل على تأخير مقبوضاتها من المدينين لها (claims) .

2- إذا كانت التوقعات تشير إلى ارتفاع قيمة العملة النقدية المحلية ، فان الشركات المستوردة تعمل على تأخير مدفوعاتها ، في حين أن الشركات المصدرة تتجه نحو تعجيل عودة الأموال إلى الوطن من المدينين لها (debts) .

ويعد أسلوب المؤاجلة من الأساليب الأكثر استخداما في الشركات متعددة الجنسيات دون الشركات المنفصلة عن بعضها .

ثالثاً:- شروط التقييس في العقود   Indexation-Clauses

تتضمن العقود ، التي يبرمها المصدرون والمستوردون ، العديد من بنود التقييس وذلك من اجل الاحتماء كلياً أو حتى جزئياً من مخاطرة الصرف .

1- شروط التقييس (أو الدلالة)

(1) شرط تكيف الأسعار النسبية إلى تقلبات أسعار الصرف

تثبت مقابل القيمة (بالدينار أو الدولار أو غيرها من العملات النقدية) حين التوقيع على العقد . فإذا ازداد سعر عملة قائمة الحساب المثبت في العقد فان سعر التصدير ينخفض بالمثل . وعليه فان مخاطرة أسعار الصرف تكون مدعومة من قبل المشتري الأجنبي .

(2) التقييس على عملة معينة أو سلة من العملات النقدية

يربط المتعاقدون المبلغ الممكن دفعه بعملة ثالثة أو سلة من العملات النقدية مثل حقوق السحب الخاصة بشكل عام . ويعكس هذا الشرط مخاطرة أسعار الصرف على الطرفين في العقد . وكما أن الارتفاع أو الانخفاض المتوقع في سعر عملة قائمة الحساب قد لا يؤثر إلا على نسبة معينة من المبلغ ، مثال ذلك ارتفاع (أو انخفاض) أعلى من (3%) أو (5%) .

2- شروط المخاطرة الموزعة

يدعم شرط المخاطرة الموزعة كل من طرفي مخاطرة أسعار الصرف . فالعقد يتوقع ، على سبيل المثال ، أن قسما من التغيير في السعر الواقع بين تاريخ إعداد قائمة

الحساب وتاريخ الدفع سيوزع بين المصدر والمستورد تبعاً لقاعدة معينة (تاريخ توقيع العقد) .

3- شروط العملات النقدية المتعددة

تساعد شروط العملات النقدية المتعددة أو شروط أسعار الصرف المتعددة على تحرير مبلغ العقد في عملات نقدية عديدة ، ويتم ذلك حصراً في موعد الاستحقاق الذي يختار فيه أحد أطراف العقد (المدين أو الدائن) عملة التسديد أو التسوية .

وان شرط اختيار العملات النقدية يمكن أن يساعد أحد أطراف العقد في استخدام عملة نقدية أخرى ، مختارة مسبقاً ، عندما تكون عملة العقد اقل (أو أعلى) من سعر معين . فعلى سبيل المثال يمكن أن اعتماد التسديد بالدولار الأمريكي (USD) على أساس قيمة الدولار تساوي (0.8634) يورو (EUR) والسماح بإمكانية الدفع بالجنيه الإسترليني (GBP) إذا كان الدولار (USD) اقل ما (0.8500) يورو (EUR) .

رابعاً :- المقاصة الداخلية (Internal Compensation) أو النقاوة (Netting)

تستطيع الشركة أن تحدد مخاطرتها في أسعار الصرف من خلال مقاصة المقبوضات والمدفوعات في العملة النقدية نفسها . وعندئذ يرتكز مركز سعر الصرف على الرصيد دون سواه . وعليه فان الشركة يمكن أن تحدد عدد العملات النقدية في قائمة الحساب بطريقة تهدف إلى أجراء مقاصة للتدفقات الظاهرة بالعملة نفسها . إن اختيار العملة النقدية لم يكن كافيا لوحده و إنما يستلزم كذلك التصرف في ضوء مواعيد التسديد ، وذلك لأنه إذا ما أخذ بنظر الاعتبار تسوية المبادلات وأسعار

الصرف في العديد من البلدان فان المصدرين والمستوردين ليس لديهم الإمكانية في الاحتفاظ بحساباتهم بالعملات النقدية الأجنبية .

1-   المقاصة الثنائية   **Bilateral Compensation**

يمكن أن تكون المقاصة ثنائية حينما تربط شركتين علاقات تجارية وتتحقق فيما بينهما مبيعات متبادلة . فعلى سبيل المثال حالة المنشأة ألام التي تبيع إلى فرعها الأجنبي منتجات نصف مصنعة وتقوم بشراء المنتجات التامة الصنع من هـذا الفـرع (بيـع أدوات احتياطيـة للسيارات وشراء السيارات ، بيـع أجـزاء حاسبات وشراء الحاسبات وهكـذا ...) . أن حركـة الأموال الممكن تحققها تكون كما يلي (بدون نقاوة أو مقاصة) :-

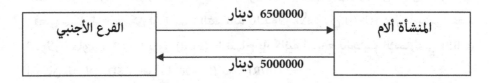

وإذا كان العكس من ذلك ، فان المنشآت تلجـأ إلى النقـاوة أو المقاصـة (netting) وان حركة التدفقات تكون كما يلي :-

2- المقاصة متعددة الجوانب   Multilateral Compensation

تمثل المقاصة متعددة الجوانب النظام الـذي يستخدم بشـكل عـام حيـنما تكـون المعاملات الداخلية كثيرة . وان الحجم الكلي للتحويلات (transfers) ينخفض وذلك لأن كل منشأة من المنشآت لا تستلم أو لا تدفع إلا المبلغ الصافي من مركزها المدين أو الدائن .

وبدون النقاوة (netting) المتعـددة الجوانـب فـان حركـة الأمـوال بـين ثلاثـة فـروع أجنبية ومنشأة أم يمكن أن تعرض كما في الشكل الآتي :-

الشكل (22)

حركة الأموال بدون مقاصة

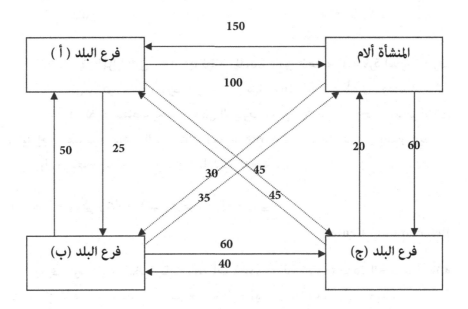

والمقاصة متعددة الجوانب تسهل عملية تدفقات الأموال وذلك لأن صافي المبلغ هـو الذي يحول فقط ..

الشكل (23)

حركة الأموال بالمقاصة

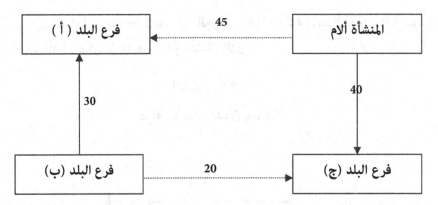

هنالك بعض المزايا التي يتميز بها نظام المقاصة وهي انخفاض مخاطرة أسعار الصرف في حالة انخفاض مراكز أسعار الصرف ، وانخفاض مصروفات التغطية لأجـل ، وتقييـد حركـة الأموال . غير أن نظام المقاصة يحمل بعض العيوب التـي مـن أبرزهـا وجـود صـعوبات في عملية إجراء مطابقة مواعيد الاستحقاق (maturity dates) . فضلاً عـن أن بعـض البلـدان يمنع إجراء المقاصة أثناء التسويات في المبادلات الدولية .

خامساً :- مركز إعادة تنظيم قائمة الحساب

Refacturation Center

يعرف مركز إعادة تنظيم قائمة الحساب لمجموعة الشركات متعددة الجنسيات بأنـه ذلك المركز الذي يقع في بلد معين غير خاضع إلى تسوية المبادلات الدولية ، ويعد

قوائم الحساب بالعملة النقدية المحلية لكل فرع من فروع المجموعة نفسها ويستلم من كل فرع قوائم الحساب (الفواتير) المحررة بالعملات النقدية الأجنبية .

ويمثل هذا المركز نفسه فرعا من فروع المنشأة ألام . ويقوم هذا المركز على قاعدة بسيطة مفادها أن القوائم (الفواتير) المحررة بالعملات النقدية الأجنبية تكون معدة باسم مركز إعادة تنظيم قائمة الحساب من قبل الفروع . ويرسل مركز إعادة تنظيم القائمة مقابل ذلك المبلغ المكافئ بالعملة النقدية المحلية للفرع .

وفي السياق نفسه فان المدفوعات بالعملات النقدية الأجنبية للمجهزين الأجانب للفروع تدرج في قائمة الحساب باسم مركز أعداد قائمة الحساب(الفاتورة) ويستلم هذا الأخير المبلغ المكافئ بالعملة النقدية المحلية للفرع ويقوم بالتسديد إلى المجهزين الأجانب بالعملة النقدية الأجنبية .

كذلك تتمركز إدارة مخاطرة أسعار الصرف على مستوى مركز إعادة تنظيم القائمة (الفاتورة) الذي يمكنه أن يجري مقاصة للتدفقات النقدية في العملات النقدية الأجنبية نفسها . ومن خلال تخفيض المقادير المحولة تنخفض في الوقت نفسه كلفة التغطية ضد مخاطرة أسعار الصرف . وعلى مستوى مركز إعادة تنظيم قائمة الحساب (إعادة تنظيم فاتورة الحساب) يمكن بشكل عام الاعتماد على عملة نقدية أساس ، لكن من الممكن كذلك إجراء مقاصات بالعملة النقدية المحلية للفرع.والشكل (24) يوضح كيفية عمل مركز إعادة تنظيم قائمة الحساب . فعلى سبيل الافتراض أن أحد الفروع في اليابان من مجموعة الشركات الألمانية (Daimler-Benz) باع آلات ومعدات إلى فرع من المجموعة نفسها في الولايات المتحدة الأمريكية فأن الفرع في اليابان يرسل قائمة حسابه (الفاتورة) بالين الياباني (JPY) إلى مركز تنظيم قائمة الحساب في ألمانيا .

يقوم هذا المركز بتنظيم قائمة الحساب للفرع في أمريكا بالدولار الأمريكي (USD) ،ويقوم الفرع في أمريكا بتسديد المبلغ إلى المركز بالدولار الأمريكي ، ومن ثم يقوم المركز بتسديد المبلغ إلى الفرع في اليابان بالين الياباني (JPY) . وعليه فان جميع الفروع تنظم قوائم حساباتها بعملاتها النقدية الخاصة . وبشكل عام فان مركز إعادة تنظيم قائمة الحساب (الفاتورة) يستلم عمولة (commission) مقابل تغطية مصروفات هذه العملية .

الشكل (24)

مركز إعادة تنظيم قائمة الحساب (الفاتورة)

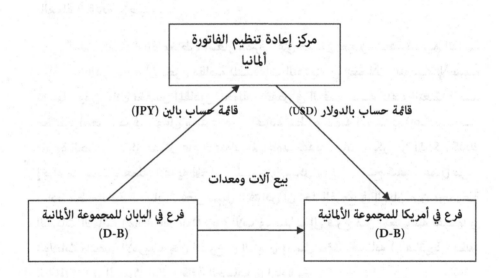

سادساً:- الائتمانات المتقاطعة والمقايضة أو مبادلات العملات النقدية

Foreign Exchange (swaps)

تمثل مبادلات العملات النقدية أو مقايضتها (swaps) اتفاق بعقد بين طرفين يتبادلان مبلغاً معيناً من العملات النقدية الأجنبية بشرط أن يسترجع أو يسترد هذا المبلغ في تاريخ استحقاق معين . وتتضمن عملية المبادلة هذه في اغلب الأحيان عمليتين متزامنتين : إحداهما فورية أو نقداً والأخرى لأجل .

وتوجد نماذج متعددة من عقد البيع الفوري أو لأجل (swap) :

1- ائتمان (swap) أو ائتمان متقاطع (crossing credit)

وتتم غالباً ائتمانات (swaps) بين البنوك .

(1) ائتمان (swap) للتصدير :- وهي التي تمنح إلى المصدرين في بعض البلدان وذلك من أجل مساعدتهم على التصدير . وهي تمثل نوعاً ما دفعة مقدمة بالعملات النقدية الأجنبية قابلة للتحويل من البنك المركزي ، وتسدد هذه الدفعة أو السلفة حينما يستلم المصدر مبلغ مبيعاته من الخارج .

(2) ائتمان مسند بائتمان آخر (back to back credit)أو الإقراض المتوازي :- يسمح الائتمان المسند بائتمان آخر (back to back) لشركتين واقعتين في بلدين مختلفين بالاتفاق على منح كل منهما قرض (loan) بعملتيهما النقديتين لفترة معينة من الزمن .

بافتراض أن هنالك منشأتان إحداهما منشأة أم أمريكية جنرال موتورز (General Motors) والأخرى منشأة أم يابانية تويوتا (Toyota Motor) . تمتلك المنشأة الأمريكية فرعاً لها في اليابان وتمتلك المنشأة اليابانية فرعاً لها في الولايات

المتحدة الأمريكية . منحت المنشأة الأم الأمريكية قرضاً بمبلغ (10) مليون دولار أمريكي (USD) إلى الفرع الياباني في الولايات المتحدة الأمريكية ، بينما منحت المنشأة الأم اليابانية قرضاً بالين الياباني (JPY) مكافئ إلى مبلغ (10) مليون دولار أمريكي (USD) .

الشكل (25)
اعتماد مسند باعتماد آخر (swap)

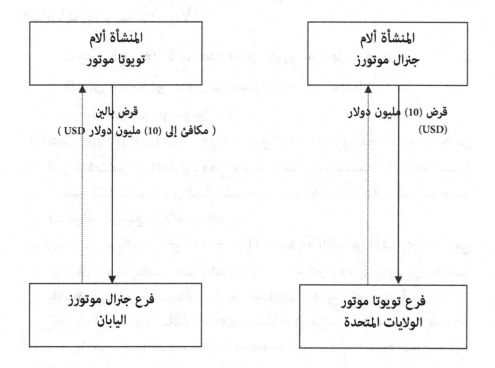

وفي نهاية القرض يسدد فرع اليابان (تويوتا) في أمريكا القرض بالدولار (USD) إلى منشأة جنرال موتورز الأمريكية ، ويسدد فرع جنرال موتور في اليابان القرض بالين الياباني (JPY) إلى منشأة تويوتا اليابانية .

226

2- أسلوب سوابس (swaps) للعملات النقدية

يعرف أسلوب (swaps) بأنه عقد بيع فوري أو شراء لأجل لعملة نقدية أو بالعكس . ويعتبر هذا الأسلوب أسلوباً لاحقاً للإقراض المتوازي الذي تطور في بعض البلدان الخاضعة إلى رقابة أسعار الصرف . و يمثل أسلوب (swaps) للعملات النقدية التزاماً مقرون بمقابل (in compensation) لمبادلة مبلغ معين من العملات النقدية ومدفوعات فائدة بتواريخ محددة وبمعدل فائدة معين . وتساعد هذه المبادلة (exchange) المنشاة التي بحاجة إلى عملة نقدية أجنبية في الحصول على هذه العملة بدون مخاطرة أسعار صرف وبدون خطر مباشر على رأس مال (capital) . ويتعين أن تكون الفترات والمبالغ المتبادلة متماثلة (identical) . ويقوم البنك ، في اغلب الأحيان ، بدور الوساطة بالعملية .

وأساليب سوابس (swaps) يمكن أن ترتكز على أساس الآتي :-

- سعر فوري أو نقدي وسعر لأجل مماثل .
- مدفوعات فوائد في تواريخ محددة .
- تسديد راس المال بالصافي (in fine) أو تسديدات دورية .

مثال

ترغب إحدى المنشآت الأمريكية البترولية (Mobil) بإصدار سندات (bonds) لمدة سبع سنوات باليورو (EUR) بهدف تمويل فروع لها في بلجيكا بعملة اليورو (EUR) ، غير أن هذه المنشأة ليست معروفة بشكل واسع في السوق البلجيكية .

وترغب المنشأة البلجيكية (Petrofina) بإصدار سندات لمدة سبع سنوات بالدولار الأمريكي (USD) من أجل تمويل فروع لها في الولايات المتحدة الأمريكية ، لكن هذه المنشأة ليست معروفة بشكل واسع في السوق الأمريكية . وتكون المبالغ المرصدة للتمويل متكافئة . وعليه فان كلاً من المنشأتين يمكنه إصدار سندات في سوقه الخاص وإجراء عملية مقايضة العملات النقدية المعروفة بأسلوب (swaps) .

وفي بداية (swaps) تتبادل المنشآت المبالغ بالعملات النقدية :- المنشأة البلجيكية (Petrofina) تعطي مبالغ اليورو (EUR) عوضا عن المبلغ المكافئ للدولار (USD) . وتستخدم هذه المنشآت متوسط سعر الدولار (ما بين سعر المشتري وسعر البائع) .

وتسدد سنوياً المنشأة البلجيكية (Petrofina) إلى المنشأة الأمريكية (Mobil) الفوائد بالدولار (USD) ، وتسدد المنشأة الأمريكية (Mobil) الفوائد باليورو (EUR) إلى المنشأة البلجيكية (Petrofina).وفي نهاية (swap) تتبادل المنشأة مرة ثانية العملات النقدية .

الشكل (26)

أسلوب (swaps) للعملات النقدية

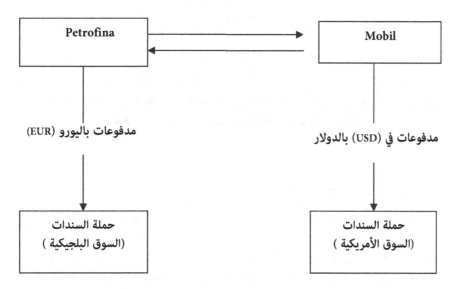

ويساعد أسلوب (swaps) للعملات النقدية الشركات على دفع الفوائد إلى حملة السندات وتسديد القرض في نهاية الفترة دون القلق من تغييرات أسعار العملات النقدية . كما أن هذا الأسلوب يساعد في تخفيض ملحوظ للتكاليف . ولا يظهر (swaps) في ميزانيات الشركات (balance sheet) . ويفيد نظام (swaps) في تغطية مخاطرة أسعار الصرف على مدى فترات طويلة . وبشكل عام فان البنك يلعب دور الوسيط بين الطرفين في مبادلات (swaps) .

علاوة على ما تقدم يمكن الإشارة إلى أنواع مبادلات سوابس (swaps) والمفاهيم الخاصة بكل نوع منها كما في الشكل (27) .

الشكل (27)

المبادلات
swaps
هي التزام تعاقدي بين طرفين يتضمن مبادلة نوع معين من التدفق النقدي أو اصل معين مقابل تدفق أو اصل آخر بموجب شروط يتفق عليها عند التعاقد .
مبادلة معدلات الفائدة
مبادلة العملات
المبادلة الخيارية
مبادلة الأسهم
مبادلة السلع

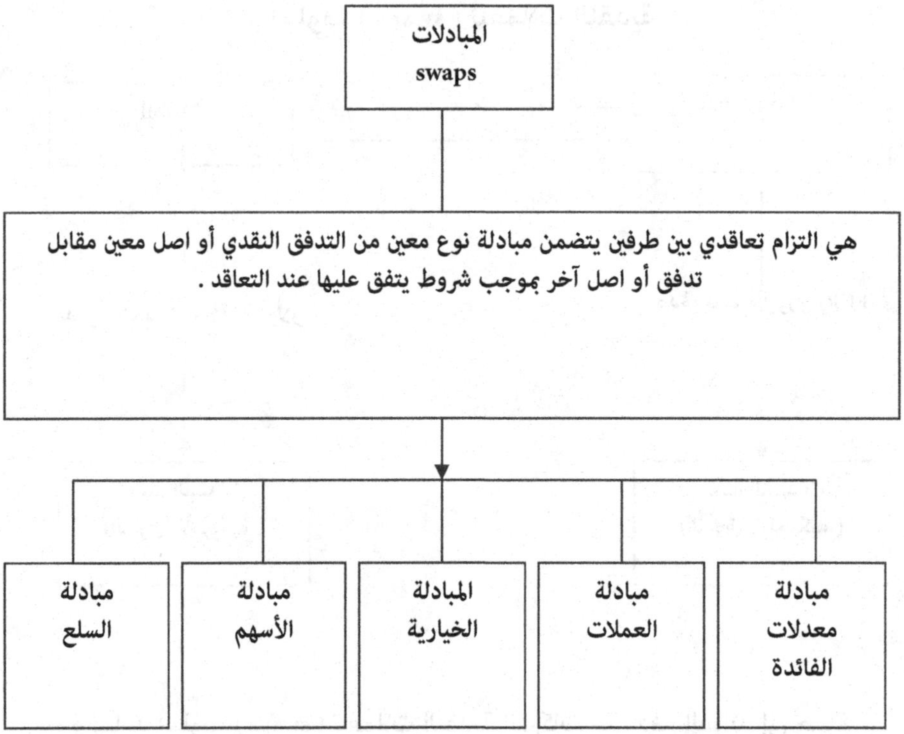

(1) مبادلة معدلات الفائدة interest swap

هي اتفاق بين طرفين على تبادل معدلات فائدة متغيرة بمعدلات فائدة ثابتة على مبلغ محدد بعملة نقدية معينة دون أن يقترن ذلك بالضرورة بتبادل هذا المبلغ .

(2) مبادلة العملات النقدية currency swap

هي اتفاق بين طرفين يتضمن عمليتين : عملية شراء/ بيع عملة نقدية معينة مقابل عملة نقدية أخرى على أساس التسليم الآني (الفوري) بسعر الصرف الآني (الفوري) بين العملتين النقديتين وعملية شراء / بيع في تاريخ لاحق على أساس سعر

230

صرف محدد مسبقاً بين العملتين النقديتين . وتعتمد مبادلة العملات النقدية على التوقعات المستقبلية للفروق في معدلات الفائدة و أسعار الصرف بين العملتين النقديتين محل التعاقد .

(3) المبادلة الخيارية   swaption

هي خيار (option) للدخول في مبادلة (swap) معينة بتاريخ محدد في المستقبل . مثال ذلك المبادلة الخيارية للفائدة البسيطة هي أساسا خيار لمبادلة سند ذي فائدة ثابتة بسند آخر ذي فائدة متغيرة في وقت معين .

(4) مبادلة الأسهم   equity swap

هي اتفاق بين طرفين على المبادلة في تاريخ لاحق لمعدل العائد على سهم معين أو مجموعة من الأسهم بمعدل العائد على سهم أو أصل مالي آخر . فيمكن للمستثمر الاتفاق على أن يدفع لطرف آخر في تاريخ لاحق سعر (الليبور libor) لعملة نقدية معينة على مبلغ متفق عليه مقابل حصوله على معدل العائد على أسهم بنفس القيمة في سوق مالية معينة مقاساً على أساس معدل الزيادة في الرقم القياسي لمؤشر أسعار الأسهم في هذه السوق وفي حالة انخفاض المؤشر يلتزم المستثمر بدفع سعر (الليبور) مضافاً إليه هذا الانخفاض .

(5) مبادلة السلع   commodity swap

هي مبادلة يقوم بموجبها أحد الطرفين بالشراء الآني (الفوري) من الطرف الآخر لكمية معينة من السلعة محل التعاقد بالسعر السائد . ويتم سداد الثمن فورياً

وبيعها له في الوقت نفسه بيعاً آجلاً بسعر متفق عليه مسبقاً وبشرط أن يتم السداد على فترات متفق عليها .

سابعاً :- أساليب داخلية أخرى للتغطية

Other Internal Techniques for Covering

1- الخصم للدفع الفوري أو النقدي

discount for spot payment

يمكن للمصدرين أن يمنحوا خصم للدفع النقدي المتوقع . ويمثل هـذا الخصـم كلفـة (cost) بالنسبة للمصدر ، غير أن هذا الخصم يجنبه مخاطرة أسعار الصرف ويخفض مخاطرة ائتمانه ويمنحه سيولة سريعة (quick liquidity).

2- التغطية الفورية   spot covering

تقوم عملية التغطية الفورية على أساس جعل الموجودات (أو المطلوبات) بالعملات النقدية الأجنبية على شكل ديون (debts) أو ذمم مدينة بالعملات النقدية الأجنبية للمبلـغ نفسه ولتاريخ الاستحقاق نفسه .

فإذا توقع ، على سبيل المثال ، أحد المصدرين للخارج انخفاض قيمة الدولار الأمريكي (USD) . عندئذ بإمكان هذا المصدر أن يقترض دولارات أمريكية بمبلغ يعادل مبلغ المدينين له ويوظفها في السوق خلال مدة الائتمان الممنوحة للمدينين (debtors) . وحينما يسدد المدينون ديونهم بالدولار الأمريكي فان المصدر يستطيع أن يسدد مبلغ القرض الذي اقترضه بالدولار الأمريكي (USD) . ومن الجدير بالذكر أن هذا الأسلوب يستخدم في البلدان التي لا توجد فيها رقابة على معاملات وأسعار

الصرف . ولذلك فان هذا الأسلوب تكتنفه بعض العيوب وقد يكون مكلفاً . ويمكن حصر الأسباب التي تحد من استعمال هذا الإجراء بالآتي :-

(1) يؤدي إلى إظهار تكاليف معاملة وتكاليف إدارية لا يستهان بها .

(2) يؤدي إلى تجميد نقدية يمكن استخدامها في عمليات أكثر ربحية .

ثامناً :- أساليب تخفيض مخاطرة سعر صرف الدمج

Reduction Techniques for Consolidation Exchange Risk

تقوم هذه الأساليب على أساس تبديل العرض المحاسبي وفقاً لأسلوب يقلل من اختلافات أو فروقات الدمج . وتعتمد هذه الأساليب على طرائق التحويل (conversation) المستخدمة.فإذا استخدمت طريقة معدل الإقفال(rate closing) فان العرض يقتصر حصراً على حقوق الملكية التي تسجل بالكلفة التاريخية (historical costs).وعليه فان تخفيض مخاطرة أسعار صرف الدمج يتأتى من تخفيض حقوق الملكية أو الأموال الممتلكة (property funds).ولذلك فان التخفيض الكبير في حقوق الملكية لا تحبذه الحكومات المضيفة.وإذا كانت الطريقة المستخدمة هي الطريقة التي تميز بين البنود النقدية (monetary items) والبنود غير النقدية (non-monetary items) فانه يتعين التوجه نحو تخفيض الرصيد النقدي (موجودات نقدية - مطلوبات نقدية). أما إذا كانت الطريقة المعتمدة هي الطريقة التي تميز بين البنود قصيرة الأجل والبنود طويلة الأجل فانه من الأفضل عندئذ تخفيض رأس المال العامل (working capital) بغية تقليل التعرض غلى مخاطرة سعر صرف الدمج . وبشكل عام فان ذلك يتم من خلال العمل على مستوى الميزانية التي تتبدل فيها مخاطرة سعر صرف الدمج .

وتستطيع الشركات أن تلجا إلى ما يلي :-

(1) تسوية تدفقات الأموال .

(2) استعمال التغطية لأجل عندما توجد الأسواق لأجل بالنسبة للعملة النقدية الأجنبية المعنية .

(3) مقاصة المراكز بالعملات النقدية الأجنبية .

وتقوم القاعدة على أساس دعم وتعزيز الموجودات بالعملات النقدية الأجنبية التي يمكن أن ترتفع قيمتها مرة ثانية وتخفيض الموجودات التي يمكن أن تنخفض قيمتها. والعكس من ذلك يجري تخفيض القروض المستلمة بالعملات النقدية الأجنبية القوية وزيادة المديونية أو الاقتراض (getting into debt) بالعملات الأجنبية النقدية الضعيفة . فعلى سبيل المثال إذا كان يتوقع أن تنخفض قيمة عملة من العملات النقدية فان الإدارة يجب أن تكثف جهودها في سبيل تخفيض المقبوضات ، وتقليل الفترات الممنوحة للزبائن كائتمان في هذه العملة ، وزيادة المديونية المحلية (أو الاقتراض) والتوجه نحو الحصول على فترات أطول لدفع حسابات المجهزين (الموردين) .

غير أن هذه الأساليب تواجه بعض الانتقادات ، إذ أنه ليس من السهل التغيير السريع في آجال الدفع ، ولا حتى حجم القروض وأهميتها . بالإضافة إلى أنه يتعين الأخذ في الحسبان استعمال الأموال المقترضة وذلك لأن معدل الفائدة يرتفع في حالة الاقتراض بعملة نقدية ضعيفة . وهنالك بعض الأساليب سهلة الاستخدام ما بين المنشآت ألام والفروع الأجنبية التابعة لها مثال ذلك تغييرات مواعيد الدفع أو تكييف أسعار التحويل أو الصرف في بعض الحالات وغيرها .

الخلاصة

لقد استخدمت الأساليب الداخلية لتغطية مخاطرة أسعار الصرف في اغلب الأحيان من قبل الشركات . فالشركات الصغيرة والمتوسطة ، التي لا تمتلك القدر الكافي من أساليب إدارة أسعار الصرف ، تلجا باستمرار إلى تنظيم قائمة الحساب بالعملة النقدية المحلية . أما الشركات كبيرة الحجم فتستخدم المقاصة الداخلية وتنشئ غالباً مراكز إعادة تنظيم الفاتورة (قائمة الحساب) وتلجأ إلى أسلوب مقايضة العملات (swaps) . غير أن هذه الأساليب للتغطية لا تسمح بتغطية جميع مخاطر أسعار الصرف للشركات التي يتعين عليها أن تلجأ كذلك إلى الأساليب الخارجية التي يأتي تناولها في الفصل القادم .

235

236

أسئلة الفصل

1- ماذا تعني المقاصة الثنائية ؟

2- ما هي فائدة المقاصة متعددة الجوانب ؟

3- هل أن تنظيم قائمة الحساب بالعملة النقدية المحلية هو أفضل طريقة للاحتماء ضد مخاطرة أسعار الصرف ؟

4- ماذا يعني مبدأ المؤاجلة (اجل أو موعد الاستحقاق) ؟

5- ما هي الشروط الأساسية للتقييس التي يمكن أن تدخل في العقود ، وما هي درجة فاعليتها ؟

6- على فرض انك تدير شركة متعددة الجنسيات تنفذ أعمال كبيرة في الخارج خلال مدة خمس سنوات ، فما هو الأسلوب الداخلي الذي يمكنك استخدامه للتغطية ضد مخاطرة أسعار الصرف ؟

7- ما هي مزايا مركز إعادة تنظيم قائمة الحساب (إعادة الفوترة) ؟

8- ما هو الائتمان المتقاطع ؟

9- اذكر أنواع مبادلات (swaps) و أعط تعريفاً لكل منها .

10- ما هي أساليب تخفيض مخاطرة سعر صرف الدمج ؟

الفصل التاسع

الأساليب الخارجية المستخدمة في

تغطية مخاطرة أسعار الصرف

الفصل التاسع

الأساليب الخارجية المستخدمة في تغطية مخاطرة أسعار الصرف

External Techniques for Exchange Risk Covering

تستخدم الأساليب الخارجية للتغطية على نطاق واسع من قبل الشركات ، وذلك للحد من مخاطرة أسعار الصرف وبخاصة مخاطرة المعاملة (transaction) . وقد تطور بعض هذه الأساليب خصوصاً في السنوات الأخيرة ، مثل الضمانات أو التغطية في الأسواق المستقبلية وخيارات العملات النقدية وأسواق (swaps) .

ويلاحظ أن أساليب التغطية ليست متكافئة و إنما تختلف بعضها عن البعض الآخر . فالبعض منها يعمل على ضمان سعر مستقبلي محدد ، والبعض الآخر يحد من مخاطرة ارتفاع أو انخفاض قيمة عملة نقدية معينة وذلك من خلال إفساح المجال للاستفادة من ارتفاع أو انخفاض قيمة العملة النقدية ، وهنالك أساليب أخرى تعمل على ضمان سعر عملة نقدية معينة في داخل مجموعة أسعار معينة .

يتناول هذا الفصل الموضوعات الآتية :-

أولاً :- التغطية في أسواق سعر الصرف لأجل .

ثانياً :- التغطية في السوق النقدية .

ثالثاً :- الدفعات (المقدمة) بالعملات النقدية الأجنبية .

رابعاً :- أسواق عقود لأجل أو المستقبليات (futures) في العملات النقدية الأجنبية.

خامساً :- أسواق خيارات العملات النقدية .

سادساً :- أسواق كفالات أسعار صرف العملات النقدية .

سابعاً :- أسواق مقايضة (swaps) للعملات النقدية والمعدلات .

ثامناً :- تغطية مخاطرة أسعار الصرف بواسطة الجهات الخارجية .

أولاً :- التغطية في أسواق سعر الصرف لأجل

Covering of Forward Exchange Market

تعد التغطية في أسواق سعر الصرف لأجل التغطية الأكثر استعمالاً في الشركات وذلك لسهولة استخدامها .

1- مبدأ التغطية في أسواق سعر الصرف لأجل

(1) يتعين على المصدر أن يبيع لأجل العملات النقدية المناظرة إلى مبلغ التصدير، وذلك من أجل التحوط ضد مخاطرة أسعار الصرف الناجمة عن ارتفاع محتمل في قيمة عملة نقدية معينة .

(2) يتعين على المستورد أن يشتري لأجل العملات النقدية المناظرة إلى مبلغ الاستيراد، وذلك من اجل التحوط ضد مخاطرة أسعار الصرف الناجمة عن ارتفاع محتمل في قيمة عملة نقدية معينة .

وعند انتهاء العقد فانه ليس من الضروري تهيئة الأموال ، نظراً لأن حساب الزبون لا يعتبر مدينا إلا في تاريخ الاستحقاق . لكن ، بشكل عام ، يقوم الزبون بترتيب وتهيئة خط ائتمان أو اعتماد معين مع أحد البنوك للاستعداد إلى عمليات التسوية .

2- **تغطية مخاطرة سعر صرف المعاملة (الصفقة) في سوق سعر الصرف الأجل**

يمكن تبسيط تغطية الاستيراد والتصدير من خلال الأمثلة الآتية :-

(1) تغطية التصدير   export covering

مثال

قامت الشركة الألمانية باير (Bayer) بتصدير مواد كيميائية بمبلغ (15) مليون دولار أمريكي (USD) ، يدفع في مدة ثلاثة أشهر ، إلى شركة ديبونت(Du Pont) الأمريكية .

وكانت الأسعار كما يلي :-

السعر الفوري(اليورو:الدولار الأمريكي)1.1940 – 1.1930) (EUR/USD)

سعر ثلاثة أشهر (اليورو:الدولار الأمريكي)1.1980 -1.1973 = (EUR/USD)

فإذا كانت الشركة المصدرة وهي الشركة الألمانية ، التي تريد أن تؤمن نفسها في السوق لأجل ، تبيع بمبلغ (10) ملايين دولار أمريكي (USD) لمدة ثلاثة اشهر .

وهكذا فان الشركة المصدرة (Bayer) تؤمن بعد مدة ثلاثة أشهر استلام المبلغ الآتي :-

10000000 ÷ 1.1980 = 8347245 يورو (EUR)

فإذا ارتفع سعر اليورو (EUR) بعد ثلاثة أشهر وبلغ (1.21) دولار أمريكي (USD) فان ذلك يكون مكتسباً بالنسبة للشركة المصدرة وذلك لأنها تتحوط في السوق لأجل وتستلم (0.83472) عن الدولار الأمريكي الواحد (USD) . وإذا

241

انخفض سعر اليورو (EUR) بعد ثلاثة اشهر وبلغ (1.17) دولار أمريكي (USD) ، فان الشركة المصدرة (Bayer) لا تؤمن نفسها في السوق لأجل ، لكن من المؤكد أن تستلم مبلغ (8347245) يورو.وسيكون هذا المبلغ محفوفاً بمخاطرة انخفاض الدولار الأمريكي (USD) إذا لم يكن مغطى .

وفي هذا المثال ، بما أن اليورو (EUR) يكون في سعر الاستلام المؤجل (carring over-rate) مقابل الدولار الأمريكي (USD) فان الشركة المصدرة تستلم (من اليورو لأجل) اقل مما لو كانت قد دفعت نقداً أو فوراً . وإذا كان اليورو (EUR) في سعر التسليم المؤجل (back wardation rate) فان الشركة المصدرة تستلم مبلغ (من اليورو لأجل) أكثر مما لو كانت قد دفعت نقداً أو فوراً .

(2) تغطية الاستيراد   import covering

مثال

قامت شركة توتال (Total) الفرنسية بشراء منتجات كيميائية من شركة نوفارتيز (Novartis) السويسرية بمبلغ (10) مليون فرنك سويسري يدفع خلال ستة أشهر .

وكانت الأسعار كما يلي :-

الأسعار الفورية(اليورو:الفرنك السويسري)

(EUR/CHF) = 1.5902 – 1.5910

أسعار ستة أشهر (اليورو : الفرنك السويسري)

(EUR/CHF) =   1.5813 – 1.5820

وترغب الشركة المستوردة (Total) بتغطية نفسها في السوق لأجل .

يشترى المستورد فرنكات (CHF) سويسرية من البنك . وهكذا يؤمن المستورد نفسه بمبلغ أكيد لمدة ستة أشهر :-

10000000 ÷ 1.5813 = 6323911 يورو (EUR) .

وبما أن الفرنك السويسري (CHF) يكون في سعر الاستلام المؤجل فان الشركة المستوردة(Total)تدفع فرنكات سويسرية أكثر مما لو اشترت نقداً أو فوراً . الأمر الذي يؤدي إلى خسارتها أو فقدانها المبلغ التالي مقارنة بالسعر الفوري أو النقدي.

6323911 يورو (EUR)-6288517 يورو (EUR) = 35394 يورو (EUR)

وعليه فان المبلغ (35394) يورو(EUR) يمثل كلفة التغطية (cost covering) . وهذا ما يقابل سعر التسليم المؤجل لليورو (EUR) مقابل الفرنك السويسري (CHF) . ويتمثل هذا التسليم المؤجل للستة اشهر في النسبة الآتية :-

[1.5813 - 1.5902] ÷ 1.5902 = - 0.56 %

أما إذا كان العكس وهو أن اليورو (EUR) يكون في سعر الاستلام المؤجل فان المستورد الفرنسي يسدد مبلغ لأجل اقل من المبلغ الذي يسدده لو تم الدفع نقداً أو فوراً . وفي الأسواق لأجل تكون العقود مغلقة (closed contract) ولا يمكن للمصدر أو المستورد الاستفادة من أي حالة تطور لاحق وملائم للعملة النقدية .

ثانيا :- التغطية في السوق النقدية

Covering of Monetary Market

1- مبدأ التغطية في السوق النقدية

يمكن للمستورد الذي لديه مركز ضعيف بالعملات النقدية الأجنبية ، لكي يتحوط في السوق النقدية ، أن يشتري مباشرة العملات النقدية الأجنبية التي يحتاجها في تاريخ مستقبلي (تاريخ الدفع) ويوظف هذه العملات في سوق العملات النقدية المحلية أو الأجنبية لفترة مناسبة . وفي حالة ما إذا كان الموجود النقدي من العملة النقدية المعتمدة في التسديد لدى الشركة المستوردة لا يكفي لسد الحاجة فانه يمكن اقتراض مبالغ معينة من هذه العملة من السوق وبيعها فوراً أو نقداً بمقابل العملات النقدية الأجنبية المطلوبة .

ويمكن للمصدر الذي لديه مركز قوي بالعملات النقدية الأجنبية ، لكي يؤمن نفسه في السوق النقدية ، أن يقترض مباشرة العملات النقدية المحلية أو الأجنبية ويبيعها مباشرة في السوق النقدية أو الفورية للحصول على العملة النقدية المعتمدة للتسديد . وفيما بعد ذلك يقوم هذا المصدر باستلام العملات النقدية من زبونه ويسدد القرض والفوائد المترتبة عليه .

2- أمثلة التغطية في السوق النقدية

ترغب شركة القدس الأردنية بان تؤمن نفسها ضد مخاطرة أسعار الصرف الناجمة عن مبيعات بمبلغ (3000000)دولار أمريكي إلى الولايات المتحدة الأمريكية ، يدفع بعد ثلاثة أشهر .

فإذا توفرت البيانات الآتية :-

السعر الفوري (الدولار الأمريكي : الدينار الأردني) (USD/JOD) = 0.7012

معدل فائدة دولار ثلاثة اشهر = 3 %

معدل فائدة دينار ثلاثة اشهر = 4 %

يمكن للشركة اتخاذ الخطوات الآتية :-

(أ) اقتراض دولارات لمدة ثلاثة أشهر

المبلغ (1 + معدل الفائدة) = 3000000 دولار

المبلغ × [1 + (0.03 ÷ 4)] = 3000000 دولار أمريكي

المبلغ = 3000000 دولار ÷ [1 + (0.03 ÷ 4)] = 2977667.5 دولار أمريكي

(ب) تحويل هذه الدولارات إلى الدنانير الأردنية (JOD) بالسعر الفوري أو النقدي، عندئذ تحصل الشركة على المبلغ الآتي :

2977667.5 دولار × 0.7012 = 2087940 دينار (JOD)

(ج) توظيف هذه الدنانير الأردنية لمدة ثلاثة أشهر . وفي نهاية ثلاثة اشهر يمكن الحصول على المبلغ الآتي :-

2087940 دينار × [1 + (0.04 ÷ 4)] = 2108819

(د) تسديد القروض المستلمة بالدولارات وتحصيل الفوائد مع مبلغ القروض الممنوحة بالدولارات .

وهكذا فان المصدر يضمن لنفسه سعر صرف بمبلغ :-

2108819 ÷ 3000000 = 0.7029 دينار .

وإذا كان سعر الصرف في حالة توازن (equilibrium) فانه يكون من غير الضروري أن يتحوط ضد مخاطرة أسعار الصرف في السوق لأجل أو في السوق النقدية . ومن الجدير بالذكر أن أسواق الصرف تكون في حالة توازن حينما يكون معدل الاستلام المؤجل (أو التسليم المؤجل) مساوياً إلى التباين في معدل الفائدة بين العملتين النقديتين المعنيتين ...

3- مقارنة بين التغطية في السوق لأجل والتغطية في السوق النقدية.

(1) الأسعار المعتمدة

حينما تقوم الشركة بتأمين نفسها في السوق لأجل فإنها تعلم بمبلغ العملة النقدية التي تستلمها من قبل مدينيها (debts) . إذ أن الأسعار ، التي يجب اعتمادها ، تمثل أسعار السوق الأجل في لحظة المعاملة أو الصفقة (transaction) . أما إذا قامت الشركة بالتحوط في السوق النقدية فان الأسعار الممكن اعتمادها تمثل الأسعار الفورية أو النقدية للفترة .

246

(2)   الإجراءات المحاسبية للتغطية

حينما تتم التغطية في السوق لأجل فان العملية لا تسجل في الميزانية ، وأن الهيكل المالي في الميزانية لا يتأثر . وإذا تمت التغطية في السوق النقدية فان العملية تسجل في الميزانية وتؤدي إلى زيادة نسبة المديونية (debts ratio) .

(3)   كلفة التغطيات

إذا كان تباين معدلات الفائدة مساويا إلى معدل الاستلام المؤجل في عملة نقدية أجنبية ، أي بمعنى آخر إذا كانت الأسواق كفؤة ، فان كلفة التغطية في السوقين تكون متماثلة ، وهي تعادل ما يلي :-

- معدل التسليم المؤجل للتغطية في السوق لأجل بالنسبة للمستورد .
- معدل الاستلام المؤجل للتغطية في السوق لأجل بالنسبة للمصدر .
- تباين معدل الفائدة للتغطية في السوق النقدية .

ولأجل تغطية مبلغ معين مقداره (2000000) دولار أمريكي ، ممكن استلامه من قبل مصدر لبناني بعد ثلاثة أشهر ، فان مجموع كلفة التغطية ، إذا كان تباين معدل الفائدة السنوي بين لبنان والولايات المتحدة الأمريكية هو (1 %) (معدل فائدة الدولار الأمريكي أعلى من معدل فائدة الليرة اللبنانية) ، يستخرج كما يلي :-

2000000 دولار أمريكي (USD) × 0.01 × (3 ÷ 12) = 5000 دولار أمريكي (USD) .

أما إذا كان العكس وهو أن الأسواق لم تكن كفؤة ، مثال ذلك إذا لم تكن هنالك رقابة على المبادلات أو أسعار الصرف أو في حالة وجود سوقين منفصلين أحداهما خارجي والآخر داخلي ، فان تكاليف التغطية لم تكن متماثلة . ويمكن اختيار

السوق لأجل أو السوق النقدية وحسبما يكون التباين في معدل الفائدة أكثر ارتفاعاً من معدل الاستلام المؤجل (أو التسليم المؤجل) أو العكس .

ومن الجدير بالذكر أن التعليلات السابقة كانت تقوم على افتراض أن مشتريات ومبيعات العملات النقدية الأجنبية في السوق لأجل ، والحصول على القروض من الخارج ، يمكن أن تكون ممكنة ولا تخضع إلى أي قيود .

ثالثاً :- الدفعات المقدمة بالعملات النقدية الأجنبية   Currencies

Advances

تمثل الدفعات المقدمة بالعملات النقدية الأجنبية بالنسبة للمصدر تحوط ضد مخاطرة أسعار الصرف ووسيلة للتمويل . ويمكن أن تلجأ إلى هذه الدفعات الشركات المستوردة أو المصدرة على حد سواء . وهنالك نوعان من الدفعات هما الدفعات بالعملات النقدية الأجنبية إلى المصدرين ، و الدفعات بالعملات النقدية الأجنبية إلى المستوردين.

رابعاً :- أسواق العقود لأجل أو المستقبليات (futures) في العملات النقدية الأجنبية

لقد كانت أسواق البضائع بداية لأسواق العقود . وكانت بداية أسواق العقود في العملات النقدية الأجنبية قد أعلنت في عام 1972م في سوق النقد الدولي (IMM) (International Money Market) في شيكاجو التي تمثل الآن إحدى أقسام (CME (Chicago Mercantile Exchange) .

1- الأسواق والعقود لأجل

futures markets & contracts

تعمل الأسواق والعقود لأجل للعملات النقدية الأجنبية في شيكاجو ، نيويورك، لندن،سنغافورة،طوكيو،تورنتو،سدني وغيرها.وان من ابرز هذه الأسواق أهمية هو سوق النقد الدولي في شيكاجو المذكور آنفاً.ويمثل العقد الآجل للعملات النقدية الأجنبية التزام بشراء أو بيع كمية محددة من العملات النقدية في تاريخ مستقبلي وبسعر يحدد في لحظة العقد . وتتمثل خواص هذه العقود في الآتي :-

(1) تكون مبالغ العقود الآجلة موحدة على صعيد العملات النقدية الأجنبية المعتمدة بالتعامل في هذه العقود ، أي أن لكل عملة نقدية مبلغ محدد لا يثبت غيره . وكما في الجدول الآتي :-

الجدول (14)

مبالغ العقود الآجلة للعملات النقدية في (IMM)

المبلغ	العملات	
10000	(AUD)	الدولار الأسترالي
100000	(CAD)	الدولار الكندي
62500	(GBP)	الجنيه الإسترليني
12500000	(JAP)	الين الياباني
125000	(CHF)	الفرنك السويسري

Source: - Financial Times, 1st December 1998.

(2) تجري التسعيرة بعدد من الدولارات للوحدة الواحدة من العملات النقدية الأجنبية ، أي بعبارة أخرى يجري التسعيرة تبعاً لمقارنة كل عملة نقدية مقابل الدولار الأمريكي مثل (اليورو : الدولار الأمريكي) أو (EUR/USD) . وتختلف سعر العقود الآجلة عن السعر الفوري مثلما يختلف كذلك عن أسعار لأجل ويكون سعر العقود الآجلة مقارباً بشكل كبير إلى السعر لأجل لنفس العملة النقدية ولنفس تاريخ الاستحقاق .

(3) تختلف التقلبات تبعاً للعملات النقدية الأجنبية . وأدنى قيمة للتغير في السعر أو التقلب الأدنى ، كما يسمى بالإنكليزية (تك tick) يبلغ 0.01 سنت (cent) وعليه فان العقد البالغ (62500) جنيه إسترليني ، يمكن أن تكون قيمة التقلب الأدنى فيه كما يأتي :-

62500 × 0.01 سنت (cent) = 6.25 دولار (USD)

(4) تكون الاستحقاقات موحدة : آذار ، حزيران ، أيلول ، كانون الأول .

(5) يجب أن تسدد وديعة ضمان (guaranty deposit) بهدف إمكانية شراء أو بيع عقد . وهذه الوديعة تكون بمبلغ (1000) دولار أمريكي (USD) للعقد الواحد . وتتم هذه الوديعة من قبل غرفة المقاصة (clearing house) .

ويمكن أن تستعمل عقود العملات النقدية الأجنبية لأغراض متطلبات المضاربة والتغطية والموازنات أو المراجحات في أسعار الصرف .

2 - مجرى العمليات في سوق العقود الآجلة

process of operations

بهدف المشاركة في سوق العقود الآجلة ، يتعين في بادئ الأمر تسديد وديعة ضمان أساسية إلى شركة السمسرة أو السمسار (broker or brokerage) ،

وهو وسيط بين الزبون وغرفة المقاصة . إذ أن هذا الوسيط يقوم بتسديد الوديعة المذكورة إلى غرفة المقاصة (انظر الشكل التالي) .

الشكل (28)

الالتزامات (engagements) تجاه غرفة المقاصة

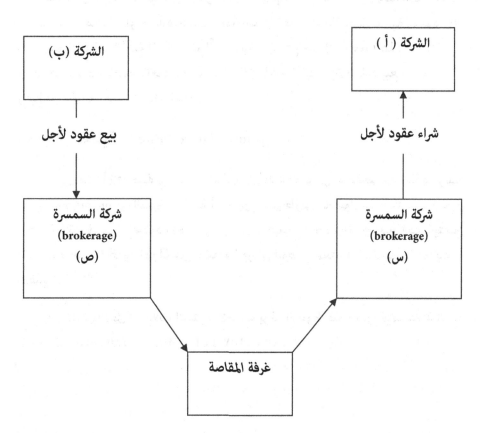

ففي سوق العقود الآجلة ، يلاحظ في الشكل أعلاه ، أن الشركة (أ) تشتري عقداً آجلاً بواسطة الشركة (س) من الشركة (ب) التي تنفذه بواسطة الشركة (ص) . وبمجرد انتهاء العمليات فان الالتزامات (engagements) تنفذ تجاه غرفة المقاصة .

251

وتقوم غرفة المقاصة ، في كل يوم ، باحتساب الوضع (situation) لكل عامل (operator) . وبما أن سعر العقود الآجلة يتغير فان غرفة المقاصة تلجأ إلى طلبات ودائع (deposits) أو أمانات إضافية (maintenance margin) من قبل العاملين الذين سجلوا خسائر (loss)،وبالعكس يصبح هؤلاء دائنين حينما يحققوا مكاسب (gains) في السوق ، وهذا ما يطلق عليه تسمية نقطة (أو علامة) إلى السوق (mark to market) .

وإذا قررت الشركة (أ) بيع عقدها فأنها تقوم بإبلاغ هذا القرار إلى وسيطها (السمسار) وتطلب منه البحث لها عن مقتن (acquirer) أو مشتر آخر . وبذلك فان هذه الشركة تحقق مكتسباً أو خسارة حسب تطور أسعار العقود الآجلة . وان غالبية العقود (98 %) في سوق العقود الآجلة لا تكون محلاً للتسليم . إذ يتم حل (resolve) هذه العقود وإنهاءها بواسطة عملية باتجاه معاكس وهي أن المشترين يقومون بإعادة بيع العقود والبائعين يقومون بإعادة شراء العقود .

3- مبدأ التغطية   principal of covering

يمثل مبدأ التغطية في سوق العقود الآجلة تعويض أو مقاصة خسارة فرصة (opportunity loss) في السوق النقدية أو الفورية عن طريق الحصول على مكتسب يحمل الأهمية ذاتها في سوق العقود الآجلة أو سوق المستقبليات(Futures). وبتعبير آخر ، يتعين الاعتماد في سوق العقود الآجلة على وضع مغاير إلى الوضع المعتمد في السوق الفورية أو النقدية .

إن الشراء الأجل للعملات النقدية الأجنبية يوفر التحوط ضد ارتفاع قيمة عملة العقد بالعملات النقدية التالية :- GBP , JPY EUR , CHF ...الخ .

وان البيع الأجل للعملات النقدية الأجنبية يوفر التحوط ضد انخفاض قيمة عملة العقد بالعملات النقدية التالية :- GBP , JPY , EUR , CHF... الخ .

إن المصدرين الأمريكان الذين باعوا بالجنيه الإسترليني (GBP) واليورو (EUR) وغيرها من العملات النقدية الأجنبية الأخرى ، يلجأون إلى التحوط ضد مخاطرة أسعار الصرف من خلال بيع عدد من عقود الجنيه الإسترليني واليورو ... وغيرها ، والمقابلة تقريباً إلى مبلغ صادراتهم . وان المستوردين الأمريكان الذين اشتروا بالجنيه الإسترليني (GBP) واليورو (EUR) وغيرها من العملات النقدية الأجنبية الأخرى ، يلجأون إلى التحوط ضد مخاطرة أسعار الصرف من خلال شراء عدد من عقود الجنيه الإسترليني واليورو وغيرها ، والمقابلة تقريباً إلى مبلغ استيرادا تهم .

مثال

قامت إحدى الشركات الأمريكية،شركة فيليب موريس (Philip Morris) بتصدير بضاعة قيمتها (2000000) فرنك سويسري (CHF) إلى أحد زبائنها في سويسرا في شهر حزيران 2004 م . وإن قيمة العقود الآجلة بالفرنكات السويسرية هي (125000)فرنك سويسري(CHF). وان الشركة الأمريكية(Morris Philip) ترغب بأن تؤمن نفسها في سوق العقود الآجلة (futures) . وتسعر عقود أيلول للفرنكات السويسرية في سوق العقود الآجلة بمبلغ (0.7205) وان السعر لأجل (الفرنك السويسري : الدولار الأمريكي) (CHF/USD) هو (0.72) .

وعليه فان سياق عمليات العقود الآجلة يجري كما يلي :-

(1) تسدد في حزيران 2004 م وديعة ضمان مبدئية من قبل الشركة الأمريكية (Philip Morris) التي تريد أن تؤمن نفسها في سوق العقود الآجلة ، وبيع

(16) عقداً من عقود أيلول من قبل الشركة الأمريكية (Philip Morris) بمبلغ (2000000) فرنك سويسري (CHF) .

(2) وطوال المدة كلها وحتى تاريخ الاستحقاق فان الشركة الأمريكية (Morris Philip) يجب أن تسدد ودائع ضمان إضافية في حالة زيادة العقد أو بالعكس يجب أن يجعل حسابها دائنا بالمكاسب (gains) إذا كان تغيير العقد لصالحها .

(3) وفي شهر أيلول ، تاريخ الاستحقاق ، تعيد الشركة شراء العقود بسعر السوق (0.7005) .

وبما أن الشركة في هذا المثال تعيد شراء العقود الآجلة (futures) بسعر أقل من سعر البيع (0.7205) فهي تحصل على مكتسب في سوق العقود الآجلة (futures) . وهذا المكتسب (gain) البالغ (40000) دولار أمريكي (USD) يعوض تماماً خسارة الفرصة البالغة (40000) دولار أمريكي (USD) التي تسجلها الشركة مقابل المبلغ المحسوم في لحظة البيع خلال شهر حزيران . وقد تم أخذ السعر لأجل (0.72) بوصفه السعر المتوقع (expected prices) . وتسترد وديعة الضمان المبدئية التي دفعت في بادئ الأمر.والجدول (15) الآتي يختصر جميع هذه العمليات في سوق العقود الآجلة ويتضمن ما يحصل في السوق الفورية أو النقدية (spot market) .

الجدول (15)

التغطية في سوق العقود الآجلة (futures) للعملات النقدية

السوق النقدية (الفورية) (spot market)	سوق العقود الآجلة (futures)
حزيران 2004 م :- المبلغ المتوقع استلامه : 1440000 = 0.72 × 2000000 دولار أمريكي (USD)	بيع عقود فرنكات (CHF) أيلول بسعر 0.7205 : عدد العقود المباعة 2000000 ÷ 1250000 = 16 عقد مبلغ العقود :- 125000× 16× 0.7205 = 1441000 دولار أمريكي (USD) .
أيلول عام 2004 م :- السعر الفوري (CHF/USD) = 0.7000 شركة (Philip Morris) تحول الفرنكات السويسرية إلى الدور الأمريكي :- 2000000 × 0.7000 = 1400000 دولار أمريكي (USD) . خسارة فرصة : 1440000 (USD) - 1400000 (USD)=40000 دولار أمريكي (USD) .	سعر عقود أيلول : 0.7005 إعادة شراء عقود بسعر 0.7005 استلام 16× 125000 × 0.7005 = 1401000 دولار أمريكي (USD) . مكتسب من العقود الآجلة (futures) 1441000 (USD)- 1401000(USD) = 40000 دولار أمريكي (USD) .

المبلغ الإجمالي الذي تحصله شركة (Philip Morris) للمبلغ المليونين فرنك سويسري (CHF) يعادل المبلغ المستلم عن مبادلة (صرف) الفرنكات السويسرية بالسعر النقدي (الفوري) (1400000) دولار أمريكي ، مضافا إليه المكتسب من سوق العقود الآجلة (futures) وهو (40000) دولار أمريكي (USD) :-

1400000 (USD) + 40000 (USD) = 1440000 دولار أمريكي (USD) .

يلاحظ مما تقدم أن العمليات الحسابية لا تتضمن العمولات والتكاليف المترتبة على العمليات . وفي تاريخ الاستحقاق يكون سعر العقد لأجل (future) معادلاً إلى السعر النقدي على وجه التقريب ، ولكن قبل الاستحقاق يكون السعران مختلفان . الأمر الذي يعكس فرق أو اختلاف معدلات الفائدة بين العملات النقدية لما تبقى من الفترة قبل استحقاق العقد . والفرق بين سعر العقد لأجل (future) والسعر النقدي يسمى أساس (basic) .

وتجدر الإشارة إلى أن الشركة إذا أرادت إعادة بيع عقدها قبل تاريخ الاستحقاق فإنها ستواجه ما يسمي بمخاطرة الأساس أو القاعدة (basic risk) ، وذلك لأن الأسعار النقدية (الفورية) وأسعار العقود الآجلة (future) لا تتغير دائما بالأسلوب نفسه . غير أن تغيرات الأساس تكون أقل أهمية من تغيرات الأسعار .

4- مقارنة بين التغطية في سوق الصرف لأجل والتغطية في سوق العقود لأجل

يسلط الجدول (16) الآتي الضوء على أوجه الاختلافات بين التغطية في سوق الصرف لأجل وسوق العقود الآجلة .

الجدول (16)

مقارنة التغطيات في سوق الصرف لأجل وسوق العقود الآجلة

سوق صرف لأجل	سوق العقود لأجل (futures)
- تغطية (بمقدار) - لا توجد وديعة ضمان - عقد مع البنك - تسعير من قبل البنك - أسعار مسجلة أو مقدرة على أساس المضاربة على الهامش (spread) وهو الفرق بين سعر المشتري وسعر البائع - تسليم عملات نقدية أجنبية .	- عقود موحدة - وديعة ضمان - غرفة مقاصة - تسعير في السوق - عمولات سماسرة - مخاطرة أساس - حل العقد أو إنهاءه (عموماً بوساطة عملية باتجاه معاكس) .

أن عقود العملات النقدية لأجل تشكل أداة سيولة من اجل المضاربة أو الاحتماء من مخاطرة أسعار الصرف ، غير أن ذلك يتطلب معرفة إدارة مخاطرة الأساس ومعرفة أسباب استخدامها بشكل واسع من قبل البنوك والمؤسسات المالية ، فضلا عن أن هنالك عدد محدود من العملات النقدية الأجنبية .

خامساً :- أسواق خيارات العملات النقدية

Currencies Potions Markets

يعرف الخيار بأنه عبارة عن إحدى الأدوات التي يستخدمها المستثمرون للتحوط ضد مخاطر تغير أسعار الأصول العينية والمالية ، ويستخدمها المضاربون بهدف تحقيق الأرباح . ويوجد نوعان من الخيارات (options) في الأسواق . يتمثل النوع الأول في خيار الشراء ويسمى حق الخيار في الشراء (call option) ، ويتم بين المشتري والبائع (محرر الخيار) . ويتمثل النوع الثاني في خيار البيع ويسمى حق الخيار في البيع (put option) ، ويتم بين المشتري والبائع (محرر الخيار) . وقد يطلق على هذين النوعين مصطلح واحد هو (put & call) الذي يعني اختيار في السعر الشرطي (البورصة) خيارية مركبة (للشراء أو البيع في البورصة) ويعني كذلك سعر العارض والمشتري . ويمكن شراء أو بيع خيارات شراء أو خيارات بيع للعملات النقدية .

إن مشتري خيار شراء العملات النقدية يكتسب حق (ليس ملزاماً) شراء مبلغ معين من العملات النقدية بسعر معين يسمى سعر الاستعمال(exercise price) خلال فترة معينة أو بتاريخ محدد ، مقابل التسديد الفوري (الحاضر) لعلاوة (premium) معينة إلى بائع خيار الشراء . ويعبر عن علاوة الخيار بنسبة مئوية معينة في أسواق التراضي (أو الاتفاق agreement markets) . وان مشتري خيار بيع العملات النقدية يكتسب حق (ليس ملزماً) بيع مبلغ معين من العملات النقدية بسعر معين يسمى سعر الاستعمال (exercise price) ، خلال فترة معينة أو بتاريخ محدد ، مقابل التسديد الفوري (الحاضر) لعلاوة معينة إلى بائع خيار البيع . وتتحدد مخاطرة المشتري للخيارات بمبلغ العلاوة ...

ويلتزم بائع الخيار ببيع أو شراء مبلغ معين من العملات النقدية الأجنبية بتاريخ معين وبسعر محدد (سعر الاستعمال)، إذا طبق المشتري حقه في الخيار.وقد يتنازل هذا البائع عن حق الخيار ويستلم علاوة مقابل ذلك.ويتعين كذلك على البائع أن يتمسك بشراء المبلغ المدون في العقد بالعملات النقدية الأجنبية أما في أي لحظة(خيار أمريكي) و أما في تاريخ الاستحقاق (خيار أوروبي) . إن مخاطرة بائع الخيارات تكون مرتفعة ارتفاعاً كبيراً إذا كان تغيير قيمة العملة النقدية ليس لصالحه .

1 - أسواق التراضي (الاتفاق) والأسواق المنظم

agreement markets and organized markets

يوجد نوعان من أسواق خيارات العملات النقدية هما :

(1) أسواق منظمة لخيارات العملات النقدية :- توجد في باريس ، نيويورك ، شيكاجو ، امستردام ، فلادلفي .

(2) أسواق خيارات التراضي (الاتفاق) أو أسواق خيارات خارج التسعيرة OTC (Over The Counter Market) ، وهي تتمثل في البنوك التي تقوم ببيع الخيارات إلى زبائنها . وتجدر الإشارة إلى أن هذه الأسواق تستخدم بشكل واسع في فرنسا .

2- خواص خيارات العملات النقدية

characteristics of currencies options

(1) خيارات أمريكية وأوروبية

يعرف عقد الخيار الأمريكي بأنه عقد يعطي لطرف (مشتري الخيار) الحق في شراء أو بيع اصل مالي (أسهم ، سندات ، عملات نقدية) من طرف آخر (محرر أو بائع الخيار) بسعر متفق عليه مقدماً على أن يتم التنفيذ في أي وقت خلال الفترة التي

تمتد منذ إبرام الاتفاق حتى التاريخ المحدد لانتهائه ، وهذا التاريخ يمثل تاريخ انتهاء فترة صلاحية الخيار الأمريكي . أما عقد الخيار الأوروبي فيماثل عقد الخيار الأمريكي غير انه يختلف عنه في أن التنفيذ لا يتم إلا في التاريخ المحدد لانتهاء العقد المنصوص عليه في العقد (expiration date) . يتضح من ذلك أن أحد أبرز خواص الخيار الأمريكي يتمثل في إمكانية تنفيذه في أي لحظة ولغاية تاريخ استحقاقه ، في حين أن الخيار الأوروبي لا يمكن تنفيذه إلا في تاريخ الاستحقاق . إلى جانب ذلك فانه من الواضح أن علاوة الخيار الأمريكي تزيد بكثير عن علاوة الخيار الأوروبي .

(2) خيار بالنقود وخيار بتكافؤ وخيار خارج النقود

يكون الخيار بالنقود (in the money) في حالة ما إذا ساعد الاستعمال المباشر في الحصول على ربح معين . وعليه فان خيار الشراء الأمريكي (EUR/USD) ، الذي يبلغ سعر الاستعمال فيه (1.19) بينما تبلغ الأسعار الفورية (1.21) ، يكون بالنقود وذلك لأنه يساعد في الحصول على ربح مقداره (0.02) دولار أمريكي (USD) (دون الأخذ في الحسبان العلاوة المسددة) . يكون خيار الشراء بالنقود إذا كان سعر الاستعمال أقل من سعر العملة النقدية الأجنبية . ويكون خيار البيع بالنقود إذا كان سعر الاستعمال أعلى من سعر العملة النقدية الأجنبية .

ويكون الخيار خارج النقود (out of the money) في حالة ما إذا أدى الاستعمال المباشر للخيار إلى الحصول على ربح معين . ويكون الخيار عند النقود (the money at) أو عند التكافؤ إذا كان سعر العملة النقدية الأجنبية يعادل سعر استعمال الخيار .

3- سعر أو علاوة الخيارات   premium of options

يطلق كذلك على العلاوة تسمية سعر الخيار (option price).ففي سوق التراضي (الاتفاق) يتم التعبير عن العلاوة بنسبة مئوية معينة . ويتكون سعر الخيار من جزئين هما القيمة الجوهرية أو الذاتية (intrinsic value) والقيمة الزمنية (time value) . فالقيمة الجوهرية لخيار شراء أوروبي تمثل الفرق بين السعر لأجل للعملة النقدية وسعر استعمال الخيار ، والقيمة الجوهرية لخيار شراء أمريكي تمثل الفرق بين السعر النقدي (فوري) للعملة النقدية وسعر استعمال الخيار . أما القيمة الزمنية لخيار شراء الأمريكي فتكون معادلة إلى الفرق بين سعر الخيار والقيمة الجوهرية. ويمكن الإشارة إلى أن القيمة الزمنية تكون أكثر ارتفاعاً حينما يكون السعر الفوري (النقدي) معادلاً إلى سعر الاستعمال ، وان القيمة الزمنية تكون مماثلة إلى سعر استعمال الخيار .

4- تغطية مخاطرة أسعار الصرف بواسطة الخيارات

covering by options

يبسط كل من المثالين التاليين (1،2) أساليب تغطية مخاطرة الصرف بواسطة شراء الخيارات في سوق التراضي .

(1) تغطية الصرف للاستيراد بواسطة شراء خيار البيع

مثال(1)

قامت إحدى الشركات الهولندية (Philips) باستيراد أجهزة من الولايات المتحدة الأمريكية بمبلغ (5) ملايين دولار أمريكي (USD) في الأول من حزيران عام 2004 م ، على أن تدفع قيمة هذه الأجهزة خلال فترة ثلاثة أشهر . وترغب الشركة

الهولندية المذكورة بالتحوط ضد ارتفاع قيمة الدولار مقابل اليورو ، ولكن يتوقع أن يسير باتجاه الانخفاض . والسعر الفوري (النقدي) (اليورو : الدولار) (EUR/USD) هو (1.15) .

ويقترح البنك على شركة (Philips) خيار بيع بالمواصفات الآتية :-

سعر الاستعمال (EUR/USD) = 1.15

الاستحقاق : الأول من أيلول عام 2004 م .

العلاوة : 3 %

تجري العمليات وفقاً للخطوات الآتية :-

* عند شراء خيار البيع :-يدفع المستورد العلاوة الآتية :-

5000000 (USD)   ×   0.03   = 150000 دولار أمريكي (USD) .

وتعادل باليورو (EUR) المبالغ الآتي :-

150000   ÷   1.15   = 130435 يورو (EUR)

أي ما يعادل 0.02609 يورو للدولار الواحد .

وعليه فان المستورد يتحوط ، بالنسبة لمبلغ (5) ملايين دولار (USD) ، بأقصى كلفة تحسب كما يلي :-

(5000000   ÷   1.15)   + 130435   = 4478261 يورو (EUR)

أي ما يعادل (1.1165) لليورو الواحد (5000000 ÷ 4478261) .

ويتعين على المستورد أن يضيف العلاوة المدفوعة بغية احتساب صافي المبلغ المسدد .

* وفي تاريخ الاستحقاق الأول من أيلول عام 2004 م هنالك ثلاثة احتمالات تطرح هي :-

(أ) ارتفاع قيمة الدولار : (EUR/USD) = 1.1350

ينفذ المستورد خياره وسيبلغ ثمن استيراده (4478261) يورو (EUR) .

(ب) انخفاض قيمة الدولار : (EUR/USD) = 1.16

لا ينفذ المستورد خياره ويشتري الدولار من السوق الفورية (النقدية) ويكون ثمن استيراده باليورو ، إذا ما أخذت العلاوة المسددة بنظر الاعتبار ، مساوياً إلى مبلغ (4440780) الذي يحسب كما يلي :-

(5000000 ÷ 1.16) + 130435 = 4440780 يورو (EUR)

(ج) يبقى الدولار مستقراً أو غير متغير ، ففي هذه الحالة ليس من الضروري تنفيذ أو عدم تنفيذ الخيار ، ويكون ثمن استيراد المستورد بمبلغ (4478261) يورو (EUR) . فالمستورد ، من خلال التغطية بواسطة شراء خيار البيع ، يتحوط بأعلى كلفة من العملة النقدية الأجنبية ، ولكن يمكن أن يستفيد من انخفاض محتمل للعملة النقدية الأجنبية .

(2) تغطية الصرف عن طريق شراء خيار الشراء

<u>مثال (2)</u>

بتاريخ الأول من حزيران عام 2004 م قامت إحدى الشركات الفرنسية للمواد الغذائية (Makintoch) بتصدير مواد غذائية إلى زبونها التاجر إبراهيم النصار في الأردن بمبلغ (1000000) دينار أردني (JOD) على أن تدفع قيمة هذه المواد خلال مدة ثلاثة أشهر .

وترغب الشركة المصدرة بالتحوط ضد مخاطرة انخفاض قيمة الـدينار الأردني مقابـل اليورو (EUR) . لكن يتوقع أن يسير الدينار الأردني باتجاه الارتفاع . وان السـعر الفـوري (النقدي) لليورو : الـدينار الأردني (EUR/JOD) هـو (0.7240) . ويقـترح البنـك علـى الشركة المصدرة (Makintoch) خيار شراء يبلغ (1000000) دينار أردني (JOD) بالمواصفات الآتية :-

سعر الاستعمال (EUR/JOD) = 0.72

الاستحقاق : الأول من أيلول عام 2004 م .

العلاوة : 2.8 %

ويكون مجرى العمليات بالشكل الآتي :-

* عند شراء خيار الشراء يدفع المصدر العلاوة التي تحتسب كما يأتي :-

1000000 (JOD) × 0.028 = 28000 دينار أردني ويعادل المبلغ الآتي باليورو:

28000 (JOD) ÷ 0.7240 = 38674 يورو (EUR) .

وهكذا فان المصدر يتحوط ، بالنسبة لمبلغ مليون دينـار أردني ، بمبلغ أدنى يعادل المبلغ الآتي :-

(1000000 ÷ 0.72) - 38674 = 1350215 يـورو (EUR) ويعـادل 1.3502 يـورو للـدينار الواحد (1350215 ÷ 1000000) . والـرقم 1.3502 يـدعى بنقطـة التعـادل (break even) . ويتعين على المصدر أن يستبعد العلاوة المدفوعة بهدف احتساب صافي المبلغ المسـتلم مـن قبله .

* وفي تاريخ الاستحقاق الأول من أيلول عام 2004 م هناك ثلاثة احتمالات تطرح هي :-

(أ) انخفاض سعر الدينار الأردني : (اليورو : الدينار) (EUR/JOD) = 0.74

عندئذ يكون من مصلحة المصدر تنفيذ خياره ويستلم مبلغ مقداره (1350215) يورو عن صادراته .

(ب) ارتفاع سعر الدينار الأردني :(اليورو : الدينار) (EUR/JOD) = 0.69

عندئذ لا ينفذ المصدر خياره ، ويبيع الدنانير الأردنية في السوق الفورية (النقدية) ويستلم المبلغ الآتي :-

1000000 ÷ 0.69   1449275 يورو (EUR) .

وعند الأخذ في الحسبان العلاوة المسددة فان صافي دخل المصدر سيكون بالمبلغ الآتي :-

1449275 – 38674 = 1410601 يورو (EUR) .

(ج) يبقى الدينار مستقراً وغير متغير

ففي هذه الحالة ليس هنالك ضرورة لتنفيذ أو عدم تنفذ الخيار . ومـن خـلال قيـام المصدر بالتحوط عن طريق شراء خيار الشراء فانه يستطيع أن يتحوط بأقل كلفـة من العملة النقدية الأجنبية ، ولكن يمكن أن يستفيد من الارتفاع المحتمـل للعملة النقدية الأجنبية .

5 - فوائد ومآخذ الخيارات

تستخدم الخيارات من قبل جهات عديدة تتمثل غالبا في المصدرين ، والمستوردين ، والمستثمرين والبنوك والمؤسسات المالية . وتهتم أساسا في شراء الخيارات الجهات الآتية :-

(1) المصدرون الذين ينظمون قوائم الحساب (الفاتورة) لصادراتهم بالعملات النقدية الأجنبية والذين يخشون انخفاض قيمة العملة النقدية الأجنبية .

(2) المستوردون الذين يتعين عليهم أن يدفعوا مبالغ استيراداتهم بالعملات النقدية الأجنبية والذين يرغبون بالتحوط ضد انخفاض قيمة العملة النقدية الأجنبية للفترة التي تقع بين تاريخ تقديم الطلب وعملية إعداد قائمة الحساب (الفاتورة).

(3) المقترضون (debtors) بالعملات النقدية الأجنبية .

(4) المقرضون (creditors) بالعملات النقدية الأجنبية .

(5) الشركات التي ترغب بالتحوط ضد المخاطر التي تظهر خلال مدة عقد التعهد (submission) عند الرد على دعوات العروض الدولية . الأمر الذي يسمح للمتعهدين بوضع أسعار على أساس ثابت .

وعلى الرغم من الفوائد السابقة لخيارات العملات النقدية فان هنالك بعض المآخذ ، يمكن إجمالها بالنقاط الآتية :-

(1) ارتفاع قيم خيارات العملات النقدية بشكل كبير .

(2) ارتفاع تكاليف خيارات العملات النقدية .

(3) تحتاج خيارات العملات النقدية إلى مراقبة مستمرة لتطور أسعار الصرف بهدف تحقيق إدارة كفوءة لمخاطرة أسعار الصرف .

سادساً :- أسواق الكفالات في العملات النقدية

(وارنت warrants)

تمثل الكفالات في العملات النقدية (أو كفالات أسعار الصرف) خيارات طويلة الأجل . وتصدر هذه الكفالات عن طريق البنوك ، وتوزع على شكل شريحة (trench) تبعاً لأسعار استعمال الخيار ، وتتداول في السوق المالية (البورصة) .

266

1 - المفهوم والخواص

يمنح خيار شراء الكفالة (warrant call) مشتريه الحق (ليس ملزاماً) ببيع كمية معينة من العملات النقدية الأجنبية بسعر استعمال ثابت خلال فترة زمنية محددة مسبقاً ، مقابل دفع علاوة معينة أو سعر كفالة إلى البائع .

2 - المزايا

تقدم الكفالات جملة من المزايا بالنسبة للخيارات هي :-

(1) يكون مبلغ الكفالات قليل نسبياً (بحدود عشرة آلاف دولار أمريكي) . وعليه فان المبلغ يلائم الشركات الصغيرة والمتوسطة الحجم ويلائم كذلك المستثمرين.

(2) تكون مدة الكفالة أطول من مدة الخيار التي نادراً ما تتجاوز السنة ، ويمكن أن تصل مدة الكفالة إلى خمس سنوات ، لذلك تحتفظ الكفالة بقيمتها الزمنية لفترة طويلة .

(3) يمكن أن تكون الكفالة من النموذج الأوروبي أو الأمريكي .

(4) إن تسعير الكفالات في البورصة (السوق المالية) يجعل استعمالاتها أكثر مرونة .

سابعاً :- أسواق مقايضة العملات النقدية والمعدلات

SWAPS

-1 سياق مقايضة العملات النقدية

في إطار توضيح سياق مقايضة العملات لو كان مقترض أمريكي ، على سبيل المثال ، يرغب بالحصول على أموال بمعدل ثابت من السوق الأمريكية ، لكنه يفضل الحصول على الين الياباني بمعدل عائم ، فان سوق المقايضات تسمح له بذلك .

في الواقع يستطيع هذا المقترض الأمريكي إيجاد مقرض معروف في السوق اليابانية ، يمكنه إصدار قرض بمعدل عائم وبشروط ملائمة ، إلا انه يفضل اقتناء الدولارات الأمريكية بمعدل ثابت . إن كلاً من المقترضين الاثنين يستطيع مبادلة قرضه والحصول على مكتسب من العملية . وتنجز هذه العمليات بشكل عام من خلال وساطة أحد البنوك .

2-   أمثلة مقايضات العملات النقدية والمعدلات

ترغب الشركة الأمريكية (Boeing) باقتراض مبلغ (85) مليون يورو (EUR) لمدة خمس سنوات وبمعدل متغير . وتعد هذه الشركة من الشركات المعروفة في السوق الأمريكية . كما إنها تقترض (100) مليون دولار أمريكي (USD) من السوق الأمريكية بمعدل ثابت ، وتعقد مقايضة (swap) مع البنك الذي تتعامل معه (انظر الشكل 29) . في تاريخ انتهاء العقد ، هنالك مبادلة أساسية هي :-

تسدد الشركة (Boeing) إلى البنك مبلغ (100) مليون دولار أمريكي (USD) وتستلم مبلغ (85) مليون يورو (EUR) (0.85 يورو يمثل السعر الفوري أو النقدي) .

خلال فترة السنوات الخمس من عقد (swaps) ، تسدد الشركة الأمريكية (Boeing) المعدل المتغير باليورو (EUR) والبنك يسدد لها المعدل الثابت بالدولارات . كذلك تجري عملية إعادة مبادلة المبلغ الأصلي في تاريخ الاستحقاق بمعدل الصرف نفسه . إن مقايضة (swaps) يمكن أن تكون محلاً للدفع المشترك للفوائد ، ولكن في الحياة العملية تسعر (swaps) بالنقاط .

الشكل (29)

مقايضة العملات النقدية (swaps) معدل ثابت مقابل معدل متغير

(أ) عند الاتفاق على العقد

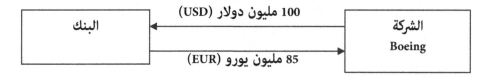

(ب) خلال السنوات الخمس

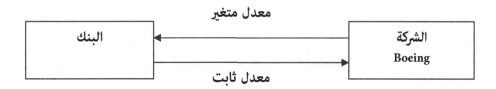

وعندما تكون العملة النقدية الأجنبية في سعر الاستلام المؤجل بالنسبة إلى العملة النقدية المحلية فان النقاط تسمى بنقاط الاستلام المؤجل ، وفي الحالة المعاكسة فان ذلك يعني نقاط التسليم المؤجل .

وحينما تمثل مقايضة العملات النقدية (swaps) معدل ثابت مقابل معدل ثابت ، فان الشركة تقترض العملة النقدية ذات معدل الفائدة المنخفض وتسدد إلى الطرف الآخر فرق الفوائد . إن مقايضة المعدلات والعملات النقدية (swaps) تشابه

269

270

معاملة سعر صرف لأجل ، ولكن الفارق هو بما أن اختلاف معدل الفائدة يحصل بشكل دوري بدلا من أن تكون تسويته لمرة واحدة في نهاية العقد ، فان ذلك يجعل المقايضات (swaps) أكثر فاعلية ومرونة من التغطية لأجل للفترات الطويلة . وتكون المقايضات (swaps) قصيرة في فترات الخمس سنوات أو أكثر ...

ثامناً :- تغطية مخاطرة الصرف بواسطة الأجهزة الخارجية

Covering of Exchange Risk by External Organismes

توجد في بعض الدول ،مثل الولايات المتحدة الأمريكية ، اليابان ، المملكة المتحدة ، فرنسا ، ألمانيا ، بلجيكيا ، إيطاليا و هولندا شركات للتأمينات على التجارة الخارجية . وعادة ما تقوم هذه الشركات بالتأمينات على أسعار الصرف . وتهدف هذه التأمينات إلى مساعدة الشركات المصدرة في وضع أسعار بيع وإبرام عقود بالعملات النقدية الأجنبية دون التعرض إلى مخاطرة تغيير أسعار الصرف . وتغطي هذه التأمينات الصادرات المسعرة بعدد معين من العملات الأجنبية . وتشمل العملات النقدية الأجنبية المغطاة بالدولار الأمريكي ، والدولار الكندي ، والدولار هون كونغ، والدولار السنغافوري ، والين الياباني ، والفرنك السويسري ، والجنيه الإسترليني ، والكورونا النرويجية ، والكورونا الدانمركية ، والكورونا السويدية . فضلاً عن أن هذه التأمينات تكون متعددة .

1 - تأمين أسعار صرف مجرى الأعمال المنظم للاستيراد والتصدير

يقوم جهاز تأمين سعر صرف الاستيراد والتصدير (import-export exchange assurance)بتغطية تغيرات أسعار الصرف في مجرى الأعمال الخاص بالاستيراد والتصدير خلال فترة تنظيم قائمة الحساب (الفاتورة) وحتى الدفع . إن هذا الإجراء يؤدي إلى الاستفادة من التطور الملائم للعملة النقدية الأجنبية . وان سعر

الضمان يمكن أن يتبدل خلال فترة إعداد قائمة الحساب (الفاتورة) . ويعتمد معدل التامين على العملة النقدية المعنية وعلى فترة الضمان ...

2 - تأمين سعر صرف للصادرات المنتظمة

(1) تامين سعر صرف التفاوض (negotiation exchange assurance)) -: وهو تأمين يغطي تغيرات أسعار الصرف خلال فترة التفاوض على العقد وحتى دفع قيمة العقد .

(2) تامين سعر صرف التفاوض بالانتفاع (negotiation with interest)) -: وهو يساعد المصدر ، في حالة ارتفاع قيمة العملة النقدية الأجنبية خلال فترة التفاوض ، في الحصول على انتفاع يصل إلى (70 %) من ارتفاع قيمة العملة النقدية المتحقق بين سعر الضمان الأصلي والسعر في تاريخ توقيع العقد في حدود سقف معين .

(3) تامين سعر صرف عقد (contract exchange assurance)) -:
وهو يهدف للحفاظ على السعر بين تاريخ توقيع عقد التصدير وتاريخ عودة العملات النقدية الأجنبية إلى الوطن ألام .

273

الخلاصة

إن الزيادة الكبيرة في أسعار الصرف تلزم الشركات الداخلة في التجارة الدولية للاهتمام بمشكلات تغطية مخاطرة أسعار الصرف . ويستخدم العديد من الأساليب لمعالجة هذه المشكلات منها أساليب داخلية أو أساليب خارجية . غير أن تسوية المبادلات تحدد إمكانيات التغطية في العديد من البلدان . ففي الشركات الحديثة تسير حالياً عملية تغيير توقعات أسعار الصرف باتجاه المساعدة في وضع استراتيجية أكثر فاعلية . وفي فترة التكافؤ الثابت للعملات النقدية الأجنبية يمكن أن تجري التوقعات حول تخفيضات قيم هذه العملات . إما في فترة المبادلات العائمة فيجب التنبؤ بتغيرات أسعار الصرف . وان انعكاسات أسعار الصرف تكون ملموسة للأمد القصير والمتوسط بالنسبة إلى مشتريات ومبيعات المواد الأولية والمنتجات التامة . غير أن هذه الانعكاسات تكون على المدى البعيد بالنسبة إلى تأسيس الشركات في الخارج .

أسئلة الفصل

1- قامت إحدى الشركات الألمانية ببيع بضاعة إلى أحد زبائنها في أمريكا بمبلغ (1000000) دولار أمريكي (USD).ويسدد هذا المبلغ في ثلاثة أشهر وكانت الأسعار كما يلي :-

السعر الفوري (اليورو : الدولار) (EUR/USD) : 1.1740 – 1.1750

أسعار ثلاثة أشهر (اليورو : الدولار) (EUR/USD) : 1.1770 – 1.1778

وترغب الشركة المصدرة بتأمين نفسها في السوق لأجل .

المطلوب / كيف يتمكن المصدر من إجراء ذلك ، وما هي فائدة التغطية ؟

2- باعت شركة أمريكية حاسبات (IBM) في كانون الثاني عام 2005 م إلى إحدى الشركات الألمانية بمبلغ (6000000) يورو(EUR)تدفع في نيسان عام 2005م . وان عقود اليورو تكون بمبلغ (125000) يورو .

وترغب الشركة الأمريكية بالتحوط في سوق المستقبليات (futures) . وان عقود اليورو (EUR) حزيران تكون مسعرة في سوق المستقبليات (1.1905) . وان سـعر لأجـل (اليـورو : الدولار) (EUR/USD) هو 1.1900 .

المطلوب/ كيف تتمكن الشركة الأمريكية من القيام بالإجراءات اللازمة ؟

3- عرف خيار الشراء وخيار البيع .

4- ما هو الفرق بين خيار أمريكي وخيار أوروبي ؟

5- عرف أسواق التراضي (الاتفاق) .

6- اذكر أساليب مخاطرة أسعار الصرف بالخيارات .

7- اذكر العوامل التي تحدد قيمة الخيار .

8- عرف القيمة الذاتية (الجوهرية) والقيمة الزمنية لخيار أوروبي .

9- ما هي أهمية الارتفاع في تقييم خيار معين من الخيارات ؟

10- ما هي فائدة خيارات العملات النقدية الأجنبية بالنسبة لتغطية مخاطرة أسعار الصرف ؟

11- استوردت إحدى الشركات البريطانية بضاعة من الولايات المتحدة الأمريكية بمبلغ (5000000) دولار أمريكي (USD) . تدفع بعد مضي شهر واحد بالجنيه الإسترليني .

فإذا كان المستورد يرغب بالتحوط بالسوق لأجل . وكانت أسعار الدولار كما يلي :-

السعر الفوري (النقدي) : 0.6100 - 0.6107

السعر لمدة شهر واحد : 0.6150 – 0.6157

المطلوب :- احسب المبلغ الذي يجب عليه أن يسدده بعد شهر واحد ؟

11- يرغب المضارب (أحمد) المضاربة باليورو (EUR) فإذا توفرت لديك المعلومات الآتية :-

(1) العقود لأجل (المستقبليات) تكون بمبلغ (125000) يورو .

(2) سعر العقود لمدة ثلاثة أشهر هي (1.2266) للعقد الواحد .

(3) الوديعة المطلوبة هي بنسبة (10 %) من مبلغ العقد .

(4) السعر الفوري أو النقدي (spot) هو (1.2205) .

(5) يرغب المضارب بشراء خمسة عقود .

(6) توقعات هذا المضارب بالنسبة إلى سعر اليورو : الدولار (EUR/USD) كانت كما يأتي :-

- أدنى سعر (EUR/USD) : 1.19

- أعلى سعر (EUR/USD) : 1.24

- السعر الأكثر احتمالاً سيكون (1.24) دولار أمريكي .

المطلوب :- احسب الربح المتحقق في حالة تحقيق توقعات المضارب(أحمد)، علما أن تكاليف الصفقة (المعاملة) لا تؤخذ في الحسبان .

الفصل العاشر

مخاطرة معدل الفائدة

الفصل العاشر

مخاطرة معدل الفائدة

Risk of Interest Rate

تؤدي التقلبات والتغيرات المستمرة في معدلات الفائدة إلى جلنب المخاطر الكبيرة إلى الشركات والبنوك والمؤسسات المالية والمستثمرين الذين يقترضون الأموال أو يستثمرونها بالعملات النقدية الأجنبية . وتتمثل مخاطرة معدل الفائدة في مخاطرة الخسارة الحقيقية أو خسارة الفرصة التي تتكبدها الشركة أو البنك أو المستثمر نتيجة استثمارات أو قروض حالية ومستقبلية . وتترجم مخاطرة معدل الفائدة ، على سبيل المثال ، بالأعباء المالية المتزايدة للقروض أو بانخفاض قيم الأوراق المالية . لقد استعملت الأسواق المالية أدوات تغطية ضد هذه المخاطر وقامت بتطويرها ومن هذه الأدوات المستقبليات (futures) وخيارات المعدل . كما أن البنوك أدخلت طرق جديدة لمواجهة هذه المخاطر .

يتناول هذا الفصل الموضوعات الآتية :-

أولاً :- أهمية مخاطرة معدل الفائدة .

ثانياً :- أسواق مستقبليات معدل الفائدة .

ثالثاً :- تغطية مخاطرة معدل الفائدة في أسواق المستقبليات .

رابعاً :- تغطية مخاطرة معدل الفائدة في أسواق خيارات المعدل .

خامساً :- أدوات إدارة معدلات الفائدة في أسواق التراضي (الاتفاق) .

أولاً :- أهمية مخاطرة معدل الفائدة

Importance of Interest Rate Risk

1- مخاطرة معدل الفائدة **risk of interest rate**

تتعلق مخاطرة معدل الفائدة بالآتي :-

- القروض الممنوحة والقروض المستلمة الحالية .
- القروض الممنوحة والقروض المستلمة المستقبلية .
- القروض الممنوحة والقروض المستلمة المشروطة .

إن مركز معدل الفائدة في الموجودات والمطلوبات يخضع إلى تقلبات المعدل . وتكون الشركة والبنك أو المستثمر في مركز معدل فائدة طويل حينما تتمثل مخاطرة المركز في مخاطرة ارتفاع معدلات الفائدة . وتكون الشركة والبنك أو المستثمر في مركز معدل فائدة قصير حينما تتمثل مخاطرة المركز في مخاطرة انخفاض معدلات الفائدة. وعندما تواجه الشركة مخاطرة المعدل فانه يمكنها إتباع ما يلي :-

(1) إما أن لا تعمل شيئاً وتحافظ على مركز معدلها غير المغطى .

(2) وإما أن تتحوط ضد المخاطرة باستخدام الأسواق المنظمة لمستقبليات وخيارات معدل الفائدة .

(3) وإما أن تتحوط ضد المخاطرة باستخدام أسواق التراضي (الاتفاق) :- اتفاقات معدلات مستقبلية ، وعمليات الأجل مقابل أجل (forward-forward) ، وخيارات معدل فائدة ، وأغطية (caps) ، وأسقف (floors) ومبادلة معدلات العائد (الفائدة) (interest swap) .

2- إيضاحات مخاطرة أسعار الصرف

explains for exchange risk

لكي يتم فهم مخاطرة معدل الفائدة لابد من معرفة كيف تتغير أسعار الأوراق المالية . وان سعر الورقة المالية يكون معادلا إلى القيمة الحالية للتدفقات النقدية (Ft) التي تتحقق خلال فترة حياتها . وبشكل عام فان أسعار أو سعر الورقة المالية (P) ، ذات المعدل الثابت قابل للتسديد في النهاية (in fine) أي في نهاية القرض ، يعتمد على ما يلي :-

(أ) مبلغ القسيمة أو ربح الكوبون (coupon) :- وهو المبلغ الـذي يتمثـل في حاصـل ضرب القيمة الاسمية للسند في معدل الفائدة .

(ب) شكل التسديد للمبلغ الأساسي :- بشكل عام يكون التسديد في النهاية ، لكن يمكن أن يكون على شكل دفعات أو يوزع على سنوات عدة .

(ج) معدل فائدة السوق المالية .

(د) مدة القرض .

$$P= \frac{C}{1+r} + \frac{C}{(1+r)^2} + ... + \frac{C+R}{(1+r)^n}$$

حيث أن :-

P = أسعار أو سعر الورقة المالية ،

C = الربح (الكوبون) المسدد على الورقة المالية .

r = معدل فائدة السوق أو معدل القيمة الحالية .

R = مبلغ التسديد في نهاية مدة الورقة المالية .

n = مدة حياة الورقة المالية .

كذلك يمكن كتابة المعادلة السابقة بالصيغة الآتية :-

$$P = \sum_{i=1}^{N} \frac{Ft}{(1+r)^t}$$

حيث أن (Ft) تمثل التدفقات المتحصلة من خلال الورقة المالية ذات الدخل الثابت . وحينما يزداد معدل فائدة السوق فان سعر الورقة المالية ذات معدل الفائدة الثابت ينخفض ، والعكس حينما ينخفض معدل فائدة السوق المالية فان سعر الورقة المالية ذات معدل الفائدة الثابت يزداد .

(1) مخاطرة الميزانية   balance sheet risk

يمكن أن تظهر مخاطرة معدل الفائدة في الميزانية ، لذلك تمت تسميتها بمخاطرة الميزانية . وتظهر مخاطرة الميزانية نتيجة تغييرات المعدلات التي تخفض من قيمة بعض عناصر الموجودات أو تزيد من قيمة القروض .

وكمثال على هذه الحالة ، قيام إحدى الشركات العربية بشراء سندات من الخزانة الأمريكية بمعدل ثابت في حالة زيادة معدل فائدة السندات في الولايات المتحدة الأمريكية . الأمر الذي يؤدي إلى انخفاض سعر السندات الأمريكية في الميزانية .

(2) مخاطرة التشغيل   operation risk

يمكن أن تظهر مخاطرة معدل الفائدة على مستوى حساب النتيجة (حساب أو كشف الدخل) ، وهي ما يطلق عليها تسمية مخاطرة التشغيل . تظهر مخاطرة التشغيل حينما تعرقل تقلبات المعدلات حالة التوازن في نتائج التشغيل إما من خلال زيادة

المصروفات المالية و إما من خلال تخفيض الإيرادات المالية . وكمثال على هذه الحالة ، قيام إحدى الشركات العربية باقتراض دولارات الأمريكية بمعدل عائم في حالة زيادة معدل الفائدة ، وذلك لأن معدل تجديد القرض يكون أكثر ارتفاعاً . وستزداد المصروفات المالية التي تسجل في حساب النتيجة (كشف الدخل).كما أن الشركة ، التي تعتزم اقتراض جنيهات إسترلينية خلال ستة أشهر ، تخشى من ارتفاع معدلات الفائدة على الجنيه الإسترليني ، وتتكبد خسارة فرصة في حالة زيادة معدلات الفائدة على المارك الألماني .

3 - قياس مخاطرة المعدل   measuring of the rate risk

تقاس مخاطرة معدل فائدة الورقة المالية عن طريق كل من الحساسية والمدة .

(1) الحساسية   sensibility

إن حساسية سعر الورقة المالية ذات معدل الفائدة الثابت تبين التغير في القيمة الاسمية للورقة المالية حينما يتغير معدل الفائدة بمعدل (1 %) . وتعتمد الحساسية على متغيرات متعددة تتمثل أبرزها في مدة الورقة المالية ، ومعدل فائدتها ، ومعدل فائدة السوق المالية وغيرها . وتتمثل الحساسية في العلاقة بين الزيادة النسبية في سعر الورقة المالية وزيادة معدل الفائدة في السوق المالية بنسبة (1%) وكما في المعادلة الآتية :-

$$S = \frac{\Delta p / p}{\Delta r}$$

ويعد مؤشر الحساسية من المؤشرات الفاعلة المستخدمة في عرض مخاطرة معدل الفائدة بصورة أفضل . وبإحلال $\Delta p / \Delta r$ باشتقاق سعر السند نسبة إلى معدل فائدة السوق (r) يمكن الحصول على المعادلة الآتية :-

$$S = 1/p \sum_{t=1}^{N} \frac{t F_t}{(1+r)^{t+1}}$$

فإذا كان (2.5 = s) فان ذلك يعني أن المكتسب الرأسمالي (capital gain) يكون بنسبة (2.5 %) حينما يتغير المعدل من (10% إلى 9 %) .

مثال

ورقة مالية بمبلغ (100) دولار أمريكي (USD) لمدة ثلاثة سنوات تحمل فائدة بنسبة (6 %) وتسدد في النهاية (in fine) . إن حساسية هذه الورقة المالية عند الإصدار تحتسب كما يلي :-

$$S = \frac{1}{100} \left(1 \times \frac{6}{(1+0.06)^2} + 2 \times \frac{6}{(1+0.06)^3} + 3\times \frac{100+6}{(1+0.06)^4}\right)$$

S = 2.673

حينما يزداد معدل الفائدة بنسبة (1 %) وهو يمثل ارتفاع هذا المعدل من (6 %) إلى (7 %) ، فان الخسارة الرأسمالية (capital loss) تكون بنسبة (2.673 %) وهكذا ... وبشكل عام كلما ازدادت حساسية الورقة المالية ذات المعدل الثابت كلما انخفض معدل ربح القسيمة (الكوبون) وازدادت الفترة المتبقية وانخفض معدل السوق المالية .

(2) المدة الزمنية   (duration) time period

تمثل المدة مؤشر زمني متوسط (average time) الذي في نهايته يتمكن المستثمر من تغطية رؤوس أمواله الأصلية أو المبدئية (principal capital) . وقد اكتشف هذا المقياس للمخاطرة من قبل البروفيسور الأمريكي فرديلار ماكولاي (F.Macaulay) في عام 1938م . ويأخذ هذا المقياس بنظر الاعتبار التدفقات النقدية الوسطية (intermediate cash-flow) .كما أن منحنى العائد يفترض أن يكون منبسطاً (flat) .

وتحسب المدة من خلال إيجاد العلاقة بين المجموع الموزون للأرقام الحالية لتدفقات الدخول أو الإيرادات (revenues cash-flows) والتسديدات المتحصلة من ورقة مالية والقيمة الحالية (أو السعر price) لهذه الورقة . ويعبر عن المدة بالسنوات ، وهي تساعد في مقارنة القروض الممنوحة بشروط مختلفة ، وتحسب تبعاً للمعادلة الآتية :-

$$ D = \frac{1}{P} \sum_{t=1}^{N} \frac{t\,F_t}{(1+r)^t} $$

وكذلك يمكن أن تحتسب المدة من خلال حاصل ضرب الحساسية (S) في المعامل (r+1) :-

$$ D = S \times (1+r) $$

285

مثال

ورقة مالية بمبلغ (100) لمدة ثلاثة سنوات تحمل فائدة بنسبة 6 % وتسدد في النهاية (in fine) .

تحتسب مدة الورقة المالية عند الإصدار كما يلي:-

$$D = \frac{1}{100} \left(1\times \frac{6}{1+0.06} + 2\times \frac{6}{(1+0.06)^2} + 3\times \frac{(100+6)}{(1+0.06)^3}\right)$$

مدة الورقة 2.83 سنة (D = 2.83) .

وفي حالة تأخر المدة شهر واحد إضافي فان معدل السوق المالية يرتفع إلى نسبة (7 %) والمدة تتغير ، وبذلك يتطلب تغيير القيمة الزمنية (t) وذلك لأنها ازدادت عن مدتها الاعتيادية بشهر واحد ، ويكون الاحتساب كما يلي :-

$$D = \frac{1}{100} \left(\frac{11}{12} \times \frac{6}{(1.07)^{11/12}} \right) + \frac{23}{12} \times \frac{6}{(1.07)^{23/12}} + \frac{35}{12} \times \frac{100+6}{(1.07)^{35/12}}$$

مدة الورقة التجارية 2.68 سنة D = (2.68)

وحينما يزداد معدل فائدة السوق المالية فان المدة تتغير . والأوراق المالية ذات المدد الطويلة ، تكون أكثر تقلباً من الأوراق المالية ذات المدد القصيرة . وهنالك نماذج نظرية عديدة لإدارة مخاطرة معدل الفائدة تستند إلى المدة بالنسبة للمؤسسات المالية .

ويعني ذلك بشكل عام مقارنة المـدة (أو الحساسية) للموجـودات والمطلوبـات أو للاستخدامات والموارد (resources and uses) . وان الانحرافات (الفروقات) بين هـذه المـدد يساعد في قياس مخاطرة المعدل . فإذا كانت مـدة الموجـودات (assets) أعـلى مـن مـدة المطلوبات (liabilities) فان المؤسسة تكون في مركـز طويل والمخاطرة تتمثـل في مخاطرة ارتفاع المعدلات . وإذا كانت مدة المطلوبات أعلى من مدة الموجودات فان المؤسسة تكون في مركز قصير والمخاطرة تتمثل في مخاطرة انخفاض المعـدلات . غـير أن هـذه الفرضيات الأساسية لهذه النماذج لا تساعد في عملية التقييم الموضوعي لمخاطرة معدل الفائدة بكـل تعقيداتها فضلاً عن أنها تتقيد بالخواص العملية لها.علاوة على ذلك فان الشركة لا يمكنها بسهولة تبديل مدد الموجـودات والمطلوبـات مـن اجـل تـوازن المراكـز (positions) ، ولهـذا السبب تستخدم أدوات أخرى لإدارة مخاطرة معدل الفائدة .

ثانيا :- أسواق مستقبليات (futures) معدل الفائدة

Futures Markets of Interest rates

تساعد السوق الأجل لمعدل الفائدة في تغطية التعرض (exposure) إلى مخـاطرة معدل الفائدة ، واللجؤ إلى عمليات المراجحة والمضاربة . ويمثل عقد لأجـل (future) لمعـدل الفائدة ضمان استلام (بالنسبة إلى بائع العقد) (to deliver)، أو ضمان تسليم (delivery) (بالنسبة إلى مشتري العقد) للأوراق المالية المحددة بمبالغ معينة ، في تاريخ مستقبلي مثبت على وجه الدقة .

1- نشأة الأسواق المتعددة في العالم

في عام 1972م صدرت بداية الأوراق المالية "المستقبليات (futures) " في شيكاجو في الولايات المتحدة الأمريكية . وفي عام 1975 م تم في هذه السوق استعمال

بعض العقود التي تحمل فائدة شهرية . وتعتبر هذه العقود بداية عقود معدل الفائدة . وفي عام 1976م نظمت سوق شيكاجو عقود أخرى (مستقبليات) لمعدل الفائدة ، ومن ثم قامت بورصة نيويورك بتسعيرة عقود (مستقبليات) لمعدل الفائدة . وفي الثمانينات والتسعينات من القرن العشرين تطورت العديد من أسواق المستقبليات لمعدل الفائدة في العالم .

تتمثل أسواق معدل الفائدة الرئيسية حسب تسلسل أهميتها بالأسواق الآتية :-

- CBOT (Chicago Board of Trade) في شيكاجو .
- CME (Chicago Mercantile Exchange) في شيكاغو .
- LIFFE (London international Financial future Exchange) في لندن .
- MATIF (Marché a' Term International de France) في باريس .
- DTB (Deutsche treminBorse) في فرانكفورد .
- SFE (Sydney Futures Exchange) في سدني .
- TIFFE (Tokyo Financial Futures Exchange) في طوكيو .
- SIMEX (Singapore International Monetary Exchange) في سنغافورة .

كذلك توجد أسواق أخرى لمستقبليات معدل الفائدة في البلدان الآتية :-

- IFOX (Irish Futures & Options Exchange) في أيرلندا .
- MEFF (Mercados Financieros de Futuros) في إسبانيا .
- SOFFEX (Swiss Options & Financial Futures Exchange) في سويسرا .

- BELFOX (Belgian Futures & options Exchange) في بلجيكا .
- SOE (Stockholm Options Exchange) في السويد .
- BM في كندا مونتريال وتورنتو (Canada : Montreal ,Toronto) .
- أسواق ساوبولو و ريودي جانيرو (Sao Paulo,Rio de Janeiro) .
- NZFE (New Zealand futures Exchange) في نيوزلندا .

2- أسواق " مستقبليات " معدل الفائدة

يوجد نوعان من العقود أو مستقبليات معدل الفائدة . يتمثل النوع الأول في العقود قصيرة الأجل التي تساعد الشركات في التحوط ضد مخاطرة معدل الفائدة قصيرة الأجل ، وتساعد كذلك المراجحين في حالة لجوئهم إلى عمليات المراجحات والمضاربين في حالة المضاربة . والنوع الثاني يتمثل في العقود طويلة الأجل التي تساعد الشركات في التحوط ضد مخاطرة معدل الفائدة طويلة الأجل ، وتساعد كذلك المراجحين في حالة لجوئهم إلى عمليات المراجحات والمضاربين في حالة المضاربة .

(1) مستقبليات معدل الفائدة قصيرة الأجل

يتضمن الجدول (17) العقود الرئيسية لمعدل فائدة قصيرة الأجل . وقد تم توحيد العقود أي جعلها موحدة (standardizing) . إن الأدوات المالية التحتية (underlying instruments) تتمثل بشكل عام في قروض أذونات (loans) الخزينة قصيرة الأجل أو الودائع (deposits) لمدة ثلاثة أشهر . لكن اغلب العقود لم يكن محلاً للتسليم .
كذلك هنالك العديد من العقود تحمل معها ضمان معدل فائدة وهي :-
لايبور (libor) ثلاثة أشهر (سعر فائدة على القروض في بنوك لندن (inter bank London offered rate) ، يورو ثلاثة أشهر (EUR) ، دولار

أوروبي ثلاثة أشهر (EURODOLLAR) ، الين الأوروبي ثلاثة اشهر (EUROYEN) ... وعليه ليس هنالك أي تسليم (delivery) في تاريخ الاستحقاق . وضمان المعدل يتحقق عن طريق دفع الفرق بين المعدل الضمني (implicit) للعقد والمعدل ثلاثة أشهر المحتسب في الساعة المحددة في اليوم الأخير من تداول العقد أو التعامل به (negotiation of contract) . و فيما يلي جدول يتضمن بعض البيانات الواردة في التقرير السنوي للأسواق المالية المذكورة آنفاً .

الجدول (17)

مستقبليات معدل الفائدة قصيرة الأجل

مبلغ العقد	الورقة المالية	السوق المالية (البورصة)
USD 1000000	ودائع لمدة ثلاثة اشهر بالدولار الأوروبي	CME
USD 1000000	اذونات خزينة لمدة ثلاثة اشهر	CME
EUR 1000000	ودائع باليورو لمدة ثلاثة اشهر	LIFFE
USD 1000000	ودائع بالدولار الأوروبي لمدة ثلاثة اشهر	LIFFE
GBP 500000	ودائع بالجنيهات الإسترلينية لمدة ثلاثة اشهر	LIFFE
CHF 1000000	ودائع بالفرنكات السويسرية لمدة ثلاثة اشهر	LIFFE
EUR 1000000	ودائع باليورو لمدة ثلاثة اشهر (يوريبور)	MATIX
USD 1000000	ودائع بالدولار الأوروبي لمدة ثلاثة اشهر	SIMEX

(2)مستقبليات المعدل طويلة الأجل

يتضمن الجدول (18) العقود الرئيسية لمعدل الفائدة طويلة الأجل ، إذ تم توحيد العقود أي جعلها موحدة (standardizing).وتتمثل الأدوات المالية التحتية

بشكل عام في سندات (obligations) الخزينة طويلة الأجل . وإن غالبية العقود لم تكن محلاً للتسليم ، لكنها تنتهي بعمليات باتجاه معاكس .

جدول (18)

مستقبليات معدل الفائدة طويلة الأجل

السوق المالية (البورصة)	الورقة المالية	مبلغ العقد
CBOT	سندات خزينة أمريكية	USD 100000
CBOT	أوراق لمدة خمس سنوات من الخزينة الأمريكية	USD 100000
CBOT	أوراق لمدة سنتين سنوات من الخزينة الأمريكية	USD 100000
MATIF	سندات الخزينة الفرنسية	EUR 100000
MATIF	سندات باليورو لمدة خمس سنوات	EUR 100000
DTB	سندات الحكومة الألمانية	EUR 100000
LIFFE	سندات الدولة	GBP 250000

3 - التسعير في أسواق مستقبليات معدل الفائدة (أسواق المعدل المستقبلي)

تعكس أسعار العقود توقعات المشتري والبائع فيما يتعلق بمعدل الفائدة . وبهدف فهم سير العمليات لأجل فانه يتعين الاعتماد على العلاقة العكسية بين أسعار الأوراق المالية ذات الدخل الثابت ومعدلات الفائدة .

(1) تسعير مستقبليات معدل الفائدة قصيرة الأجل

يتم تسعير مستقبليات معدل الفائدة قصيرة الأجل على شكل مؤشر (I) (Index) ممثلاً بالمعادلة الآتية :

$$i - I = 100$$

حيث أن (i) يمثل معدل الفائدة الضمني (implicit interest).الذي يمثل بدوره معدل فائدة لأجل . ويعبر عن المؤشر (I) بمرتبتين عشريتين.فإذا كان معدل الفائدة الضمني بنسبة (9 %) فان سعر العقد سيكون بمبلغ (91) أي (100 - 9) .

وإذا بلغ معدل الفائدة الضمني نسبة (11.75%) فان سعر العقد ينخفض وسيكون بمبلغ (88.25) أي (100 - 11.75) .

ويثبت الحد الأدنى للتسعيرة والتي تسمى (tick) أو التقلب الأدنى . فعلى سبيل المثال يثبت أدنى درجة للتسعيرة بنسبة (0.01%) من العقد بالنسبة إلى عقد بالدولار الأوروبي البالغ (1000000) دولار أمريكي (USD) ، ويحتسب المبلغ كما يلي :-

1000000 دولار أمريكي $\times$ % 0.01 $\times$ $\frac{90}{360}$ = **25** دولار أمريكي (USD)

كذلك تؤدي الزيادة بمقدار (100) نقطة أساسية للعقد لأجل أو المستقبلي (future) إلى مكتسب بالنسبة للمضارب (speculator) في مركز طويل بمبلغ 2500 (USD) أي [25 (USD) × 100].وبالعكس يؤدي الانخفاض بمقدار (100) نقطة أساسية للعقد لأجل أو المستقبلي (future) إلى خسارة بالنسبة للمضارب في مركز طويل بمبلغ 2500 (USD) أي [25 (USD) × 100] .

(2) تسعير مستقبليات معدل الفائدة طويلة الأجل

يتم تسعير عقود معدل الفائدة لأجل أو مستقبليات معدل الفائدة طويلة الأجل بنسبة مئوية من قيمة العقد الاسمية بمرتبتين عشريتين . ففي الولايات المتحدة الأمريكية يعبر عن أسعار العقود طويلة الأجل بـ (1 / 32) نقطة . وهكذا فان التسعيرة بـ (95 3/12) يعني (95 ¼ %) من قيمة العقد .

3- الخواص الأخرى لمستقبليات معدل الفائدة

هنالك بعض الخواص الأخرى التي تميز عقود معدل الفائدة لأجل أو مستقبليات معدل الفائدة ، ومن ابرز هذه الخواص هي أساس أو قاعدة (basic) العقد والاستحقاقات والودائع الضامنة . فالقاعدة (basic) في أسواق المستقبليات ، تمثل الفرق بين المعدل لأجل والمعدل الفوري (النقدي أو الآني) . ويمكن أن تكون القاعدة موجبة (positive) أو سالبة (negative) خلال مدة العقد(انظر الشكل 30) .

غير أنه في تاريخ الاستحقاق يحصل تقارب أو التقاء (convergence) للقاعدة وذلك لأن المعدل لأجل يصبح معدل نقدي (فوري) في تاريخ الاستحقاق .

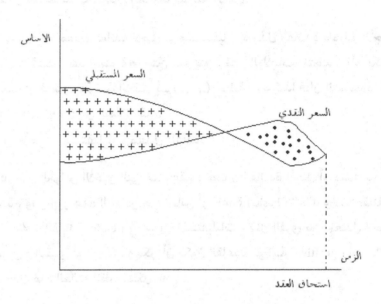

الشكل (30)

تطور القاعدة

إن تغييرات القاعدة تكون اقل أهمية من تغيرات معدلات الفائدة . لذلك فان المضاربين الذين يبحثون عن تغطية في سوق العقود المالية لأجل لا يعيرون كذلك أهمية لتحويل معدل مخاطرة الفائدة إلى مخاطرة القاعدة . وفيما يتعلق بمواعيد الاستحقاقات فتقسم عادة إلى أربع استحقاقات ربع سنوية هي آذار ، وحزيران ، وأيلول ، وكانون الثاني .

أما بالنسبة لودائع الضمان فتكون على نوعين هما الودائع الأصلية (deposits initial) والودائع الإضافية (extra deposits).فالودائع الأصلية الضامنة تسدد إلى غرفة المقاصة التي تؤمن حسن سير العمليات.وهذه الودائع تتراوح عادة ما بين (2 %) إلى (4 %) من مبلغ العقود . أما الودائع الإضافية فتأخذ من

294

خلال متطلبات عمل المضارب في السوق المالية ، إذ انه يحتاج إلى سيولة يومية وهمية على أساس المقاصة .

لذلك ينجم عن عمل المضارب حصول مكاسب أو خسائر يومية . فإذا كان وضع المضارب مدين فان غرفة المقاصة تلجأ إلى طلب هوامش (margins) أو ودائع إضافية وذلك لغاية تاريخ الاستحقاق . وبشكل عام ليس هنالك تسليم (delivery) في تاريخ الاستحقاق ، وتجري تصفية المراكز بقيمة التصفية .

5- التكاليف المباشرة للسوق   direct cost of the market

تتمثل التكاليف المباشرة للسوق في العمولات (commissions) المسددة إلى السماسرة أو الوسطاء (brokers)،وتدفع التكاليف بشكل عام عندما يغلق المركز أو يكون محلا للتسليم .

ثالثاً :- تغطية مخاطرة معدل الفائدة في أسواق المستقبليات
Covering of Interest Rate Risk in the Futures Markets

1- مبدأ تغطية المعدل في أسواق المستقبليات

تسعى عمليات التغطية إلى إلغاء أو تخفيض المخاطرة الناجمة عن التطور غير الملائم لمعدلات الفائدة . إن الربح (أو الخسارة) الناجمة عن إنهاء عقد معدل الفائدة لأجل بواسطة عملية باتجاه معاكس تسمح بمقاصة الخسارة (أو الربح) الناجمة عن ارتفاع أو انخفاض معدلات فائدة الموجود (الأصل) الحقيقي (real asset) الذي يتضمنه العقد.

295

(أ) تغيير سعر المستقبليات

حينما يزداد معدل الفائدة فان السعر المستقبلي للمعدل ينخفض . ويساعد بيع العقود في تغطية مخاطرة ارتفاع المعدلات.إن الشركة،التي ترغب بالتغطية (cover to) ضد ارتفاع المعدلات، تقوم ببيع عقود لفترة معينة وبمبلغ معين يكون معادلاً إلى المركز الذي تريد تغطيته . وإذا حصل ارتفاع المعدلات ، فان المكتسب (gain) الذي يتحقق من خلال إعادة شراء العقود وبأقل سعر من الذي بيعت فيه ، يساعد في مقاصة الخسائر النقدية (الفورية) التي تنجم عن ارتفاع المعدلات .

وحينما ينخفض معدل الفائدة فان السعر المستقبلي للمعدل يزداد . ويساعد شراء العقود في تغطية مخاطرة انخفاض المعدلات . وإن الشركة ، التي ترغب بالتغطية ضد انخفاض المعدلات ، تقوم بشراء عقود لفترة معينة وبمبلغ معين يكون معادلاً إلى المركز الذي تريد تغطيته.وإذا حصل انخفاض المعدلات ، فان المكتسب (gain) الذي يتحقق من خلال إعادة بيع العقود وبأعلى سعر من الذي اشتريت فيه ، يساعد في مقاصة الخسائر النقدية (الفورية) التي تنجم عن انخفاض المعدلات .

(ب) عدد عقود الشراء أو البيع

يمكن احتساب عدد عقود الشراء أو البيع من خلال المعادلة الآتية ، التي تأخذ بنظر الاعتبار المبلغ الممكن تغطيته ومدة المركز والعقد المستخدم للتغطية ، فضلاً عن الارتباط بين معدلات الفائدة الممكن تغطيتها والمعدل المستقبلي :-

$$N = \frac{MC}{Mc} \times \frac{DC}{Dc} \times (\text{معامل الارتباط})$$

حيث أن :-

MC = مبلغ التغطية .

Mc = مبلغ العقد .

DC = مدة عملية التغطية .

Dc = مدة العقد .

إن معامل الارتباط (correlation coefficient) يمثل معامل الارتباط بين معدل التغطية والمعدل المستقبلي . فإذا كان هذا الارتباط تاما (يعادل 1) وكانت فترات عملية التغطية وفترة العقد متماثلة عندئذ يحسب عدد العقود ببساطة كما في العلاقة الآتية :-

$$N = \frac{MC}{Mc}$$

في الحياة العملية ، يتعين اختيار العقد الذي يرتبط فيه معدل الفائدة ارتباطاً قوياً بمعدل المركز الممكن تغطيته . والعدد المشار إليه بالحرف (N) لا يستخرج دائماً على شكل رقم صحيح (whole number) . ولذلك لابد من تقريب الأرقام بالزيادة أو بالنقصان للوصول إلى الرقم الصحيح وذلك لأنه لا يمكن شراء أو بيع العقود إلا بعدد أو رقم صحيح .

2- مخاطرة انخفاض معدل الفائدة

تعرف مخاطرة انخفاض معدل الفائدة بأنها المخاطرة التي تتعرض لها الشركة في الحالتين الآتيتين :-

(أ) إذا اقترضت الشركة قرضا سابقا بمعدل فائدة ثابت .

(ب) إذا رغبت الشركة باستثمار أموالها في المستقبل .

مثال

نفترض أن أمين صندوق في إحدى الدول يستلم ، بعد ثلاثة اشهر (أيلـول سـنة 2004) مبلغ (10) مليون جنيه إسترليني ويرغب باستثمار هذا المبلغ بمعدل فائدة لآيبور (libor) ثلاثة اشهر . وكان أمين الصندوق يخشى من انخفاض معدلات الفائدة في الجنيه الإسترليني .

وكانت الأسعار كما يلي :-

معدل فائدة لآيبور (libor) ثلاثة أشهر = 10 %

السعر المستقبلي بالجنيه الإسترليني = 90

وان مبلغ العقد الواحد من العقود بالجنيه الإسترليني يبلغ (500000) جنيه إسترليني (GBP).وان قيمة أدنى تقلب في عقد الجنيه الإسترليني هي (12.50) جنيه إسترليني (GBP) .

في هذه الحالة يكون أمين الصندوق في مركز قصير وذلك لأنه يخشى مـن انخفـاض المعدلات . لـذلك يتعين عـلى أمين الصندوق أن يشـتري عقـود بهـدف التغطيـة في سـوق المستقبليات .

عدد العقود الممكن شراءها = 10000000 ÷ 500000 = 20 عقد

وفي تاريخ الاستحقاق يتراجع معـدل الفائـدة إلى (8 %) . مـما يحمـل أمـين الصندوق نتيجة استثماره للأموال خسارة فرصة بالمبلغ الآتي :-

$$10000000 \ (GBP) \quad (10\% - 8\%) \quad \frac{90}{360} = 50000 \ (GBP)$$

298

وفي السياق نفسه ، يبيع أمين الصندوق عقوده في سوق المستقبليات ، حيث يرتقي السعر فيها إلى (92).وبذلك يمكن أن يحصل على مكتسب (gain) في المستقبليات يعادل حاصل ضرب عدد العقود في كل من عدد وقيمة التقلبات الأدنى (أو tick) وكالآتي :-

$$(GBP)\ 50000 = (GBP)\ 12.50 \times 100 \times 2 \times 20$$

يتضح من المثال أعلاه أن مخاطرة معدل الفائدة كانت مغطاة بالكامل عن طريق شراء عقود مستقبليات (futures) وذلك لأن خسارة الفرصة الناجمة عن انخفاض معدل الفائدة (GBP 50000) تكون معادلة إلى المكتسب في سوق المستقبليات . وفي هذا المثال حصل سوق المستقبليات على تغطية تامة . ومن الجدير بالذكر أن الأمور لا تسير غالباً بالاتجاه نفسه وذلك لأن تغيرات المعدل لا تتشابه بشكل تام ومنتظم فضلاً عن أن مواعيد استحقاق القروض والديون لا تتطابق تماماً مع مواعيد استحقاق العقد .

3- مخاطرة ارتفاع معدل الفائدة

تتمثل مخاطرة ارتفاع معدل الفائدة في المخاطرة التي تواجهها الشركة في الحالتين الآتيتين :-

(أ) إذا كان بحوزة الشركة عقد قرض بمعدل قابل للمراجعة (roll over)

(ب) إذا كان يتعين على الشركة أن تقترض أموال في المستقبل .

مثال

نفترض أن أمين صندوق يتطلب منه أن يقترض بعد ثلاثة أشهر،18 أيلول السنة (2004) ، مبلغ (10) مليون دولار بمعدل فائدة لايبور (libor) ثلاثة اشهر . ويخشى أمين الصندوق من ارتفاع معدلات الفائدة في الدولار .

وكانت الأسعار حاليا كما يلي :-

معدل فائدة لايبور ثلاثة أشهر : 4 %

السعر المستقبلي باليورو دولار (الدولار الأوروبي) : 96

في هذه الحالة يكون أمين الصندوق في مركز طويل لأنه يخشى من ارتفاع معدلات الفائدة . لذلك يتعين على أمين الصندوق بيع عقوده لغرض التغطية في سوق المستقبليات . وان مبلغ العقد الواحد من العقود باليورو دولار (الدولار الأوروبي) هو (1) مليون ، وعليه فان عدد العقود الممكن بيعها تحسب كما يلي :-

10 مليون ÷ 1 مليون = 10 عقد

يبيع أمين الصندوق (10) عقود بسعر 96 .

وبما أن سعر العقد هو (96) فان ذلك يعني أن معدل الفائدة الضمني لأجل هو (4 %) . وبعد ثلاثة اشهر ، موعد استحقاق العقد في كانون الأول ، ترتفع معدلات الفائدة إلى نسبة (5.50 %) ويسعر العقد بمبلغ (94.5).وعليه فأن الكلفة الإضافية للقرض بالنسبة لأمين الصندوق تحسب كما يلي :-

$$ USD \ 10000000 \quad (\ 5.50 \ \% - 4 \ \%) \times \frac{90}{360} = 37500 \ USD $$

لكن في الوقت نفسه يقوم أمين الصندوق بترتيب مركزه مـن خـلال إعـادة شراء عقود المستقبليات التي كان قد باعها للحصول على مكاسب لأن أسعار العقود انخفضت . وبما أن السعر انخفض من (96) إلى (94.5) فان ذلك يمثل انخفاض بمقدار (96 – 94.5) × 100 " ticks " أو (150) نقطة كحد أدنى للتقلبات .

وبما أن قيمـة أدنى التقلبـات للعقـد تعـادل 25 (USD) ، فـان المكتسـب في سـوق المستقبليات يحسب كما يلي:-

$$10 \times (96 - 94.5) \times 100 \times 25 \ (USD) = 37500$$

وان المكتسب في المستقبليات يعوض الخسارة الناجمة عن ارتفاع معدلات الفائدة . وعليه فان أمين الصندوق قد تحوط بشكل فعال بالمعدل (4 %) .

4– مزايا وعيوب أسواق مستقبليات (futures) معدل الفائدة

(أ) المزايا advantages

تعد مستقبليات معدل الفائدة من الوسائل الفاعلـة المسـتخدمة في تخفيض مخـاطر معدل الفائدة ، وكذلك الحصول على نتـائج أداء أفضـل . و مسـتقبليات المعـدل تسـتخدم للأغراض الآتية :-

(1) تقليل انعكاسات تغيرات معدل الفائدة على بنود الميزانية،على سبيل المثال ، عن طريـق قيام شركة ما باقتراض مبلغ معين بمعدل فائدة ثابت ورغبتها في الاستفادة من انخفاض معدلات الفائدة .

(2) تخفيض آثار تقلبات معدل الفائدة علـى المراكـز المتوقعـة :- شركـة مـا يمكـن كـذلك أن تستفيد من معدل فائدة معين يستخدم في قرض أو استثمار (توظيف) معينين .

(3) المضاربة على أساس توقعات معدل الفائدة .

(4) المراجحة بين الأسواق لأجل والأسواق الفورية (النقدية) .

وتكمن أصالة (originality) أسـواق مسـتقبليات معـدل الفائـدة في خاصيتي المرونـة والضمان اللتين تشكلان معـا صـفة مميـزة لهـذه الأسـواق ويسـتفيد مـنهما العـاملين فيهـا والمتعاملين معها عل حد سواء .

(ب) العيوب   disadvantages

تتمثل المخاطر في أسواق المستقبليات في النقاط الآتية :-

(1) مخاطرة الأساس (basic risk) :- وهي المخـاطرة التـي تحـدق عنـدما لا يكـون هنالك تطابق بين موعد الاستحقاق للاستثمار أو للقرض وموعد الاستحقاق المستقبلي .

(2) مخاطرة الارتباط (correlation risk) :- وهي المخاطرة التي تحصل بسب أن المعدل المغطى لا يتطابق تماما مع معدل عقد المستقبليات .

(3) مخاطرة غير قابلـة للتجزئـة (indivisible risk) :- وهـي إن عـدد العقـود المشـتراة أو المباعة لا يتطابق دائما بشكل تام مع المبلغ الممكن تغطيته ، حيث أن التغطية غالبا ما تكون غير كاملة .

رابعا :- <u>تغطية مخاطرة معدل الفائدة في أسواق خيارات المعدل</u> Covering of Interest Rate in the Rate Options Markets

يمكن أن تستخدم الخيارات في معدل الفائدة للأغراض الآتية :-

(أ) التحوط ضد مخاطرة معـدل الفائـدة :- في الواقـع أن شـراء خيـار معـدل فائـدة يساعد المشتري في التغطية بمعدل عائد أعلى بالنسبة لقرض معين أو معدل عائد

أدنى بالنسبة لاستثمار معين ، فيما يحتفظ بإمكانية الاستفادة من الارتفاع المحتمل للمعدلات .

(ب) عمليات المضاربة .

(ج) عمليات المراجحة .

1-   الأسواق المنظمة للخيارات بمعدل فائدة

لقد طرحت في البداية الخيارات في معدل الفائدة للتداول في سوق (بورصة) امستردام وفي مبادلة الخيارات الأوروبية (European options exchange)) . وفي عام 1982م ، تطورت خيارات شيكاغو (Chicago board of trade) ، ومن ثم أسواق سدني ، ولندن ، وسنغافورة ، وباريس ، وكوبنهاكن ، ومونتريال ، وبرشولونة وغيرها .

وان الموجودات التحتية المعتمدة في عقود الخيارات بمعدل فائدة تتكون إما من أوراق مالية بمعدل فائدة ثابت ، و إما بضمان معدل فائدة : لايبور (libor) ثلاثة اشهر ، يورو-ديم (EUR-DEM) ثلاثة اشهر ، يورو-دولار (Euro-dollar) ثلاثة اشهر ...الخ .

2-   الخيارات بمعدل فائدة

إن شراء خيار عقد لأجل (future) يمنح الحق بشراء (خيار شراء) أو بيع (خيار بيع) عقد لأجل (مستقبلي) لمعدل فائدة بسعر مثبت مسبقا يسمى سعر التنفيذ أو الاستعمال (exercise price) ، مقابل تسديد علاوة (premium) وتتميز عقود خيارات بمعدل فائدة في الأسواق المنظمة ببعض المميزات أو الخواص هي :-

(1) تكون العقود موحدة في المبلغ ، ومواعيد الاستحقاق (آذار ، حزيران ، أيلول ، كانون الثاني ...) الخ .

(2) تغطى أسعار الاستعمال (التنفيذ) من وقت لآخر بمقدار (0.25) دولار بالنسبة لعقد اليورو دولار (الدولارات الأوروبية eurodollar) مثل 93.25 ، 93.50 ، 93.75 ...الخ .

(3) تتم التسعيرة ، بالنسبة لليورو دولار مثلا ، بنقاط مؤشرات وكل نقطة مؤشر (1 نقطة واحدة أساس) تقابل (25) دولار . وهكذا إذا تم تسعير الخيار في المعدل المستقبلي لليورو دولار (0.30) فان ذلك يمثل سعر خيار بمقدار (30) نقطة أساس × 25 دولار = 750 دولار . وعليه فان التقلب الأدنى يكون بمبلغ (25) دولار أمريكي (USD) .

(4) سهولة تداول العقود .

(5) تامين انتظام العمليات من قبل غرفة المقاصة .

وهنالك نوعان من الخيارات هما شراء خيار بيع وشراء خيار شراء . فبالنسبة لخيار البيع يسمى كذلك خيار قرض . ويلجأ أمين الصندوق إلى هذا الخيار من أجل التحوط ضد ارتفاع معدلات الفائدة بينما يحتفظ لنفسه بإمكانية الاستفادة من الانخفاض المحتمل في معدلات الفائدة ، لذلك يمكن أن يشتري أمين الصندوق خيار بيع في المستقبل (future) للمعدل الملائم . إما بالنسبة لخيار الشراء فيدعى كذلك بخيار " التوظيف " (placement) أو " الاستثمار " (investment).ويلجأ أمين الصندوق إلى هذا الخيار من اجل التحوط ضد انخفاض معدلات الفائدة فيما يحتفظ لنفسه بإمكانية الاستفادة من الارتفاع المحتمل في معدلات الفائدة ، كذلك يمكن لأمين الصندوق أن يشتري خيار شراء في المستقبل (future) لمعدل ملائم .

3- فائدة الأسواق المنظمة للخيارات بمعدل فائدة

تساعد الخيارات بمعدل فائدة في تحقيق ما يأتي :-

(1) الاحتماء من المؤثرات السلبية على معدل الفائدة ، وتغطية محفظة السندات ، دون أن يؤثر ذلك على إمكانية الاستفادة من التطور الملائم لمعدل الفائدة .

(2) تغطية العمليات غير المؤكد تحقيقها .

(3) تحسين أداء المحفظة (portfolio) ، إذ أن شراء خيارات الشراء (أو خيارات البيع) بمعدل فائدة يساعد في زيادة (أو انخفاض) المدة الزمنية للمحفظة دون اللجوء إلى تغيير مكوناتها .

إن هذه الخيارات تتلاءم وتتكيف مع استراتيجيات مختلفة اختلافا كبيرا وتساعد في الاستفادة من اثر الرافعة بشكل كبير . علاوة على ذلك ، فان المخاطرة تكون دائما محددة بالعلاوة المسددة عند شراء خيارات الشراء أو البيع .

خامسا :- <u>أدوات إدارة معدلات الفائدة في أسواق التراضي</u>

<u>(الاتفاق)</u>Instruments of Interest

Rates Management in Agreement Markets

هنالك عدد كبير من أدوات التغطية الجديدة لمخاطرة معدل الفائدة تطور في غضون السنوات الأخيرة في أسواق التراضي (الاتفاق) . وتساعد هذه الأدوات في تغطية معدلات الفائدة الثابتة أو المتغيرة . كذلك استخدمت هذه الأدوات بشكل فاعل من قبل الشركات والبنوك والمؤسسات المالية .

(أولا) أدوات إدارة معدلات الفائدة الثابتة

(1) العمليات لأجل مقابل لأجل (forward- forward)

يقصد بالعمليات لأجل مقابل لأجل (أو اجل لأجل) بأنها العملية التي تسمح مباشرة بتثبيت معدلات الفائدة لاقتراض مبلغ معين أو إقراض مبلغ معين سينفذ فيما بعد . ويمثل المعدل لأجل معدل فائدة محتسب على أساس تاريخ مستقبلي وخلال فترة محددة ، ويستخدم هذا المعدل بشكل واسع في الحياة العملية . ويتم احتساب المعدل لأجل من خلال منحنى معدلات الفائدة ، وهذا المنحنى يوضح معدلات الفائدة بالنسبة إلى مواعيد الاستحقاق المختلفة . فإذا أرادت الشركات أن تضمن لنفسها اليوم معدل فائدة قرض بالنسبة لقرض لثلاثة اشهر في ثلاثة شهر ، فانه يمكن أن تحقق العمليات الآتية :- الاقتراض في هذا اليوم لمدة ستة اشهر ، والاقتراض في هذا اليوم لمدة ثلاثة اشهر . وهكذا تضمن الشركة لنفسها معدل فائدة قرض لمدة ثلاثة اشهر في ثلاثة شهر .

مثال

ترغب إحدى الشركات بالحصول على قرض بمبلغ (10) ملايين دولار أمريكي (USD) في ثلاثة اشهر لأجل تسعة اشهر . وتخشى هذه الشركة من ارتفاع معدلات الفائدة للدولار الأمريكي ، وترغب بتثبيت شروط الائتمان بصورة مباشرة .

وبهدف تامين الائتمان إلى الشركة فان البنك يقوم بتوحيد عملية الاقتراض والإقراض في نفس المبلغ ،

فالاقتراض لمدة اثنتي عشر شهرا والإقراض لمدة ثلاثة اشهر . ويمكن توضيح ما ورد آنفا بالشكل الآتي :-

306

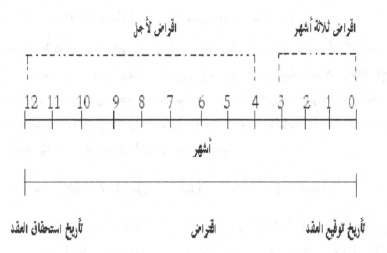

فإذا كانت معدلات الفائدة على الدولار هي كما في القائمة الآتية :

معدل فائدة المقرض	معدل فائدة المقترض	
3⅝ %	3½ %	معدلات فائدة ثلاثة أشهر
4 %	3⅞ %	معدلات فائدة سنة واحدة

فإن معدل (i) لتسعة اشهر في ثلاثة اشهر يحسب كما في المعادلة الآتية :-

$$(0.04 + 1) = (\frac{270}{360} \times i+1)(\frac{90}{360} \times \ 3½ \% +1)$$

وبذلك فأن i = 4.13 % وهذا المعدل (i) يمثل معدل فائدة لأجل .

غير أن الاقتراض والإقراض في آن واحد يعد أمرا صعبا ، علاوة على أن كلا النـوعين مـن القروض المستلمة والقروض الممنوحـة يجـب إدراجهـا في ميزانيـة الشركة والإفصـاح عـنهما بالكامل تماشيا مع المبادئ المحاسبية المقبولة قبولا عاما والتي لا تجيز إجراء المقاصة ما بـين البنود المحاسبية ، وذلك لأن إجراء المقاصة وإلغاء بعض العمليات المهمة لا يخـدم بالتأكيـد بيان الوضع المالي للشركة ومتطلبات الإفصاح المحاسبي .

(2) عقد معدل الفائدة المؤجل   (FRA)   forward rate agreement

يمثل اتفاق معدل الفائدة المؤجل عقد تراضي أو اتفاق بين الشركة والبنك يحـدد فيه معدل فائدة القرض أو استثمار مستقبلي وتاريخ ومدة ومبلغ العقد واليوم الذي ينتهي فيه العقد .

(1) مشتري عقد   (FRA) :- يمثل مقترض بمعدل فائدة مضمون من قبل البنك . ويرغـب هذا المشتري بالتحوط ضد ارتفاع معدلات الفائدة . فالشركة التـي تعتـزم الاقـتراض في المستقبل وتخشى من ارتفاع معدلات الفائدة يمكنها شراء عقد (FRA) . في هذه الحالة تتفق الشركة مع البنك على معدل فائدة ثابت يقع ما بين تاريخ قيمة القرض وتاريخ استحقاقه ، دون استلام الأموال .

(2) بائع عقد   (FRA) :- يمثل مقرض بمعدل فائدة مضمون من قبل البنك . ويرغب هـذا البائع بـالتحوط ضـد انخفـاض معدلات الفائـدة . فالشركة التـي ترغـب باسـتثمار أو توظيف مبلغ معين في تاريخ مستقبلي يمكنها بيع عقد (FRA) .

308

(3) خواص عقود (FRA) :- تتكون المدد المعمول بها من ثلاثة أو ستة أو تسعة اشهر ، ويمكن أن تصل إلى ثمانية عشر شهرا . وينحصر مبلغ عقود (FRA) ما بين (5 - 50) مليون دولار أمريكي .

ومنذ عام 1985م نشرت عدة مفاهيم معيارية حول عقود (FRA) من قبل جمعية البنوك البريطانية (FRABBA-Association banker's British) . وهنالك عملات نقدية أجنبية كثيرة تحقق أهداف عقود (FRA) هي الدولار الأمريكي ، والدولار الأسترالي ، والفلورين ، والجنيه الإسترليني ، والمارك الألماني ، وألين الياباني ، واليورو الأوروبي . وتتم معالجة عقود (FRA) محاسبيا خارج الميزانية . وتحتسب المبالغ المسددة أو المستلمة تبعا للمعادلة الآتية :-

$$\frac{(TR-T_C) \times J \times M}{36000+ (TR \times J)}$$

حيث أن :-

TR = معدل فائدة أساس معبر عنه بالعدد الصحيح ،

T_C = معدل فائدة عقد (FRA) معبر عنه بالعدد الصحيح ،

J = مدة السحب بالأيام ،

M = مبلغ عقد (FRA) .

وتجدر الإشارة إلى أن هذه المبالغ تخصم (discounting) أي تجعل بقيمها الحالية من اجل أن يؤخذ في الحسبان حقيقة أن دفع فرق معدل الفائدة يستلم في بداية الفترة وليس في تاريخ الاستحقاق .

مثال

اشترت إحدى الشركات عقد (FRA) من تسعة اشهر في ثلاثة أشهر . وان معدل فائدة عقد (FRA) هو (6 %).فإذا كان معدل الفائدة الأساس هو (8 %) في ثلاثة أشهر ، فان البنك يدفع إلى الشركة المشترية لعقد (FRA) فرق معدل الفائدة ، وهو ما يعادل (2 %) مضروبا في مبلغ عقد (FRA) وفي مدة عقد (FRA) .

$$\frac{(8-6) \times 270 \times 5000000 \; (USD)}{(100 \times 360) + (270 \times 8)}$$

$$\frac{8700000000}{36000 + 2160} = 70754 \; \text{دولار أمريكي} \; (USD) .$$

تستخدم عقود (FRA) من قبل الشركات التي ترغب بالتحوط ضد مخاطرة معدل الفائدة لقرض أو استثمار مستقبلي . كما انه يستخدم من قبل الشركات التي لديها مديونية بمعدلات فائدة عائمة أو متغيرة وتفضل أن تكون مدينة بمعدلات فائدة ثابتة .

وتتمثل فائدة عقود (FRA) في تثبيت معدل سريع ومباشر للاقتراض أو الإقراض المستقبلي ، بحيث لا تكون هذه العقود محلا لأي حركة أو تغير لراس المال . لكن عقود (FRA) تمنع المقترضين أو المقرضين من الاستفادة من التحرك الإيجابي لمعدلات الفائدة أي حرمانهم من التغييرات الإيجابية في معدلات الفائدة .

(3) خيارات في معدلات الفائدة في أسواق التراضي (الاتفاق)

تعرض البنوك والمؤسسات المالية إلى زبائنها عقود اتفاق خيارات معدل الفائدة . والخيارات المتداولة في أسواق التراضي (الاتفاق) تمثل اغلب خواص الخيارات المطروحة في الأسواق المنظمة . غير أن هذه الخيارات تختلف عنها بالنقاط الآتية :-

(1) تكون ركائز الخيارات باستمرار معدل فائدة وليس ورقة مالية .

(2) تكون خيارات معدل الفائدة غير موحدة أو غير معيارية ويكون كل من مبلغ وتاريخ الاستحقاق موضع تفاوض .

(3) يمكن أن تكون الخيارات أمريكية أو أوروبية تبعا لتأشيرة العقد .

(4) يمثل معدل التنفيذ (الاستعمال) المعدل الذي يحدد بالعقد .

(5) تكون العلاوة على شكل نسبة مئوية من مبلغ الخيار .

ويمكن التفرقة بين الخيارات في معدلات فائدة المقترض والخيارات في معدلات فائدة المقرض :-

(أ) الخيارات في معدلات فائدة المقترض :- وهي الخيارات التي تساعد الشركة في تأمين معدل فائدة قرض مضمون مع احتفاظها بإمكانية الاستفادة من التطور المشجع والملائم في معدلات الفائدة . فالشركة التي يجب أن تقترض في ثلاثة اشهر (1000000) دولار أمريكي (USD) لفترة ثلاثة اشهر وتخشى ـ من ارتفاع معدلات الفائدة يمكنها الشراء من البنك خيار في معدل فائدة المقترض الذي يمنحها الحق (ليس ملزما) بالاقتراض بمعدل (5 %) (معدل الاستعمال) لثلاثة اشهر في ثلاثة اشهر . علما أن علاوة الخيار هي بنسبة (0.50 %) .

- في ثلاثة اشهر إذا كانت ، على سبيل المثال ، معدلات الفائدة بنسبة (3 ⅕ %) ، فان الشركة لا تستعمل خيارها .

- في ثلاثة اشهر إذا كانت ، على سبيل المثال ، معدلات الفائدة بنسبة (6 %) ، فان الشركة تستعمل خيارها .

ولغرض احتساب معدل الفائدة الحقيقي للقرض فانه يتعين بشكل واضح الأخذ في الحسبان العلاوة المسددة .

(ب) الخيارات في معدلات فائدة المقرض :- وهي الخيارات التي تساعد الشركة في تأمين معدل عائد استثمار (توظيف أموال) مضمون مع احتفاظها بإمكانية الاستفادة من التطور المشجع والملائم في معدلات الفائدة .

فالشركة التي يجب أن تستثمر في ثلاثة اشهر (2000000) جنيه إسترليني (GBP) لفترة شهر واحد وتخشى من ارتفاع معدلات الفائدة يمكن أن تشري من البنك خيار في معدل فائدة المقرض الذي يمنحها الحق (ليس ملزما) بالاستثمار بمعدل فائدة (7 %) (معدل الاستعمال) لمدة شهر واحد في ثلاثة أشهر . علما أن علاوة الخيار هي بنسبة (1 %) .

- في ثلاثة اشهر إذا كانت ، على سبيل المثال ، معدلات الفائدة بنسبة (8½ %) ، فان الشركة لا تستعمل خيارها وتستثمر بنسبة (8½ %) .

- في ثلاثة اشهر إذا كانت ، على سبيل المثال ، معدلات الفائدة بنسبة (5 %) ، فان الشركة تستعمل خيارها .

ولغرض احتساب معدل الفائدة الحقيقي للاستثمار فانه يتعين بشكل واضح الأخذ في الحسبان العلاوة المسددة .

(ثانيا) أدوات إدارة معدلات الفائدة المتغيرة

بما أن معدلات الفائدة تكون متقلبة فان الشركات تستثمر أو تقترض في الغالب بمعدل فائدة متغير ، وعليه فهل أن البنوك تستخدم أدوات لتغطية المعدل المتغير.

1- المعدلات السقف (caps) والمعدلات الأرضية أو القاعدة (floors)

وهي أدوات ضمان لمخاطرة معدل الفائدة تمثل خيارات في معدلات الفائدة حيث الاستعمال أو التنفيذ يتم مرات عديدة للعقد الواحد إذا وجد المشتري مزايا في العقد .

(أ) سقف معدل الفائدة cap

هي عقد بين طرفين يوافق فيه البائع مقابل علاوة لسقف معين على إعادة أية مبالغ إلى المشتري تفوق تكلفة الفائدة المتفق عليها بسعر معين . ويمثل سقف معدل الفائدة اتفاقا بين المقترض لمبلغ معين بمعدل فائدة متغير وبين المقرض يتم بموجبه قيام المقرض بشراء عقد خيار بيع من المقترض بان يدفع للمقرض قيمة الانخفاض الذي قد يطرأ على الفوائد المستحقة على القرض عن المعدل المتفق عليه مقابل علاوة محددة يدفعها المقرض للمقترض عند إبرام العقد .

إن شراء سقف (cap) معدل فائدة يساعد المقترض مسبقا في تثبيت معدل أعلى فائدة للقرض بالنسبة لمبلغ معين وفترة محددة ، مع احتفاظه بإمكانية الاستفادة من انخفاض معدلات الفائدة ، مقابل تسديد علاوة إلى بائع معدل الفائدة السقف (cap) . وتتفق الشركة مع البنك على معدل الفائدة الأساس ، ومعدل الفائدة السقف ، والمبلغ المبدئي (principal fund) للعملية ، والعلاوة معبر عنها بنسبة مئوية مدفوعة مقدما ، ودورية المدفوعات المحتملة .

وفي كل فترة تجديد تتم مقارنة ما بين معدل الفائدة الأساس ومعدل الفائدة السقف . فإذا كان معدل الأساس أعلى من معدل الفائدة السقف فان البنك يسدد

إلى الشركة فرق الفوائد المحتسبة على المبلغ المبدئي . وإذا كان معدل الفائدة الأساس أقـل من معدل الفائدة السقف فلا يتم أي تسـديد تبعـا لمفهـوم السـقف (cap) . والسـقف ، إذا صح القول ، هو عبارة عن سلسلة خيارات قرض تتمثل في نفس الخواص .

مثال

قامت إحدى الشركات بشـراء سـقف أو معـدل فائـدة أعـلى مـن أحـد البنـوك وذلـك لخشيتها من ارتفاع معدلات الفائدة.

وفيما يلي المعلومات المتوفرة :-

- المبلغ : 5000000 دولار أمريكي (USD)

- المدة : 3 سنوات

- معدل فائدة الاستعمال : 4 %

- معدل الفائدة الأساس :- لايبور (libor) ثلاثة أشهر على دولار أمريكي (USD)

- عدد مدفوعات الفوائد : 12

- العلاوة :58 نقطة أساس (0.58 %)

- معدل الفائدة الثابت للقرض : (5 %)

إن معدل الفائدة السقف هو (4 %) سنويا . وان مدفوعات الفائدة تـتم عـلى أسـاس المبلغ المبدئي بمبلغ (5000000) دولار أمريكي (USD) . وان العلاوة هي بنسبة (0.58 %) .

وان قيمة مدفوع الفوائد تكون معادلة إلى الآتي :-

- مدفوع الفوائد ربع السنوية .

- مبلغ مدفوع السقف إلى المشتري إذا ازداد معدل الفائدة الأساس عن معدل الفائدة السقف .

- الكلفة السنوية للسقف .

إذا كان معدل فائدة اللايبور (libor) في لحظة تثبيت معدلات الفائدة بنسبة (5.20 %) .

(1) مدفوع الفوائد

$$(USD)\ 65000 = \frac{90}{360} \times \%\ 5.20 \times 5000000$$

(2) المدفوع المستلم من البنك لأن المعدل أعلى من (4 %)

$$(USD)\ 15000 = \frac{90}{360} \times (0.04 - 0.052) \times (USD)\ 5000000$$

3- إطفاء العلاوة المسددة

تحسب العلاوة باستخدام المعادلة الآتية :-

$$\text{المدفوع} = \frac{\text{القيمة الحالية}}{\dfrac{1}{\text{م}} - \dfrac{1}{\text{م} \times (1 + \text{م})^{\text{ن}}}}$$

حيث أن :-

القيمة الحالية : قيمة العلاوة أو الإقراض .

ن = عدد الفترات .

م = معدل الفائدة للفترة الواحدة .

وعليه بما أن العلاوة هي (0.58 %) بالنسبة إلى 12 فترة ، مخصومة بمعدل فائدة (5 %) ما يعادل (1.25 %) كل ربع سنة ، فانه يتم احتسابها كما يلي :-

$$\text{العلاوة ربع السنوية} = \frac{\%\ 0.58}{\frac{1}{0.0125} - \frac{1}{(0.0125) \times (1+ 0.0125)^{12}}}$$

= 0.0523 %

أما على الأساس السنوي فتحسب العلاوة كما يلي :-

0.0523 % × 4 = 0.21 %

وبذلك فان المبلغ الأقصى الممكن دفعه يمثل ما نسبته (4.21 %) أي كل ثلاثة أشهر :-

$$5000000 \times 4.21\ \% \times \frac{90}{360} = 52625\ (USD)$$

إن الشركة تعلم ما هو المبلغ الأقصى للفوائد الممكن دفعه ، وفي حالة انخفاض معدل فائدة لايبور (libor) وبلوغه نسبة (3 %) فأنها تنتفع من المعدل الأكثر انخفاضا . لكن إذا لم يزداد معدل فائدة لايبور (libor) عن معدل فائدة الاستعمال فان الشركة تدفع علاوة إضافية زيادة عن هذا المعدل

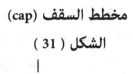

مخطط السقف (cap)

الشكل (31)

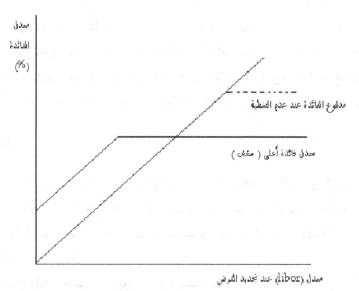

(ب) معدل الفائدة القاعدة أو الأرضية (floor)

هو معكوس السقف لأن بائع القاعدة يتسلم علاوة مقابل موافقته على تعويض المشتري عن الفروق بين أسعار الفائدة الفعلية وبين تلك المتفق على أسعارها إذا ما انخفضت أسعار الفائدة دون مستوى معين . ويتمثل معدل الفائدة الأرضية (floor) اتفاقا بين المقترض لمبلغ معين بمعدل فائدة متغيرة وبين المقرض ، يقوم بموجبه المقترض

317

بشراء عقد خيار شراء من المقرض يلتزم بموجبه المقرض بالتنازل للمقترض عن الزيادة التي قد تطرأ على الفائدة المستحقة على القرض عن معدل الفائدة المتفق عليه مقابل علاوة يدفعها المقترض للمقرض عند إبرام العقد .

إن شراء معدل فائدة أدنى (floor) يساعد المقرض مسبقا في تثبيت معدل فائدة أدنى للاستثمار لفترة معينة وبمبلغ محدد ، مع الاحتفاظ بإمكانية الاستفادة من ارتفاع معدلات الفائدة ، مقابل تسديد علاوة إلى بائع معدل الفائدة الأرضية . وإذا صح القول أن معدل الفائدة الأدنى هو عبارة عن سلسلة خيارات إقراض تتمثل في نفس الخواص .

مثال

أرادت إحدى الشركات استثمار مبلغ (1000000) دولار أمريكي (USD) ، تتوقع أن تحصل زيادة في معدلات الفائدة على الدولار . وقامت بشراء معدل فائدة أرضية بنسبة (5 %) لمدة سنتين . وقد توفرت البيانات الآتية عن معدل الفائدة الأرضية :-

- الفترة : 2 سنة
- معدل فائدة استعمال لايبور (libor) ستة اشهر
- عدد المدفوعات : 4
- المبلغ المبدئي : 10000000 دولار أمريكي (USD)
- العلاوة الأدنى : 1 %
- معدل الفائدة الثابت : 5.25 %

إن القيمة الأدنى تتضمن مدفوع الفوائد ، و التدفقات النقدية المحتملة مسددة من قبل البنك ، وإذا كان معدل فائدة لايبور (libor) اقل من معدل فائدة الأساس فانه يتم التخفيض أو التنزيل من مدفوع العلاوة الأدنى . فإذا بلغ ، في نهاية ستة اشهر، معدل استعمال فائدة اللايبور (libor) (4.5 %) فان التدفقات النقدية للشركة ستكون كما يلي :-

(1) فوائد مستلمة

$$10000000 \times 4.5\,\% \times \frac{180}{360} = 225000$$ دولار أمريكي (USD)

(2) المدفوع المستلم من البنك لأن المعدل اقل من (5 %)

$$(USD)\ 10000000 \times (0.045 - 0.05) \times \frac{180}{360} = 25000\ (USD)$$

2- الإطفاء نصف السنوي للعلاوة المسددة

تحسب العلاوة باستخدام المعادلة المذكورة آنفا في المثال السابق . وكذلك في هذا المثال ، بما أن العلاوة هي (1 %) بالنسبة إلى 12 فترة،مخصومة بمعدل (5.25 %) (ما يعادل 2.625 % لكل نصف سنة) فانه يمكن احتسابها كما يلي :-

$$\text{العلاوة نصف السنوية} = \frac{1\%}{\dfrac{1}{0.02625} - \dfrac{1}{(0.02625) \times (1.02625)^{4}}} = 0.2670\ \%$$

وهي ما تعادل 26700 دولار أمريكي (USD) لكل نصف سنة . إما على الأساس السنوي فانه يتم احتسابها كما يلي :-

$$0.2670 \% \times 2 = 0.5340 \%$$

وبناء على ذلك فان المبلغ الأعلى الممكن استلامه يحسب كما يلي :-

$$4.5 \% + (5\% - 4.5 \%) - 0.5340 \% = 4.4660 \%$$

أي أن كل ستة اشهر يتم استلام الآتي :-

$$10000000 \times 4.4660 \% \times \frac{180}{360} = 223300 \text{ دولار أمريكي (USD)}$$

أن الشركة تعلم كم هو المبلغ الأدنى للفوائد الممكن استلامها ، وإذا ازداد معدل فائدة لايبور (libor) وبلغ نسبة (6 %) فان الشركة يمكنها الاستفادة من المعدل الأكثر ارتفاعا ، لكن إذا لم يزداد معدل فائدة لايبور (libor) عن معدل فائدة الاستعمال فان الشركة تسدد علاوة على زيادة عن هذا المعدل . وفي هذه الحالة فانه يكون من الأفضل للشركة الاستثمار بمعدل الفائدة الأساسي (initial rate) في السوق المالية أي بنسبة (5.25 %) .

الشكل (32)

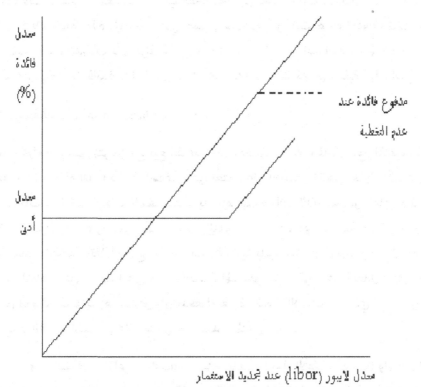

مخطط معدل القاعدة أو الأرضية (floor)

(ج) فوائد معدلات الفائدة الأعلى (السقفية) ومعدلات الفائدة الأدنى (الأرضية)

تقـدم كـل مـن معـدلات الفائـدة الأعـلى والأدنى ضـمان معـدل فائـدة أقصى ـ (بالنسبة للمعدلات السقفية) أو معدل فائدة أدنى (بالنسبة للمعدلات الأرضية) مع

321

السماح بالاستفادة من التحرك الإيجابي والملائم لهذه المعدلات . ويجري التصفية في أسواق المعدلات السقفية والمعدلات الأرضية لفترة تصل إلى عشر سنوات . ولكن بشكل عام فان الفترة الاعتيادية لهذه المعدلات هي خمس سنوات . وكانت هذه الأدوات تستخدم في عملية اقتناء الشركات بأثر الرافعة (leveraged buyouts) ، وتساعد أصحاب الملكية في تغطية القروض بمعدلات فائدة متغيرة كان قد استخدمها هؤلاء المالكين في عملية شراء الشركة .

2- السقف والقاعدة (collars)

هي شراء للسقف المتزامن مع بيع القاعدة فالعلاوة المستلمة مقابل بيع القاعدة تقابل لدرجة (أكثر أو اقل) تكلفة السقف وهي تعتمد على الأسعار المتفق عليها للنوعين من المكونات فإذا كانت تكلفة السقف مساوية تماما للتحصيلات النقدية من القاعدة فانه لا توجد هنالك علاوة وتسمى الأداة عندئذ بالقاعدة السقف ذي التكلفة الصفرية . ويمثل السقف والقاعدة اتفاقا يجمع بين السقف والأرضية يلتزم بموجبها المقرض بالتنازل للمقترض عن الزيادة التي قد تطرأ على معدل الفائدة المستحق على القرض عن المعدل المتفق عليه . وفي الوقت نفسه يلتزم المقترض بان يدفع للمقرض قيمة الانخفاض الذي قد يطرأ على معدل الفائدة المستحق على القرض عن المعدل المتفق عليه .

يمثل السقف والقاعدة (collars) مزج ما بين المعدل الأعلى (السقف) والمعدل الأدنى (الأرضي) . وان شراء معدل فائدة سقف أو قاعدة يساعد المقترض في تأمين معدل أقصى (maximum rate) ، مع احتفاظه بإمكانية الاستفادة من انخفاض المعدلات لغاية المعدل الأدنى أو (الأرضي) . ومثلما يوجد ، في الوقت نفسه ، شراء فائدة معدل أعلى أو سقف (cap) وبيع معدل فائدة أدنى أو أرضي (floor)

فانه ينخفض مبلغ العلاوة الممكن تسديدها من أجل شراء معدل فائدة سقف . والمعدل المضمون يمثل المعدل الذي يقع ضمن مجموعة معينة من معدلات الفائدة . وان شراء السقف والقاعدة (collar) يساعد في التحوط ضد ارتفاع معدل الفائدة وذلك من خلال تثبيت معدل فائدة سقف ، ولكن يحدد المكتسب في حالة انخفاض معدلات الفائدة .

3- مبادلات (swaps) لمعدل الفائدة

تمثل مبادلة (swap) لمعدل فائدة عقد مبادلة تدفقات الفوائد على راس المال المبدئي لمدة محددة ولنفس الفترة ، مع الإشارة إلى أن راس المال لا يدخل في عملية المبادلة . هنالك أنواع عديدة من مبادلات (swaps) في معدلات الفوائد هي :-

(أ) مبادلات (swaps) الكوبون التي يتم من خلالها مبادلة معدل فائدة ثابت مقابل معدل فائدة متغير .

(ب) مبادلات (swaps) الأساس التي يتم من خلالها مبادلة معدل فائدة متغير مستند إلى معدل فائدة أساس مقابل معدل فائدة متغير آخر مستند إلى معدل أساس آخر .

(ج) مبادلات (swaps) المعدلات أو العملات النقدية الأجنبية .

وعندما تكون القروض بنفس العملة النقدية فانه يتم حصرا مبادلة الفوائد . وإذا لم يسدد أحد الأطراف التزاماته فان مدفوعات الفوائد لوحدها ستكون موضع خلاف .

أمثلة

(1) مبادلات (swaps) الكوبون

تعتزم الشركة (س) اقتراض (10) مليون دولار بمعدل متغير . وتعتزم الشركة (ص) اقتراض (10) مليون دولار بمعدل فائدة ثابت . فيما يلي شروط السوق بالنسبة للشركتين :-

	الشركة (س)	الشركة (ص)
المعدل الثابت للفائدة	8 %	9 %
المعدل المتغير للفائدة	لايبور + 1 % libor	لايبور + 1.25 % libor

ويمكن أن تلجا الشركتان إلى مبادلة (swap) عن طريق وساطة أحد البنوك . إن فرق المعدلات في المعدل الثابت للفائدة يكون مساويا إلى ما يأتي :-

(1.25 % + libor) - (1 % +libor) = 0.25 ويعادل 25 نقطة .

ويمكن أن تنتفع الشركتان من هذه الفروقات في المعدلات (100 نقطة - 25 نقطة) وذلك من خلال الاقتراض من السوق المالية التي يكون فيها المعدل الأفضل . تستثمر الشركة (س) بشكل أفضل في المعدل الثابت للفائدة . وهي ستقرض مبلغ (10) مليون دولار بمعدل (1.25 % + libor) . والمبلغ الأساسي (المبدئي) لا تتم مبادلته . ولكن فقط الفوائد ، المحملة على المبلغ المبدئي (10) مليون من الدولارات ، هي التي يتم مبادلتها .

فرق المعدل ، المحصل بفضل (swap) يكون مساويا إلى :-

100 نقطة - 25 نقطة = 75 نقطة .

إن الشركتين (س ، ص) تتقاسمان هذا الوفر (save to) أو الزيادة في المعدل . وان شكل تقسيم المكتسب (gain) يعتمد على التفاوض والاتفاق . يمكن الافتراض

بان الشركة (س) ، التي استثمرت بشكل أفضل من الشركة (ص) ، حصلت من استثمارها على ربح أعلى من نظيرتها . وعلى افتراض أن التقسيم يكون (50) نقطة للشركة (س) ، (25) نقطة للشركة (ص) فان العمليات تجري تبعا لذلك كما في الشكل (33) الشركة (س) تسدد إلى الشركة (ص) (libor + % 1/2) . والشركة (ص) تسدد إلى الشركة (س) نسبة (8 %) التي تساعدها في دفع فوائد القرض . وعليه فان معدلات الفائدة تكون كما يلي :-

- بالنسبة إلى الشركة (س) : (libor + % 1/2)
- وبالنسبة إلى الشركة (ص) : 8 % + (libor +% 1.25) - (libor + % 1/2) = 8.75 %

الشركة (س) حصلت على (0.50 %) مقابل المعدل الذي دفعته (libor + % 1) إذا لم تكن قد لجأت إلى مبادلة (swap) . و الشركة (ص) حصلت على (0.25 %) مقابل المعدل الذي دفعته (9 %) إذا لم تكن قد لجأت إلى مبادلة (swap) . إن هذه المكاسب ناجمة عن عيوب أو نواقص (imperfections) الأسواق المالية .

الشكل (33)

مبادلة (swap) لمعدلات الفائدة مبادلة كوبون

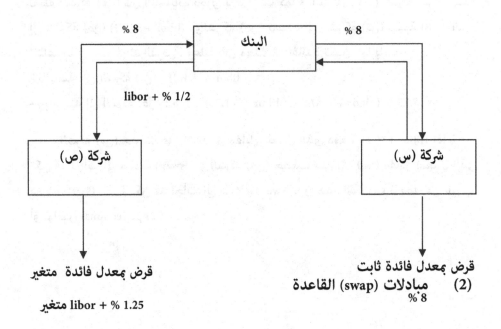

(2) مبادلات (swap) القاعدة

نفترض أن شركتين اقترضتا مبلغ (15) مليون دولار بمعدل فائدة متغير . الأولى لديها معدل مستند إلى (libor) ثلاثة أشهر ، والأخرى لديها معدل مستند إلى الورقة التجارية الأمريكية . ومدة القروض تكون ثلاث سنوات .

وعليه فان مبادلة(swap) تحمل على المبلغ المبدئي البالغ (15) مليون دولار . وكل ثلاثة أشهر يتم مبادلة الفوائد المحملة على هذا المبلغ المبدئي . الشركة (IBM) تسدد الفوائد المحتسبة على أساس معدل فائدة (libor) ثلاثة أشهر والشركة (ITT)

تسدد الفوائد المحتسبة على أساس معدل فائدة الورقة التجارية ثلاثة أشهر . والشكل الآتي
(34) يبسط مبادلة (swap) الأساس .

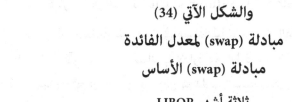

والشكل الآتي (34)
مبادلة (swap) لمعدل الفائدة
مبادلة (swap) الأساس
ثلاثة أشهر LIBOR

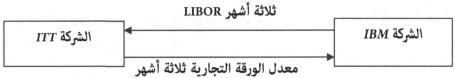

وعندما تكون القروض بالعملات النقدية الأجنبية المختلفة فان ذلك يعني أن مبادلة
(swap) بالعملات النقدية أو المبادلات .

4- خيارات في مبادلات (Swaps) لمعدل الفائدة (Swaption)

إن الخيار في المبادلة (swap) لمعدل الفائدة يمنح المشتري الحق (ليس ملزما)
بتحقيق مبادلة (swap) معدل فائدة بشروط محددة مسبقا (المعدل ، الفترة) لتاريخ
الاستحقاق المحدد (أو خلال فترة معينة) مقابل تسديد علاوة . فإذا كان تطور أو نمو
المعدلات مشجعا وملائما لمشتري الخيار فان مبادلة (swap) لا تنفذ . وإذا كان تطور
المعدلات وتحركها ليس مشجعا لمشتري الخيار فان مبادلة (swap) ستنفذ .

إن خيار شراء مبادلة (swap) يمثل احد قواعد الحماية من الانخفاض في معدلات
الفائدة . وأما خيار بيع مبادلة (swap) فيمثل احد أنظمة الحماية من الارتفاع في معدلات
الفائدة . وتعالج خيارات مبادلات (swaps) في العملات النقدية

الأجنبية الرئيسية لأدنى مبلغ بحدود (2) مليون دولار أمريكي . وتنحصر فترات خيارات مبادلات (swaps) ما بين سنتين وعشر سنوات .

5- خيارات في مستقبليات (futures) معدل الفائدة

توجد أسواق منظمة للخيارات في مستقبليات معدل الفائدة لمدة 6،9،12،3،1 شهر. والجدول (19) الآتي يتضمن أساليب لإدارة مخاطرة معدل الفائدة بالنسبة إلى شركة مقترضة حسبما تتوقع ارتفاع أو انخفاض معدلات الفائدة . كما أن الاختيار يعتمد على مدة القرض :- أسلوب مبادلة (swap) يطبق في المدى طويل الأجل في حين أن اتفاق المعدل المؤجل (FRA) يطبق في المدى القصير .

الجدول (19)

ملخص طرق إدارة مخاطرة معدل الفائدة

توقع انخفاض	توقع ارتفاع
- بيع (FRA)	- شراء (FRA)
- بيع معدل فائدة سقف (CAP)	- شراء معدل فائدة سقف (CAP)
- بيع سقف وقاعدة	- شراء سقف وقاعدة
- مبادلة (swap) معدل فائدة متغير مقابل معدل متغير	- مبادلة (swap) معدل فائدة متغير مقابل معدل ثابت

الخلاصة

تتطلب عمليات تداول أسواق رؤوس الأموال والتقلبات الكبيرة في معدل الفائدة وضعها موضع التنفيذ في الشركات والبنوك ولدى المديرين الماليين وفي سياسة إدارة معدلات الفائدة . لقد استعملت ، منذ سنوات قليلة ، أدوات مالية جديدة من اجل التحوط ضد مخاطرة معدل الفائدة . والى جانب أسواق معدل الفائدة و أسواق خيارات معدل الفائدة فان البنوك أدخلت وابتكرت أدوات في أسواق التراضي (الاتفاق) ، وهي اتفاقات معدلات فائدة مستقبلية ، وخيارات معدل فائدة ، ومعدل فائدة أعلى (سقف) ، ومعدل فائدة أدنى (أرضي) ، ومبادلات (swaps) لمعدل الفائدة ، وخيارات مبادلات (swaps) معدل الفائدة .

أسئلة الفصل

1- ماذا تعني مخاطرة معدل الفائدة ، وما هي أنواعها ؟

2- ما هي الشركات التي تتعرض إلى مخاطرة معدل الفائدة ؟

3- وضح عملية التغطية في أسواق العقود لأجل لمعدل الفائدة ؟

4- ترغب إحدى الشركات باقتراض مبلغ (5) مليون دولار في ثلاثة أشهر ، وتتوقع ارتفاع معدلات الفائدة على الدولار ، فكيف تتمكن الإدارة المالية في هذه الشركة من التحوط ضد المخاطرة ؟

5- يفكر مدير مالية إحدى الشركات باستثمار مبلغ (2) مليون جنيه إسترليني في ستة أشهر ، ويتوقع انخفاض معدلات الفائدة على الجنيه الأوروبي ، فكيف يتمكن من التحوط لذلك .

6- ما هي تكاليف التغطية في الأسواق الآجلة لعقود معدل الفائدة ؟

7- ماذا يقصد بالقاعدة (basic) ، وما هي مخاطرة القاعدة ؟

8- لماذا تكون عقود معدل الفائدة موحدة او معيارية ؟

9- ما هي العناصر المختلفة المتدخلة في الأسواق لأجل لعقود معدل الفائدة ؟

10- ماذا يقصد بعمليات (أجل- مقابل -أجل) (forward-forward) ؟

11- ما هو خيار معدل الفائدة ؟

12- ما هي الأنواع المختلفة لمبادلات (swaps) معدل الفائدة ؟

الفصل الحادي عشر

المخاطرة السياسية

.

الفصل الحادي عشر

المخاطرة السياسية

Political Risk

يمثل الخطر السياسي الخطر الذي يحصل في البلد نتيجة التغييرات السياسية المؤدية إلى انعكاسات سلبية على تشغيل الشركات الأجنبية العاملة في هذا البلد ، وعلى مجمل حركة نشاط العمليات التجارية والمالية المتحققة مع هذا البلد . ومثلما يخص الشركات المصدرة والشركات متعددة الجنسيات فانه يطال كذلك البنوك المحلية والعالمية . لقد استخدمت في السنوات الأخيرة إجراءات تقييم المخاطر السياسية للبلدان ، لكن ما زالت هذه المخاطر صعبة التقييم ، وان إجراءات الوقاية منها عادة ما تكون متنوعة ، ولذلك يتعين أن تكون واضحة ومفهومة بحيث يمكن بواسطتها تحديد هذه المخاطر .

تنحصر دراسة هذا الفصل في ثلاثة موضوعات رئيسية :-

أولا:- نموذجية المخاطرة السياسية .

ثانيا :- تقييم المخاطرة السياسية .

ثالثا :- أساليب إدارة المخاطرة السياسية .

أولا:- نموذجية المخاطر السياسية

Political Risk Typology

تواجه الشركات المقيمة في الخارج نوعين من المخاطرة السياسية . يتمثل النوع الأول في المخاطرة السياسية أو " مخاطرة بلد " (country risk) التي تهدد وجود الاستثمارات المباشرة وغير المباشرة في البلد المضيف فضلا عن الصادرات المرسلة

للبلد المضيف.ويتمثل النوع الثاني في المخاطرة الإدارية الناجمة عن الإجراءات الحكومية الهادفة إلى تقييد حرية الشركات الأجنبية . وإن مخاطرة عدم التحويل الناجمة عن قرار السلطات الأجنبية التي تعرقل وتؤخر تحويل الأموال المسددة من قبل المدين في بنك محلي يكون مشابها إلى المخاطرة السياسية .

وتتمثل المخاطرة السياسية ، بالنسبة للشركات المصدرة ، إما في مخاطرة عدم ضمان تحصيل الذمم (الديون) التجارية التي بذمة مستورد أجنبي من جراء إجراءات متخذة من قبل حكومة الدولة ، وأما في مخاطرة غلق السوق لأسباب سياسية . وتتمثل المخاطرة السياسية بالنسبة للمؤسسات المالية ، في مخاطرة صعوبات الدفع الناتجة عن تصرفات الدولة المدينة .

(أولا) المخاطرة السياسية   political risk

تختلف المخاطرة السياسية باختلاف البلدان واختلاف طبيعة النشاطات للفروع الأجنبية أو العمليات المضمونة . ويمكن التمييز بين أنواع متعددة من المخاطرة السياسية هي المخاطرة الكلية ، والمخاطرة الجزئية ، ومخاطرة المشروعات ومخاطرة عدم ملاءة البلد المدين ، وفيما يأتي توضيح لهذه الأنواع .

1- المخاطرة الكلية أو مخاطرة بلد   macro-risk

وهي المخاطرة الناجمة عن عدم الاستقرار السياسي والاقتصادي والاجتماعي للبلد . وعادة ما تتجسد المخاطرة الكلية بالروح العدائية للاستثمارات الأجنبية . وتزداد حدة المخاطرة الكلية في فترات الأزمات . وفي السنوات الأخيرة انخفضت هذه المخاطرة بشكل كبير في غالبية البلدان . ويمكن أن تأخذ هذه المخاطرة ، أشكال عدة منها التأمينات أو الصادرات بدون تعويض ، وتأميم بتعويضات ، ومساهمة محلية أو

حكومية إلزامية تشكل بمثابة تأميم (مقنع) ، وتدمير أداة الإنتاج،وإعادة هيكلة الدين ، وإلغاء العقود . ومنذ التسعينات من القرن العشرين لوحظ أن مخاطرة البلد الأكثر أهمية تتمثل في مخاطرة الحروب الأهلية سواء كانت العرقية أو الدينية .

2- المخاطرة الجزئية أو المخاطرة السياسية للقطاع micro-risk

قد ترتفع المخاطرة في بعض القطاعات أكثر من غيرها بسبب قرارات التأميم في بعض القطاعات مثل قطاع البترول ، وقطاع المناجم،وقطاع البنوك وقطاع التأمينات . كذلك تولد المخاطرة الجزئية صرا عات بين الحكومات والشركات الأجنبية.الأمر الذي يؤدي إلى ترك المشروعات أو في أفضل الأحوال إرباك العمل فيها .

3- المخاطرة السياسية للمشروع enterprise risk

غالبا ما تقوم الشركات متعددة الجنسيات بتنفيذ المشروعات الكبيرة في الخارج (محطات كهر بائية ، السدود ، آبار البترول) . وان مخاطرة المشروع تكون في الغالب مرتفعة بشكل كبير في البداية وتتطلب مصروفات كبيرة .

ولكن إذا نجح المشروع (بئر قابل للاستغلال ، مناجم أو حقول إنتاجية) ، فان بعض الحكومات يميل إلى أن تكون أكثر متشددة في مطالباتها ، وحتى في حالة تغيير نظام الحكم ، فان هذا الأخير يمكن أن يرفض ضمان الالتزامات السابقة (كما حصل في بعض الأنظمة الحكومية التي تغيرت) .

إذا كانت الترتيبات الإضافية ضرورية (تهيئة الطرق على سبيل المثال) فان الحكومة يمكن أن ترفضها وتعرقل كذلك تنفيذ المشروع . و أخيرا إذا كان المشروع يمثل بالنسبة للدولة إيرادات متوقعة كبيرة فان التخوف من التبعية للشركة الأجنبية

يمكن أن يقود إلى اتخاذ إجراءات إدارية أكثر تشددا ، لا بل عدم تسديد قيمة تنفيذ الأعمال .

4- مخاطرة عدم ملاءة البلد المدين   insolvency risk

تتمثل مخاطرة عدم الملاءة بعدم قدرة البلد في تامين خدمة ديونه ، أي بتعبير آخر تتمثل في عدم قدرته على تسديد المبلغ المبدئي للديون والفوائد . وهنالك العديد من البلدان ، مثل المكسيك عام 1982م وروسيا عام 1998 م ، علقت ديونها لأسباب عدم مقدورها في تسديد هذه الديون . ونتيجة لهذه الإجراءات فان غالبية البلدان المدينة في العالم الثالث تعاني من ارتفاع مديونيتها بسبب إعادة هيكلة الديون ، وهي مشكلة يعاني منها العالم برمته .

(ثانيا) المخاطرة الإدارية   administrative risk

تتخذ أحيانا الحكومات إجراءات معينة تجاه الشركات الأجنبية ، لأسباب عدة منها الصعوبات الاقتصادية الداخلية أو حالة عدم توازن ميزان المدفوعات أو ممارسة رقابة مباشرة أو غير مباشرة على الاستثمارات الأجنبية .

1- إجراءات توازن ميزان المدفوعات

تشمل هذه الإجراءات التي تستهدف توازن ميزان المدفوعات ما يلي :-

(1) قيود على هروب رؤوس الأموال .

(2) قيود على الواردات .

(3) رقابة الأسعار خصوصا عندما يمر البلد في تضخم اقتصادي مرتفع .

2- إجراءات الرقابة على الاستثمارات الأجنبية

تستهدف هذه الإجراءات المشاركة بصورة أكثر فاعلية من قبل المواطنين (المحليين) في تطوير البلد المضيف :-

(1) رقابة الاستثمارات .

(2) إعادة استثمار .

(3) إعادة استثمار جزء من الأرباح .

(4) تخصيص بعض الأرباح إلى مساهمة العاملين .

(5) رقابة المشروعات .

(6) تكامل المنتجات المحلية لصالح الصناعة المحلية .

ثانيا :- تقييم المخاطرة السياسية

Evaluation of Political Risk

يتم تقييم المخاطرة السياسية من قبل أطراف عدة منها إدارة الشركة، والمستشارين الخارجيين والأجهزة الخاصة . ففي الشركات صغيرة ومتوسطة الحجم ، يقوم المدير، بمساعدة المدير المالي ، بتقييم المخاطرة السياسية بأسلوب حقيقي أو جوهري وليس شكليا . وفي الشركات الكبيرة التي لديها سابقا فروع في الخارج ، فأن الكوادر المقيمة أو التي كانت مقيمة في البلد تجري تقييم للمخاطرة السياسية ، لكنه يعد من قبيل العمل الثانوي . إما في مجموعات الشركات الكبيرة يوجد إما شخص مسؤول عن المخاطرة السياسية ، و إما خلية تأخذ على عاتقها هذا التقييم . وهنالك هيئات تضم هؤلاء الأشخاص المسؤولين عن هذه المخاطرة داخل مجموعة الشركات متعددة الجنسيات . وبالنسبة للاستثمارات الكبيرة والمهمة ، فان الشركات توجه الدعوة إلى المستشارين الخارجيين أو إلى أجهزة خاصة .

إن أساليب التنبؤ بالمخاطرة السياسية تستند إلى ثلاثة مداخل هي مدخل مؤشرات المخاطرة ، ومدخل المشاهد المتلاحقة (السيناريوهات) ، ومدخل علم الاجتماع .

1- مدخل مؤشرات الخطر   risk index approach

يستخدم أسلوب دلفي (Delphi) لاحتساب مؤشرات المخاطرة . ويستند هذا الأسلوب إلى ما يلي :-

(1) إعداد قائمة بالمتغيرات الرئيسية التي تصف الوضع الاقتصادي والسياسي للبلد .

(2) إجراء تصنيف وترتيب هذه المتغيرات من قبل الخبراء وكل متغير يقترن بالعلامات.

(3) تخصيص معامل موزون (weighting coefficient) لهذه الملاحظات للحصول على مؤشر مركب (composite index) يمثل المخاطرة السياسية .

كذلك هنالك العديد من مؤشرات المخاطرة التي يتم الحصول عليها ، وهي تضم متغيرات مختلفة . ويمكن ذكر أربعة من هذه المؤشرات هي :-

- BERI(مؤشر مخاطرة بيئة الأعمال Business Environment Risk Index)
- PRI (مؤشر الخطر السياسي Political Risk Index)
- BII (مؤشر الأعمال الدولية   Business International Index)
- EIUI (مؤشر وحدة المفكرين الاقتصاديين   Economist Intelligence Unit Index)

وفيما يأتي شرح موجز لكل من هذه المؤشرات .

(1)   مؤشر مخاطرة بيئة الأعمال (BERI)

وهو المؤشر الذي يقيس "مناخ الأعمال" (business climate) في بلد معين ، ويتضمن خمسة عشر معيارا ، يبدأ من الرقم صفر (المخاطرة العالية) إلى الرقم 4 (مخاطرة صفر) (انظر الجدول 20).وحسب إجمالي العلامات (الأرقام) المحصلة تصنف البلدان في خمس مجموعات هي :-

- البلدان المتمتعة بمناخ أعمال ملائم (من 86 – 100) .
- البلدان التي يكون فيها الميل نحو التأميم (nationalization) يعوض بدرجات متفاوتة عن طريق الأسواق والمؤسسات المالية (70-85) .
- بلدان ذات مخاطرة وسط (56-69) .
- بلدان خطرة بالنسبة للشركات الأجنبية (41-55) .
- البلدان التي تكون فيها ظروف أعمال غير مقبولة (اقل من 40) .

الجدول (20)

المتغيرات المعتمدة في احتساب (BERI)

المعايير	المعامل الموزون	المعايير	المعامل الموزون
- الاستقرار السياسي	3	-نمو اقتصادي	2.5
-وضع الاستثمارات والأرباح الأجنبية	1.5	-كلفة العمل / الإنتاجية	2
- قرارات التأميم المحتملة	1.5	- نوعية الخدمات المحلية	0.5
- التضخم النقدي	1.5	- الاتصالات والبنية التحتية	1
- ميزان المدفوعات	1.5	- إدارة وشركاء محليين	1
- معوقات بيروقراطية	1	- ائتمانات قصيرة الأجل	2
- احترام العقود	1.5	- ائتمانات طويلة الأجل	2
		- تحويل العملة النقدية	2.5

(2) مؤشر الخطر السياسي (PRI)

يمثل المؤشر (PRI) متغير للمؤشر (BERI)،لكنه يخص فقط الخطر السياسي ، في تسلسل الرقم 10،بين أسباب الأخطار الداخلية والخارجية.وكل معيار يرقم من الرقم الصفر إلى الرقم 7 (الجدول 21) .

الجدول (21)

مؤشر مخاطرة PRI

دوافع المخاطر الخارجية	- التبعية لقوى عظمى . -التأثير السلبي لقوى سياسية محلية .
دوافع المخاطر الداخلية	- تقسيم الفكر السياسي وسلطة الزمر أو الأحزاب السياسية . - تقسيم عن طريق اللغة و العرق أو الدين . - إجراءات منع متخذة من قبل الحكومات للحفاظ على سلطتها . - الموقف تجاه الخارج ، التأميم أو الميل نحو التسويات. - الوضع الاجتماعي من السكان ومستوى المعيشة . - التنظيم وقوة العناصر الدافعة إلى حكومة يسارية متطرفة .

وقد صنفت البلدان في ثلاث مجموعات حسب المؤشر المحصل هي :-

- البلدان ذات الخطر الأدنى (مؤشر من صفر إلى 20) .

- البلدان ذات الخطر المقبول (مؤشر من 21 إلى 35) .

- البلدان ذات الخطر المحضور (مؤشر أعلى من 35) .

(3) مؤشر الأعمال الدولية (BII)

يقيس هذا المؤشر مخاطرة البلد من خلال ما يلي :-

(أ) عوامل المخاطرة (التغير السياسي ، الموقف من الشركات متعددة الجنسيات ، حدود الاستثمار الأجنبي ، وضع ميزان المدفوعات،الأعمال الإرهابية والعنف ، استقرار العمال) .

(ب) عوامل متعلقة بفرص الاستثمار (عدد البنوك نسبة إلى عدد السكان ، أهمية الفئات الاجتماعية المتوسطة ، مستوى التصنيع) .

(ج) ظروف التشغيل (مستوى الضريبة ، نوعية البنية التحتية) .

ويعطي الخبراء كل عامل من العوامل المشار إليها رقم (من الصفر إلى 10) ثم يوزن بمعامل وزن ويتكون على شكل مؤشر . الأمر الـذي يـؤدي إلى تصنيف البلـدان مـن خـلال مقارنة مؤشرات المخاطرة بفرصة الاستثمار . ويعد هذا المدخل لاحتساب مـؤشر للمخـاطرة من المداخل المهمة والضرورية ، لكنه يعتمد بشكل خاص على التقييم النوعي والموضوعي . إذ أن هذا المدخل يعتمد حصرا على المتغيرات السياسية دون الأخـذ بنظر الاعتبـار بعض العوامل الاجتماعية والدينية التي قد تسود في بعض البلدان .

(4) مؤشر وحدة الفكر الاقتصادي (EIUI)

تنشر مؤسسة وحدة الفكر الاقتصادي بانتظام في مجلة الاقتصادي (economist the) تقرير عن مخاطرة البلدان بالنسبة لعدد معين من البلدان الخطرة.

2- مدخل المشاهد المتلاحقة   scenarios approach

بهدف تقييم المخاطر المحدقة وكذلك تطور الأوضاع السياسية والاقتصادية والاجتماعية فان المدخل عن طريق الأحداث المتلاحقة يتم بالخطوات الآتية :-

(1) تحليل الخواص الاقتصادية والسياسية والاجتماعية للبلد .

(2) بحث وتشخيص عدة احتمالات مستقبلية للبلد ومن ثم انعكاسات ذلك على الوحدة الاقتصادية ذات الأفق المحدد .

(3) احتساب الربحيـة الماليـة لإستراتيجيات الاستثمار المختلفـة في هـذه البلـدان وحسـب الحالات التطبيقية التي تصنف في مصفوفة القرار (الجدول 22) .

الجدول (22)

مصفوفة القرار

المشـــــــــاهد المتلاحقة الاستراتيجيات	مشهد (1) بقاء النظام السياسي الحالي	مشهد (2) متطلبات تتعلق بحركات الأموال	مشهد (3) التأميم
الاستراتيجية (1)			
الاستراتيجية (2)			

(4) تصنيف الاحتمالات المستقبلية لمختلف الاستراتيجيات المعتمدة .

(5) تطبيق نظرية الألعاب (games theory) في الاختيار .

3- المدخل الاجتماعي   social approach

يستند هذا المدخل إلى أن عوامل عدم استقرار البلد مثلما تكون ثقافيـة فيمكن أن تكون كذلك اجتماعية وسياسية وأكثر تكاملا من السابقة . ويدرس هـذا المدخل احتمالات عدم استقرار البلد من خلال إحدى الزاويتين الآتيتين :-

(1) تحليل إحصائي (statistic analyze) :- يتم تحليل بعض المؤشرات عن الوضع الاقتصادي والسياسي والاجتماعي للبلد ، وذلك بـاعتماد فرضية تتبـع قـانون نورمـال (normal) ودراسة تشتتها قياسا بالمتوسط .

(2) تحليل بواسطة التجزئة الدينـاميكيـة (dynamic segmentation) :- يبـدأ عـن طريـق تشخيص المجموعات السياسية والاجتماعية والاقتصادية المتجانسة في

342

البلد ، وهذا ما يدعى بـ" الأجزاء " (segments) . ويتم دراسة درجة الارتباط بين هذه المجموعات .

وتعتبر الإجراءات والطرائق المذكورة آنفا مهمة حينما يراد فحص مخاطرة البلد من الناحية السياسية . وتساعد هذه الطرائق الشركات متعددة الجنسيات في التنبؤ بالمخاطرة السياسية والاختيار بين مختلف البلدان حينما تروم الاستثمار بالخارج . وفي حالة الاهتمام بمخاطرة المشروع أو الشركة ، فان ذلك يعتمد ليس فقط على مخاطرة البلد وإنما يعتمد كذلك على جنسية المنشأة ألام ، وقطاع النشاط ، وأهمية المشروع أو الشركة ، وفائدتها الإستراتيجية بالنسبة للبلد المضيف وإنجازاتها التاريخية . وعلى الرغم من هذه التحفظات (precautions) فان العوامل غير الموضوعية يمكن أن تستعمل ضد المشروع أو الشركة . ولذلك يتعين أن تخصص إدارة فاعلة في الشركات للمخاطرة السياسية بغية دراستها بإمعان وموضوعية ومن ثم الوقاية منها .

ثالثا :- أساليب إدارة المخاطرة السياسية

Technics of Political Risk Management

يتم تباعا تناول أساليب إدارة المخاطرة السياسية بالنسبة لكل من الشركات متعددة الجنسيات والمصدرين والبنوك (أولا) إدارة المخاطرة السياسية في الشركات متعددة الجنسيات .

يتعين أن تمارس هذه الإدارة نشاطها في حالات عدة هي قبل تنفيذ الاستثمار في الخارج ، وخلال فترة حياة الاستثمار المنفذ في الخارج ، وعندما يحصل طعن في وجود الاستثمار خلال مفاوضات التعويض .

1-   إدارة المخاطرة السياسية قبل تنفيذ الاستثمار

أشار ستوبو (stobaugh) ، في دراسته عام 1969 م عن خطر الاستثمار ، إلى أن الشركات الأمريكية تستند في استثماراتها إلى ثلاثة مفاهيم رئيسية هي قرار التفرغ الثنائي (dichotomy decision) وهو استثمار أو عدم استثمار في الخارج (go-no go approach) ، وتخصيص علاوة مخاطرة ، وتحليل احتمالي للمخاطرة السياسية .

وبغية تجنب أقصى ما يمكن النزاعات المحتملة ، يتعين الاتفاق على النقاط الآتية في العقود :-

(1) شروط الدخول في السوق المحلية لرؤوس الأموال .

(2) الضريبة المطبقة على الشركة .

(3) قانون استيراد المواد الأولية والمنتجات نصف المصنعة وقانون التصدير نحو البلدان الأجنبية .

(4) حقوق تحويلات رؤوس الأموال: فوائد،حصص أرباح،أتعاب (dues or fees).

(5) شروط المساهمة المحلية .

(6) التأمينات والضمانات .

وكذلك يتعين معرفة ما يلي :-

(1) دليل الاستثمارات الأجنبية الذي يوجد في اغلب البلدان النامية . ويتضمن هذا الدليل مجموعة من النصوص القانونية التشريعية التي تتناول شروط عمل الشركات ذات رؤوس الأموال الأجنبية في البلد .

(2) الاتفاقات الثنائية أو اتفاقات حماية الاستثمارات بين بلد المنشأة ألام والبلد المضيف.وتتضمن هذه الاتفاقات بنود مفيدة للمستثمر (ضمانات الدولة

الأجنبية للتعويض في حالة التأميم ، وضمان التحويل ، والجهة المسؤولة عن النزاعات الحاصلة وغيرها) .

2- إدارة المخاطرة السياسية خلال فترة حياة الاستثمار

إذا كانت الشركة تتوقع زيادة حدة المخاطرة فانه يتعين عليها أن تتكيف مع هذه المخاطرة وتدخلها في عملية اتخاذ قرارها :-

(1) تكامل المنتجات المحلية .

(2) زيادة عدد المستخدمين المحليين .

(3) تقييد رؤوس الأموال المستثمرة .

(4) استخدام معدات تندثر جزئيا .

(5) اللجوء إلى الاقتراض المحلي وتحديد أدنى ما يمكن من الحصص في حقوق الملكية (الأموال الممتلكة) .

(6) تطبيق التمويل الذاتي للفرع بدلا من حصة رؤوس الأموال الجديدة للمنشأة ألام .

(7) الاقتراض من مصادر أجنبية مختلفة .

(8) امتلاك مصادر تمويل أخرى بديلة .

(9) تحقيق مشاركة مع شركة محلية .

وتعطي هذه الحلول مرونة للشركة ، لكن يمكن القول أن هذه التكاليف الإضافية تشكل الثمن الواجب دفعه مقابل المخاطرة السياسية . كذلك يمكن لجوء الشركات إلى الضمانات الخارجية من اجل حمايتها . وتوجد تأمينات عامة وخاصة في العديد من البلدان لغرض التأمين ضد هذه المخاطر .

3- إدارة المخاطرة السياسية بعد انتزاع الملكية أو التأميم

تطرح العديد من المشاكل إذا كان هنالك انتزاع ملكية أو تأميم للفرع الأجنبي منها :-

(1) تحديد بدل التعويض .

(2) أشكال دفع هذا التعويض .

(3) المتابعة المحتملة أمام المركز الدولي لتسوية النزاعات المتعلقة بالاستثمارات (international center for investment regalements) ، مؤسسة تأسست في عام 1966 م ، وهي تشكل جزء من مجموعة ألبنك الدولي (International Bank) .

وفيما يلي توضيح بدل التعويض وإجراءات دفعه .

(أ) تحديد بدل التعويض :- إذا لم تسجل الشركة في البورصة (السوق المالية) ، وهي الحالة السائدة بشكل عام ، فانه يتم اللجوء إلى التقديرات على مستوى النظري ، إذ أن قيمة الشركة تعادل قيمة صافي التدفقات النقية المستقبلية المخصوصة . وتواجه عملية تقدير التدفقات النقدية بعض الصعوبات فضلا عن معدل الخصم . لكنه يمكن الاعتماد على التدفقات النقدية الماضية ودراستها مع استخدام معدل خصم اعتيادي كان قد اعتمد من قبل المشروع . أما إذا كانت الشركة مسجلة في البورصة (السوق المالية) فانه يمكن اعتماد مفهومين : تقييم ذو معيار واحد (mono-criterion) يستند حصرا إلى أسعار البورصة (السوق المالية) ، ومعيار متعدد (multi-criterion) . وتشكل الرسملة السوقية قاعدة أساسية للتفاوض .

(ب) إجراءات دفع التعويض وهي أشكال الدفع ، وتاريخ أو تواريخ الاستحقاق ، ومعدلات فائدة مطبقة على مختلف تدفقات التعويض ، وربط محتمل لهذه المعدلات بمعدل تضخم البلد .

إذا كان البدل التعويضي الممنوح من قبل البلد غير كافي فانه من الممكن تحويل الأمر أمام القضاء الوطني أو الدولي أو اللجوء إلى المركز الدولي لتسوية النزاعات المتعلقة بالاستثمارات . وإذا لم يحصل أي تسديد للتعويض أو أن التعويض المسدد يكون بدون مشاركة في الخسارة الحاصلة ، فان الدولة التي تكون الشركة غير المعوضة جزء منها يمكن أن تتخذ بعض الإجراءات العدائية تجاه البلد المضيف القديم . وفي بعض الحالات ، تقوم الشركة المنزوعة الملكية بتقليل خسائرها وذلك عن طريق الاستمرار في تامين بعض الأنشطة مقابل عمولة ، مثل عقد اتفاقات المساعدة الفنية أو عقود بيع إلى الشركة المؤممة لمنتجات نصف مصنعة أو براءات اختراع .

(ثانيا) إدارة المخاطرة السياسية في الشركة المصدرة

يمكن أن تلجا الشركة المصدرة إلى وسائل عديدة داخلية وخارجية بغية التحوط ضد الامتناع عن التسديد .

1- الوسائل الداخلية internal means

يمكن أن تقوم الشركة بما يلي :-

(1) تقليل تعرض الشركة إلى مخاطرة البلد باختيار البلدان التي تصدر إليها .

(2) زيادة هامش على منتجات الشركة المصدرة عند ارتفاع مخاطرة البلد :- إمكانية إضافة علاوة مخاطرة إلى سعر المنتجات تعتمد على حالة المنافسة في البلد .

2- الوسائل الخارجية external means

كذلك يمكن أن تلجا الشركة إلى الضمانات الخارجية لمواجهة المخاطرة المحتملة، أي بتعبير آخر يمكن أن تحول مخاطرة البلد إلى طرف ثالث.فعلى سبيل المثال ، من خلال اللجوء إلى الاعتماد المستندي غير القابل للإلغاء (documentary credit irrevocable) والمصادق عليه، فان الشركة تحول المخاطرة إلى البنك المؤيد للاعتماد مقابل تسديد عمولة التأييد (confirmation) أو المصادقة .

وهنالك أساليب دفع أخرى يمكن أن تستخدم في عملية تحويل المخاطرة إلى أجهزة خاصة مثل بيع الذمم المدينة إلى مؤسسة مالية معينة أو بنك معين أو اللجوء إلى الاتفاق في حالة بيع المعدات والأجهزة .

(ثالثا) إدارة المخاطرة السياسية من قبل البنوك

تستخدم البنوك وسائل عديدة لتخفيض أو إلغاء المخاطرة السياسية ، ومن ابرز هذه الوسائل ما يأتي :-

(1) تحويل المخاطرة السياسية إلى شركة التامين (insurance company) .

(2) إعادة تداول القروض المصرفية ، ويتم ذلك في إطار نادي لندن الذي يجمع الديون المصرفية لبلد معين،وتسمى هذه العملية بإعادة شراء القروض (back buy debt) ، التي تقوم على أساس أن المقترض يقوم بإعادة شراء القرض للاستفادة من الضريبة ، وفي هذه الحالة لا يقوم بدفع الفوائد كما انه يسدد جزء من راس المال المقترض .

(3) تحويل الديون إلى حقوق ملكية debt equity swaps .

إن تحويل الديون إلى حقوق الملكية يمثل بيع دين مصرفي على الدولة إلى أحد المستثمرين الذي يرغب بالاستثمار في البلد المعني . وهذا المستثمر ، الذي يمثل بشكل

عام مجموعة الشركات متعددة الجنسيات ، يشتري دين من البنك مع إعفاء . ومن ثم يجري تسديد هذا الدين من قبل الدولة المقترضة بالعملة النقدية المحلية مع إعفاء ضريبي اقل حدة ويستخدم هذا المبلغ بالعملة النقدية المحلية للاستثمار في البلد . والفائدة بالنسبة للمستثمر تتأتى من الفرق بين الإعفاءات .

(4) تحويل الائتمانات المصرفية إلى السندات   debt for debt swap . جرت عملية تحويل الائتمانات المصرفية إلى سندات في بعض البلدان ومنها المكسيك التي كانت قد حولت فيها هذه الائتمانات لمدة عشرين عام وبمعدل فائدة ذات جدوى . والسندات الصادرة تكون غالبا معززة أو مقترنة بضمانات وتكون اكثر سيولة من الديون المصرفية

.

(5) مبادلات الديون (asset swap) تساعد مبادلات الديون في إعادة بناء محفظة البنك (bank portfolio) . هنالك طرق أخرى كانت قد استخدمت منذ 1989 م مع خطة بريدي (Brady) ، وهي خطة سكرتير الخزينة الأمريكية ، الذي شدد على ضرورة تخفيف قروض البلدان النامية . والبنوك لديها الخيار بين أحد الأمرين الآتيين إما قبول قروض جديدة ، أو إلغاء جزء من القروض القائمة باستبدالها بسندات دولة جديدة تكون فيها مدفوعات الفائدة مضمونة من قبل صندوق النقد الدولي (IMF) . ومنذ التسعينات من القرن العشرين ، فان البنوك كانت أكثر حرصا على التحليل المالي وعلى المخاطرة السياسية للبلدان النامية قبل القدوم على التزامات جديدة .

350

الخلاصة

تنصب تحليلات المخاطرة السياسية في إجراء الدراسات حول تقييم و تقدير قدرة بلدان العالم على الوفاء بالتزاماتها المالية . وتكون هذه الدراسات مفيدة للمصدرين ، الذين يحتاجون إلى بيانات عن فترات الدفع ، وعن احتمالات مبادلة العملات النقدية ، وإجراءات تغطية الواردات ، وإمكانيات الائتمانات قصير الأجل . كذلك يتعين على الشركات متعددة الجنسيات أن تقوم بدراسة وضع البلدان لاتخاذ قرار الاستثمار أو عدم الاستثمار . ويتوجب على هذه الشركات كذلك أن تقوم بتقييم المخاطرة وتقرر ما إذا كان الاستثمار مقبولا أم لا . وتلجا هذه الشركات بشكل عام إلى أجهزة خارجية تصنف البلدان من خلال التحليلات متعددة المعايير . وإذا حكم على المخاطرة بأنها مرتفعة فان المشروع يرفض ، وإذا كانت المخاطرة مقبولة فان إدارة الخطر تتم خلال كل حياة الاستثمار . إن البنوك التي تمنح ائتمانات قصيرة الأجل ، والتي تمول كذلك المشروعات طويلة الأجل ، تكون مرتبطة ارتباطا مباشرا بالمخاطرة السياسية . كذلك تحتاج هذه البنوك إلى مؤشرات للمخاطرة لكل بلد من اجل تقييم مخاطرها الإجمالية . وحتى نهاية الثمانينات لم تظهر من الناحية العملية انتزاعا للملكية لأسباب سياسية . ولذلك أعد الاستثمار المباشر في الخارج أحد أدوات التنمية للاقتصاديات في دول العالم وأصبح حالة مطلوبة من قبل غالبية البلدان. لكن الأزمات المالية الآسيوية عام 1997م وفي روسيا 1998م أظهرت بشكل واضح ضخامة المخاطرة السياسية .

أسئلة الفصل

1- ما هي الأساليب المختلفة لمدخل المخاطرة السياسية ؟

2- هل يوجد ارتباط بين المخاطرة المالية للبلد والمخاطرة السياسية ؟

3- قبل فترة حياة الاستثمار في الخارج ، ما هي الأساليب الممكنة من اجل التحوط ضد المخاطرة السياسية ؟

4- خلال فترة الاستثمار في الخارج ، كيف تتحوط ضد المخاطرة السياسية ؟

5- ما هي العوامل المالية للبلد التي يجب أن تدرس من اجل تقييم مخاطرة البلد ؟

6- اذكر الأخطاء الممكنة في تقييم المخاطرة السياسية . أعط أمثلة .

7- هل تفضل دعوة مستشار خارجي من اجل تقييم المخاطرة السياسية ؟

8- اشرح أسلوب دلفي (Delphi) .

9- هل أن التغيرات المستمرة في الحكومة تشكل مخاطرة سياسية ؟

10- ما هي مآخذ الأساليب الكمية لمدخل المخاطرة السياسية ؟

الباب الثالث

القرارات المالية الدولية

International Financial Decision

بدأت البلدان الصناعية الغنية وخصوصا إنكلترا وفرنسا ، ومنذ القرن التاسع عشر ، بتنفيذ العديد من الاستثمارات في القطاع الأولي (primary sector) (قطاع الزراعة والصيد والغابات) ، وذلك بهدف تامين حصولها على تدفقات حقيقية (مادية) من المواد الأولية المتوفرة في المناطق التي تسيطر عليها خارج حدودها الإقليمية.

واحتلت الولايات المتحدة الأمريكية ، بعد الحرب العالمية الثانية ، مكـان الصـدارة في الاستثمار بالقطاع الأولي وقطاع الصناعات التحويلية . وكانت غالبيـة الاستثمارات المبـاشرة في الخارج حتى السبعينات من القرن العشرين ، تنفـذ مـن قبـل الشركات الأمريكيـة بغيـة تلبية متطلبات نمو أسواق بلدان المجموعة الأوروبية المشتركة . ثم حصل بعد ذلك تباطؤ في الاستثمارات الأمريكيـة في أوروبـا ، بينمـا تتسـارع في الوقت نفسـه الاستثمارات المبـاشرة الأوروبية واليابانية في الخارج . وإن أحد الأسباب التي دفعت الشركات إلى الاقتراب مـن الأسواق العالمية ، هو خشيتها من التشديد على حرية المبادلات الدولية . الأمر الـذي جعـل القطاع الثالث (third sector) أو قطاع التجـارة والخـدمات ينـال القسـم الأكبر مـن عـدد الاستثمارات في الخارج .

هنالك العديد من الاستثمارات المباشرة اتجهت نحو البلدان الآسيوية وبعض بلـدان أوروبا الشرقية . وقد حققت هذه الاستثمارات معدلات نمـو مرتفعـة . ومن ابرز البلـدان الآسيوية التي نفذت فيها الاستثمارات هي هونكونغ وسنغافورة وماليزيا

وتايلاند وإندونيسيا والفليبين وكوريا الجنوبية وغيرها . إما بلـدان شرق أوروبـا فتتمثـل في هنغاريا وجمهورية التشيك وبولونيا وغيرها ...

وبينما كانت الاستثمارات المباشرة تنفذها أساسا شركات البلدان الصناعية الغنية فانه يلاحظ أن هنالك استثمارات أخرى تقوم بهـا شركـات البلـدان الناميـة في السـنوات القليلـة الماضية . فقد تقوم هذه الشركات بالاستثمارات في البلدان النامية الأخرى ، أو قد تقوم بها في البلدان الصناعية مثل تأسيس شركـات ، تابعـة إلى كوريا وتـايوان ، والهنـد ، في بلـدان الاتحاد الأوروبي أو في الولايات المتحدة الأمريكيـة ، تعمـل في قطـاع التكنولوجيـة المتقدمـة لإمتلاك الخبرة والمهارة في المجال التكنولوجي .

يتناول هذا الباب بالتعاقب الفصول الآتية :-
- معايير قرارات الاستثمارات الدولية .
- مصادر تمويل الفروع الأجنبية .
- مصادر تمويل المشروعات الدولية .
- نظرية كلفة راس المال والهيكل المالي .
- القرارات المالية الدولية قصيرة الأجل .

الفصل الثاني عشر

معايير قرارات الاستثمارات الدولية

الفصل الثاني عشر

معايير قرارات الاستثمارات الدولية

standards of International investments decisions

تشمل الاستثمارات في الخارج أشكال متنوعة ومختلفة . فالشركات يمكنها إما اللجوء إلى النمو الداخلي (Internal growth) مـن خـلال تأسـيس فروع وحدات تجميع أو إنتاج داخل البلد أو اللجوء إلى النمو الخارجي (external growth) مـن خـلال العمـل علـى اقتنـاء الشركات الأجنبية بالكامل أو جزء منها . وفي إطار اتخـاذ القرار فانه يتعـين بشكل واسـع تعريف الأسس الاقتصادية والمالية للمشروع وإعداد حساب نتيجـة تقـديري (كشـف دخل تقديري) وميزانية تقديرية فضلاً عن تحليل التدفقات النقدية (cash-flows) .

ولا يمكن أن تنفذ المشروعات الاستثمارية إلا إذا تمكنت الشركة من توقع معدل عائد مقبول مع الأخذ في الحسبان درجـة المخاطرة . ومـن الأفضـل تضمين التـدفقات النقدية (cash-flows) تكاليف التغطية ضد مخاطرة الصرف وضد المخاطرة السياسية .

وتعد عملية اتخاذ قرار الاستثمار بالخارج أكثر تعقيداً من اتخاذ قرار الاستثمار المحلي ، وذلك لأن قـرار الاسـتثمار في الخارج يتضـمن اعتبـارات ثقافيـة واسـتراتيجية واجتماعيـة وغيرها . ومن المؤكد أن قرار الاستثمار في الخارج يجب أن يـدرس كـذلك مـن وجهة نظر استراتيجية ، فبعض الاستثمارات في الخارج لا يتمكن من الحصول على ربحية إلا على المدى الطويل .

يتناول هذا الفصل ثلاثة موضوعات رئيسية :-
أولاً :- التدفقات النقدية للاستثمارات في الخارج .
ثانياً :- معايير اختيار الاستثمارات في الخارج .
ثالثاً :- الأنواع المختلفة للفروع في الخارج .

أولاً :- التدفقات النقدية للاستثمارات في الخارج

cash-flows of foreign investments

يجب فصل التدفقات النقدية للفرع عن التدفقات النقدية للمنشأة ألام وذلك بغية تقييم مشروعات الاستثمار في الخارج . وتضم هذه التدفقات أشكال مختلفة . ومن اجل قياس ربحية الاستثمارات ، من وجهة نظر المنشاة ألام ، يتعين تحديد جملة من العوامل المتمثلة في مصروفات الاستثمار في الخارج ، والتدفقات النقدية قبل الضريبة ، وأثر التوقف المحتمل للأموال ، ومصادر التمويل ، وفترة حياة الاستثمار ، والأثر الضريبي وتأثير معدل الصرف والتضخم الاقتصادي . ويمكن التطرق إلى اغلب هذه العوامل قبل تطبيقها على شكل أمثلة رقمية لتبسيط المنهجية .

(أولاً) تقييم مصروفات الاستثمار في الخارج

valuation of investment expenses

إن تقييم مصروفات الاستثمار في الخارج ليس بالأمر البسيط ويختلف باختلاف نشاطات الفروع وأهدافها .

1- إذا كان هدف الفرع استغلال المواد الأولية فان المنشاة ألام تجهز المواد الأولية، والخبرات والملاكات الفنية في مجال حفر الآبار واستغلال المناجم (براءة اختراع) والآلات والمعدات، والمساعدة التقنية أو الفنية لتدريب العاملين ، واستثمار

احتياجات رأس المال العامل (needs of working capital) ، وتجدر الإشارة إلى أن احتياجات رأس المال العامل تحسب عن طريق الفرق بين الموجودات المتداولة التشغيلية (المخزون والمدينون) والمطلوبات المتداولة التشغيلية (المجهزون والدائنون) .

2- إذا كان هدف الفرع صنع المنتجات فان المنشاة ألام تقوم بما يلي :-

(1) تحويل راس المال ، إما من اجل تكوين فرع وإما من اجل شراء شركة قائمة .

(2) تحويل تكنولوجيا : براءات الاختراع (patents) وعلامات تجارية (brand)

(3) تحويل الأشخاص المؤهلين أو مصروفات تكوين العاملين .

(4) تحويل السلع :- الآت ، معدات ، أجهزة .

ويواجه تقييم جميع هذه العناصر مشاكل مختلفة . فلو نفترض على سبيل المثال أن منشاة أم جلبت إلى الفرع الأجنبي آلات ومعدات كانت قد استخدمتها سابقاً . ففي حسابات الفرع يفضل تقييم هذه المعدات بسعر السوق داخل البلد . إما على مستوى المنشاة ألام فان هذا الأجراء له نتائج مختلفة بحسب التقييم الذي تم بموجبه .

3- إذا كانت القيمة السوقية للاستثمار (market value) أعلى من القيمة المحاسبية الصافية (Net book value) أو القيمة الدفترية (القيمة التاريخية – الاندثار المتراكم) فانه ينتج فائض قيمة (plus-value) يخضع إلى الضريبة . وتتكون قيمة الاستثمار بالنسبة للمنشأة ألام من القيمة المحاسبية للسلع ، والضريبة على فائض القيمة ومصروفات النقل والتأمين .

4- إذا كانت القيمة السوقية للاستثمار أقل من القيمة المحاسبية الصافية (القيمة الدفترية) فانه ينتج نقص (عجز) في القيمة (less-values) . وفي هذه الحالة يمكن أن تلجا المنشاة ألام إلى تقديم المساعدة بغية تنفيذ المشروع .

(ثانياً) تقييم التدفقات النقدية قبل الضريبة لمشروع في الخارج
valuation of cash-flows

يتعين أن يتم تقييم المشروع على مستويين هما مستوى الفرع الأجنبي . ومستوى المنشاة ألام .

1- التقييم على مستوى الفرع الأجنبي

يتم الاحتساب بالعملة النقدية البلد المضيف حتى لو كان الفرع الأجنبي يشكل وحدة مستقلة عن المنشاة ألام . فعلى سبيل المثال الأقساط والفوائد على القروض المسددة إلى المنشاة ألام أعدت كمصروفات بالنسبة للفرع الأجنبي . وتشمل التدفقات النقدية للفرع الأجنبي في الأساس أرباح التشغيل والإندثارات .

2- التقييم على مستوى المنشاة ألام

يجري الاحتساب بالعملة النقدية للمنشاة ألام أو بالعملة النقدية الأساس . ويتعين الأخذ في الحسبان العناصر المباشرة وغير المباشرة في عملية التقييم .

(1)   التدفقات النقدية المباشرة

تتضمن التدفقات النقدية خلال فترة الاستثمار الحصص الربحية المستلمة من الفرع الأجنبي ، والفوائد على القروض . ومدفوعات عن براءات الاختراع ، والتراخيص ، والعلامات التجارية وغيرها . كذلك يتعين الأخذ في الحسبان الأرباح المحتملة التي تنتج عن بيع سلع المنشاة ألام إلى الفرع الأجنبي . وتتكون التدفقات النقدية للمنشاة ألام في نهاية فترة حياة الاستثمار من الاستعادة المحتملة لاحتياجات رأس المال العامل ، القيمة المتبقية للاستثمار .

وإذا كان الاستثمار يمثل استثمار غير مستقل عن الاستثمارات الأخرى للشركة فانه يتعين دراسة الآثار السلبية للاستثمار المباشر وتخفيضها من التدفقات النقدية . و يؤخذ بنظر الاعتبار انخفاض صادرات المنشاة ألام باتجاه البلد المضيف للفرع . وإذا كان الفرع الأجنبي ينتفع من الأموال ذات المعدلات الضعيفة ، أو بالعكس يخضع إلى قيود تحويلات الأموال ، فانه يتعين أخذها في الحسبان عند احتساب التدفقات النقدية .

مثال

تمكن أحد الفروع الأجنبية في العراق من الحصول على قرض من الحكومة العراقية بمبلغ (100) مليون دولار أمريكي لمدة خمس سنوات وبمعدل فائدة (6%) بهدف إنشاء مصنع . وكان المعدل الاعتيادي للسوق المالية هو (10%) . وعليه يمكن القول أن هنالك إعانة غير مباشرة بمبلغ (4000000) دولار [100 مليون دولار أمريكي (10 % - 6 %)] . وهذا التدفق النقدي البالغ (4000000) دولار يجب أن يضاف إلى التدفق النقدي للمشروع .

(2) العناصر غير المباشرة

توجد عناصر أخرى غير مباشرة يصعب تكميمها أو قياسها كمياً ، ولكن في الوقت نفسه يجب أخذها في الحسبان وعدم إهمالها عند التقييم . وتتمثل هذه العناصر في المعرفة التامة للسوق المفضلة ، والعادات والتقاليد الأجنبية التي يمكن أن تكون مفيدة في تنفيذ استثمارات أخرى . إذ أن إنشاء المشروعات الاستثمارية في بعض بلدان جنوب شرقي آسيا تتم على أساس التأقلم مع بعض تقاليد هذا الجزء من العالم قبل القدوم على الاستثمارات المباشرة في بلدان مثل الصين واليابان .

(ثالثاً) اثر الضرائب   effect of taxes

يتم ، في اغلب بلدان العالم ، فرض ضريبة معينة خاصة على الأرباح المتحققة من قبل الشركات المحلية . وبشكل عام فان الضريبة لا تفرض إلا على الأرباح المتحققة في الشركات المشتغلة في البلد المضيف . وحينما تمتلك المنشاة ألام فرع في الخارج فانه يتوقع إجراء ما يأتي :-

(1) يدفع الفرع الضريبة المفروضة على الشركات في البلد المضيف ، حيث المعدل يختلف حسب التشريع الضريبي المطبق في ذلك البلد . فقد تطبق معدلات ضريبية مخفضة أو إعفاء ضريبي (tax exempt) بالنسبة للاستثمارات الأجنبية .

(2) غالباً ما يتوقع كذلك اقتطاع مبلغ معين من الأرباح العائدة للوطن ألام . ويمكن أن تستخدم المعادلة الآتية في احتساب الربح الذي يعود إلى المنشاة ألام (بافتراض أن جميع الأرباح موزعة) :-

$$Bt \ (1-t) \ (1-rs)$$

حيث أن :-

Bt = الربح قبل ضريبة الاستثمار .

t = معدل الضريبة على الشركات في البلد المضيف .

rs = نسبة اقتطاع (احتجاز) من الدخل .

وفي بعض الأحيان تلزم البلدان الشركات التابعة إليها بإعادة استثمار أرباحها خلال فترة معينة في البلد ألام . عندئذ يتعين على المنشاة ألام أن تتقيد بدقة في الأرباح المستلمة فعلا في لحظة عودتها إلى البلد ألام .

(رابعاً) تأثير تغيرات أسعار الصرف والتضخم الاقتصادي
Exchange rates & economic inflation

في حالة تعرض العملة النقدية إلى الانخفاض في البلد الذي يوجد فيه الفرع فان هنالك العديد من المشاكل التي تؤدي إلى ارتفاع أسعار المواد الأولية المستوردة ، وزيادة حدة انعكاسات الظواهر التضخمية (inflationary phenomena) . ومن ابرز هذه الانعكاسات يتمثل في انخفاض التدفقات النقدية التي تترجم بالعملة النقدية المحلية ، ومن ثم بالعملة النقدية للمنشاة ألام . كما ينعكس اثر انخفاض العملة النقدية على دخل المنشاة ألام وسيولتها . وإذا كان الفرع يستورد منتجات بغية بيعها في البلد المضيف ، فان التضخم الاقتصادي سيكون له انعكاس على الإيرادات أكبر من التكاليف . ويمكن أن تقابل آثار التضخم الاقتصادي وتغيرات أسعار الصرف في اتخاذ بعض التدابير اللازمة للحد من هذه الآثار .

(خامساً) اثر التجميد المحتمل للأموال   luck up of capital

يمكن أن يتخذ قرار بتجميد الأموال لبعض الوقت في البلد المضيف للفرع قبل أن تعود أو تحول هذه الأموال إلى المنشاة ألام . ويكون لهذا الإجراء تأثير على ربحية المشروع . وفي هذه الحالة يضطر الفرع إلى إعادة استثمار (reinvestment) هذه الأموال في البلد المضيف لحين تحويلها إلى الوطن ألام .

الجدول (23)

حسابات أولية في تحديد التدفقات النقدية للاستثمار في الخارج

(أ) احتساب التدفقات النقدية الداخلة (cash-inflows)

(1)	الاندثارات			
+				
(2)	الربح بعد الضرائب المحلية	الربح المحول بالعملة النقدية المحلية (تخفيض يتم للاقتطاعات من الدخل)		أرباح محولة بالعملة النقدية الأساس
+				
(3)	أرباح ناتجة عن تصدير آلات (معدات)	مدفوعات أخرى	القيمة المتبقية للاستثمار	استعادة ممكنة لاحتياجات رأس المال العامل

(1)	مصروفات الاستثمار الإجمالية (الاستثمار المبدئي + استثمار في احتياجات راس المال العامل) راس المال المبدئي والمصروفات ذات العلاقة	
+		
(2)	المصروف الضريبي * ضريبة على الأرباح * ضريبة على الإيرادات المالية	خسائر محتملة (انخفاض الصادرات)

ثانياً :- معايير اختيار الاستثمارات في الخارج

investments choice standards

يتم دراسة معايير اختيار الاستثمارات من وجهة نظر المنشاة ألام وذلك بالتحليل المتعاقب للمعايير الآتية :-

فترة الاسترداد ، ومعدل الربحية المحاسبية ، ومعدل العائد الداخلي وصافي القيمة الحالية .

(أولاً) فترة الاسترداد   pay back period

1-   مفهوم معيار فترة الاسترداد

تعرف فترة الاسترداد بأنها الفترة التي يمكن استعادة مبلغ الاستثمار المبدئي (initial investment) في نهايتها . ولا تعترض معيار اتخاذ قرار الاستثمار أية مشكلة أو صعوبة . إذ تقوم الشركة بالاستثمار في الخارج إذا كان زمن استعادة الاستثمار المبدئي أقل من المدة التي حددتها مقدماً الشركة بناء على مخاطرة البلد المضيف .

هنالك دراسة أجريت حديثاً من قبل (wall street) أشارت إلى أن فترة الاسترداد بالنسبة للاستثمار المبدئي في الخارج كان يتراوح من ثلاث إلى أربع سنوات بالنسبة للشركات الأمريكية وخمس سنوات بالنسبة للشركات الأوروبية وأكثر من ست سنوات بالنسبة للشركات اليابانية . والمشكلة تطرح على مستوى التدفقات النقدية أو الأرباح التي تؤخذ بنظر الاعتبار ، إذ أن هذه المبالغ يتعين أن تحسب بالعملة النقدية الأساس التي تمثل عموماً عملة المنشاة ألام .

2- تطبيق معيار فترة الاسترداد

(1) إذا كانت التدفقات النقدية ، المحولة إلى العملة النقدية للمنشاة ألام المتخذة كعملة أساس ، بمبالغ متساوية فأن فترة الاسترداد تحسب كما يلي :-

$$\text{فترة الاسترداد} = \frac{\text{مجموع الاستثمار المبدئي}}{\text{التدفق النقدي السنوي}}$$

(2) إذا كانت التدفقات النقدية متغيرة من سنة لأخرى فانه يتم حساب التدفقات النقدية المتراكمة لغرض تحديد فترة الاسترداد .

مثال

تعتزم الشركة العربية في الأردن القيام بتنفيذ مشروعين استثماريين أ ، ب المنفصلين عن بعضهما وفيما يلي قائمة بمستحقات المصروفات والإيرادات .

الجدول (24)

خواص الاستثمارات أ ، ب

(مقاسه بعملة المنشاة ألام) (المبالغ بالآلاف)

	المشروع (أ)	المشروع (ب)
الاستثمار المبدئي	5000	5000
التدفق النقدي :-		
السنة (1)	2000	1500
السنة (2)	2000	1500
السنة (3)	2000	1500
السنة (4)	2000	6000

وقد حددت المنشاة ثلاث سنوات كحد أقصى لاستعادة راس المال المستثمر . كما لا توجد قيمة متبقية للاستثمار . كيف يتم احتساب فترة الاسترداد ؟

الحل

- فترة الاسترداد

$$\text{المشروع (أ)} = \frac{5000}{2000} = 2.5 \text{ سنة}$$

$$\text{المشروع (ب)} = 3 \text{ سنة} + \frac{500}{6000}$$

= 3 سنوات + شهر واحد

وتجدر الإشارة إلى أنه تم احتساب المبلغ المتبقي من المبلغ المبدئي والبالغ (500) ألف دينار في السنة الرابعة كما يلي :- 5000 - (1500 + 1500 +1500) . وبناءاً على المعطيات السابقة تم اختيار المشروع (أ) وذلك لأن مدة الاسترداد فيه أقل من ثلاثة سنوات وعليه فهو أقل مخاطرة .

3- تقييم معايير فترة الاسترداد

(أ) الانتقادات :- تنحصر في شقين هما :-

(1) يهمل معيار فترة الاسترداد التدفقات النقدية التي تقع بعد فترة الاسترداد ، مما يجعل هذا المعيار لصالح المشروعات الصغيرة دون المشروعات الكبيرة وذلك لأنه يتم اختيار المشروعات الاستثمارية على أساس الترتيب المتصاعد لفترات الاسترداد .

(2) لا يأخذ معيار فترة الاسترداد بنظر الاعتبار امتداد قيمة الإيرادات على فترات زمنية مستقبلية وبهدف معالجة هذا العيب فانه يمكن استبداله بمعيار يأخذ في الحسبان القيمة الزمنية للإيرادات أي خصم التدفقات النقدية أو الأرباح خلال المدة القادمة .

وعليه تحسب فترة الاسترداد (D) على أساس خصم التدفقات النقدية تبعا للمعادلة الآتية ، أي بعبارة أخرى يتم خصم التدفقات النقدية السنوية على مدى فترة حياة الاستثمار ثم يتم بعد ذلك اتباع نفس المعيار التقليدي السابق في احتساب فترة الاسترداد .

$$\sum_{t=0}^{D} \frac{CF_t}{(1+i)^t} = 0$$

حيث أن :-

CFO = الاستثمار المبدئي

CF_t = التدفق النقدي للاستثمار في الزمن (t) .

(ب) المزايا

يستخدم معيار فترة الاسترداد بشكل واسع في قرارات الاستثمار في الخارج ، على الرغم من الانتقادات الموجهة أليه آنفاً ، وذلك لأسباب ثلاثة رئيسية هي :-

(1) يمتاز معيار فترة الاسترداد بالبساطة .

(2) يضم معيار فترة الاسترداد ضمنياً عدم التأكد المستقبلي (uncertainly future)،وذلك لأن هذا المعيار يفضل تغيير المشروع الذي يساعد على

استعادة سريعة للاستثمار المبدئي . فالمشاريع التي فيها مدة الاسترداد سريعة يـنعكس أثر ذلك إيجابياً على أرباح السهم الواحد في الأجل القصير .

(3) يكون معيار فترة الاسترداد أكـثر قبـولاً حيـنما تكون الشركة بحاجـة إلى اسـتخدامات أو احتياجات نقدية (finances needs) .

(ثانياً) الربحية المحاسبية   accounting profitability average

1-   مفهوم معيار معدل الربحية المحاسبية

هنالك العديد من معدلات الربحية المحاسبية يمكن أن تحتسب بالنسبة للاستثمار في الخارج . فالشركة تتبنى المشروعات الاستثمارية التي يكون فيها معـدل الربحيـة أعـلى مـن المعدل الأدنى المحدد مقدما من قبلها . ويحتسب هذا المعدل تبعا للمعادلة الآتية :-

$$\text{معدل الربحية المحاسبية} = \frac{\text{التدفق النقدي السنوي}}{\text{الاستثمار المبدئي}} \times 100 = \dots \%$$

بالنسبة للمشروع (أ) في المثال السابق يحتسب معدل الربحية المحاسبية كما يلي :-

$$\frac{2000}{5000} \times 100 = 40 \%$$

وعندما تكون التدفقات النقدية السنوية غير متساوية أي تتغير من سنة لأخرى فان معدل الربحية يتغير كل سنة ويصبح غير مفيد من الناحية العملية وذلك لصعوبة اعتماده كأساس للتقييم والمقارنة .

2- تقييم معيار معدل الربحية المحاسبية

(1) لا يستخدم هذا المعيار عندما تختلف التدفقات السنوية من سنة لأخرى خلال مدة حياة المشروع الاستثماري .

(2) لا يأخذ هذا المعيار بنظر الاعتبار امتداد قيمة الإيرادات على مدار الزمن في المستقبل ، ولذلك لا يمكن اعتماده بالنسبة للاستثمارات المتحققة في البلدان التي تشكو من معدلات تضخم اقتصادي مرتفعة .

(3) يواجه هذا المعيار مشكلة معرفة المعدل الأدنى الممكن اعتماده . وفي الحياة العملية يستخدم عادة معدل عائد يرتبط بالمخاطرة .

(ثالثاً) معدل العائد الداخلي   Internal Return Rate (IRR)

1-   مفهوم معيار معدل العائد الداخلي

بموجب هذا المعيار يكون المشروع الاستثماري مفيدا إذا كان معدل عائده الداخلي أعلى من معدل عائد محدد مسبقاً أو أعلى من كلفة رأس المال (cost of capital) . يتم ترتيب المشروعات تبعاً لتناقص معدل العائد الداخلي ، ويجري ترتيب الاستثمارات حسب أسبقيتها التي تستند إلى معدل العائد الداخلي المرتفع . ويوجد أكثر من أسلوب يستخدم في عملية احتساب معدل العائد الداخلي :-

(1) إذا لم يكن هنالك خطر والاستثمار يدعو للاستمرار فان معدل العائد الداخلي(r) هو ذلك المعدل الذي تتعادل فيه مجموع التدفقات النقدية الحالية (المخصومة) مع مبلغ الاستثمار المبدئي (I) .

$$\sum_{t=1}^{N} \frac{CFt}{(1+r)^t} = I$$

ففي حالة أخذ الاستثمارين أ ، ب في المثال السابق (الجدول 24) فان معدل العائـد الداخلي يحسب كما يلي :-

بالنسبة للمشروع (أ) :-

$$\sum_{t=1}^{4} \frac{2000}{(1+r)^t} = I$$

أو

$$\sum_{t=1}^{4} \frac{1}{(1+r)^t} = \frac{5000}{2000} = 2.5$$

وبالاستعانة في قائمة جدول القيمة الحالية في الملحق (7) ، نلاحظ أن معدل العائد الداخلي يكون أعلى من 20 % . وفي حساب بسيط للتداخل الخطي (simple linear interpolation) يمكن التوصل إلى معدل العائد الداخلي بنسبة (21.9%) أي (r = 21.9 %)

بالنسبة للمشروع (ب)

$$\frac{1500}{(1+r)^1} + \frac{1500}{(1+r)^2} + \frac{1500}{(1+r)^3} + \frac{6000}{(1+r)^4} = 5000$$

يمكن احتساب معدل العائد الداخلي بالطريقة ذاتها ومن ثم يمكن الوصـول إلى نسـبة (28.35%) أي (r = 28.3%) .

فإذا كانت كلفة رأس مال أو معدل الخصم (discount rate) المستخدم من قبل مجموعة الشركات على المثال هو (15 %) ، فان كلاً من الاستثمارين يمكن أن يكون مقبول وحسب الأفضلية .

(2) في حالة وجود مخاطرة في البلد المضيف فان المنشاة تحدد بشكل عام معدل عائد داخلي أدنى على ضوء الخطر المحدق . وتتم مقارنة معدل العائد الداخلي لكل مشروع استثماري بهذا المعدل الداخلي الأدنى . كذلك في حالة أخذ المشروعين الاستثماريين (أ ، ب) السابقين ، فأن الشركة إذا حددت على سبيل المثال معدل عائد داخلي أدنى بنسبة (25 %) فان الاستثمار (ب) وحده هو الذي يؤخذ في هذا البلد .

2- تقييم معيار معدل العائد الداخلي

(1) تعترض سبيل تطبيق معيار العائد الداخلي مشكلتان رئيسيتان هما :- إلى صعوبة تحديد فترة حياة المشروع الاستثماري المعروض ، وذلك لان تحديد فترة حياة الاستثمار يعتمد ، بالإضافة إلى المشاكل الفنية ، على سلوكية الإدارة تجاه المخاطرة وعلى تصرف الحكومات المضيفة تجاه الاستثمارات الأجنبية .

2-   صعوبة تحديد معدل العائد الداخلي الأدنى المقبول من قبل الشركة .

(رابعاً) صافي القيمة الحالية   Net Present Value   (NPV)

1-   مفهوم صافي القيمة الحالية

يتمثل صافي القيمة الحالية في الفرق بين مجموع التدفقات النقدية الحالية
(المخصومة) الناجمة عن استثمار معين ومبلغ الاستثمار المبدئي (I) .

$$NPV = -1 + \sum_{t=1}^{N} \frac{CFt}{(1+r)^t}$$

حيث أن (r) يمثل كلفة رأس المال للمنشأ التي يفترض أن تكون معروفة . وعلى
افتراض أن مصروفات الاستثمار في المثال السابق قد تمت جميعها في السنة الأولى فأنه يمكن
احتساب صافي القيمة الحالية وفقاً للحالات الآتية:-

(1) في بلد مضيف اقل مخاطرة ، إذا كان معدل الخصم المطبق من قبل المنشأة في
مشروعين استثماريين (أ ،ب) في الخارج يعادل 15 % فان صافي القيمة الحالية بالنسبة
للمشروع الاستثماري (أ) يحسب كما يلي :-

$$NPV_A = -500 + \sum_{t=1}^{4} \frac{2000}{(1.15)^t}$$

$$= +709.5$$

وبذلك يكون صافي القيمة الحالية للمشروع الاستثماري (أ) موجباً بمبلغ
(709.5) ، مما يعني قبول هذاالاستثمار .

أما بالنسبة للمشروع الاستثماري (ب) فيحتسب صافي القيمة الحالية كما يلي :-

$$NPV_B = -5000 + \frac{1500}{(1.15)} + \frac{1500}{(1.15)^2} + \frac{1500}{(1.15)^3} + \frac{6000}{(1.15)^4}$$

$$= +1855$$

373

وبـذلك يكـون صـافي القيمـة الحاليـة للمشـروع الاسـتثماري (ب) موجبـاً بمبلـغ
(1855) ، ولذلك يمكن قبولهذا الاستثمار .

(3)   إذا كان البلد المضيف في حالة مخاطرة ، فان احتساب صافي القيمة الحالية يتم
باستخدام كلفة رأس المال أو معدل خصم مرتفع . ففي حالـة اسـتخدام ، علـى
سبيل المثال ، معدل (25%)

فان صافي القيمة الحالية بالنسبة للمشروع الاستثماري (أ) يحتسب من جديد كما يلي :-

$$NPV_A = -5000 + \sum_{t=1}^{4} \frac{2000}{(1+0.25)^t}$$

$$= -275$$

وبذلك يكون صافي القيمة الحالية للمشروع الاسـتثماري (أ) سـالبا ، ولـذلك يـرفض
هذا الاستثمار ولا يمكن قبولـه . أمـا بالنسـبة للمشـروع الاسـتثماري (ب) فيحتسـب صـافي
القيمة الحالية كما يلي :-

$$NPV_B = -5000 + \frac{1500}{(1+0.25)} + \frac{1500}{(1+0.25)^2} + \frac{1500}{(1+0.25)^3} + \frac{6000}{(1+0.25)^4}$$

$$NPV_B = +385.6$$

ظهر أن صافي القيمة الحالية للمشروع الاسـتثماري (ب) موجبـاً بمبلـغ (386.6)،وبنـاءاً
علـى ذلك فانه يمكن قبول هذا الاستثمار وتنفيذه.وعندما تنفذ الشركة استثمار طويل الأجـل
في بلد ما ، فانه من الممكن تقديـر التـدفقات النقديـة للاستثمار خـلال مـدة طويلـة . وفي
الحياة العملية ، وبعد مرور فترة زمنية معينة على

الاستثمار ، فأن التدفقات النقدية يمكن أن تكون ثابتة حتى نهاية فترة حياة الاستثمار . ففي هذه الحالة يجري عندئذ رسملة التدفقات النقدية ابتداء من التاريخ الذي اعتبرت فيه التدفقات النقدية ثابتة .

مثال

يحتاج أحد المشروعات الاستثمارية إلى راس مال مبدئي بمبلغ (500) مليون دينار عراقي ويتوقع أن تكون التدفقات النقدية كما في الجدول (25) الآتي :-

(الجدول 25)

التدفقات النقدية (ملايين الدنانير)

السنة (4) وما بعدها	السنة (3)	السنة (2)	السنة (1)	
100	75	30	25	التدفقات النقدية

وبافتراض أن معدل القيمة الحالية (معدل الخصم) بنسبة 12 % ، فان صافي القيمة يحسب كما يلي :-

$$NPV = -500 + \frac{25}{(1.12)^1} + \frac{30}{(1.12)^2} + \frac{75}{(1.12)^3} + \frac{100}{(1.12)^4} + \frac{100/0.12}{(1.12)^4}$$

$$= -500 + 692.771$$

$$= +192.7$$

ظهر أن صافي القيمة الحالية موجباً بمبلغ (192.7) وبذلك يمكن تنفيذ هذا المشروع الاستثماري .

2- تقييم معيار صافي القيمة الحالية

يطرح احتساب صافي القيمة الحالية بعض المشاكل هي :-

(1) تتكون التدفقات النقدية ، كما أشرنا سابقاً ، من عناصر متنوعة يمكن أن تتأثر بعوامل مخاطرة متنوعة ، لذلك فان احتمال التنفيذ يتغير بشكل كبير.وعليه فان بعض المؤلفين يذهب بعيداً بحيث يوصي باستعمال معدلات قيمة حالية (معدلات خصم) متعددة بالنسبة إلى عناصر التدفق النقدي المختلفة (صافي الربح ، وفورات ضريبية) .

(2) يمكن أن تختلف كلفة رأس المال ، أو معامل القيمة الحالية المطبق في المشروعات الاستثمارية ، عن كلفة رأس المال للمنشأة ألام ، وكما سنراه لاحقاً .

3- القيمة المتبقية لتغطية التعادل   residual value break-even

تؤثر القيمة المتبقية من المشروع الاستثماري بشكل كبير على صافي قيمته الحالية . وبالنظر إلى صعوبة تقدير فترة حياة المشروعات الاستثمارية في الخارج ، فانه غالباً ما يتم احتساب القيمة المتبقية لتغطية التعادل . والقيمة المتبقية لتغطية تعادل (RVN) مشروع استثماري معين هي القيمة المتبقية التي تلغي معيار صافي القيمة الحالية . وعليه يمكن التعبير عن ذلك بما يلي :-

$$0 = -1 + \sum_{t=1}^{N} \frac{CFt}{(1+r)^t} + \frac{RVN}{(1+r)^N}$$

حيث أن :-

$$RVN = \left(1 - \sum_{t=1}^{N} \frac{CFt}{(1+r)^t}\right)(1+r)^N$$

376

مثال

مشروع استثماري بمبلغ (500) مليون دينار عراقي يحقق ، خلال السنوات الأربعة الأولى ، تدفقات نقدية بمبلغ (100) مليون دينار عراقي . وان معدل الخصم هو (12%) . القيمة المتبقية لتغطية التعادل ، في نهاية السنة الرابعة ، تحتسب (بالمليون دينار عراقي) كما يلي :-

$$RV_4 = \left[500 - \sum_{t=1}^{4} \frac{100}{(1+0.12)^t} (1+0.12)^4 \right]$$
$$RV_4 = 308.85$$

في حالة تقدير القيمة المتبقية للاستثمار في أربع سنوات بأعلى من مبلغ (308.85) مليون دينار عراقي فانه يمكن تنفيذ المشروع الاستثماري . إما إذا قدرت القيمة المتبقية للاستثمار بأقل من مبلغ (308.85) مليون دينار فانه يرفض المشروع الاستثماري . وإذا وجد أن صافي القيمة المتبقية لتغطية التعادل سالباً فان ذلك يعني أن تغطية نقطة تعادل المشروع الاستثماري كانت قد تمت قبل السنة (N) .

(خامسا) العوامل الأخرى المؤثرة في اختيار الاستثمارات

مثلما هو الحال بالنسبة للاستثمارات المحلية فان الاستثمارات في الخارج لا يمكن أن تكون منعزلة عن بقية نشاطات الشركة . إذ أن هذه الاستثمارات تساهم كذلك في نمو الشركة وتؤثر في قيمتها ودرجة مخاطرتها .

377

1- استثمارات في الخارج والمساهمة في ربح السهم الواحد

يمكن أن تكون قيمة الشركة ، أو مجموعة الشركات متعددة الجنسيات ، معادلـة إلى القيمة الحالية للتدفقات النقدية المستقبلية المنتظرة للاستثمارات المحلية والأجنبية . ففي الحياة العملية ، لا يمتلك المستثمرون بيانات كافية لغرض التقييم المناسب للشركات التي لديها فروع في الخارج . ففي الواقع أن مخاطر الاستثمارات لا يمكن معرفتها بسهولة ، لذلك يتعين الاهتمام بشكل خاص في الربح . إن بعض معايير اختيار الاستثمارات تقدمت باتجاه تحسين ربح السهم الواحد ، في الأجل القصير (طريقة مدة الاسترداد) .

2- استثمارات في الخارج ومخاطرة الشركة

لقد طبقت نظرية المحفظة (portfolio theory) في غالبية الشركات ، وتم الاستناد إلى قاعدة مفادها أن مخاطرة الاستثمار المنفرد أو المنفصل تختلف عن مخاطرة هذا الاستثمار المنفذ في مجموعة أخرى من الاستثمارات . لقد أشار العديد من المؤلفين إلى أن أسعار الأسهم تكون تقريباً مستقلة في البورصات (الأسواق المالية) الأجنبية المختلفة . وعليه فان المحافظ المتنوعة (diversification portfolios) تساهم في تخفيض المخاطرة على المستوى الدولي . وفي إطار تقييم مشروع استثمار ي في الخارج فأنه بإمكان التنويع الدولي أن يؤدي كذلك إلى تخفيض المخاطرة الكلية للشركة .

3- دراسة الربحية والمحاكاة   profitability & simulation

تعتبر البيئة الدولية بيئة متغيرة وان ربحية الاستثمار الدولي تعتمد على أهمية تنسيق قيم (values combinations) مختلف المتغيرات . لذلك لابد من إجراء التنسيقات المتعددة لقيم مختلف المتغيرات . وقد اقترح هيرتز (D.Hertz) طريقة

تجريبية (empirical method) بالنسبة للاستثمارات المحلية . ولقد استخدم العديد من المتغيرات الحديثة الداخلة في تركيبة وخواص الاستثمار وهي حجم السوق، وسعر المنتجات ، ومعدل نمو السوق ، وحصة السوق ، ومبلغ الاستثمار ، والقيمة المتبقية ، وتكاليف التشغيل ، والتكاليف الثابتة وفترة حياة الاستثمار . وتتضمن طريقة المحاكاة خطوات متعددة هي :-

(1) تقدير توزيع الاحتمالات (probability distribution) بالنسبة لكل متغير.

(2) الاختيار الجزافي (random selection) لتنسيق القيم بالنسبة لكل متغير من المتغيرات واحتساب معدل الربحية لهذا التنسيق .

(3) تكرار هذه العملية للحصول على منحنى توزيع معدلات الربحية الممكنة .

وهذا يساعد على معرفة معدل العائد المتوقع (expected return) ودرجة المخاطرة . وتبدو هذه الطريقة مفيدة للتطبيق في الاستثمارات الدولية في حالة إضافة متغيرات أخرى مثل سعر الصرف ، ومعدلات التضخم في البلدان الأجنبية وإمكانية عودة الأرباح إلى الوطن ألام .

4- دراسة الحساسية والمحاكاة   sensibility & simulation

يبين تحليل الحساسية (sensibility analyze) مدى تأثير تغير عامل معين من العوامل المؤثرة في صافي القيمة الحالية أو معدل العائد الداخلي .

مثال

يطرح أمام منشأة شيفروليت (Chevrolet) الأمريكية للسيارات المفاضلة بين الاحتمالين الآتيين :-

● الاستمرار السنوي بتصدير (200000) وحـدة مـن منـتج معـين بسـعر (80) دولار أمـريكي للوحدة الواحدة . وتبلغ التكاليف المتغيرة مبلغا قدره (45) دولار للوحدة الواحدة .

● إنشاء وحدة تصنيع بمقدار (500000) وحدة في العراق .

وتبلغ كلفة هذا الاستثمار مبلغا قدره (80000000) دولار وتقـدر فـترة حياتـه بخمـس سنوات . ويطبق العراق نظام ضريبي خاص وبالمقابل تبيع المنشأة المنتج بمبلـغ (70) دولار بدلا من (80) دولار.والتكاليف المتغيرة للوحدة الواحدة تصل إلى (15) دولار . وتبيع المنشأة ألام المنتجات نصف المصنعة مـن اجـل تصـنيع المنتـج بمبلـغ (5) دولار للوحدة الواحدة . إضافة إلى أن المنشأة ألام تسـتلم (7) دولار للوحدة الواحدة المنتجـة بغيـة المسـاهمة في المصروفات غير المباشرة . وان معـدل الضريبة المفروضـة هـو (33.3 %) ومعدل كلفـة رأس المال هو (12%) .

(1)   ماذا يجب على المنشأة عمله ؟ بافتراض عدم تغيير معدل الصرف بـين البلـدين وان جميع الأرباح تعود إلى الوطن ألام .

(2) توجد منشأة أخرى منافسة لمنشأة شيفروليت (Chevrolet) تتطلع للاستثمار في العراق . في هذه الحالة ، ماذا يتعين على منشـأة شـوفرليت أن تفعل إذا لم تـتمكن مـن مواصلة صادراتها ؟

(أ) التدفق النقدي المتولد من المشروع (بالدولار الأمريكي : الإيرادات 500000 × 70 دولار (-) التكاليف المتغيرة 500000 × 20 دولار (15 + 5)	 35000000 10000000 (-)
= ربح التشغيل السنوي (-) الاندثار السنوي (80000000 دولار ÷ 5 سنة)	25000000 16000000 (-)
= الربح قبل الضريبة (-) الضريبة (33.33 %)	9000000 2999700 (-)
= الربح بعد الضريبة + الاندثار	6000300 16000000 (+)
= التدفق النقدي + الربح بعد الضريبة للمنتجات المباعة من قبل المنشأة ألام : (500000 × 7 دولار) (1 - 0.3333)	22000300 2333450 (+)
(1) صافي التدفق النقدي	24333750
(ب) ناقص التدفق النقدي المتولد من المشروع (بالدولار) الإيراد السنوي المحصل من صادرات سابقة (200000 × 80 دولار) (-) تكاليف متغيرة سنوية (200000 × 45 دولار) = ربح التشغيل (-) الضريبة (33.33 %)	 16000000 9000000 (-) 7000000 2333100 (-)
(2) = الربح بعد الضريبة	4666900
(3) التدفق النقدي السنوي = (1) - (2) 24333750 دولار - 4666900 دولار = 19666850 دولار	 19666850

بعد استخراج التدفق النقدي السنوي البالغ (19666850) دولار ، والذي يتحقق خلال خمس سنوات ، يمكن التوصل إلى احتساب معدل العائد الداخلي من خلال توفر مبلغ الاستثمار المبدئي البالغ (80000000) دولار ، وكما يلي :-

$$80000000 = \sum_{t=1}^{5} \frac{19666850}{(1+r)^t}$$

$$(1+r)^t = 4.0677$$

وبالاستعانة بجداول القيمة الحالية (الملحق 7) يمكن الحصول معدل العائد الداخلي بنسبة (%7.30) أي (r = 7.30 %) .

إذا كان معدل الخصم المستخدم من قبل الشركة يعادل (%10) فانه يتعين عليها أن ترفض المشروع الاستثماري . وإذا كان هنالك منافس يتحمل مخاطرة بدلا من منشأة شوفرليت في العراق فان المشروع الاستثماري في هذه الحالة تختلف دراسته. فالتدفقات النقدية الممكن الحصول عليها في هذه الحالة تصبح (24333750) دولار خلال خمس سنوات بدلا من مبلغ (19666850) دولار وذلك لان منشأة شوفرليت لن تتمكن من التصدير . وعليه فأن معدل العائد الداخلي المتوقع يصبح كما يلي :-

$$80000000 = \sum_{t=1}^{5} \frac{24333750}{(1+r)^t}$$

$$80000000 = \sum_{t=1}^{5} \frac{1}{(1+r)^t}$$

$$3.288 = \sum_{t=1}^{5} \frac{1}{(1+r)^t}$$

وبالاستعانة بجداول القيمة الحالية في الملحق (7) يتم الحصول على معدل العائد الداخلي بنسبة (%15.8) أي (r = %15.8) .

وباختصار يتضح أن الاستثمار يمكن أن يحصل على ربحية مختلفة بشكل كبير حسبما يدرس فقط من وجهة نظر المنشاة ألام أو الفرع الأجنبي . وهذه الاختلافات تنشأ من تـأثير عوامل عدة منها الأثر الضريبي ، وتغيير قيمة العملة النقدية الأجنبية ، والتجميـد المحتمـل للأموال ، ووجوب إعادة الاستثمار في البلد المضيف .

ثالثاً :- الأنواع المختلفة للفروع في الخارج

other branches

هنالك أربعة أنواع من الفروع يتعين التفرقة بينها هي :-
- الفروع التجارية (التسويقية) .
- فروع الإنتاج أو التصنيع .
- الفروع المالية .
- فروع الخدمات .

1- الفروع التجارية   commercial branches

تمثل غالبا الفروع التجارية الخطوة الأولى للاستثمار في الخارج . وتشمل هذه الفروع فروع البيع التي تلعب دورا مهما في تصدير المنتجات المصنعة من قبل مركز رئيسي ـ وتؤمن غالباً المساعدة الفنية . وتمنح المنشاة بشكل عام امتيازها في عقود توزيع استثنائية بالنسبـة لمنتجاتها ، وان تأسيس فرع تجاري في البلد يساعد بشكل أفضل في معرفة المنتجات الملائمـة للرغبات والمتطلبات المحلية . والشكل الشائع هو أن المنشأة تنشأ فرع بالاشتراك مع الموزع المحلي (شركة تسويق محلية) وذلك بهـدف دعـم وتقويـة مركزهـا التجاري داخـل البلـد المضيف .

2- فروع الإنتاج   production branches

تمثل فروع الإنتاج الشركات الصناعية التي تعتمد بشكل محدود على المنشاة ألام مثل براءات الاختراع ، والعلامات التجارية ، مشتريات منتجات نصف مصنعة ، والتكنولوجيا . وتختلف درجة التصنيع في الفرع تبعاً لاختلاف البلدان واختلاف طبيعة النشاط . و تبدأ عموما المنشاة ألام بتأسيس معمل تركيب أو تجميع (سيارات) قبل إنشاء معمل تصنيع بعض قطع الغيار . وتخرج الاستثمارات الكبيرة من إطارها المحلي في نهاية العملية وذلك لارتفاع المخاطر .

إن فروع الإنتاج يمكن أن تنتج للسوق المحلية (أسمنت ، ألبان) أو للتصدير (معامل نسيج) . وقد تتحول بعض الفروع التجارية إلى فروع إنتاج حينما تتطور السوق أو تكون إجازات الاستيراد محدودة (صناعة يابانية في العراق) . وان اقتناء الشركات القائمة يتطلب بعض الإمكانات المالية لغرض دفع ثمن الاقتناء ، لكنه يشكل وسيلة سريعة للاستثمار والدخول في السوق وللاستفادة من شبكات التوزيع (التسويق) .

3- الفروع المالية   financial branches

تمثل الفروع المالية حلقة وسيطة بين المنشاة ألام والفروع الأجنبية ، يطلق عليها تسمية المنشآت القابضة (holdings) أو المؤسسات المالية (associations financial) . ويمكن التمييز بين أصناف متعددة هي :-

(1) منشآت تدير المساهمات المحتفظ بها في الفروع لنفس البلد ، أو لنفس المنطقة الجغرافية .

(2) منشآت براءات الاختراع التي تمتلك براءات الاختراع والإجراءات والعلامات التجارية والتي تستلم مبالغ مقابل استعمال هذه البراءات والعلامات التجارية .

(3) منشآت التمويل التي تخدم محـور رئيسي ـ (pivot) عنـد الإصـدارات في السـوق الماليـة الدولية .

وتستخدم أحياناً هذه المنشآت القابضة (holdings) في إدارة النقدية الدولية . وتقع هذه المنشآت في البلدان التي ليس فيها قيـود عـلى المبـادلات وأسـعار الصـرف وفيها نظم ضريبية متساهلة مثل سويسرا ، هون كونغ ، بنما ، بهاماز وغيرها ... وتمتاز هـذه المنشـآت بمزايا عديـدة مـن أبرزها الاستقلالية شـبه التامـة ، والمرونـة الماليـة الكبـيرة فيما يتعلـق بتحويلات الدخول أو الموجودات من بلد لآخر وتخفيض الخطر السياسي .

4- فروع الخدمات   services branches

تلعب فروع الخـدمات دوراً مهـماً في عقـود المسـاعدة الفنيـة وهندسـة المعلومـات والمهارات والتدريب والتأهيل ، وتقوم هذه الفروع بإدارة العقود في الخارج .

الخلاصة

تتمثل الاستثمارات الخارجية في نوعين من العمليات . النوع الأول يتمثل في عمليات محددة وذات مدة قصيرة نسبياً مثل تنقيب النفط واستغلال منجم حديد وفوسفات . والنوع الثاني يتمثل في استثمارات ذات أمد طويل مثل إنشاء معامل وتكوين الفروع . ومهما يكن شكل تنفيذ الاستثمارات فان التدفقات النقدية التي تعود إلى المنشأة ألام تختلف بشكل ملحوظ عن التدفقات النقدية المتحصلة في البلد المضيف . وان معدل العائد الداخلي يمكن أن يكون مقبولاً فقط من وجهة نظر الفرع الأجنبي ، لكنه يمكن أن يكون غير مقبول عند تقييمه على مستوى مجموعة الشركات متعددة الجنسيات .

في الواقع أن معدلات التضخم الاقتصادي للبلدان تختلف من بلد لآخر ولا تسير بالاتجاه نفسه وهي تخضع لمتغيرات عدة تبعاً لظروف كل بلد على حدة ، كما أن أسعار الصرف تتغير بسرعة . وأخيراً فان المخاطر السياسية يمكن أن تؤثر سلباً على مصالح المشروعات الاستثمارية إذا كان هنالك تجميد للأموال وقيود على تحويلات الأرباح والحصص ، كما أنها تقلل فترة حياة المشروعات الاستثمارية . وإن جميع هذه الأسباب يدفع غالباً المنشآت أو الشركات إلى تبني معايير اختيار الاستثمارات في الخارج على أساس اعتبارات استراتيجية وفنية وغيرها ...

أسئلة الفصل

1- ما هي العناصر المختلفة والمتنوعة اللازمة للدراسة قبل اتخاذ أي قرار للاستثمار في الخارج ؟

2- ما هي الأسباب التي تدفع الشركات للاستثمارات في الخارج ؟

3- هل تعتقد أن الشركة المتنوعة جغرافيا تكون اقل مخاطرة من شركة اقل تنوعاً ؟

4- متى يتم التوقف عن الاستمرار في دراسة قرار الاستثمار في الخارج ؟ وضح ذلك .

5- ما هي الدوافع التي تدفع بعض البلدان لجذب الاستثمارات الأجنبية ؟

6- هل تتأثر نتائج الاستثمارات المباشرة في الخارج بالاقتصاد المحلي ؟

7- ما هو تأثير انخفاض العملة النقدية المحلية للبلد ، الذي يؤسس فيه فرع أجنبي ، على نتائج مجموعة الشركات متعددة الجنسيات ؟

8- اذكر المعايير المختلفة لاختيار الاستثمار ، مزاياها وعيوبها .

9- تدرس إحدى المنشآت في أحد البلدان الأجنبية مشروعين استثماريين منفصلين عن بعضهما وكانت التدفقات النقدية المتوقعة كما يلي :-

	المشروع (أ)	المشروع (ب)
مبلغ الاستثمار المبدئي	5000	5000
التدفق النقدي للسنة (1)	1000	1850
التدفق النقدي للسنة (2)	1500	1850
التدفق النقدي للسنة (3)	2000	1850
التدفق النقدي للسنة (4)	4000	1850

فإذا علمت أن معدل الخصم هو (12%) .

المطلوب :-

(1) إذا لم يكن البلد خطراً سياسياً ، فما هو المشروع الاستثماري المفضل ؟

(2) إذا كان البلد خطراً سياسياً ، فما هو المشروع الاستثماري المفضل ؟ وضح ذلك .

10- هل يمكن دراسة مشروع استثماري في الخارج معتمداً على مشروعات استثمارية أخرى لمجموعة الشركات متعددة الجنسيات ؟

11- استثمرت إحدى الشركات الأردنية مبلغ (50) مليون دينار أردني (JOD) في مشروع استثماري بالعراق . وكانت التدفقات النقدية السنوية المتوقعة بمبلغ (10) ملايين دينار أردني خلال الأربع سنوات الأولى . علما بأن الشركة الأردنية ترغب بالحصول على معدل عائد بنسبة (15%) .

المطلوب :-

ما هي القيمة المتبقية لنقطة تعادل في نهاية السنة الرابعة ؟ بافتراض عدم وجود ضريبة مدفوعة على القيمة المتبقية لنقطة التعادل .

الفصل الثالث عشر

مصادر تمويل الفروع الأجنبية

الفصل الثالث عشر

مصادر تمويل الفروع الأجنبية

Financing Sources for Foreign Branches

يتمثل تمويل الفروع الأجنبية في أشكال متعددة . وتختلف أشكال التمويل حسب البلدان التي تؤسس فيها هذه الفروع . ففي بعض البلدان المضيفة يتم تمويل الفروع الأجنبية فيها عن طريق اللجوء إلى المنشأة ألام أو المصادر الخارجية وذلك لعدم كفاية الموارد الادخارية لدى المجتمع وعدم اكتمال النظام المصرفي فيها . وفي البلدان الأخرى يمكن أن يكون التمويل من مصادر مالية متنوعة . وتصنف مصادر التمويل في الفروع الخارجية إلى أربعة أصناف رئيسية هي :-

أولاً :- مصادر التمويل الداخلية للفروع في الخارج .

ثانياً :- مصادر التمويل المحلية في الخارج .

ثالثاً :- مصادر التمويل الداخلية في مجموعة الشركات متعددة الجنسيات .

رابعاً :- مصادر التمويل الدولية (يعرض في الفصل القادم) .

أولاً :- المصادر التمويل الداخلية للفروع

Internal Sources

تتمثل المصادر الداخلية لتمويل الفروع في التمويل الذاتي (auto-financing) للفروع الأجنبية . وتتكون هذه المصادر من الأرباح غير الموزعة وتخصيصات الاندثارات ، وهي تشكل غالباً الجزء الأكبر من عملية تمويل النمو والتوسع في

المنشآت . وتعتمد أهمية مصادر التمويل الداخلي على مجموعة من المتغيرات هـي معـدل نمو الفرع ، وربحية الفرع ، وضريبة البلد المضيف وسياسة توزيع الحصص والأرباح .

1- معدل نمو الفروع والتمويل الداخلي

أجرى كـل مـن بـروك وروميـرز (.Brooke M.Z.,Rummers H.L) دراسـة في إنكلـترا شملت (115) فرعاً أجنبياً ، أشارا في الدراسة إلى إن هذه الفروع ذات النمو السريـع كانـت أقل حاجة للتمويل الداخلي . ويفهم مـن هـذا الاسـتنتاج أن الشركات ذات النمو السريـع تحتـاج إلى رؤوس أمـوال كبيـرة ، مـما يـدفعها إلى أن تلجـأ إلى التمويـل الخارجي ، الـذي يساعدها من جانب آخر في الانتفاع من اثر الرافعة ، مادام معدل الربحية يكون أعـلى مـن كلفة رأس المال .

2- ربحية الفروع والتمويل الداخلي

في بعض البلدان مثل ألمانيا يلاحظ أن معدل فرض الضريبة على الأرباح غيـر الموزعـة يكون أكثر ارتفاعاً من معدلات فرض الضريـبة عـلى حصـص الأرباح (dividends) الموزعـة . وهذا ما يدفع الفروع الألمانية إلى توزيع الأرباح واللجـوء إلى مصـادر التمويل الخارجيـة . وبالعكس يمكن أن يشجع التمويل الداخلي عن طريق تشريع ضرائبي مناسب للانـدثارات (depreciations .)

3- توزيع حصص الأرباح والتمويل الداخلي

تستند سياسة توزيع الحصص على مجموعة عوامل هي أهمية مساهمة المنشـأة ألام في الفرع ، وأهمية احتياجات الفرع ، وضريبة الحصص ، واحتياجات رؤوس أمـوال المنشـأة ألام ، والتشريع المحـلي الخـاص بعـودة رؤوس الأمـوال . وهنا لابـد مـن استعراض أهميـة مساهمة المنشأة ألام وسياسة توزيع حصص الأرباح وعلاقتها باحتياجات الفروع.

(1)   أهمية مساهمة المنشأة ألام

إذا اقتنت المنشأة الفرع الأجنبي اقتناءاً كاملاً ، فان المنشأة ألام تملك مجالاً واسعاً لاحتساب وتحديد حصص الأرباح . وإن سياسة توزيع الحصص الربحية تتأثر باعتبارات ذات صلة بالتمويل الداخلي لمجموعة الشركات متعددة الجنسيات . وهنالك سلوكيات متعددة يمكن ملاحظتها :-

(أ) سياسة الاستعادة القصوى :- يشجع المركز الرئيسي فروعه من الشركات باستخدام أقصى ما يمكن من الموارد المحلية من اجل التطور والنمو . ويبرز هذا التصرف حينما تزداد المخاطرة السياسية ومخاطرة أسعار الصرف ، وينصب هدف الشركات في تخفيض الخسائر المحتملة . غير أنه في الحياة العملية من النادر أن تطلب الشركات استعادة نسبة (90 %) أو أكثر من أرباحها .

(ب) سياسة أسبقية تمويل الفرع :- في حالة وجود أسبقيات لاحتياجات تمويل الفرع فان جزءاً كبيراً من الأرباح يحتجز لتمويل المشروعات الاستثمارية في الفروع والمتبقي يوزع على المساهمين ، وبذلك يزداد المبلغ التراكمي للحصص (accumulated dividends) .

(ج) سياسة التوازن بين التمويل الذاتي وتوزيع الأرباح والحصص :- يتعين أن يوجد توازن بين احتياجات التمويل اللازمة لنمو الفرع والسياسة المالية للمنشاة ألام .

إذا لم تمتلك المنشاة ألام الفرع الأجنبي بصورة كاملة فانه يمكن تمييزها بأنها مسجلة أو غير مسجلة في السوق المالية المحلية (البورصة) . فإذا كانت الشركة الفرع مسجلة في السوق المالية المحلية فان سلوكية الفرع تقترب من سلوكيات الشركات المسجلة في السوق المالية . وإن هدف الفرع ينصب في تعلية القيمة السوقية

للسهم الواحد ولا يمكن أن يتفق بالكامل مع الفروع الأخرى للمنشأة ألام . أما المساهمون الآخرون للفرع فيقومون بتقييم نتائج الفرع في السوق المالية المحلية . وإذا لم يكن الفرع الأجنبي مسجلا في السوق المالية فان حصص الأرباح يمكن أن تكون غير منتظمة ، لكنه ترافق ذلك الوقت مخاطر نزاعات إقليمية ، فعلى سبيل المثال في حالة رغبة المنشأة ألام بإعادة استثمار معظم أرباحها ، لكنها تصطدم بالنظرة الضيقة للمستثمرين على المدى القصير ورغبتهم في توزيع الحصص الربحية . وبناءاً على ذلك هل يكون من المفضل إتباع سياسة توزيع أرباح منتظمة باستمرار بهدف تخفيض المخاطرة السياسية .

(2) سياسة توزيع الأرباح والحصص الربحية واحتياجات الفروع

حينما يكون الفرع الأجنبي حديث النشأة ويبدأ بالنمو والتطور (development) فأن احتياجات الاستثمار تكون كبيرة ويعاد بشكل عام استثمار الأرباح . وعليه فان حصص الأرباح الموزعة تكون قليلة وبمبالغ منخفضة ، لا بل تصبح في اغلب الأحيان لا وجود لها ، فضلاً عن انخفاض إمكانات الاقتراض من البنوك المحلية . وبالعكس من ذلك تزداد تدفقات الأرباح المدفوعة للمساهمين بعد مرحلة الانطلاق (take-off phase) للشركة . ويبدو أن نسبة الأرباح المدفوعة تقع في حدود نسبة (50%) من الأرباح القابلة للتوزيع .

ثانيا :- <u>المصادر التمويل المحلية في الخارج</u>

Local Sources

1- الائتمان المصرفي bank credit

يكون التمويل المحلي بشكل عام قصير الأجل ، وهذا ما يساهم في إعطاء نسبة أكبر من الائتمانات قصيرة الأجل في مطلوبات الميزانية للفروع الأجنبية . ويحصل

القرض المصرفي من البنوك المحلية للبلد أو من فروع البنك لبلد المنشأة ألام . وهذه الفروع يمكن أن توافق بسهولة اكبر على القروض إذا كان لديها علاقات مع المنشأة ألام . وإن اللجوء إلى الائتمان المصرفي المحلي يتمتع بعدد معين من المزايا ، أهمها ما يأتي :-

(1) يقلل من مخاطرة أسعار الصرف لان القرض يسدد بالعملة النقدية المحلية .

(2) يساعد على تكامل أفضل للفرع في البلد ويقلل من المخاطرة السياسية .

(3) يمتاز بسهولة أكبر في عملية مراقبة أداء الفرع .

(4) لا يؤثر على قدرة المديونية (الاقتراض) للشركة ألام .

وتساهم المديونية ، سواء كانت تخص بلد المنشأة ألام أو البلد المضيف ، في زيادة ربحية حقوق الملكية (رؤوس الأموال الممتلكة) ما دام معدل العائد على الاستثمارات أعلى من كلفة الأموال المقترضة (أثر الرافعة) . كذلك تؤدي المديونية إلى زيادة الخطر المالي للمنشأة . ومن المؤكد أن معدل الفائدة المطلوب من البنوك المحلية يمكن أن يكون أكثر ارتفاعاً من داخل بلد المنشأة ألام ، لكن لابد من اعتماد المفاضلة في المعدل كغطاء ضد مخاطرة الصرف . وتميل البنوك المحلية إلى طلب ضمانات من المنشأة ألام ، أما ضمانات محددة مقابل قرض خاص ، وأما ضمانات غير محددة مقابل جميع القروض للفرع .

وفي دراسة أجراها كل من روبنز و ستوبو (Robbins,Stobaugh,1973) على المنشآت الأمريكية متعددة الجنسيات ، أظهرت اختلاف السلوكيات فيما يتعلق بضمان القروض المحلية الممنوحة إلى فروعها الأجنبية . فالمنشآت الكبيرة متعددة الجنسيات (المبيعات الخارجية أكثر من 500 مليون دولار) و المنشآت الصغيرة متعددة الجنسيات (المبيعات الخارجية اقل من 100 مليون دولار) تفضل عدم ضمان قروض فروعها الأجنبية لأسباب مختلفة .

وتجد المنشآت الكبيرة متعددة الجنسيات أكثر بساطة في معاملتها لجميع الفروع معاملة متساوية وفي رفض الضمانات . أما المنشآت الصغيرة متعددة الجنسيات فتفضل أن تكون الفروع الأجنبية مستقلة بشكل كبير وعندما لا يحصل الضمان فان قرض الفرع لا يظهر في حسابات المنشأة ألام . وبالعكس فأن المنشآت متوسطة الحجم متعددة الجنسيات (المبيعات الخارجية تتراوح ما بين 100 - 500 مليون دولار) تمنح ضمانات القرض للفروع بغية الحصول على معدل فائدة منخفض انخفاضا كبيراً . كذلك يمكن أن تعطى ضمانات من قبل المنشآت الزميلة (sister company) . وتلجأ فروع المنشآت متعددة الجنسيات ، في البلدان النامية ، إلى البنوك التجارية المحلية التي تكون فيها الموارد قليلة ، وتلجأ كذلك إلى بنوك التنمية ...

2-   اللجوء إلى السوق المالية المحلية

يلجأ الفرع الأجنبي إلى طلب الدخول أو التسجيل في السوق المالية المحلية ، أن وجد ، عندما يحصل نمو وتوسع في الفرع ، غير أن عدد الفروع الأجنبية التي تطلب التسجيل في الأسواق المالية المحلية غالباً ما تكون قليلة نسبياً .

الشكل (35)
المصادر الكامنة لرؤوس أموال الفروع الأجنبية

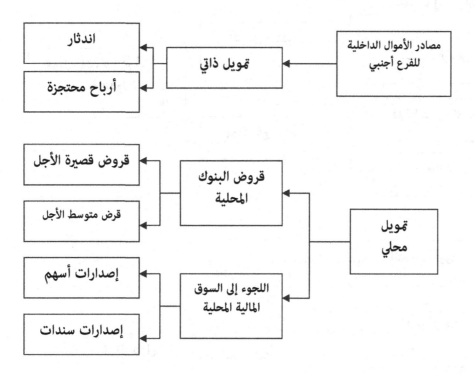

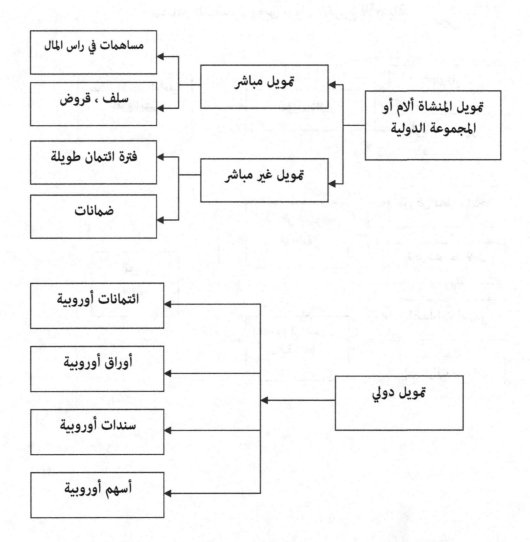

3- **تمويل الشركات الأجنبية في السوق الخارجية**

يمكن أن تطرح أسهم الشركات الأجنبية في بعض الأسواق المالية الأجنبية على شكل شهادات إيداع (deposit certificates). وتسعر شهادات الإيداع في عملة السوق المالية الأجنبية والحصص تسدد بالدولارات في الولايات المتحدة الأمريكية

واليورو في فرنسا والجنيه الإسترليني في المملكة المتحدة . كما أن هذه الشهادات توفر للشركة مصادر تمويل جديدة ، تساعد في توسع وتدويل حملة الأسهم ، وفي الغالب تساعد في تسعير أفضل للأسهم ، وكما أشارت إليه دراسة كل من سندرام ولوج (Sunderam,Logue) عام 1996م . والجدول (26) يتضمن الأسواق المالية الرئيسية في العالم (principal financial markets) .

(1)   الولايات المتحدة الأمريكية :-

يمثل ADR (American Depositary Receipt) شهادة أسمية محررة بالدولار الأمريكي صادرة عن بنك الإيداعات الأمريكية مقابل أوراق مالية (أسهم) أجنبية ، مودعة خارج الولايات المتحدة الأمريكية في بنك حارس أو حافظ (keeper) يرتبط ببنك الإيداعات الأمريكية بواسطة عقد (contract) . وإن شهادة الـ (ADR) تؤيد بان عدداً معين من أسهم الشركة غير الأمريكية يكون مودعاً في البنك الحارس أو الحافظ . وتلجأ إلى شهادات (ADR) غالبية الشركات غير الأمريكية ، التي تصدر أسهم في الولايات المتحدة الأمريكية أو التي تطلب التسعير (quotation) أو التسجيل في الولايات المتحدة الأمريكية .

وتكون برامج ألـ(ADR) على نوعين مضمونة وغير مضمونة . فالبرامج المضمونة هـي تلك البرامج التي من خلالها تصدر (ADR) من قبل مودع يسمى أو يعين من قبل المصـدر (transmitter) بموجب اتفاق صريح للإيداع . والضمانات أو الكفالة (sponsorship) تشكل إلزام إذا أرادت الشركة أن تسجل أو تسعر في سوق نيويورك للأسهم (New York Stock Exchange).أما برامج (ADR) غير المضمونة فتتم عن طريق المودعين وبدون تدخل المصدر أو مشاركته ، وهي غالباً ما تشكل حالة نادرة .

الجدول (26)

الأسواق المالية الرئيسية (البورصات)

الأسواق	الرسملة السوقية (مليارات الدولارات)	عدد الأسهم المحلية	عدد الأسهم الأجنبية
-New York Stock Exchange (	8879.6	2271	355
NYSE)	2160.5	1805	60
-Tokyo Stock Exchange (TSE)	1996.6	2046	467
-NASDAQ	1737.5	5033	454
-Germany	825.2	700	1996
-Paris	676.3	740	184
-Swiss	575.3	216	212
-Canada	567.6	1362	58

Source:- rapport FIBV,1998.

(ب) فرنسا

في فرنسا يمكن أن تطرح للتداول أسهم الشركات الأجنبية في السوق المالية المحلية (bourse) . ومنذ مطلع عام 1998م طرحت بورصة باريس مشتريات (EURO DR) (EURO Depositary Receipt) مسعرة باليورو من قبل المصدرين الأجانب ، والتي سبق تسعيرها في أسواقها ، رغبة منها في توسيع مساهمتها والدخول في أسواق منطقة اليورو (EURO-Zone) .

(ج) المملكة المتحدة ولوكسمبورغ

في المملكة المتحدة ولوكسمبورغ يمكن أن تطرح للتداول أسهم الشركات الأجنبية في السوق المالية المحلية أو على شكل (Global Depositary Receipt)(GDR) وهي مشابهة إلى (ADR) .

4-   مزايا وعيوب التسعيرات المتعددة

تحصل الشركات على العديد من المزايا في التسعير المتعدد
(1) الحصول على أموال كبيرة لغرض تمويل النمو والتوسع .
(2) تحسين سيولة الأوراق المالية وتخفيض كلفة رأس المال .
(3) استثمار مبلغ في الأوراق المالية اكبر من السوق المالية المحلية .
(4) تحسين سمعة الشركة في السوق الأجنبية .
(5) توسيع قاعدة المساهمين .
(6) تقييم أفضل للأسهم التي يمكن أن تكون قيمتها منخفضة من جراء تجزئة الأسواق المالية .
(7) تبسيط عمليات النمو الخارجي .
(8) سهولة قبول الشركة في البلد الأجنبي .
(9) إمكانية منح الأسهم (stock-options) إلى العاملين في البلد .

لكن من جانب آخر يسبب التسعير المتعدد بعض القيود ويمثل عملية مكلفة . إذ يتم إعداد الحسابات ونشرها بصورة منتظمة في لغات متعددة ، ويتعين على الشركات الالتزام بالقواعد والمعايير المحاسبية المعمول بها في بلدان العالم المختلفة .

ثالثا :- مصادر التمويل الداخلية للشركات متعددة الجنسيات
Internal Financing for Multinational Companies

يمكن أن يكون التمويل الداخلي مباشر (حصص المساهمة ، قروض ، سلف) أو غير مباشر (ضمانات ، مدة ائتمان أطول) .

1- التمويل الداخلي المباشر

يحصل التمويل المباشر بصفة خاصة عند التكوين (creation) ، ويكتسب أهميته الكبيرة من خلال حالتين ، إما أن المنشأة ألام تقتني شركة موجودة ، و إما أن تؤسس (ex-nihilo) فرع عن طريق جلب رأس المال وغالباً ما يكون مواد وسلع رأسمالية وبراءات اختراع وحقوق التأليف وشهرة المحل وذلك بالمبادلة التي تستلم من خلالها الأسهم . ويمكن أن يكون التمويل الأساسي كلي أو جزئي بغض النظر عما إذا كان يمثل فرعاً بالكامل أم لا.

إن اعتماد الفرع المؤسس سابقا على المنشأة ألام يأخذ أشكالاً متعددة من ناحية التمويل . وكان يحصل ذلك أثناء زيادة رأس المال من اجل تمويل النمو والتوسع أو احتياجات راس المال العامل . وتساهم المنشأة ألام أو المنشأة القابضة بجزء أو بكل الاكتتاب بالأسهم الجديدة . لكن غالباً ما تمنح القروض والسلف إلى الفروع. الأجنبية. وهذا يمثل على وجه الخصوص حقيقة واقعة في البلدان ذات المخاطرة السياسية العالية التي تثير فيها مسالة عودة الأرباح إلى بلدانها صعوبات كبيرة . والبلد المضيف يقبل بسهولة بأن تسدد الفوائد أو القروض أفضل من عودة الأرباح المتحققة إلى البلد ألام . كما أن القروض الممنوحة تشكل وسيلة تمويل مرنة وقابلة للتغيير تبعا لحاجات الفرع وإمكانيات المنشأة ألام . كذلك يلاحظ أن بعض البلدان يحدد الاستيرادات من رؤوس الأموال باعتبار أن هذه الأموال المستوردة تنافس رؤوس أموال الشركات المحلية . ويفضل التمويل عن طريق القروض على التمويل عن طريق زيادة رأس المال الاجتماعي (social capital) (أو رأس المال المساهم به) وذلك لأسباب عدة منها :-

(1) تكون فوائد القروض مستمدة من النظام الضريبي في حين أن حصص الأرباح لا تكن كذلك .

(2) لا تخضع تسديدات القروض للضريبة بالنسبة للمنشأة ألام بخلاف حصص الأرباح.

(3) تكون القروض سهلة العودة إلى الوطن ألام إذا كان هنالك خطر سياسي .

2- التمويل الداخلي غير المباشر

تستطيع المنشأة ألام أن تضمن قرضاً متحقق من قبل الفرع الأجنبي بدلا من منح القرض مباشرة . وهذه الضمانات تسهل عملية تمويل الفرع . كذلك يمكن أن تمنح هذه الضمانات من قبل المنشآت الزميلة الأخرى . وتتمتع هذه الضمانات بصفة الاستثمار المباشر . وهنالك وسائل تمويل أخرى يمكن استخدامها مثل التمويل بالأسهم أو الائتمانات طويلة الأجل . وبزيادة مدة الدفع الممنوحة ، فان المنشأة ألام أو المنشآت الزميلة تمول الفرع الأجنبي بصورة غير مباشرة . وهذه الحالة تكون محدودة في العديد من البلدان التي تحدد فيها الحكومات مدة الائتمانات الممنوحة من قبل الشركات الأجنبية .

الخلاصة

تلجأ الفروع الأجنبية إلى التمويل الذاتي ومصـادر التمويـل المحليـة داخـل الشركات متعددة الجنسيات أو مصادر التمويل العالمية ، بهدف تأمين عملية تمويل استثماراتها للنمو والتوسع . وان كلفة هـذه المصـادر متغيرة وتتطلـب ، مـع العوامـل الأخـرى ، المفاضـلة في اختيار مصدر التمويل .

أسئلة الفصل

1- اذكر المصادر الرئيسية لتمويل الفروع الأجنبية الواقعة في البلدان الصناعية ؟

2- اذكر مصادر تمويل الفروع الأجنبية الواقعة في البلدان النامية ؟

3- متى يكون اللجوء إلى تمويل الفرع الأجنبي من قبل المنشأة ألام مفيداً ؟

4- في أي ظروف يكون من المفضل للفرع الأجنبي الإقراض محلياً ؟

5- مـا هـي الأشـكال المختلفـة للتمويـل الـداخلي في مجموعـة الشـركات متعـددة الجنسيات ؟

6- ما هي العوامل التي تؤثر على سياسة توزيع الحصص الربحية للفروع الأجنبية؟

7- لماذا تفضل الشركات متعددة الجنسيات امتلاك الفروع امتلاكاً كاملاً ؟

8- ما هي فائدة امتلاك فرع أجنبي مسجل في السوق المالية ؟

9- ما هي أسباب طلب البنوك المحلية ضمانات من المنشأة ألام عندما تمنح ائتمانات إلى الفرع المؤسس في البلد المضيف ؟

الفصل الرابع عشر
وسائل تمويل المشروعات الدولية

الفصل الرابع عشر

وسائل تمويل المشروعات الدولية

Financing Means of International Projects

لقد تطور تنفيذ المشروعات الكبيرة في الخارج تطورا متسارعاً خلال السنوات الأخيرة . وتشكل هذه المشروعات الكبيرة ورش عمل موزعة على مدى سنوات عديدة وتتطلب وسائل تمويل مهمة . وبشكل عام فان هذه المشروعات تكون مبتكرة (original) تجمع بين الأعمال التقليدية والبحوث الجديدة ، وتكون ذات مخاطرة عالية . وإن زيادة المخاطرة الناجمة عن هذه المشروعات يدفع الشركات متعددة الجنسيات إلى اتخاذ بعض الإجراءات من اجل تخفيض المخاطرة . وأصبح تمويل المشروعات يمثل شكل من أشكال التمويل لعمليات التصدير طويلة الأجل .

هنالك العديد من التحليلات المسبقة أجريت بهدف تشخيص المشروع ، وإمكانية عمله ، فضلاً عن تحديد قدرته المالية . ومن خلال هذه التحليلات يمكن توليف المكونات المالية التي تعد هدفاً من أهداف هذا الفصل . إن التمويل الدولي للمشروعات تطور في بادئ الأمر في قطاع المناجم ، وبخاصة في الصناعة النفطية ، ثم بعد ذلك شمل الصناعة الكيميائية وصناعة الحديد والنقل والاتصالات ...

يستعرض هذا الفصل الموضوعات الآتية :-

أولاً :- النماذج المختلفة للتمويل .

ثانياً :- الجهات الممولة للمشروعات الدولية .

ثالثاً :- فوائد تمويل المشروعات الدولية .

رابعاً :- مخاطرة المشروعات الدولية .

خامساً :- أمثلة تمويل المشروعات الدولية .

أولا :- <u>النماذج المختلفة للتمويل</u>

Different Forms for Financing

1-   خواص المشروعات

يمكن تعريف تمويل المشروعات بأنه عبارة عن تمويل وحدة اقتصادية ذات شخصية معنوية مستقلة من الناحية القانونية وقائمة على أساس تحقيق مشروع كبير قابل للاستمرار اقتصادياً من خلال حملة رؤوس الأموال . ويتعين أن تكون التدفقات النقدية المستقلة كافية من أجل تأمين ، مع هامش أمان معين ، خدمة الدين وتغطية التكاليف التشغيلية وتعويض رأس المال .

إن الجهة المؤسسة للمشروع يمكن أن تنفذه بمفردها أو أن تشترك مع جهات أخرى من أصحاب العمل . وتكون الجهة المنظمة للمشروع (جمعية ، جماعة) مسؤولة عن جملة الدين ويجب أن تستخدم أولاً التدفقات النقدية للمشروع في تسديد الدين أو القرض ... وغالباً ما تختلف المشروعات الدولية الكبيرة اختلافاً كبيراً عن بعضها البعض وتخص جميع قطاعات الأنشطة مثل إنشاء السدود والمفاعلات النووية وشبكات السكك الحديدية ومعامل معالجة المياه والمتنزهات الترفيهية (Disney Euro) والبنية التحتية (Euro tunnel orlyval) أو شبكة الاتصالات (نظم الستلايت) .

وكذلك تتميز هذه المشروعات ببعض الخواص المشتركة هي :-

(1) يعد المشروع بمثابة وحدة قانونية مميزة تمول بنسبة كبيرة من القروض (65 % إلى 75 %) .

(2) تشترك شركات عديدة في إنشاء المشروع .

(3) تلقى بعض الأخطار على عاتق المقرضين .

(4) يحدد العقد بين المقرضين والمؤسسين الالتزامات المترتبة على كل من الطرفين .

(5) تتحقق التركيبات المالية بأسلوب له أدنى ما يمكن من التأثير على ميزانية المنشأة ألام (فصل التمويل) .

2- تمويل المشروعات

يمكن التميز بين نوعين من تمويل المشروعات الدولية هما :-

(1) التمويل بدون حق النقض (with out recourse financing) -: يتحمل المقرضون جميع المخاطر ، وذلك لأن التدفقات النقدية المستقبلية للمشروع وحدها يجب أن تؤمن تسديد القروض . إن هذا النموذج من التمويل كان مستخدماً في الصناعة الغازية والنفطية في الولايات المتحدة الأمريكية وفي كندا . ولكن مع تطور وتنامي المخاطر في بلدان عديدة تم تفضيل اللجوء إلى التمويل بالنقض المحدود .

(2) التمويل بحق النقض المحدد ضد مؤسسي المشروع (financing with recourse) : - تستند المشكلة حينئذ إلى تقييم موضوعي للأخطار المتخذة من قبل المؤسسين (promoters) وتلك الأخطار المقبولة من قبل الدائنين (creditors) . في بعض البلدان ، تساعد الصيغة BOT (Build , Operate ,Transfer) التي تعني التشييد والتشغيل والتحويل ، في استثمار الأموال الخاصة بالمشروع وفي استغلالها خلال فترة من عشرين إلى ثلاثين سنة قبل أن تعود ، بالكامل أو بدون تعويض ، إلى الشريك (partner) سواء كان دولة أو منظمة .

ثانياً :- الجهات الممولة للمشروعات الدولية

Participants of Financing

1-   أصحاب حقوق الملكية أو الأموال الممتلكة   sponsors

يمثل أصحاب حقوق الملكية الشركاء في المشروع الذين يملكون حصة في حقوق الملكية أو (رؤوس الأموال الممتلكة) أو في مخاطرة رأس المال . وتشمل حقوق الملكية عادة راس المال الاجتماعي (رأس المال المساهم به) والتخصيصات والاحتياطات والأرباح المحتجزة . ويستفيد أصحاب حقوق الملكية بشكل مباشر من تنفيذ المشروع ، ويتحملون بعض المسؤوليات المرتبطة بتأدية مهماتهم . وتمثل حصة الشركاء في الأموال الممتلكة مؤشراً لالتزاماتهم والتي يكون لها تأثير كبير على الامتيازات (privileges) الأخرى التي يمكنهم الحصول عليها .

هنالك آخرون من أصحاب حقوق الملكية يمكن أن يكونوا المؤسسين للمشروع ، مثال ذلك الشركات متعددة الجنسيات والمشترون أو المستهلكون (consumers) في المستقبل لمنتجات وخدمات المشروع و مشيدو (constructors) المشروع والمستثمرون من القطاع العام والخاص والمؤسسات الدولية وبنوك التنمية .

2- المقرضون   lenders

يتطلب التمويل مشروع الكبير تدخل اتحاد (pool) البنوك متكون من مجموعة من البنوك ، والمؤسسات المالية الوطنية والدولية ، ومؤسسات التمويل الخاصة بالتصدير . ويشمل هذا الاتحاد البنوك الدولية ، والمؤسسات الدولية للتمويل ، والوكالات الحكومية لدعم التصدير والبنوك المحلية للتنمية . ويقوم وجود هذا الاتحاد المصرفي على أساس التمويل وتنفيذ المشروعات .

-2 الضامنون guarantors

يمكن أن تعطى الضمانات من قبل البنوك أو المؤسسات العامة للتمويل ، والمؤسسات المالية الدولية أو فوق الوطنية ، وشركات التأمين الخاصة ، والمستفيدين من المشروع وغيرهم ...

4- المشيدون constructors

بشكل عام هنالك العديد من المنفذين للمشروع أو أرباب العمل يمكنهم أن يجتمعوا في اتحاد (consortium) يكون بمثابة جهة كفيلة بالتفاوض مع الزبائن . ويضم اتحاد (Trans Manch -link TLM) مجموعة مشيدين للقناة الواقعة تحت بحر المانش (Manch sea) . وفي بعض الأحيان يقوم رب العمل الرئيسي بتنسيق الأعمال المختلفة بالإضافة إلى إدارة المشروع .

5- المشتغلون exploiters

تقوم الجهة المنظمة للمشروع (جمعية ، جماعة) بالتدخل في تنفيذ المشروع ، إذ تقدم هذه الجهة كامل قدرتها ومعرفتها من أجل تنظيم وإدارة المشروع .

ثالثاً :- فوائد تمويل المشروعات الدولية

Interest for International Projects Financing

تتركز في الأساس هذه المشروعات بالنسبة للصناعات في تحديد الأخطار القادمة . ففي الواقع تقبل البنوك بسهولة بعض الأخطار في حالة تمكنها من التنويع دولياً في قروضها ذات المخاطرة العالية . كما أن القروض المحصلة بالنسبة للمشروع ، على مستوى المالي ، لا تظهر في الميزانية وعليه فإنها لا تتأثر أو تؤثر في الهيكل المالي

للشركة . وهذا ما يساعد الشركة في الاحتفاظ بقدرتها على الاقتراض بسبب قوة مركزها المالي ، وذلك لان الالتزامات تسجل خارج الميزانية وتدرج بالملاحظات في أسفلها . علاوة على ذلك فانه من الممكن تأسيس شركات تكون مسؤولة عن تمويل المشروع . وأخيراً فان تمويل المشروعات يمكن أن يعد بصيغة تغتنم الحالات التي تطرحها الضريبة مثل الاندثارات ، والائتمانات الضريبية واستبعاد المصروفات المالية .

ويستلم المقرضون تعويضا أكثر كلما ارتفعت الأخطار . علاوة على ذلك فانه يمكن مراقبة المشروع تبعاً لتطوره ونموه ، ومن الأفضل توجيهه بهدف ضمان مصالح (interests) المقرضين . وفي إطار المساهمة بهذه العمليات فان المتخصصين في البنوك بدراسة بعض المشروعات ، يتمكنون باستمرار من جذب زبائن جدد .

رابعا :- مخاطرة تمويل المشروعات الدولية

Risk of International Frojects Financing

-1 الخطر المالي financial risk

يرتبط الخطر المالي بالهيكل المالي للمشروع ، وهو يتضمن أهمية وحجم المديونية، واستحقاق التسديدات (التعويضات) ، والعملات النقدية المستخدمة وخطر إعادة التمويل . كما أن الخطر المالي ينجم أحياناً من أن بعض المشروعات تدون مصروفاتها و إيراداتها بعملات نقدية أجنبية عديدة ، فضلاً عن أن مخاطرة أسعار الصرف لهذه العملات عادة ما تكون مرتفعة . وعليه لابد من العمل على تغطية مخاطرة أسعار الصرف . كذلك يمكن أن تمول المشروعات بالقروض ذات المعدلات العائمة (float) . ولقد أدى رفع معدلات فائدة لايبور (libor) خلال السنوات الأخيرة إلى ارتفاع مخاطرة معدل الفائدة . وإذا تطلب الأمر إعادة تمويل المشروع ، خلال مرحلة التنفيذ،فان معدل فائدة إعادة التمويل يكون محلاً للمخاطر غير المتوقعة .

2- الخطر السياسي   political risk

يمثل المشروع أحد المسائل المطروحة في الخطر السياسي ومن أبرز هذه المسائل هـي نـزع الملكيـة ، وزيادة الضرائب المفروضة والمطالبـات ، وزيـادة الرسـوم الجمركيـة عـلى الواردات الضرورية واللازمة لتنفيذ المشروع ، ورقابة المبـادلات ، وعـدم تحويـل العمـلات النقدية الأجنبية ، وتقييـد التحويلات الخارجية ، وإنتـزاع الملكيـة بـدون تعـويض ورفض الاعتراف بالقروض الحكومية السابقة والحروب . ومن أجل تخفيض الخطر السياسي يتعـين تشجيع المساهمة بالاستثمارات المحلية الخاصة أو الحكوميـة ، فضـلاً عـن إمكانيـة إجـراء التأمينات ضد الخطر السياسي .

3- الأخطار الأخرى   other risks

تشمل الأخطار الأخرى وهي الأكثر تكراراً الأخطار المتعلقـة بالتكاليف التـي تتجـاوز حدود المخطط لها . وهنالك أخطار ترتبط بارتفاع الأسعار في السـوق ويمكن أن تقـود إلى خسارة المشروع المنفذ حينما ترتفع أسعار المنتجات . وتوجد العديد مـن الأخطار الناجمـة عن سوء إدارة المسؤولين عن المشروع ، أو خلافـات بـين الشركاء ، وخاصـة عنـدما يتطلـب المشروع تمويل إضافي . لقد استخدمت بعض النـماذج مـن العقـود لغرض الحـد مـن هـذه الأخطار ومنها :-

(أ) عقود الشراء   purchasing contracts   يلتزم الزبائن بشراء منتجات المشروعات بأسعار معينة . وغالباً ما يقوم بذلك متعهد أو مروج (promoter) المشروع الذي يضمن شراء الإنتاج بأسعار تغطي تكاليف المشروع وتمويل القرض ، ويسمى ذلك بمصطلح (take & pay contracts) أي بمعنى " عقود ادفع وخذ " .

(ب) هنالك عقود أخرى تنص على تعهد أو ضمان (guarantee)، غير معلق على شرط ، بالشراء حتى في حالة عدم التسليم . ويمثل ذلك ما يسمى (take or pay contracts) أي " عقود ادفع أو خذ " مثل اتفاقات النقل (transportation agreements) بالنسبة للبواخر في القطاع النفطي ، واتفاقات العمليات التشغيلية (processing agreements) بالنسبة للمشروعات الصناعية .

(ج) كذلك توجد ضمانات غير مباشرة (indirect guarantee) للقروض مثل ضمانات ضد عجز المدينين وضمان تغطية تكاليف المشروع . ويلائم تمويل المشروعات الدولية العديد من المشروعات الاستثمارية . لكن المشكلة تكمن في صعوبة الحصول على المروجين (promoters) للمشروع والماليين (financiers) والمهارات الفنية والخبرات الطويلة داخل المشروعات المتجانسة في النشاط .

خامساً :- أمثلة تمويل المشروعات الدولية

Examples for International Projects Financing

توجد أمثلة كثيرة حول تمويل المشروعات الدولية وبخاصة في القطاع النفطي (تمويل نفط اوف شور off shore في بحر الشمال) وقطاع محطات توليد الطاقة الكهربائية وقطاع الاتصالات (الستلايت) وغيرها .

1- شركة يوروتونيل Euro tunnel

تأسست شركة يوروتونيل (Euro tunnel) لفتح قناة بحر المانش (Manch sea) . أن مشروع اليوروتونيل يقوم بالأساس على الانتفاع الكامل من التمويل الخاص . وقد بلغت تقديرات الكلفة البدائية بمبلغ (27) مليار فرنك

فرنسي. يتكون التمويل من الأموال الممتلكة (حقوق الملكية) واليوروكريدت (Euro credits) أي ائتمانات اليورو . وقد جلبت حقوق الملكية من قبل خمسة بنوك وعشر شركات متخصصة في إنشاء القناة . وتكونت القروض المصرفية من ائتمان أساس (principal credit) وائتمان جاهز (stand by credit) . وقد أعطت ، منذ البداية ، مجموعة متكونة من أربعين بنك موافقتها على منح الائتمان
(القرض) إلى هذا المشروع.

أجريت بعد ذلك دراسات للمشروع أظهرت بان التكاليف التقديرية (estimation costs) غير كافية لإنجاز المشروع . لذلك وجهت دعوات في عامي 1986م و 1987م إلى المساهمين والى الائتمانات أو القروض الجديدة . كما وجهت الدعوة إلى اتحاد البنوك الدولي الذي يمثل (198) بنك تابع إلى (35) دولة للمساهمة في هذا المشروع . وقد ارتفعت تدريجيا تكاليف إنشاء المشروع إلى أن بلغت (87) مليار فرنك فرنسي عام 1994م ، وهو العام الذي افتتحت فيه القناة رسمياً وعملياً .

2- تمويل محطة توليد الكهرباء في باكستان

بلغ تمويل محطات توليد الكهرباء هاب رايفر (Hub river) في باكستان مبلغ قدره (1.7) مليار دولار أمريكي ، وقد اشتركت في تأسيسها جهات من فرنسا وإيطاليا واليابان . وتطلب المشروع ائتمانات المستهلكين أو المشتريين (credits buyers) والمجهزين (suppliers) وائتمان شركة التأمينات (company insurance) بمبلغ (326) مليون دولار أمريكي .

3- تمويل القمر الصناعي (الستلايت ناهولسات Nahul sat) في المدار

في عام 1993 تم إنشاء القمر الصناعي ناهولسات (Nahul sat) من قبل شركة فضائية متخصصة استجابة للدعوة الموجهة من الحكومة الأرجنتينية وذلك لوضع نظام الستلايت ذات الأغراض التجارية لخدمة الاتصالات واستخدامات الأرجنتين والبلدان المتاخمة لها (border) . وكان تمويل هذا المشروع بمبلغ (238) مليون دولار أمريكي يتم تسليم مبلغ (100) مليون دولار من رأس المال و (30) مليون دولار أمريكي من ائتمانات المستهلكين في فرنسا وألمانيا وإيطاليا .

الخلاصة

يمثل تمويل المشروعات شكل جديد من أشكال العلاقات بين الشركات والبنوك . وتشترك البنوك بصورة رئيسية ومباشرة في خطر المشروع ، لكنها ترفض أن تعامل معاملة المساهمين في الشركات . فبالنسبة للمقرضين ، فان هذا التمويل يتصف بالمرونة وسهولة التكيف معه . إما بالنسبة للمقترضين فان هذا التمويل يتضمن التزاماً كاملاً من قبلهم . وتخصص عدد قليل من البنوك في هذا الشكل من التمويل الذي تتعدى فيه المخاطر تلك المخاطر التي توجد في شكل التمويل التقليدي .

أسئلة الفصل

1- ماذا يقصد بتمويل المشروعات الدولية ؟

2- اذكر الجهات المتخصصة في تمويل المشروعات ؟

3- ما هو التمويل بدون نقض ؟

4- ما هو التمويل بالنقض المحدد ؟

5- ما هي فائدة تمويل المشروعات بالنسبة للشركات ؟

6- ما هي فائدة تمويل المشروعات بالنسبة لمؤسسات التمويل ؟

7- كيف يتم تقييم الخطر المالي للمشروع ؟

8- كيف يتم تقييم الخطر السياسي للمشروع ؟

9- اذكر أمثلة عن تمويل المشروعات الدولية ؟

10- ماذا يعني مفهوم " عقود ادفع وخذ " ومفهوم " عقود أدفع أو خذ " ؟

الفصل الخامس عشر

نظرية كلفة راس المال والهيكل المال
ي للشركات متعددة الجنسية

الفصل الخامس عشر

نظرية كلفة راس المال والهيكل المالي للشركات متعددة الجنسيات

Cost of Capital & Capital Structure for the Multinational Companies

يحتل مفهوم كلفة رأس المال أهمية كبيرة وذلك لأنه يحدد مستوى الاستثمار ويمثل أحد عوامل المنافسة الدولية . وان تعظيم القيمة السوقية للشركة ، الذي يمثل بشكل عام أحد الأهداف الجوهرية للوظيفة المالية، يساهم في تقليص كلفة رأس المال . ومن جانب آخر ، أن كل قرار استثماري يتطلب معرفة كلفة رأس المال المستخدمة ، بوصفها معدل خصم (discount rate)، في احتساب ربحية عائد الاستثمار. ومن ثم يعتمد كل من قرار وهيكل تمويل الشركة على كلفة رؤوس الأموال . فبالنسبة للشركة المحلية فان كلفة رأس المال تمثل متوسط الكلفة المتحرك لجميع مصادر التمويل المتمثلة في حقوق الملكية والأموال المقترضة . أما بالنسبة للشركات متعددة الجنسيات فان كلفة رأس المال تصبح أكثر تعقيداً ، فهي يمكن أن تحتسب لكل شركة من الشركات الداخلة في مجموعة الشركات متعددة الجنسيات أو لكل الشركات بشكل عام. والى جانب ذلك فأن كلفة رأس المال تتأثر بمخاطرة الصرف وضريبة البلدان المختلفة .

يتناول هذا الفصل أربعة موضوعات رئيسية هي :-

أولاً :- كلفة راس المال للشركات متعددة الجنسيات .

ثانياً :- كلفة راس المال في الفروع الأجنبية .

ثالثاً :- الهيكل المالي للشركات متعددة الجنسيات .

أولا :- كلفة راس المال للشركات متعددة الجنسيات

Cost of Capital

تتمثل كلفة رأس المال للشركات متعددة الجنسيات في متوسط الكلفة المتحرك لمختلف مصادر التمويل التي تدرج في جانب المطلوبات في الميزانية الموحدة لهذه الشركات .

(أولاً) كلفة الأسهم العادية   cost of common stocks

يمكن تعريف كلفة الأسهم العادية بأنها عبارة عن معدل العائد المطلوب من قبل المساهمين . ويوجد نموذجان يمكن أن يستخدم كلاً منهما في التقييم هما : نموذج جوردون شابيرو (Gordan shapiro) ونموذج تسعير الموجودات المالية (CAPM) .

1- نموذج جوردون شابيرو   Gordan shapiro

يتمثل هذا النموذج في استخدام نموذج خاص لخصم حصص الربحية (dividends) بمعدلات خصم معينة . ويقوم هذا النموذج على افتراض أن سعر الأسهم المحدد ، في لحظة معينة ، يعادل المبلغ الحالي للحصص الربحية المستقبلية . وفيما يلي المعادلة الخاصة بهذا النموذج :-

424

$$P_O = \sum_{t=1}^{\infty} \frac{D_1(1+g)^t}{(1+R_A)^t}$$

$$\dots\dots\dots(1)$$

حيث أن :-

P_O = قيمة الاسمية للسهم في الزمن (o) .

D_1 = الحصة الربحية في الزمن (1) .

g = معدل الزيادة المتوقعة الحصة الربحية .

R_A = كلفة الأسهم ، أو معدل العائد المطلوب على الأسهم .

ومن المعادلة (1) يمكن احتساب كلفة الأسهم لـ (R_A) كما في المعادلة الآتية :-

$$R_A = \frac{D1}{P_O} + g$$

ويمكن الاعتماد على نسبة الزيادة الماضية الحاصلة في حصص الربحية لغرض تقدير معدل الزيادة المتوقعة (g) ، إذا كانت نسبة الزيادة الماضية في الحصص الربحية مستمرة بصورة منتظمة ، وبخلاف ذلك يتعين اللجوء إلى تقدير معدل للزيادة المتوقعة . فلو افترضنا أن سعر السهم للشركات متعددة الجنسيات يعادل (1000) دينار وأن قيمة الحصة الربحية (50) دينار ، ويتوقع أن تكون زيادة الحصص الربحية بنسبة (3 %) فان كلفة الأسهم العادية يمكن احتسابها كما يلي :-

$$\text{كلفة السهم} = \frac{50}{1000} + 0.03 = 8\%$$

2- نموذج تسعير الموجودات المالية

The Capital Assets Pricing Model (CAPM)

يؤكد هذا النموذج على المخاطرة النظامية للعوائد المتوقعة . وان الأسهم العادية (كلفة رأس المال الممتلك)تكون دالة لمعدل الفائدة بدون مخاطرة (i) ، ولمعدل العائد في السوق (Rm) ولمعدل الخطر ß للأسهم .

$$R_A = i + \beta(Rm - i)$$

يقاس المعامل (ß) عن طريق العلاقة بين الانحراف المشترك (covariance) لمعدل عائد السهم لمجموعة الشركات متعددة الجنسيات (Ri) مع معدل عائد السوق المالية (Rm) وتباين (variance) معدل عائد السوق المالية (Var Rm) -:

$$ß = \frac{\text{Cov (Ri,Rm)}}{\text{Var Rm}}$$

وان الفرق بين معدل عائد السوق المالية ومعدل الفائدة بدون مخاطرة (Rm-i) يدعى بعلاوة الخطر (risk premium) .فلو نفترض أن المعامل ß لأسهم مجموعة معينة من الشركات متعددة الجنسيات يبلغ (1.6) ، وان معدل الفائدة بدون مخاطرة يبلغ (6 %) وان معدل عائد السوق المالية يبلغ (8 %) فانه يمكن احتساب كلفة الأسهم العادية (كلفة رأس المال الممتلك) -:

$R_A = 0.06 + 1.6 (0.08-0.06) = \% 9.2$

وتجدر الإشارة إلى أن استخدام نموذج جوردون شابيرو لا يصل إلى نفس النتيجة التي يصل إليها استخدام نموذج تسعير الموجودات المالية (CAPM) .

حيث أن نموذج جوردون شابيرو يأخذ بنظر الاعتبار الخطر الإجمالي للعوائد المتوقعة في حين أن نموذج تسعير الموجودات المالية لا يأخذ في الحسبان الخطر النظامي للأسهم وهو خطر غير قابل للتنوع والتغيير ويسري في السوق المالية .

3- كلفة الأسهم العادية لمجموعة الشركات الوطنية والشركات متعددة الجنسيات

تختلف كلفة الأسهم العادية لمجموعة الشركات متعددة الجنسيات عن كلفة الأسهم العادية لمجموعة الشركات الوطنية وذلك لسببين رئيسيين . يتمثل السبب الأول في دخول المجموعة متعددة الجنسيات في أسواق مالية أجنبية عديدة ،ويتمثل السبب الثاني في اختلاف أسعار الأسهم للشركات متعددة الجنسيات .

(أ) الدخول في أسواق مالية

سجلت غالبية الشركات متعددة الجنسيات في أسواق البورصات (الأسواق المالية) العالمية ، وسعرت فيها أسهماً بهدف تنفيذ مشروعاتها الاستثمارية على المستوى الدولي . ويسمح هذا التسجيل والتسعيرة للشركات متعددة الجنسيات بجذب أكبر عدد ممكن من المستثمرين والسعي إلى تخفيض كلفة الأسهم العادية (أو كلفة رؤوس الأموال الممتلكة) . ففي الولايات المتحدة الأمريكية يجري عموما التسجيل في قائمة الشركات غير الأمريكية بواسطة (ADR American Depositary Receipt) .

وفي تشكوسلوفاكيا ، على سبيل المثال ، طرحت الشركات التشيكية إصدارات أسهم عالمية لأنها لا يمكنها الحصول على التمويل عن طريق البنوك

427

والسوق المالية التشيكية ، مثال ذلك إصدار GDR لمبلغ (134) مليون دولار أمريكي عن طريق شركة الراديو تلفزيون التشيكية (سيسك راديو كومينيكاس Ceske Radiokomunikace) مسجلة في بورصة لندن منذ عام 1988م . كذلك يوجد (IDR International Depositary Receipt) محررة بعملة نقدية أخرى غير الدولار الأمريكي وتتداول بشكل خاص في أوروبا ، ويوجد (GDR) مسجلة في المملكة المتحدة و لوكسمبورغ ، ويوجد (Euro DR) مسجلة باليورو في باريس .

(ب) الاستثمار في الأدوات المالية الأجنبية

يقوم المستثمرون بالاستثمار في الأدوات المالية الأجنبية (foreign financial instruments) وخاصة في أسهم الشركات متعددة الجنسيات ، ويمكن أن يدفع هؤلاء المستثمرون سعر مرتفع بغية الحصول على التدفق نفسه من حصص الربحية المتوقعة ، أي بتعبير آخر يمكنهم تسديد علاوة التنويع الدولي لأسباب عدة منها ما يأتي :-

(1) أسباب نقدية :- يرغب بعض المستثمرين بشراء أسهم أجنبية وذلك بغية التحوط ضد انخفاض قيمة عملاتهم النقدية.

(2) أسباب سياسية :- يشجع الأمن السياسي للاستثمارات على استثمار الأموال في بعض الأسواق المالية الواقعة في الأقاليم السياسية المستقرة .

(3) أسباب ضريبية :- يفضل بعض البلدان ، وحسب سياستها وقوانينها الضريبية ، الشركات التي تدفع نسبة أعلى للضريبة

أو التي تحتفظ بنسبة مرتفعة من الأرباح على شكل عملات نقدية أجنبية .

وهذه العقبات في تقييم الأسهم من قبل المساهمين تطرح مشكلة تجزئة (segment) الأسواق المالية .

(ج) تجزئة الأسواق المالية   segment of financial market

تجزأ سوق رؤوس الأموال إذا كان معدل العائد المطلوب مـن سـندات هـذه السوق يختلف عن معدل العائـد المطلوب مـن السـندات الممثلة لخواص العائد والمخاطرة مقارنة في الأسواق الأخرى ، وبطبيعة الحال تؤخـذ بنظـر الاعتبار مخـاطر الصرف والمخاطر السياسية . ويمكن القول أن تجزئة الأسواق المالية يمثل أحد عيـوب السوق المالية .

وان تجزئة الأسواق يمكن أن تطبق لأسباب عديدة يمكن إجمالها بما يلي :-

(1) عدم كفاية البيانات للمستثمرين الأجانـب :- مـن المؤكد أن البيانـات المكتوبـة باللغة المحلية (الوطنية) تكون قليلة الترويج والانتشار في الخارج ويشـكل ، إذا صح التعبير ، عقبة أمام فهم وإدراك هذه البيانات .

(2) اختلاف الضريبة بالنسبة للسندات والأرباح الرأسمالية والحصص الربحية .

(3) رقابة المبادلات :- تخضع عملية اقتناء السندات الأجنبية مـن قبل المستثمرين المحليين إلى إجراءات قانونية صارمة في العديد من بلدان العالم . وحينـما تكون إمكانيات شراء السندات الأجنبية ضيقة ومحدودة فـأن ذلك يـؤدي إلى توجـه المستثمرين نحو اقتنـاء أسهم الشركات متعـددة الجنسيات التـي تسـاهم في تخفيض كلفة الأسهم العادية (رؤوس الأموال الممتلكة) لهذه الشركات .

(4) اختلاف تقييم الخطر المالي باختلاف القواعد المالية والمحاسبية للبلدان في العالم .

(5) الخطر السياسي :- تصاحب عملية تدخل الحكومة في أسواق رؤوس الأموال مخاوف من تجزئة الأسواق المالية . وفي السوق المالية المجزئة يحدد سعر السندات بموجب المعايير المحلية أكثر من المعايير الدولية . فالشركة التي تسجل في سوق مجزئة لرؤوس الأموال يرجح أن تكون كلفة رأسمالها مرتفعة أكثر ارتفاعاً من تلك التي تسجل في أسواق مالية متعددة . وفي الواقع أن الشركة المحلية في بلد ما تتوجه إلى السوق المحلية لرؤوس الأموال في ذلك البلد . وتستمر هذه الشركة بالاستثمار ما دام معدل العائد الحدي يكون أعلى من الكلفة الحدية لرؤوس الأموال ، مع الاحتفاظ بهيكلها المالي الأمثل بأسلوب لا يغير خطرها المالي (financial risk) . أما الشركات متعددة الجنسيات ، فبالعكس ، يمكن أن تجمع الأموال من مختلف الأسواق المالية وبخاصة من الأسواق العالمية لرؤوس الأموال أو من الأسواق الأجنبية . وعليه فأن تدويل الأسواق المالية يتجه نحو تخفيض التجزئة .

يوضح الشكل (36) منحنيات الكلفة الحدية لرأس المال في كل من السوق المحلية (CMC_D) والسوق العالمية لرؤوس الأموال (CMC_I) ومعدل العائد الحدي لرأس المال (TRM) ، المقابلة إلى موازنات مختلفة . تتمثل الموازنة الأمثل في نقطة يتعادل فيها معدل العائد الحدي لرأس المال مع الكلفة الحدية لرأس المال . ويبدو أن الدخول في سوق دولية لرؤوس الأموال يساعد في الحصول على كلفة منخفضة لرأس المال ، ويمثل موازنة استثمارية مرتفعة (B2>B1) . وفي ظل هذه الظروف فأن نمو مجموعة الشركات متعددة

الجنسيات يمكن أن يكون أكبر بكثير من نمو الشركة المحلية مع بقاء الأشياء الأخرى من جانب آخر على حالها . ويمكن أن تكون كلفة راس المال أكثر انخفاضاً إذا كانت سوق رؤوس الأموال متكاملة .

الشكل (36)
كلفة راس المال وتجزئة الأسواق المالية

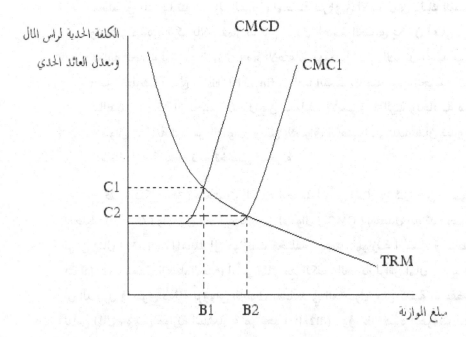

وتجدر الإشارة إلى أن تسجيل الشركات متعددة الجنسيات في قائمة الأسواق المالية الأجنبية (البورصات) لا يهدف بالأساس إلى الحصول على مصادر تمويل جديدة ، وإنما يهدف بشكل خاص إلى الحصول على سمعة حسنة في الخارج . كما أن هذا التسجيل يساعد في عملية جذب شركات أجنبية من

431

خلال إجراء عرض سياسة المبادلة . علاوة على ذلك فان التسجيل في الخارج يساعد في عملية تكامل واندماج الفرع الأجنبي في البلد المضيف بصورة أفضل. وقد أشارت دراسات عديدة إلى أن من مصلحة المستثمرين القيام بالتنويع الدولي لمحافظهم المالية . فالسندات المتداولة في العديد من الأسواق المالية يتعين ، في محفظة ما ، أن تخفض الخطر النظامي لتلك المحفظة (portfolio) .

(ثانياً) كلفة الأسهم الممتازة   preferred stock cost

تتمتع الأسهم الممتازة بحق أسبقية توزيع الأرباح في نهاية الفترة المالية ، وأسبقية تعويض القيمة الاسمية لهذه الأسهم عند تصفية الشركة في حالة إذا كانت موجودات الشركة غير كافية لتعويض قيم جميع الأسهم . وتكون الاسم الممتازة ، بالنسبة للشركات المساهمة ، أكثر خطورة من الأسهم العادية واقل خطورة من القروض . وتتمثل كلفة السهم الممتاز في العلاقة بين حصة الأفضلية أو الأسبقية (priority dividend) وسعر السهم الممتاز (preferred stock price) وكما في المعادلة الآتية :-

$$K_p = \frac{D_p}{P_p}$$

حيث أن :-

K_p = كلفة السهم الممتاز .

D_p = حصة أسبقية .

P_p = سعر السهم الممتاز .

(ثالثاً) كلفة الاحتياطات reserves cost

تمثل الأرباح المحتجزة كلفة الفرصة البديلة (opportunity cost) . فإذا قامت الشركة بتوزيع الأرباح بدلاً من الاحتفاظ بجزء منها في الاحتياطات فان المساهمين سيتجهون إلى توظيف هذه الأموال في أدوات مالية (financial instruments) أخرى مثل الأسهم ، والسندات ، وسندات الدولة أو الخزينة وغيرها . وعليه يمكن أن تكون الاحتياطات كلفة تعادل معدل العائد المطلوب من قبل المساهمين في الشركة وكما في المعادلة الآتية :-

$$Kr = \frac{D_1}{P_O} + g$$

حيث أن :-

Kr = كلفة الاحتياطات .

D_1 = الحصة في الزمن (1) .

P_O = سعر السهم .

g = معدل نمو أو زيادة حصص الأرباح .

وترتفع كلفة الاحتياطات كلما كان النظام الضريبي مرنا ويمثل حالة إيجابية لصالح حصص الربحية الموزعة أو الأرباح المحتجزة .

(رابعاً) كلفة الضرائب المحولة deferred taxes cost

تمثل الضرائب المحولة ، إذا صح التعبير ، قرض للدولة بدون فائدة (non interest) . وبذلك يمكن أن تعد هذه الضرائب من قبيل المبالغ التي ليس لها كلفة .

(خامساً) كلفة القروض (المديونية)   debts cost

توجد مصادر متعددة للقرض هي :-

(1) قروض من البنوك والمؤسسات المالية المحلية والسوق المالية في بلد المنشأة ألام .

(2) قروض بواسطة الفروع من البنوك والمؤسسات المالية المحلية أو من الأسواق المالية المحلية في البلدان المضيفة .

(3) قروض من الأسواق المالية العالمية .

ويتعين أن تتضمن كلفة المصادر التمويلية المشار إليها مخاطرة أسعار الصرف وخاصة حينما تتمثل هذه المصادر في قروض طويلة الأجل وذلك لان التغطية في السوق الآجلة غير ممكنة فضلاً عن تأثير الضريبة على هذا النوع من القروض . وتختلف كلفة القروض تبعاً لاختلاف العملة النقدية ونوع القرض . وفيما يأتي توضيح أساليب احتساب كلفة كل نوع من أنواع القروض المختلفة.

(1)   كلفة قرض المنشأة ألام بالعملة النقدية الأساس

● كلفة القرض قبل الضريبة (K_D) تحتسب كما في المعادلة الآتية :-

$$E = \frac{A_1}{1+K_D} + \frac{A_2}{(1+K_D)^2} + \frac{A_3}{(1+K_D)^3} + ... + \frac{A_n}{(1+K_D)^n}$$

حيث أن :-

E = مبلغ القرض .

A = قسط التسديد (المبلغ المبدئي + الفوائد) .

n = مدة القرض .

● كلفة القرض بعد الضريبة تحتسب كما في المعادلة الآتية :-

$$i = K_D (1- t)$$

حيث أن :-

i = كلفة القرض بعد الضريبة .

t = معدل الضريبة .

(2)   كلفة القروض المدونة بالعملة النقدية الأجنبية

يحتسب معدل الفائدة الحقيقية للقروض بالنسبة إلى مجموعة الشركات متعددة الجنسيات . ويحدد في بادئ الأمر العملة النقدية الأساس (Reference Money) بالنسبة لمجموعة الشركات متعددة الجنسيات . ومن ثم يتم تقدير معدل التغيير المتوقع (expected variation) في قيمة العملة النقدية الأجنبية التي يدون بها القرض ، مقارنة بالعملة النقدية الأساس (Basic Money) . ويمثل معدل الفائدة الحقيقي للقرض المجموع الجبري للمعدل الاسمي للفائدة ومعدل تغيير قيمة العملة النقدية الأجنبية .

$$i_E = i_N + \Delta_D$$

حيث أن :-

i_E =معدل الفائدة الحقيقي .

i_N =معدل الفائدة المحلي .

Δ_D = التغيير في قيمة العملة النقدية الأجنبية مقابل العملة النقدية الأساس .

بافتراض أن الفروع في ألمانيا التابعة لمنشأة أمريكية متعددة الجنسيات تقترض في ألمانيا بمعدل فائدة أسمي قدره (10%) . فإذا ما توقع انخفاض اليورو

(العملة النقدية الأوروبية بالنسبة لألمانيا) بنسبة (2%) مقابل الدولار الأمريكي فان معدل الفائدة الحقيقي لهذا القرض بالنسبة للمنشأة الأمريكية متعددة الجنسيات تحتسب كما يلي :-

$$i_E = 0.10 - 0.02 = 8\%$$

وبالعكس إذا كان معدل الفائدة الاسمي (7 %) بالنسبة للمنشآت الألمانية التي تمتلك فروع في الولايات المتحدة الأمريكية ، وإذا ما توقع كما في الحالة السابقة أن هنالك انخفاض للدولار الأمريكي مقابل اليورو بنسبة (3%)،فان معدل الفائدة الحقيقي بالنسبة للمنشآت الألمانية يحتسب كما يلي:

$$i_E = 0.07 + 0.03 = \%10$$

أن احتساب معدل الفائدة الحقيقي يأخذ بنظر الاعتبار التضخم الاقتصادي ومخاطرة أسعار الصرف بشكل غير مباشر . فإذا كان معدل الفائدة الحقيقي (10%) وكانت نسبة الضريبة (40 %) فان كلفة القرض تحتسب كما يلي:-

$$K_D = 0.10 (1 - 0.40) = 6 \%$$

وعلى الرغم من أن القروض طويلة الأجل بالعملة النقدية الأجنبية تتضمن عادة مخاطرة أسعار الصرف ، فان الشركات تبرر عملية لجوئها إلى الاقتراض حصرا بالعملة النقدية الأجنبية حينما تتوقع الحصول على عوائد يمكن أن تخصص إلى تسديد القروض بالعملة النقدية نفسها .

(3)   كلفة القرض الأجنبي المضمون (المغطى)

يعرف القرض الأجنبي المضمون بأنه القرض الذي يتمتع بضمان (غطاء) لأجل معين . فإذا كان سعر الصرف لأجل هو (CT) فان كلفة هذا القرض تحتسب كما يلي :-

$$K_{DEe} = \left[(1+i)\frac{CT}{Co} - 1 \right](1-t)$$

حيث أن :-

K_{DEe} = الكلفة الحقيقية للقرض بالعملة النقدية الأجنبية .

CT   = سعر الصرف الآجل معبرا عنه بوحدات نقدية محلية لقاء وحدة نقدية مـن عملات أجنبية .

t   = معدل الضريبة .

وحينما تجري دراسة إمكانيات الاقتراض بعملتين نقديتين مختلفتين فانه يتعين أن لا تتركز الدراسة حصرا على معدلات الفائدة الحقيقية بعد الضرائب وإنمـا كـذلك يجب أن تشمل خواص القرض الأخرى مثل تأجيل الإطفاء ، وشكل التسديد وغيرها كذلك هنالك أسباب أخرى غير مالية يمكن أن تقود إلى تفضيل القرض المحلي وذلك. من اجل جعل الشركة تتكيف بشكل أفضل في البلد المضيف فضلا عن التخفيف من حدة المخاطرة السياسية .

(سادسـا):- معـدل الكلفـة المـوزون لـراس مـال الشركات متعـددة الجنسيات

يجري حساب معدل الكلفة الموزون على مرحلتين :-

(1) احتساب مصادر التمويل المختلفة لمجموعة الشركات متعددة الجنسيات .

(2) اختيار أوزان (ponderations) لتطبيقها على هذه المصادر المختلفة .

يجري العمل بشكل عام بالاستناد إلى فرضية ضمنية تقوم على أساس أن الهيكل المالي لمجموعة الشركات متعددة الجنسيات يكون أمثل وان الوزن المستخدم هو ذلك الوزن الذي يمثل أهمية بنود الميزانية الموحدة .

نفترض أن مجموعة شركات أدوات مولينكس (instruments Moulinex)تم تمويلها عن طريق رؤوس الأموال الممتلكة (حقوق الملكية) بالإضافة إلى ثلاثة أنواع من القروض التي لها كلف مختلفة . والجدول (27) يبين هيكل المطلوبات الموحد لهذه المجموعة من الشركات .

الجدول (27)

هيكل المطلوبات الموحد لمجموعة شركات أدوات مولينكس

(المبالغ بالملايين من اليورو)

مصادر التمويل	المبلغ (1)	الوزن (2)	الكلفة (3)	(2) × (3)
رأس المال الممتلك (حقوق الملكية)	1800	0.6	12.0	7.2
القرض (1)	600	0.20	8.00 (بعد الضريبة)	1.6
القرض (2)	450	0.15	7.00 (بعد الضريبة)	1.05
القرض (3)	150	0.05	6.5 (بعد الضريبة)	0.33
المجموع	3000	1.00		10.18

وعليه فان معدل الكلفة الموزون يبلغ (10.18 %) . وفي حالة ارتفاع معدل التضخم الاقتصادي إلى الحد الذي يؤثر في تشويه بنود الميزانية فانه عندئذ يفضل احتساب الوزن على أساس القيم السوقية الممثلة لمختلف أصناف الأسهم والسندات . والكلفة الحدية لراس المال في مجموعة الشركات متعددة

الجنسيات تمثل معدل الكلفة الموزون لمصادر التمويل الإضافية ، وهذا ما يمثل الكلفة المستخدمة في اختيار الاستثمارات .

ثانيا :- كلفة راس المال في الفروع الأجنبية

Cost of Capital for Branches

يتعين الأخذ بنظر الاعتبار اصل الأموال التي مولت الفرع والمخاطرة المصاحبة لها بهدف احتساب كلفة راس المال في الفرع الأجنبي .

(أولا) كلفة حقوق الملكية للفرع الأجنبي

إذا كان امتلاك مجموعة الشركات متعددة الجنسيات للفرع بصورة كاملة ، فان معدل كلفة حقوق الملكية للفرع يكون معادلا إلى معدل كلفة حقوق الملكية للشركات متعددة الجنسيات . ويختلف معدل كلفة الاحتياطات للفرع الأجنبي تبعا لاختلاف معدلات الضريبة المطبقة على الأرباح الموزعة (احتجاز الأموال ، فرض ضرائب) .

ويمكن قياس كلفة الاحتياطيات المحتفظ بها من قبل الفروع الأجنبية على وجه التقريب كما في الصيغة الآتية :-

$$K_{RE} = K_A \frac{1 - T_D}{1 - T_E}$$

حيث أن :-

K_{RE}= كلفة الاحتياطات للفرع الأجنبي .

T_D = معدل الضريبة في بلد المنشأة ألام .

T_E = معدل الضريبة للبلد المضيف .

(ثانيا) كلفة القروض (المديونية) للفرع الأجنبي

debts cost for foreign branch

تحسب كلفة المديونية للفرع الأجنبي بالأسلوب نفسه الذي تحسب فيه هذه الكلفة بالنسبة للمنشأة ألام ، ويؤخذ بنظر الاعتبار معدل الفائدة الحقيقي إذا كان القرض بالعملات النقدية الأجنبية .

(ثالثا) كلفة راس المال في المشروعات الاستثمارية للفروع الأجنبية

إذا كان الاستثمار لدى الفرع يحمل مستوى المخاطرة نفسه الذي تتحمله مجموعة الشركات متعددة الجنسيات بكاملها ، وإذا كان مجموع مبالغ مصادر التمويل (financing total) قد تم تأمينه من قبل المنشأة ألام ، فان كلفة راس المال التي يمكن تطبيقها هي كلفة مجموعة الشركات متعددة الجنسيات . وإذا تم تمويل الاستثمار بجزء من أموال المنشأة ألام وجزء من القروض المحلية ، فانه يمكن استخدام الطريقتين الآتيتين :-

(1) يحسب معدل الكلفة الموزون لراس المال على أساس أن كلفة رؤوس الأموال المتأتية من المنشأة ألام تعد من قبيل حقوق الملكية (رؤوس الأموال الممتلكة) وليس قروضا ، ويتم تسوية (adjustment) كلفة القرض للفرع بأسلوب يأخذ بنظر اعتبار زيادة نسبة المديونية لمجموعة الشركات متعددة الجنسيات .

(2) يمكن احتساب كلفة راس المال للشركات متعددة الجنسيات على أساس المخاطرة التي تستهدف الفرع ، وتزداد هذه الكلفة مع زيادة المخاطرة .

وتجدر الإشارة إلى انه يمكن كذلك إجراء تسوية للمخاطرة على مستوى التدفقات النقدية (cash-flows) والمحافظة على كلفة راس المال لمجموعة الشركات متعددة الجنسيات عند اتخاذ القرارات الاستثمارية مثلما سبقت الإشارة إليه .

(رابعا) سلوك مجموعات الشركات متعددة الجنسيات

لقد أجريت دراسات عديدة على الهيكل المالي للفروع الأجنبية لمجموعات الشركات متعددة الجنسيات ، ولم تؤدي تلك الدراسات إلى نتائج متطابقة . ويرى البعض أن نسب مديونية الفروع الأجنبية تكون أعلى من نسب مديونية المنشآت ألام . فعلى سبيل المثال أشار ريمرز (L.Remmers) إلى أن الفروع الأمريكية العاملة في بريطانيا تسجل نسب مديونية اكبر من المنشآت الأمريكية ألام وتقترب هذه النسب من نسب المديونية في الشركات البريطانية ، فضلا عن التزام هذه الفروع بقواعد المديونية المتبعة في البلد . ويؤدي هذا السلوك إلى الحصول على مزايا متعددة من أبرزها هي مقارنة نتائج الفروع مع نتائج الشركات المحلية ، وتكييف الفروع بشكل أفضل مع بيئة البلد المضيف . لكن بالمقابل أن ابرز مأخذ في هذا السلوك يتمثل في أن الشركة متعددة الجنسيات تفقد في حقيقة الأمر امتياز فرص التمويل و لا تحصل على تخفيض كلفة راس المال في سلم مجموعة الشركات متعددة الجنسيات . وقد أظهرت دراسات أخرى أن الهياكل المالية للفروع الأجنبية تختلف في وقت واحد عن الهيكل المالي لمنشآتها ألام والشركات في البلد المضيف. وعليه فان هذا الاستنتاج يؤكد على محاولة جعل الهيكل المالي بشكل أمثل على المستوى الدولي .

تستخدم غالبية الشركات متعددة الجنسيات كلفة رأس المال ذاتها بالنسبة لمجموعة الشركات والفروع . غير أن الفروع إذا ما وجدت البلد المضيف في حالة خطر فأنها تتبنى كلفة لراس المال أكثر ارتفاعا . وعلى الرغم من ذلك فان البعض من مجموعات الشركات متعددة الجنسيات يحسب كلفة راس المال المحلي بالنسبة للفروع الأجنبية التابعة إليها .

مثال

تمتلك منشأة (BMW) إحدى الشركات الألمانية متعددة الجنسيات (100) فرع في الخارج . وكانت مطلوبات هذه المنشأة في الميزانية الموحدة كما يلي (ملايين اليورو)

حقوق الملكية (رؤوس الأموال الممتلكة)	900
قروض	1100
المجموع	2000

تبلغ كلفة حقوق الملكية أو رأس المال الممتلك (16 %) وكلفة المديونية (12 %) . ويتطلع فرع المنشأة إلى مشروع استثماري معين بمبلغ (160) مليون يورو . وان معدل الفائدة في البلد المضيف للفرع يبلغ (20 %) ، لكن يتوقع أن يحصل انخفاض بنسبة (8 %) سنويا في العملة النقدية الأجنبية للبلد . ويفرض معدل الضريبة على الأرباح بنسبة (40 %) في البلد المضيف للفرع وبنسبة (33.3 %) في ألمانيا . فإذا علمت أن المنشأة ألام لا ترغب في تغيير هيكلها المالي . فماذا ستكون كلفة راس مال المشروع في الحالتين الآتيتين :-

(1) إذا كان تمويل المشروع عن طريق المنشأة ألام وقروض محلية .

(2) إذا كان لدى الفرع إمكانية مبلغ (30) مليون من احتياطاته لتمويل المشروع ؟

وبما أن المنشأة ألام لا ترغب بتغير هيكلها المالي باعتباره هيكلا امثل فان نسبة حقوق الملكية (رؤوس الأموال الممتلكة) إلى مجموع الميزانية يجب أن تبقى على حالها ، وبذلك تكون النسبة 45 % (900 ÷ 2000) . وعليه فان المطلوبات بعد استثمار مبلغ (160) مليون يورو تعرض في الميزانية بالمبالغ الآتية :-

حقوق الملكية (0.45 × 2160) = 972

المديونية (الاقتراض) (0.55 × 2160) = 1188

المجموع = 2160

(1) إذا تم التمويل لفرعين عن طريق حقوق الملكية والقروض المحلية فأن التمويل يحسب كما يلي :-

- حقوق الملكية (972 -900) = 72 مليون يورو
- قرض في البلد المضيف للفرع (160 - 72) = 88 مليون يورو .

وفي هذه الحالة فان كلفة راس مال المشروع الاستثماري تساوي معدل الكلفة الموزون للنوعين من مصادر التمويل . وكلفة حقوق الملكية هي الكلفة للمنشأة ألام = 16 %

الكلفة الحقيقية للقرض هي :0.20 × (1 - 0.40)- 0.08 = 0.04 = 4 %

ويحتسب معدل الكلفة الموزون لهذا المشروع في هذا النوع من التمويل كما يلي:-

(0.45 × 0.16) + (0.55 × 0.04) = 9.40 %

(2) إذا تم تمويل الفرع بمبلغ (30) مليون من الاحتياطات فان التمويل يحسب كما يلي :-

- 72 مليون حقوق ملكية (رؤوس أموال ممتلكة) .
- 88 مليون قرض محلي .

وتأخذ كلفة الاحتياطات للفرع التأثير الضريبي بنظر الاعتبار ، وتحسب كما يلي :-

$$K_R = 0.16 \times \frac{1 - 0.3333}{1 - 0.40} = 17.78\ \%$$

ويحتسب معدل الكلفة الموزون لهذا المشروع في هذا النوع من التمويل كما يلي :-

مصدر التمويل	المبلغ (1)	الكلفة (2)	النسبة (3)	(2) × (3)
حقوق ملكية (رؤوس أموال ممتلكة)	42	16.00	% 26	4.16
احتياطات	30	17.78	% 19	3.38
قروض	88	4.00	% 55	2.20
المجموع	160			9.74

يلاحظ أن معدل الكلفة الموزون يساوي (9.74 %) وهو أعلى من الكلفة المحسوبة سابقا (9.40 %) حينما كان التمويل عن طريق المنشأة ألام وعن طريق القروض المحلية .

ثالثا :- الهيكل المالي للشركات متعددة الجنسيات

Capital Structure for Multinational Companies

يجسد الهيكل المالي لمجموعة الشركات متعددة الجنسيات شكل تمويل الموجودات لهذه المجموعة .

(أولا) الهيكل المالي الأمثل

optimum capital structure

تثير مسألة تحديد الهيكل المالي الأمثل طروحات نظرية لا مجال للحديث عنها في هذا الموضوع . ولذلك يمكن استعراض النظرية التقليدية التي تبدو ملائمة بشكل أفضل في الحياة العملية للشركات متعددة الجنسيات . وقد عرضت النظرية التقليدية من قبل البروفيسور سولومون (Ezra Solommon) في عام 1963 م . إذ يتم تحديد الهيكل المالي الأمثل من خلال دراسة تطور كلفة رأس المال .

يوضح الشكل (37) تطور كلفة رؤوس الأموال الممتلكة او (حقوق الملكية) (K_A) وكلفة المديونية (الاقتراض) (F_D) ومعدل الكلفة الموزون (K) ، تبعا لمعدل أو نسبة المديونية . ويلاحظ من الشكل (37) أن كلفة المديونية تبقى ثابتة مادام معدل المديونية يقل عن قيمة ثابتة ومؤكدة ، ومن ثم ترتفع لاحقا . وان كلفة رؤوس الأموال الممتلكة تزداد بازدياد المديونية وذلك بسبب ارتفاع الخطر المالي . وان معدل الكلفة الموزون يبدأ بالانخفاض بسبب دخول الأموال المقترضة في كلفة منخفضة ، ثم يبقى ثابتا في حدود معينة قبل الارتفاع من جديد .

الشكل (37)

الهيكل المالي وكلفة راس المال

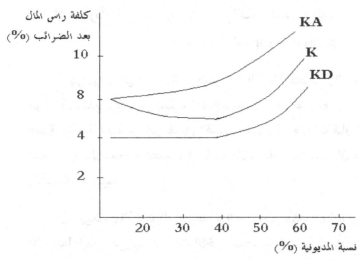

لا يمكن أن يكون الهيكل المالي الأمثل لوحده ممثلا بمعدل واحد للمديونية المحددة . ومعدل كلفة راس المال يبقى ثابتا في حدود معينة ، والهيكل المالي سيكون امثل مادام يقع في أدنى من معدلات المديونية ذات العلاقة . وتقوم الشركات متعددة الجنسيات بتنظيم هامش معين للمناورة من اجل بلوغ الهيكل المالي الأمثل . ويمكن أن تجري بمرحلتين هما :-

(1) المرحلة الأولى :- تكييف الهيكل المالي للفروع الأجنبية في البيئة المالية والاقتصادية والنقدية وغيرها للبلد المضيف للفرع .

(2) المرحلة الثانية :- تبديل الهياكل المالية بطريقة يمكن التقرب من خلالها إلى الهيكل المنشود على مستوى الميزانية الموحدة للمجموعة من الشركات متعددة الجنسيات .

كذلك لا بد من الاتجاه نحو تحديد مركز سعر الصرف الموحد في حالة توقع انخفاض العملة النقدية في البلد المضيف ومثلما تناولته الأساليب المختلفة للدمج .

(ثانيا) مقارنة الهياكل المالية للشركات متعددة الجنسيات

comparison of capital structure

تظهر دراسة الهياكل المالية للشركات الكبيرة متعددة الجنسيات اختلافات جوهرية.فالمديونية تقاس بالقيمة المحاسبية للقروض أما رؤوس الأموال الممتلكة (حقوق الملكية) فتقاس عن طريق القيمة السوقية . ولذلك فان المقارنات تصبح عسيرة جراء الاختلافات العميقة في طرائق الاحتساب بين البلدان وأشكال التمويل والأنظمة الضريبية .

إن الهيكل المالي للشركات متعددة الجنسيات الألمانية واليابانية تظهر مديونية أكثر ارتفاعا من مديونية الشركات الأخرى متعددة الجنسيات الأمريكية والبريطانية والفرنسية ، حتى بعد أجراء التسويات لإزالة الفروقات المحاسبية . وهذا يعني أن هذه الشركات ستكون من الوهلة الأولى أكثر خطورة في الخطة المالية وغيرها . ففي الواقع ، من جانب توجد علاقات ضيقة للاعتماد (interdependence) بين بنوك مجموعات الشركات متعددة الجنسيات ومجموعات الشركات الصناعية . علاوة على ذلك ، توجد شركات أخرى من المجموعة نفسها يمكنها دفع أوراقها التجارية مقدما (notes payable) أو الموافقة على تأجيل تاريخ تسديد الديون التي بذمة شركة ذات مركز مالي ضعيف (weakness) بهدف مساعدتها.إن تدويل أسواق رؤوس الأموال

والتسويات المصرفية والحاجة إلى بعض النسب المالية يجب أن يساهم في تخفيض فروقات كلفة راس المال بالنسبة للشركات متعددة الجنسيات .

الخلاصة

تناول هذا الفصل المكونات الأساسية لكلفة راس المال في الشركات متعددة الجنسيات ، فضلا عن تحديد هيكلها المالي الأمثل . غير أن هنالك العديد من المشكلات مازالت مطروحة . إذ أن تقييم خطر الفروع الأجنبية يعد أكثر صعوبة من تقييم الخطر في السوق المحلية . بالإضافة إلى ذلك حينما لا تمتلك المنشأة ألام الفروع بالكامل فان مشاكل التقييم تكون أكثر تعقيدا . ثم أن هنالك تساؤلات مهمة تطرح للاستفسار وهي هل يأخذ هيكل التمويل الأمثل بنظر الاعتبار تقييم المخاطرة من قبل المستثمرين المحليين ، حينما تسجل الشركة في السوق المحلية ، وهل يمكن مقاصة المستوى المرتفع من المخاطرة بالنتائج المربحة اللازمة للتنويع الدولي ؟ وأخيرا ما زالت مشكلة توقع تأثير أسعار الصرف على القرارات المالية قائمة .

أسئلة الفصل

1- اذكر فائدة مفهوم كلفة راس المال .

2- ما هي مخاطرة اقتراض عملة نقدية أجنبية ذات معدل فائدة منخفض ؟

3- إذا كانت معدلات الفوائد متماثلة في بلد المنشأة ألام والبلد المضيف للفرع ، ففي أي بلد يكون الاقتراض مفضل ؟ وضح اختلاف الفرضيات .

4- نفترض أن سعر السهم لمجموعة الشركات (س) هو (280) دينار والحصة الربحية هي (6) دينار . فإذا توقع زيادة الحصص الربحية بنسبة (3 %) سنويا ، فما هي كلفة أسهم هذه المجموعة ؟ استخدم نموذج (جوردون شابيرو) .

5- كان معدل ß لأسهم مجموعة الشركات (ص) هو (1.4) ، ومعدل فائدة سندات الدولة (7 %) ومعدل عائد السوق هو (8.5 %) . احسب كلفة الأسهم لهذه المجموعة باستخدام نموذج تسعير الموجودات المالية .

6- اقترضت المجموعة الفرنسية (SEB) مبلغ قدره (10000000) باوند بريطاني (GBP) والذي يجب تسديده في خمسة أقساط متساوية بمبلغ (2800000) (GBP) . ويبلغ معدل الضريبة (33.3 %) احسب كلفة القرض بعد الضريبة .

7- حصلت مجموعة فرنسية (x) على قرض بالدولار لمدة سنة واحدة . وهذا القرض كان مضمونا (مغطى) في السوق الآجل . وان معدل الفائدة على الدولار هو (5 %) . احسب كلفة القرض بعد الضريبة . علما أن معدل الضريبة هو 33.3 % .

8- حصلت مجموعة ألمانية (Y) على القرض بالدولار الأمريكي لمدة سنة واحدة . وهذا القرض كان مضمونا (مغطى) في السوق الأجل . وان معدل الفائدة على الدولار هي (5 %) . والأسعار كانت كما يلي :-

السعر النقدي (EUR/USD) = 0.890 يورو (EUR)

السعر في سنة واحدة (EUR/USD) = 0.885 يورو (EUR)

المطلوب :- أحسب الكلفة الفعلية للقرض بالدولار لهذه المجموعة . علما أن معدل الضريبة هو (33.3%) .

9- ماذا يقصد بمفهوم سوق رؤوس الأموال المجزئة ؟

10- فيما يلي هيكل المطلوبات لمجموعة شركات (Philips)

البيان	المبلغ	كلفة قبل الضريبة (%)
حقوق ملكية (رؤوس أموال ممتلكة)	5000	% 10
قرض (1)	1500	% 12
قرض (2)	1000	% 14
المجموع	7500	

المطلوب :- احسب معدل كلفة راس المال للمجموعة ، علما أن معدل الضريبة هو % 33.3

11- ما هو الهيكل المالي الأمثل لمجموعة الشركات متعددة الجنسيات ؟

12- الهياكل المالية للفروع الأجنبية يجب أن تكون :-

- مشابهة إلى هياكل المنشأة ألام .
- مشابهة إلى هياكل الشركات المحلية .
- متجانسة فيما بينها .
- مختلفة .

المطلوب :- وضح ذلك بشكل تفصيلي .

الباب الثالث

القرارات المالية الدولية

الفصل السادس عشر

القرارات المالية الدولية قصيرة الأجل

الفصل السادس عشر

القرارات المالية الدولية قصيرة الأجل

Short-Term International Financial Decisions

يتطلب الاهتمام المتزايد بالتغيرات المتسارعة في قيم العملات النقدية المختلفة للبلدان إدارة دولية قصيرة الأجل . وتشمل عادة هذه الإدارة كل من إدارة النقدية الدولية (International Cash Management) وإدارة أوراق القبض (Notes Receivable Management) وإدارة المخزون (Management Inventory) .

وغالبا ما تكون القرارات المالية الدولية قصيرة الأجل معقدة للغاية في الشركات متعددة الجنسيات وذلك لأسباب عدة منها الحجم الكبير للتدفقات النقدية والمصادر العديدة للتمويل وتغيرات أسعار العملات النقدية الأجنبية . وتتصف المالية الدولية قصيرة الأجل ببعض الخصائص المميزة وذلك لاختلاف البيئات النقدية والمالية وتنوع التطبيقات المصرفية والمتطلبات المؤسسية (التعليماتية) وفترات تحويل الأموال من بلد لآخر .

يتناول هذا الفصل الموضوعات الآتية :-

- إدارة النقدية الدولية .
- إدارة أوراق القبض .
- إدارة المخزون .

453

أولاً :- إدارة النقدية الدولية

International Cash Management

يمكن تعريف النقدية الدولية بأنها الفرق بين السيولة النقدية الأجنبية المتاحة (disposability) والأرصدة النقدية الدائنة بالعملات الأجنبية . وتعد الأرصدة النقدية الدائنة جزءاً من مصادر التمويل التي تشمل غالباً ائتمانات البنوك والأجهزة والمؤسسات المالية بالإضافة إلى الأوراق التجارية المخصومة وغير المستحقة . وبشكل عام تحتسب النقدية الدولية كما في المعادلة الآتية :-

النقدية الدولية = السيولة النقدية الأجنبية المتاحة - الائتمانات المصرفية النقدية بالعملات النقدية الأجنبية

ومثلما تخص إدارة النقدية الدولية الشركات المستوردة والمصدرة على حد سواء فإنها تخص كذلك الشركات متعددة الجنسيات . وعلى الرغم من الإمكانات العديدة والمختلفة المتوفرة لدى الشركات متعددة الجنسيات فان إدارة النقدية تطبق أولا على مستوى الشركة المصدرة والمستوردة قبل أن تدرس وتطبق من قبل الشركات متعددة الجنسيات .

(أولاً) إدارة النقدية الدولية لشركة مصدرة أو مستوردة

1- الاختلافات بين إدارة النقدية المحلية والدولية ينبع من الأسباب الآتية :-

(1) إعداد الفاتورة بالعملات النقدية الأجنبية يصاحبه معه مخاطرة أسعار الصرف .

(2) اختلاف أساليب تحويل الأموال الدولية .

(3) تشريعات وتسويات أسعار الصرف تسبب عقبات عديدة للتدفقات النقدية بالعملات الأجنبية .

وفي الشركة المستوردة أو المصدرة لابد من التمييز بين نقدية العملة الوطنية والعملات الأجنبية . وبذلك يهدف مسؤول النقدية (أمين الخزينة treasurer) إلى تقليل مخاطرة أسعار الصرف وتخفيض تكاليف النقدية الدولية عن طريق الإسراع في التحويلات وتأمين تغطية مخاطرة معدل الفائدة .

2- مشكلات مخاطرة أسعار الصرف (سبق التطرق إليها في الفصل السابع):

يمكن أن تكون هذه المخاطر مغطاة أو يمكن تجنبها إذا كانت عملة إعداد القائمة (الفاتورة) بالعملة النقدية المحلية . وعليه فان أمين الصندوق (أمين الخزينة treasurer) يمكنه اتخاذ الإجراءات الآتية :-

(1) اللجوء إلى المدفوعات المقدمة (advances) في العملات النقدية الأجنبية .

(2) الانفتاح على سوق المبادلات الآجلة (term exchange market) وذلك عن طريق شراء أو بيع العملات النقدية الأجنبية الآجلة .

(3) الانفتاح على السوق الآجلة أو " سوق العقود futures market " للعملات النقدية الأجنبية وذلك عن طريق شراء أو بيع العقود (المستقبليات) (futures) (راجع الفصل التاسع) .

(4) الانفتاح على سوق الخيارات (options market) وذلك عن طريق شراء خيارات بيع أو شراء العملات النقدية الأجنبية (راجع الفصل التاسع) .

(5) الاحتماء عن طريق إجراء مقايضات أو مبادلات (swaps) في العملات النقدية الأجنبية (راجع الفصل التاسع).

3- مشاكل مخاطرة معدل الفائدة (سبق التطرق إليها في الفصل العاشر) .

4- تقليص تكاليف النقدية وتخفيض المصروفات العائمة (expenditures float) .
ويتم ذلك عن طريق استخدام الائتمانات (القروض) بأقل التكاليف وتخفيض العائم
(float) كما هو الحال بالنسبة لنقدية الشركات المحلية . وينبغي الاهتمام بالنقطة
الأخيرة وذلك لأنها تختلف عن إدارة التدفقات النقدية للشركات المحلية (domestic) .
وتوجد فترة معينة مابين دفع الائتمان (credit) وتاريخ تغطية هذا الائتمان .

والعائم (float) ، أو المصروفات العائمة ، يمثل رؤوس أموال ضرورية بالنسبة للشركة
وذلك لأنها في طريقها للتحويل . وفي التجارة العالمية تكون عادة مدة التحويل طويلة (أيام
عدة) والعائم يمكن أن يكون بمبالغ كبيرة لا يستهان بها . وعن طول مدة التحويل الدولية ،
يمكن اخذ مثالا مبسطا فلو نفترض أن شركة ألمانية استوردت منتجات مـن شركة يابانيـة ،
فالدفع يمكن أن يتم بالين الياباني أو اليورو ، وهذا ما يتطلب فتـرة أطـول للتحويـل الـدولي
الذي يتم وفق الصيغة الآتية :-

(أ) التسوية أو التسديد بالعملة النقدية الأجنبية :- تقوم الشركة الألمانية المستوردة
بإشعار بنكها بأمر الدفع بعملة الين إلى البنك المصدر . وبـذلك يقـوم البنـك الخـاص
بالمستورد بشراء الين من سوق المبادلات (الصرف) ما بين البنوك ثم يقوم هذا البنك
بإشعار وكيله الياباني بإجراء الدفع . والبنك الوكيل يقوم بدوره بجعل حساب البنـك
الألماني مدينا وجعل حساب المصدر اليابـاني دائنا. والشكل(38) يوضح تسوية أو
تسديد دين بالعملات النقدية الأجنبية .

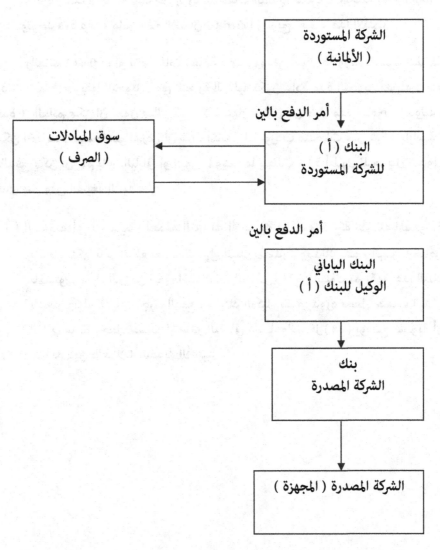

الشكل (38)

تسديد دين بالعملات النقدية الأجنبية

(ب) التسديد بالعملة النقدية المحلية

تـتم عـادة عمليـات الصـرف في بلـد المصـدر (المجهـز)،كـما يوضـح ذلـك الشـكل
(39).ويختلف وقت التغطية اختلافا كبيرا وحسب البلد المعني.فكلما كانت كلفة التعويم (
float) مرتفعة كلما كان وقت التغطية أطول ومعدلات الفائدة مرتفعة ومن ثم يزداد دخل
الفوائد (interest income) الناجم عنها .

الشكل (39)

تسديد دين بالعملة النقدية المحلية

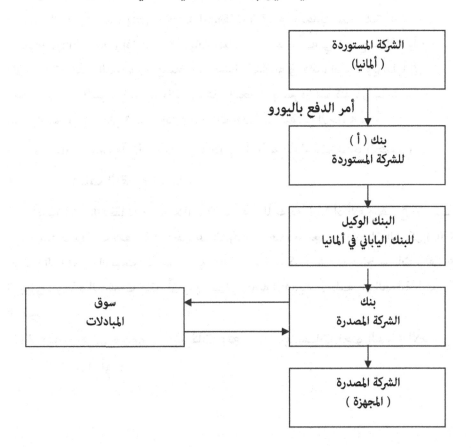

ويستخدم العديد من الأساليب المختلفة للتسويات الدولية بهدف تخفيض المصروفات العائمة . ويجري عادة اختيار أمين الخزينة (الصندوق) بناءاً على معايير عدة منها السرعة والكلفة والبساطة وغيرها.ومن أجل تخفيض المصروفات العائمة يمكن اللجوء إلى التلكس والى شبكت سويفت (swift) ، أو إلى نظام الصندوق البريدي (lock box) في الولايات المتحدة الأمريكية ، أي بتعبير آخر ترسل المدفوعات مباشرة إلى صندوق بريد معين وتجمع كل يوم من قبل البنك .

ويمكن اللجوء إلى استخدام أساليب المؤاجلة والمقايضات الثنائية أو أسواق الاستعمال (الفصل الثامن) ، فيما يتعلق بمواعيد التدفقات النقدية وتحديد مبلغ ثابت (immobilize amount) إذا كانت تسويات المبادلات في البلد المعني تسمح بذلك . وأخيراً فان أمين الخزينة (الصندوق) يحدد عدد البنوك الداخلة في دائرة البنوك ويرسلها إلى البنوك المنظمة للشبكة الدولية والقادرة على التحويل بالسرعة الممكنة . وتساعد مركزية النقدية بشكل عام على تحسين إدارة تدفقات العملات النقدية الأجنبية .

(ثانياً) إدارة النقدية الدولية في مجموعة الشركات متعددة الجنسيات

1-   التدفقات النقدية المختلفة

تنشا هذه التدفقات من العلاقات التجارية والمالية بين المنشأة ألام والفروع الأجنبية . وبالنسبة للتدفقات النقدية في مجموعة الشركات متعددة الجنسيات فان الشكل (40) يوضح التدفقات الرئيسية للنقدية بين مجموعة الشركات متعددة الجنسيات والفرع الأجنبي . وهذه التدفقات يمكن أن يعبر عنها بالعملة النقدية المحلية أو العملة النقدية الأجنبية .

(1) تدفقات أموال مجموعة الشركات متعددة الجنسيات نحو الفرع الأجنبي تتكون مما يأتي :-

- الاكتتاب في رأس مال الفرع .
- القروض متوسطة وطويلة الأجل .
- دفعات نقدية مقدمة .
- مدفوعات السلع حينما يعاد شراء منتجات الفرع من قبل المنشأة ألام .

(2) **تدفقات أموال الفرع الأجنبي نحو مجموعة الشركات متعددة الجنسيات تغطي ما يلي :-**

- حصص الأرباح (dividends) .
- حقوق أصحاب الامتيازات (license fees) في براءة الاختراع ، التراخيص والعلامات التجارية . ويمكن أن تحسب هذه الحقوق (royalties) إما على شكل نسبة مئوية من المبيعات الصافية وإما على شكل مبلغ ثابت لكل وحدة واحدة مباعة ، وفي بعض البلدان تحدد الأقساط على شكل نسبة مئوية من المبيعات .
- مدفوعات أتعاب (fees payment) :- تتمثل هذه المدفوعات في المبالغ التي تدفع مكافأة عن خدمات الإدارة العامة والخدمات الفنية . وتعد هذه المدفوعات من قبيل التكاليف الثابتة (cost fixed) عن تسديد قيمة خدمات محددة على وجه الدقة خلال فترة معينة .
- مدفوعات سلع وخدمات(payments of merchandise and services) وهذه المدفوعات للسلع والخدمات بين الفرع والمنشأة ألام تطرح مشكلة أسعار التحويل التي ستعرض في موضوعات لاحقة .

وفي الشركات متعددة الجنسيات تمثل حصص الربحية بشكل عام تدفقات بمبالغ كبيرة.إذ يلاحظ،بالنسبة للشركات الفرنسية متعددة الجنسيات،أن حوالي (25 %)

من التدفقات تتأتى عن طريق الإيرادات المالية و (25 %) تتأتى من تقديم خدمات متنوعـة و (50 %) من الحصص الربحية وتدفقات أخرى متنوعة .

الشكل (40)

تدفقات أموال بين نقدية المجموعة والفرع الأجنبي

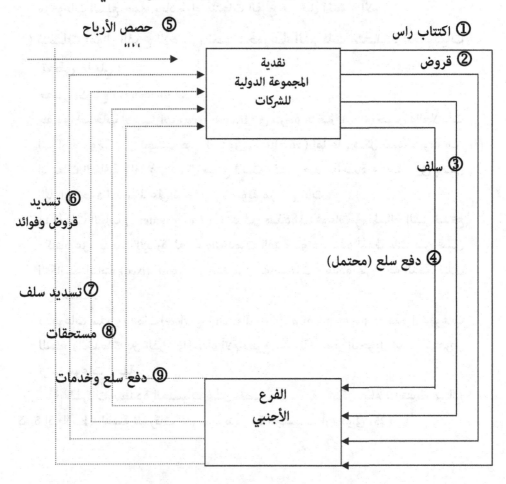

_____ تدفقات مخرجات نقدية المجموعة الدولية للشركات

------ تدفقات مدخلات نقدية المجموعة الدولية للشركات .

وتسدد الفروع الأجنبية ، المنضوية تحت لواء مجموعة الشركات متعددة الجنسيات ، إلى المنشأة ألام نسبة تتراوح بين (40 %) من أرباحها وتعيد استثمار نسبة (50%) إلى (60%) من المبلغ المتبقي في البلد المضيف .

-2 تعظيم التدفقات النقدية cash-flows optimum

يؤدي تعقيد (complexity) التدفقات النقدية،في الغالب،إلى مركزية إدارة النقدية أما على المستوى المجموعة الدولية للشركات،كما هو الحال في أوروبا مثلا أدى الدخول في نظام العملة النقدية الموحدة (اليورو) إلى تطور مراكز الخدمات العامة (Shared service center) الواقعة بشكل عام في إطار المجموعة الأوروبية وتكامل الوظائف النقدية مع الوظائف المالية الأخرى المهمة للمجموعة،وإما على مستوى المنشأة القابضة (Holding)،وإما على مستوى مركز محلي.وتزداد فاعلية وكفاءة مراكز النقدية الدولية أو المحلية في حالة ارتباط وتشابك فعالياتها مع فعاليات المجموعة الدولية للبنوك . وتتمثل غالبية هذه الفعاليات في إدارة مخاطرة أسعار الصرف لكل المجموعة الدولية ، وتقديم خدمات للفروع بغية تقليل حالات الدفع إلى الخارج ، وتمركز الأرصدة بحسب البلدان ، واستخدام أساليب محلية مبتكرة مثل إقامة هيئة أو مجلس نقدي معلوماتي (cash pooling) ، أو إعلان نشر سلم الفائدة لمختلف حسابات المجموعة الدولية بنفس العملة النقدية الأجنبية . ويقوم الفرع بتنفيذ عملية التحويل من رصيده لصالح مركز النقدية عن طريق زيادة الأموال من خلال هيئة أو مجلس النقد (cash pooling) . ويمكن أن يحصل أمين الخزينة (الصندوق) على المعلومات (data) بصورة مباشرة بالاستناد إلى قواعد البيانات المركزية (central informations). فإذا كان مركز النقدية يمثل التداخل (interface) الوحيد مع البنوك والفروع بهدف إدارة سيولتها النقدية ومخاطر أسعار الصرف فان مركز النقدية يصبح بنك داخلي (in house bank) . ويتضمن تنظيم نظام مركزي

للنقدية نظام معلومات (informations system) ، وتنبؤات التدفقات النقدية الداخلة والخارجة ، ومركز قرار لموازنة التدفقات النقدية واتخاذ قرارات النقدية . ويمكن أن يكون مخطط النظام المركزي للنقدية كما يلي :-

الشكل (41)
مخطط نظام النقدية المركزي

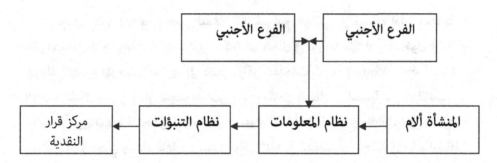

(أ) نظام المعلومات informations system

يتعين على أمين خزينة (الصندوق) المركز المحلي (أو الإقليمي) أو مركز مجموعة الشركات متعددة الجنسيات الدولية التعرف على وضع نقدية الفروع يوما بيوم وذلك بهدف اتخاذ القرارات المالية الملائمة (استثمارات ، استخدام الائتمان قصير الأجل ، المقايضة) .

وبافتراض أنه تم اختيار العملة النقدية الأساس (reference money) لكل مجموعة الشركات متعددة الجنسيات التي لا توجد فيها تسوية مبادلات في البلدان المضيفة فأن تمركز إدارة النقدية على المستوى المحلي (الإقليمي) لا يسمح لكل وحدة إنتاجية أو تجارية بامتلاك قسم للنقدية خاص بها . ويقوم قسم النقدية في مجموعة

463

الشركات متعددة الجنسيات (أو الإقليمي) بعملية تأمين التنسيق ، إذ أن هذا القسم يقوم بتجميع البيانات التي من خلالها يمكنه إجراء توقعات النقدية .

وفي إطار توضيح ما تقدم ، نأخذ على سبيل المثال مجموعة شركات موبيل (Mobil) الأمريكية التي تنظم فروع في ثلاثة بلدان أوروبية هي سويسرا وفرنسا والمملكة المتحدة . يقع المركز الإقليمي الأوروبي في لوكسمبورغ وان العملة النقدية الأساس هي الدولار الأمريكي . وكل من هذه الشركات تنظم حسابات عدة لدى البنوك المحلية وكذلك لدى فروع البنك الأمريكي ، كما هو الحال دائما ، وذلك لأن هذه الفروع يمكن أن توفر لها أقسام مساعدة (assistance services) حينما تتعرض إلى مشاكل التغطية أو مقايضة الأموال . وفي كل يوم ترسل الفروع إلى المركز توقعاتها للإيرادات والمصروفات .

الجدول (28)

توقعات النقدية

(28 - أ)

شركة (Mobil) سويسرا			
توقعات (آلاف الدولارات .E-U) 23 حزيـــــــــــــــــــــــــــــران السنة (ن)			
الرصيد الســـــــــــــــــــــــــــــــابق 600+			
الأيام	**الإيرادات**	**المصروفات**	**الرصيد**
الاثنين	500	1000	500-
الثلاثاء	750	850	100-
الأربعاء	600	500	100+
الخميس	700	400	300+
الجمعة	650	500	150+
			50-

(28 - ب)

شركة (Mobil) فرنسا			
توقعات (آلاف الدولارات .E.-U) 23 حزيـــــــــــــــــــــــــــــــــران السنة (ن)			
الرصـــــــــــــــــيد الســـــــــــــــابق 500-			
الأيام	الإيرادات	المصروفات	الرصيد
الاثنين	1000	750	250+
الثلاثاء	1250	1350	100-
الأربعاء	1500	1400	100+
الخميس	1250	1500	250-
الجمعة	1000	700	200+
			300+

(28 - ج)

شركة (Mobil) المملكة المتحدة (.E.-U)			
توقعات (آلاف الدولارات .E.-U)			
23 حزيران السنة (ن)			
الرصيد السابق 400			-
	الإيرادات	المصروفات	الرصيد
الاثنين	1500	1250	250+
الثلاثاء	1600	1100	500+
الأربعاء	1400	1350	50+
الخميس	1350	1500	150-
الجمعة	1000	750	250+
			900+

كذلك ينظم مركز النقدية وضع النقدية لكل فرع من الفروع كما لو كان الحال بدون وجود إدارة مركزية . ويمثل ذلك المهمة الأولى التي يضطلع بها مركز النقدية للتعرف على أوضاع النقدية في الفروع .

(ب) توقعات النقدية cash expectation

يتعين أن يقوم مركز النقدية بتنظيم حركات التدفقات النقدية بأسلوب تتجانس فيه الكلف غير الضرورية . ويتعين كذلك على مركز النقدية أن يستخرج يومياً

رصيد الحد الأدنى من النقدية اللازمة لكل شركة ورصيد صافي النقدية.ويمكن أن يستخرج رصيد الحد الأدنى من النقدية اللازمة لكل شركة مـن خـلال احتسـاب متوسـط الاحتياجـات المتوقعة للنقدية بالنسبة للفترة المعنية ، إذ توجد في كل فرع موازنات نقدية وخطة يوميـة للنقدية . فلو نفترض على سبيل المثال أن هذه الاحتياجـات قـدرت كـما في الجـدول (29) . ففي هذه الحالة يتعين يوميا على المركز أن يتأكد من تأمين الاحتياجات واستثمار الفوائض النقدية ، وإجراء التحويلات أو اللجوء إلى الائتمانات .

الجدول (29)

رصيد الحد الأدنى من النقدية اللازمة في 23 حزيران / السنة (ن)

فائض أو عجز النقدية	نقدية الحد الأدنى	الأرصدة النقدية (1)	
100+	500	600+	شركة (Mobil) سويسرا
200-	300	500-	شركة (Mobil) فرنسا
50+	450	400-	شركة (Mobil) المملكة المتحدة
50-			المجموع

يمكن أن يتم التنبؤ باستثمار وائتمان النقدية مـن خـلال المعلومـات المتأتيـة مـن الشركات المختلفة في المركز .

المجموع	الجمعة	الخميس	الأربعاء	الثلاثاء	الاثنين	البلد
50-	150+	300+	100+	100-	500-	سويسرا
300+	300+	250-	100+	100-	250+	فرنسا
900+	250+	150-	50+	500+	250+	المملكة المتحدة
1150+	700+	100-	250+	300+	صفر	المجموع

وفي الحياة العملية يكون النظام أكثر تعقيدا لأنه يتعين الأخذ في الحسبان جملة أمور منها إختلاف العملات النقدية الأجنبية ، واختلاف أنواع السيولة ، وحدود الائتمان وإمكانيات الحسم (القطع) ، وإمكانيات التحويل . وفي الواقع أن حركة رؤوس الأموال من بلد لآخر ليس بالأمر السهل في اغلب الأحيان وذلك بسبب وجود القيود المفروضة على المبادلة بين البلدان المختلفة في العالم .

ج- قرارات إدارة النقدية   cash management decisions

يتعين أن يتخذ مركز نقدية مجموعة الشركات متعددة الجنسيات القرارات لتحويل الأموال إما من بلد معين نحو المركز ، و إما من بلد لآخر بأسلوب يستهدف خلق حالة التوازن في الخزائن (الصناديق).توجد حلول عديدة يمكن أن تكون ممكنة . فعلى سبيل المثال، يمكن أن يعطي المركز أوامر تحويل للشركات ذات النقدية الفائضة إلى الشركات التي تعاني من عجز في نقديتها .

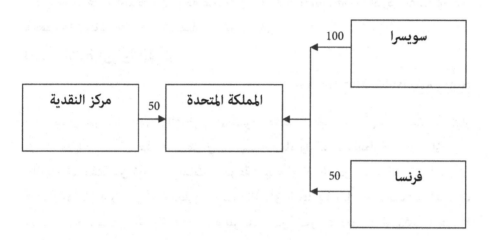

والى جانب ذلك فان ائتمان بمبلغ (50) يمكن أن يمنح من قبل مركز نقدية مجموعة الشركات متعددة الجنسيات إلى شركة موبيل (Mobil) في فرنسا بطريقة تكون فيها جميع شركات المجموعة ذات نقدية متوازنة . إن مركز نقدية مجموعة الشركات متعددة الجنسيات يتحاشى كذلك الفوائض و العجوزات النقدية الموجودة، الأمر الذي يؤدي إلى تخفيض المصروفات المالية . وبهدف الحصول على مبلغ النقدية المطلوب يمكن اللجوء إلى إجراءات التسويات الحاصلة ما بين البنوك وذلك عن طريق تسهيل تداول الأوراق المالية والتجارية أو منح الائتمان . وتعتمد المفاضلة ما بين هذه الوسائل المختلفة على معدل الفائدة في كل بلد ، وعلى كلفة عمليات الصرف وعلى إمكانيات الائتمان (القرض) لدى البنوك المحلية ...الخ .

وغالبا ما تجرى التحويلات حصرا عن طريق (أو باتجاه) هيئة مركزية (central pool) ، تصبح تقريبا نقطة انطلاق ملزمة من اجل تحويل الأموال . ويفهم من ذلك انه بقدر ما تكون هنالك سهولة في عملية التحويل بالعملات المختلفة فانه يتعين على المركز أن يؤمن تغطيات مخاطرة أسعار الصرف .

فإذا وجدت فوائض للنقدية من جراء مقاصة العجوزات والفوائض في كل بلد فان تلك الفوائض المالية يمكن أن تستثمر إما في السوق العالمية و إما في سوق اليورو (الأوروبية) . ويلاحظ أن سلوكية الشركات متعددة الجنسيات تتشابه بشكل كبير بخصوص إدارة النقدية ، إذ لا توجد علاقة ارتباط بين درجة مركزية (centralization degree) إدارة النقدية وحجم مجموعة الشركات متعددة الجنسيات (group size) .

ثانيا :- إدارة أوراق القبض

Notes Receivable Management

يتعين على إدارة أوراق القبض في المجموعة متعددة الجنسيات أن تأخذ بنظر الاعتبار عوامل عديدة . تتمثل هذه العوامل في تكاليف الإنشاء والاقتناء وتغطية الأوراق المالية ، والأرباح المتحققة من زيادة المبيعات ، ودرجة سيولة أوراق القبض . ومن الجدير بالذكر أن هنالك نوعان من الأوراق التجارية هما : الأوراق التجارية ما بين مجموعة الشركات متعددة الجنسيات والأوراق التجارية للزبائن من خارج مجموعة الشركات متعددة الجنسيات ، إذ لا يمكن معالجتهما بالأسلوب ذاته .

1- أوراق القبض بين مجموعات الشركات متعددة الجنسيات

عندما تتبنى المنشأة ألام أوراق قبض لإحدى الفروع ، فإنها يمكن أن تستخدم أسلوب المؤاجلة (الاستحقاق الآجل) بغية تقديم أو تأخير التسويات . وبهدف تمويل استثمار معين في الخارج فان المنشأة ألام يمكن أن تقرر منح أو تعمل على منح ، بواسطة فرع معين ، فترات ائتمان أطول من تلك الممنوحة عادة بالنسبة لبيع السلع الرأسمالية . ويمكن أن يعتمد هذا الإجراء إذا خشيت المنشأة ألام من رقابة معاملات أسعار الصرف أو من انخفاض العملة النقدية في البلد المضيف للفرع بحيث تكون

471

التحويلات اكثر صعوبة . وهذا الأسلوب لا يمكن أن يستخدم إلا إذا تمكنت المنشأة ألام من اقتناء الفرع بصورة كاملة ، وبخلاف ذلك فان المساهمين الأقلية (minority stockholder) يمكن أن يصيبهم الضرر من الحالة المعاكسة .

2- **أوراق القبض الصادرة عن الزبائن من خارج مجموعة الشركات متعددة الجنسيات**

إذا استلمت المنشأة ألام أوراق قبض محررة بعملة نقدية أجنبية قوية عند تسديد قيمة صادراتها ، وكانت هنالك حالة انخفاض للعملة النقدية المحلية ، فإنها يمكن أن تنتظر التاريخ المحدد من اجل قبض قيمة الورقة التجارية . والعكس من ذلك إذا كان الدفع بأوراق محررة بالعملات النقدية الضعيفة فانه يتعين على المنشأة ألام الإسراع بتغطية هذه الأوراق التجارية .

وباعتماد سياسة لإدارة أوراق القبض فان إدارة النقدية يجب أن تأخذ بنظر الاعتبار ليس حصراً التكاليف المباشرة المتعلقة بهذه السياسة و إنما كذلك التأثير على الوضع المالي للشركة . ويتعين مقارنة كلفة الحصول على أوراق القبض والتوسع في الأرباح الناجمة عن المبيعات الإضافية باستخدام هذه الأوراق . وفي سياق الحديث نفسه إذا كانت أوراق القبض شبه نقدية فإنه لا يمكن عدها اقل مخاطرة من تلك التي يمكن أن ترقى إلى مستوى التجارة الدولية . ويمكن أن تنشأ نزاعات بين أقسام التسويق الدولي والأقسام المالية للشركة . وإن إدارة أوراق القبض و أوراق الدفع تكون بشكل عام لا مركزية ، وتنهض بالشركات في كل بلد من بلدان العالم . غير أن الفروع الأجنبية تقوم بتزويد البيانات بصورة منتظمة إلى المنشأة ألام مثال ذلك مواعيد استحقاق ومبالغ هذه الأوراق . وعادة ما تكون هذه البيانات ربع سنوية أو شهرية لا بل أحياناً يومية وحسب مجموعات الشركات متعددة الجنسيات .

ثالثا :- إدارة المخزون   Inventory Management

تتصف إدارة المخزون في الفروع الأجنبية بالحذر الشديد جراء عوامل عديدة منها التضخم الاقتصادي في البلد المضيف ومديات فترات التحويل بين البلدان والتشريعات المتعلقة بالأسعار وغيرها . وحينما يقع الفرع الأجنبي في بلد مضيف يشكو من معدل تضخم اقتصادي مرتفع فانه يمكن أن يخصص مخزون للمواد المستوردة يكون بحجم اكبر من ذلك المخزون من المواد اللازمة إلى الاستخدامات أو الاحتياجات المستقبلية المتوقعة . والى جانب ذلك فانه من المناسب دراسة كلفة التمويل لهذا المخزون الإضافي لأن معدل الفائدة يرتفع بشكل عام إذا اتجهت قيمة العملة نحو الانخفاض . وإذا كان الفرع يمثل شركة تستخدم في نشاطاتها الإنتاجية مخزون كبير من المواد الأولية فأنها يمكن العمل في السوق الآجلة بطريقة تساعد في تثبيت الأسعار منذ لحظة العقد . وفي فترة التضخم الاقتصادي تصبح عملية اختيار طريقة تقييم المخزون مهمة للغاية . أن طريقة " الوارد أخيرا صادر أولا " LIFO (Last-In-First Out) تكون مفضلة وذلك لأن طريقة " الوارد أولاً صادر أولاً " FIFO (First-In-First Out) تقلل من قيمة المخزون المقدرة بكلفته الداخلة (الواردة) ، غير أن طريقة (LIFO) تخفض ربح التشغيل . وتختلف إدارة مخزون الفروع الأجنبية عن تلك المعتمدة في الشركات المحلية ، خاصة حينما يقع الفرع الأجنبي بعيدا عن أسواق تجهيز المستلزمات السلعية والخدمية . وعليه لابد أن يكون هنالك مخزون أمان احتياطي وذلك بغية تجنب حالات التوقف عن الخزن ، ويمثل تمويل هذا المخزون كلفة لا يمكن إهمالها . كذلك يؤدي التنبؤ في الإجراءات المشددة حول استيراد المواد الأولية و المنتجات نصف المصنعة إلى تضخيم المخزون بغية تامين استمرارية التشغيل .

الخلاصة

تختص المالية الدولية قصيرة الأجل بإدارة الموجودات المتداولة وكذلك المطلوبات المتداولة . وبما أن عناصر الموجودات المتداولة والمطلوبات المتداولة تتصف بالحركة والتغيير بشكل مستمر ، فأن ذلك يلقي أعباء ومخاطر إضافية على كاهل المالية الدولية قصيرة الأجل . لذلك يتعين إيجاد حالة من التوازن بين مخاطر العناصر المختلفة وربحيتها . إن التدفقات النقدية ، التي يعبر عنها بالعملات النقدية الأجنبية ، تخضع إلى تقلبات هذه العملات ومن ثم إلى مخاطرة أسعار الصرف ، الأمر الذي يؤدي إلى عرقلة عملية التوقعات قصيرة الأجل . وان الأهمية المعطاة إلى إدارة النقدية الدولية يتعين أن تقود إلى عدم إهمال إدارة الائتمانات قصيرة الأجل الممنوحة للزبائن ، فضلا عن إدارة المخزون ، وخاصة في البلدان الواقعة بعيدا عن مصادر التجهيز (التموين) . إن هذه الوظائف المختلفة هي التي تساهم في ظهور حالة التوازن العام للشركات متعددة الجنسيات .

أسئلة الفصل

1- ما هي أهداف أمين الخزينة (الصندوق) على مستوى النقدية الدولية ؟

2- عرف النقدية الدولية ؟

3- ما معنى التعويم ؟

4- كيف يجري تسديد دين بالعملة النقدية الأجنبية إلى مجهز (مورد) أجنبي ؟

5- كيف يجري تسديد دين بالعملة النقدية المحلية إلى مجهز (مورد) أجنبي ؟

6- اذكر مزايا وعيوب إدارة النقدية المركزية ؟

7- اذكر مزايا وعيوب إدارة النقدية اللامركزية ؟

8- ما هي التدفقات الرئيسية الداخلة بالعملة النقدية الأجنبية للشركات متعددة الجنسيات ؟

9- كيف يمكن إدارة أوراق القبض ما بين الشركات متعددة الجنسيات ؟

10- كيف يمكن إدارة أوراق القبض بالعملات النقدية الأجنبية لأحد الفروع ؟

11- هل أن إدارة المخزون للفرع الأجنبي تختلف عن إدارة المخزون للفرع المحلي؟

الفصل السابع عشر

التسويات المحاسبية للعمليات الدولية

الفصل السابع عشر

التسويات المحاسبية للعمليات الدولية

Accounting Adjustments
for International Operations

تتضمن نشاطات الواردات ، كما هو الحال بالنسبة لنشاطات الصادرات ، بعض إجراءات التمويل التي تطورت منذ زمن بعيد وما زالت في طريقها للتطور . وتختلف الإجراءات العملية الدولية عن الوطنية لأسباب تتمثل في قلة إطلاع الموردين (المجهزين) والمصدرين بحكم اختلاف اللغة والعادات والمنتجات ، فضلاً عن صعوبة الحصول على معلومات تخص الشركات و أوضاعها المالية وعدم التأكد من أسعار الصرف بسبب مشاكل الصرف ومخاطرة تغيير العملة النقدية ، واتساع حجم المخاطر المتعلقة بالنقل ، ووجود مشاكل بالغة الأهمية بسبب الائتمانات (credits) بين المشترين والبائعين ، وعرقلة الصفقات في بعض البلدان بسبب تسويات أسعار الصرف وعليه فان التعاملات في الخارج تتطلب اعتماد عملة نقدية معينة للقوائم (facturation) أو الكشوفات المالية كذلك تتطلب هذه التعاملات استخدام إجراءات خاصة فضلاً عن أنها تبحث عن فرص تمويل مناسبة .

يستعرض هذا الفصل موضوعين رئيسيين هما :-

أولاً :- عملة قائمة الحساب (الفاتورة) .

ثانياً :- الأشكال المختلفة للتسديد (التسوية) .

أولاً :- عملة قائمة الحساب (الفاتورة)

Invoice Currency

يحتل اختيار عملة قائمة الحساب أهمية كبيرة في المعاملات الدولية . ويمكن أن يخضع هذا الاختيار إلى متطلبات قد تكون صعبة بخصوص نظام رقابة أسعار الصرف. ومن المناسب، قبل تعريف معايير الاختيار ، تحديد معنى عملة قائمة الحساب وعملة التسديد.فبالنسبة إلى عملة قائمة الحساب تمثل العملة النقدية التي يدون فيها العقد (contract)أما بالنسبة إلى عملة التسديد فتمثل العملة النقدية التي يتم فيها تحويل الأموال (funds transfer) . ويمكن أن تختلف عملة قائمة الحساب عن عملة التسديد .

(أولاً) اختيار عملة قائمة الحساب

choice of invoice currency

يمكن أن يكون الاختيار بين العملة النقدية المحلية للمصدر (exportator) والعملة النقدية المحلية للمستورد (importator) وعملة نقدية ثالثة أخرى . ويفضل المصدرون ، في العديد من بلدان العالم ، استعمال عملاتهم النقدية المحلية في إعداد قائمة الحساب (الفاتورة) وذلك بهدف تجنب مخاطرة أسعار الصرف . ومثلما تتوفر لدى المصدرين إمكانية اتخاذ قرار إختيار العملة النقدية أكثر من المستوردين فأن الشركات المستوردة هي التي تخضع غالباً إلى مخاطرة كبيرة لأسعار الصرف.

وعندما تعتمد إحدى العملات النقدية الثلاثية (third currency) ، فهي غالباً ما تكون بشكل عام الدولار الأمريكي (واردات البترول على سبيل المثال) . كما أن اليورو يمكن أن يأخذ مكانة أكبر إلى جانب الدولار الأمريكي في التعامل الدولي بعد أن أتخذ بوصفه عملة نقدية أوروبية موحدة .

(ثانياً) معايير الاختيار   choice standards

تتمثل المعايير ، التي يتعين أن تؤخذ في الحسبان ، في معيار الربحية ، ومعيار مخاطرة أسعار الصرف ، والمعيار التجاري .

1- معيار الربحية   profitability standard

يقوم المصدر بتدوين مديونيته بالعملة النقدية القوية ، في النظام غير الخاضع إلى تسوية أسعار الصرف أو المبادلات ، في حين يكون من مصلحة المستورد أن يدون ائتمان المجهزين بالعملة النقدية الضعيفة .

وغالباً ما يختار البن ، في الحياة العملية ، عملته النقدية المحلية بهدف الابتعاد عن مخاطرة أسعار الصرف. لكن إذا كانت العملة النقدية المحلية ضعيفة فان إعداد الفاتورة (قائمة الحساب) بالعملات النقدية الأجنبية يمثل خاصية من الخواص الإيجابية . ويساعد إعداد الفاتورة (القائمة) بالعملات النقدية الأجنبية القوية من قبل المصدر في الحصول على مكسب في حالة تقييم العملة النقدية الأجنبية بأعلى من قيمة عملته النقدية المحلية . وبالعكس يفضل المستورد إعداد القائمة (الفاتورة) بالعملة النقدية الأجنبية الضعيفة بهدف الانتفاع من التحويل في حالة انخفاض قيمة العملة النقدية الأجنبية قياساً بعملته النقدية المحلية . وفي نظام رقابة أسعار الصرف أو المبادلات فان إعداد قائمة الحساب بالعملات النقدية الأجنبية يمكن أن يشكل مصدر للصعوبات بالنسبة للمستورد إذا زادت مدة ائتمان المجهز (المورد) عن مدة التغطية المقبولة في تسوية أسعار الصرف أو المبادلات .

2- معيار مخاطرة أسعار الصرف   exchange risk standard

يساعد إعداد الفاتورة (قائمة الحساب) بالعملة النقدية المحلية في تحقيق وفورات تغطية بالنسبة للمستورد والمصدر على حد سواء . وقد اعتمد هذا السلوك

من قبل العديد من الشركات الصغيرة ومتوسطة الحجم التي ليس لديها قسم خاص للنقدية الدولية .

3- المعيار التجاري   commercial standard

يفضي العقد ، الذي يلزم فيه المصدر (المورد) زبائنه الدفع بعملته النقدية المحلية ، إلى منحهم امتيازات أخرى (other advantages) ، وعليه فان تغطية المصدر (المورد) لأسعار الصرف ليست مجانية (gratuitous) . فإذا كان المصدر لديه في دولة ذات عملة نقدية قوية ، فانه يستطيع من خلال قبول عقد بالعملات النقدية الأجنبية أن يمنح خصومات (reductions) لأنه يستطيع الحصول على سعر الاستلام المؤجل .

وينجم عن اختيار عملة الفاتورة (القائمة) شكل التسوية والتسديد . فإذا حرر المصدر (المورد) الفاتورة بالدولار ، على سبيل المثال ، فان عملة الاعتماد المطلوب في البنك تكون بالدولار . وإذا اعد المصدر (المورد) الفاتورة بالعملات النقدية الأجنبية فانه يطلب مبلغ سلف أو دفعات مقدمة (advances) بالعملات النقدية الأجنبية . ويكون معدل الائتمان (القرض) منخفضاً إذا كان معدل الفائدة على العملة النقدية المختارة منخفضاً .

ثانياً :- الأشكال المختلفة للتسوية (التسديد)

Different Payment Forms

غالباً ما يتم اختيار شكل التسديد من قبل المصدر (المورد) . ففي التجارة الدولية تعد تحويلات الودائع المصرفية وأدوات الائتمان من أشكال التسديد مثل الكمبيالة (الورقة التجارية) ، والاعتماد المستندي ، والصك ، ومدفوعات البنوك الدولية (international banker payment) . ويتم الاختيار بين هذه

الأشكال المختلفة على أساس سرعتها وتكاليفها وقوانين الصرف والمبادلات التجارية الخاصة بالبلدان .

وتجري عملية التحويل الدولية بالعملات النقدية المحلية أو بالعملات النقدية الأجنبية . وإن عملية التبادل المستخدمة ما بين البنوك الدولية تكون أكثر تعقيداً من التحويلات التي تحصل بين المقيمين في البلد الواحد . وفي الواقع تتطلب التحويلات الدولية تدخل البنوك في الخارج وتتطلب كذلك إجراء عملية الصرف إذا اقتضى ـ الأمر الدفع بالعملات النقدية الأجنبية .

(أولاً) الكمبيالة   Bill

تتمثل الكمبيالة في ورقة صادرة عن المصدر أو المورد (الساحب) وتنظم لصالح المستورد (المسحوب عليه) أو لصالح ممثله (البنك) لدفع مبلغ معين في تاريخ محدد .

1-   عناصر الكمبيالة

يتعين أن تتضمن الكمبيالة الشروط اللازمة التي تؤدي إلى تكاملها من الناحية القانونية والمالية وقبولها لجميع الأطراف ، ومن هذه الشروط ما يلي :-

(1) أن تكون مكتوبة وموقعة من قبل الساحب .

(2) أن تتضمن أمر بدفع مبلغ معين .

(3) أن يكون الدفع حين الطلب أو في تاريخ استحقاق محدد .

(4) أن يكون الدفع لأمر أو لحاملها .

2- الأنواع المختلفة للكمبيالة

(1) الكمبيالات حين الطلب أو كمبيالات الأجل .

(2) الكمبيالات البسيطة (بدون مستند ثبوتي) والكمبيالات المستندية .

(3) الكمبيالات المحررة بالعملة النقدية المحلية أو بالعملة النقدية الأجنبية .

(4) الكمبيالات المصرفية .

(5) الكمبيالات التجارية .

(ثانياً) الاعتماد المستندي   documentary credit

يحتل الاعتماد المستندي أهمية كبيرة في التجارة الدولية . ويمثل الاعتماد المستندي التزام أو تعهد مكتوب ، من قبل المستورد يقدم للبنك ، لتسديد مبلغ معين إلى بنك المصدر (المورد) في فترة معينة ومقابل تقديم بعض الوثائق (وثيقة الشحن ، تأمين ...) التي تؤيد فتح الاعتماد وشحن البضاعة . ويتمتع كل من المصدر (المورد) والمستورد بمزايا عدة للاعتماد المستندي .

1- مزايا الاعتماد المستندي بالنسبة للمصدر (المورد) .
(1) إحلال الائتمان المصرفي محل الائتمان التجاري .
(2) سرعة المدفوعات عن طريق الاعتماد المستندي .

2- مزايا الاعتماد المستندي بالنسبة للمستورد
(1) ضرورة الاستفادة من شروط الدفع لأن الاعتماد المستندي يؤكد القدرة على الدفع (credits worthiness) .
(2) لا يتم الدفع إلا بعد التأكد من مطابقة المستندات إلى شروط الاعتماد المستندي مطابقة تامة .

3- الأنواع المختلفة للاعتمادات المستندية

- اعتماد مستندي قابل للإلغاء أو غير قابل للإلغاء (revocable credit or irrevocable credit) .

- اعتماد مستندي معزز أو غير معزز (confirmed credit or non confirmed credit) .
- اعتمادات مستندية بالإطلاع أو قابلة للتحقيق بالقبول (sight credit or acceptance credit) .
- اعتمادات بالتفاوض (negotiation credits) .
- اعتمادات معجلة (anticipation credits) .
- اعتمادات متجددة (revolving credits) .
- اعتمادات قابلة للتحويل (transferable credits) .
- اعتماد مسند باعتماد آخر (back to back credit) .

وتصنف الاعتمادات المستندية بأكثر من طريقة ، فقد جرى تصنيفها من الناحية الفنية بحسب قابليتها للإلغاء والتعزيز والدفع فضلاً عن تصنيفات أخرى وفيما يأتي توضيح لهذه الأنواع :-

(أ) حسب القابلية للإلغاء :

ويشمل هذا التصنيف الأنواع الآتية :

(1) الاعتمادات المستندية القابلة للنقض revocable letters credits

لا تشكل الاعتمادات المستندية القابلة للنقض التزاماً على البنك فاتح الاعتماد ما لم يكن المستفيد قد شحن البضاعة فعلاً وقدم المستندات المطابقة لشروط الاعتماد المستندي . ويستطيع البنك فاتح الاعتماد أن يلغي هذا النوع من الاعتمادات أو يعدله في أي وقت يشاء بناءاً على طلب المستفيد ودون إخطاره المسبق شرط إشعار البنك المبلغ بهذا الإلغاء وعلى أن يتم وصول الإشعار قبل تقديم مستندات الشحن . ويعد هذا النوع من الاعتمادات وسيلة دفع غير مضمونة وترفض البنوك عادة فتح مثل هذا

النوع من الاعتمادات ، وذلك لأنـها تفضل أن تتعامل بالاعتمادات غير القابلة للنقض تلافياً لأية مشكلات قد تحصل .

(2) الاعتمادات المستندية غير القابلة للنقض

irrevocable letters credits

تمثل الاعتمادات المستندية غير القابلة للنقض التزاما قاطعا على البنك فاتح الاعتماد شرط تقديم مستندات في ظاهرها مطابقة لشروط الاعتماد المستندي . ولا يجوز إلغاء هذا النوع من الاعتمادات أو تعديله دون موافقة جميع الأطراف المعنية أي (المستفيد ، البنك المبلغ ، البنك فاتح الاعتماد) . ويعد هذا النوع من الاعتمادات المستندية ضمانة كافية للمصدر (المورد) بأن يقبض قيمة المستندات عند تقديمها شرط أن تكون مطابقة لشروط الاعتماد المستندي .

ب) حسب التعزيز :

ويشمل هذا التصنيف الأنواع الآتية :

(1)   الاعتمادات المستندية غير القابلة للنقض وغير المعززة

irrevocable not confirmed letters credits

تكون هذه الاعتمادات غير قابلة للنقض وغير معززة ، أي لا يقوم البنك فاتح الاعتماد بالطلب من البنك المبلغ إضافة تعزيزه على الاعتماد المستندي . ويتم فتح هـذا النوع مـن الاعتمادات المستندية إذا كانت هنالك ثقـة كبيرة بـين المصـدر (المـورد) والبلـد المستورد وكذلك البنك فاتح الاعتماد .

(2)   الاعتمادات المستندية غير القابلة للنقض والمعززة

irrevocable & confirmed letters credits

عندما يطلب البنك فاتح الاعتماد من بنك آخر تعزيز الاعتماد المستندي فأن هـذا الأخير يقوم بإضافة التعزيز . وان هذا التعزيز يعد قائماً على هذا البنـك (البنـك المعزز) ، علاوة على التزام البنك فاتح الاعتماد شرط أن يقـوم المستفيد بتقـديم المستندات اللازمـة والمطابقة للشروط المنصوص عليها في الاعتماد المستندي . ولا يجوز إلغاء هـذا الاعتماد أو تعديله إلا بموافقة فاتح الاعتماد والبنك المعزز والمستفيد .

(ج) حسب طريقة الدفع :

ويشمل هذا النوع من التصنيف الأنواع الآتية :

(1) الاعتمادات القابلة للدفع بالإطلاع   sight letters of credit

يكون هذا النوع من الاعتمادات المستندية قابلاً للنقض أو غـير قابـل ، معـزز أو غـير معزز.ويتم الدفع بموجب هـذا الاعتماد بـالإطلاع فـورا شرط تقـديم المستندات المطابقـة للشروط المنصوص عليها في الاعتماد المستندي .

(2) اعتمادات السحوبات الزمنية   time draft leans credit

يتم الدفع في غالبية الاعتمادات المستندية بـمجرد الإطلاع عليهـا ، ولكـن في بعـض الاعتمادات يتم دفع قيمة المستندات المقدمة آجلاً تبعاً لشروط الاعتمادات الآجلـة مقابـل تقديم المستفيد سحب زمني يستحق الدفع بعد فترة زمنية معينـة ، ويكون البنك فاتح الاعتماد ملزما بدفع قيمة السحب الزمني بتاريخ الاستحقاق . إمـا إذا كـان الاعتماد غـير معزز فيكون السحب الزمني مسحوب على البنـك الفاتح للاعتماد أو المشتري مـع التـزام البنك الفاتح للاعتماد بالقيمة حتى لو كان السحب مسحوباً على

المشتري نفسه ، إما إذا كان الاعتماد معززاً فتكون السحوبات الزمنية على البنك المعزز .

ويعد هذا النوع من الاعتمادات المستندية من التسهيلات التي يمنحها المستفيد إلى طالب فتح الاعتماد بموجب اتفاق مسبق بين الطرفين .

(3) اعتمادات الدفع المؤجل

the deferred (delayed) payment credit

تشابه اعتمادات الدفع المؤجل اعتمادات السحوبات الزمنية لكنها تختلف عنها بعدم وجود سحب زمني يقبله البنك عند تقديم المستندات المطابقة لشروط الاعتماد ويلزم البنك فاتح الاعتماد بالدفع المؤجل في تاريخ الاستحقاق .

(4) اعتمادات الشرط الأحمر   red clause letters of credits

يمثل اعتماد الشرط الأحمر اعتماداً غير قابل للنقض ، و أحد شروطه أن يطلب البنك فاتح الاعتماد من البنك المبلغ دفعة مقدمة للمستفيد وذلك لتغطية نفقات تصنيع وتجهيز البضاعة التي يتم شحنها بموجب الاعتماد المستندي . ويسمى هذا النوع من الاعتمادات بهذا الاسم وذلك لأن الشروط الخاصة بالدفعة المقدمة يتم طباعتها بالحبر الأحمر . وهذه الاعتمادات تمثل خطراً على البنك فاتح الاعتماد وعلى المستورد . ولذلك تلجأ عادة البنوك إلى طلب كفالة مقابلة للدفعة المقدمة وتصدر مثل هذه الكفالة من البنك المبلغ .

(5) اعتمادات الشرط الأخضر   the green ink clause L/C

تشبه اعتمادات الشرط الأخضر ـ إلى حد ما ـ الاعتمادات ذات الدفعة المقدمة (ذات الشرط الأحمر) من حيث تقديم سلفة أو دفعة مقدمة للمصدر (المورد) قبل شحن البضاعة وتقديم المستندات شرط أن يقوم المستفيد بإيداع البضاعة المستوردة

بإسم البنك المبلغ في مستودعات حتى يصبح المستفيد مستعدا لشحنها ، وعندئذ يفرج البنك عن البضاعة المخزنة لديه إلى المستفيد مقابل تعهد خطي بأنه سيقدم للبنك المستندات المطلوبة قبل انتهاء سريان مفعول الاعتماد المستندي .

(د) أنواع أخرى من الاعتمادات المستندية :

وتشمل نوعين من الاعتمادات هما :

(1) الاعتمادات الدوارة revolving letters

يلجأ الزبائن إلى الاعتمادات المستندية الدوارة كي لا يكرروا دفع تأمينات نقدية للبنك فاتح الاعتماد إذا رغبوا باستيراد كميات مختلفة من البضاعة خلال فترات دورية في موسم معين أو خلال فترة زمنية معينة . ولكي لا يلجأ الزبائن إلى فتح الاعتماد المستندي المستقل لكل كمية من البضاعة يمكنهم فتح اعتماد يحدد تلقائياً وبصفة دورية ، على أن تستنفذ قيمته وبالشروط نفسها خلال فترة زمنية دون الحاجة إلى اتفاق جديد وهو ما يسمى بالاعتمادات الدوارة .

(2) الاعتمادات القابلة للتحويل transferable letter of credit

يجوز للمستفيد بموجب الاعتمادات القابلة للتحويل أن يطلب من البنك المخول بالدفع القبول بوضع الاعتماد كلياً أو جزيئاً تحت تصرف طرف آخر أو أطراف أخرى ، ويتعين أن يذكر في الاعتماد انه قابل للتحويل ، ويتم التحويل خلال سريان الاعتماد ولا يجوز تحويل الاعتماد إلا في مدة واحدة . ويحق للمستفيد الأول أن يحمل قوائمه (فواتيره) بدلاً من قوائم (فواتير) المستفيد الثاني بمبالغ لا تزيد عن القيمة الأصلية الواردة في الاعتماد وبالأسعار نفسها للوحدات الأصلية إذا اشترط ذلك في الاعتماد المستندي .

ويمكن ترتيب وتصنيف أنواع الاعتمادات المستندية المذكورة آنفاً كما في الشكل التوضيحي (42) الآتي :-

الشكل (42)
أنواع الاعتمادات المستندية

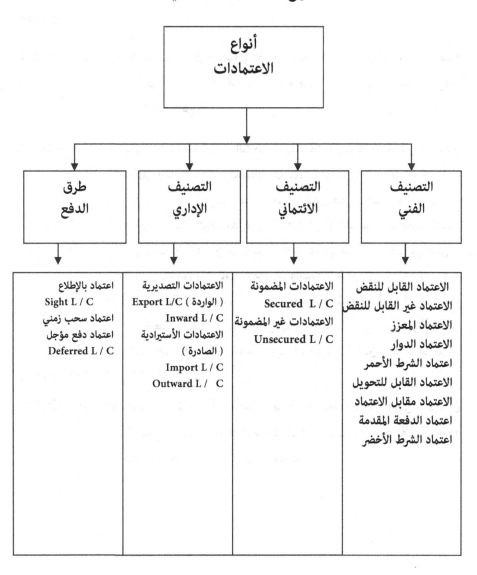

4- القوائم الرئيسية المطلوبة

تتمثل القوائم الرئيسية في القوائم الاعتيادية للتجارة الدولية . وتؤيد هذه القوائم عملية شحن البضائع بشكل فعلي وهي مطابقة إلى الطلبات ، وتضم الأنواع الآتية من القوائم :-

(1) قوائم البضائع :- تعد من قبل البائع وتتضمن وصف دقيق للبضائع مثل عدد الوحدات المباعة ، وأسعار المفرد ، والسعر الإجمالي وشروط الدفع وغيرها...

(2) قوائم التامين :- يجب أن تحدد شروط الشحن المتعلقة بمصروفات الشحن والتأمين على أساس FOB (Free On Board) أو CAF (Cost, Assurance, Fret) ، بحيث يمكن معرفة ما إذا كان على المصدر (المورد) أن يؤمن على البضائع خلال النقل أو أن المستورد يتحمل ذلك . ويجب أن تتضمن بوليصة التأمين مجموعة من العناصر هي :- اسم المؤمن (شركات الأمين) ، واسم الشخص المؤمن له ، وطبيعة البضاعة المؤمن عليها ، والأخطار المغطاة (تأمين ضد جميع الأخطار ، تأمين ضد الحرائق، التأمينات البحرية)والأخطار المشخصة (طيران ، عدم تسليم) ، ومبالغ التأمين ، ومدة التأمين .

(3) قوائم النقل (قوائم الشحن) .

(4) قوائم أخرى : وتشمل شهادة المنشأ (الأصل originality certificate) التي تثبت أن البضائع منتجة في البلد المحدد بالعقد ، وشهادة نوعية (quality certificate) التي تثبت أن البضائع

مطابقة فعلا إلى النوعية المحددة في العقد ، وفاتورة القنصلية (consult facture) التي تصدر عن قنصلية البلد المستورد .

5- الخطوات المتعددة للاعتماد المستندي

الخطوة (1) :- يقوم المستورد في البلد (أ) بطلب شراء بضائع من المصدر (المورد) في البلد (ب) .

الخطوة (2) :- يعلن المصدر (المورد) موافقته على الطلب لكنه يطلب من المستورد فتح الاعتماد المستندي لدى البنك ، أي انه يريد الحصول على ضمان من أحد البنوك بغية شحن البضائع .

الخطوة (3) :- يقدم المستورد طلب إلى البنك في البلد (أ) حول فتح اعتماد لصالح المصدر (أو المورد) في بنك البلد (ب) . وفي هذه الحالة يستلم البنك في البلد (ب) إشعار من البنك الأجنبي للبلد (أ) يتضمن فتح الاعتماد المستندي . وإذا تم تأكيد هذا الاعتماد فان البنك في البلد (ب) يقدم ضمان أو تعهد بذلك .

الخطوة (4) :- يقوم المصدر بشحن بضائعه معززة إما بوثيقة الشحن إذا كان التصدير عن طريق البحر (bill of lading) وإما بوصل الشحن إذا كان التصدير عن طريق السكك الحديدية (bill of freight). ويتم عادة إعداد هذه الوثيقة أو الوصل من قبل المصدر الذي يبقى مالكاً للبضائع لغاية تسديد قيمتها .

الخطوة (5) :- إذا كان الاعتماد المستندي بالإطلاع (تحت الطلب) فان المستفيد يمكنه الحصول على الدفع مباشرة بمجرد عرض القوائم والمستندات. ويقوم البنك الذي اشعر بفحص الوثائق لغرض تدقيق مطابقتها مع

شروط فتح الاعتماد . فإذا كانت الوثائق نظامية فـان بنـك المصـدر يقـوم بتسـديد المبلـغ المتوقع في الاعتماد المستندي ، وإذا كان الاعتماد المستندي يمثل اعـتماد بالقبول فان المصدر يقدم الكمبيالات في30 ، 60 أو 90 يوم حسب شروط الاعتماد،إلى بنكه (مصرفه) لكي يقوم بدفع مبالغها .

وتتم تصفية الاعتماد المستندي من خلال اتخاذ بعض الإجراءات المختلفة والتي تستخدم بحسب نوع الاعتماد المستندي إذا كان اعتماد مقابل دفع أو تحت الطلب أو اعتماد مؤجل وغير ذلك . ويمكن القول أن الاعتماد المستندي يمثل في الحياة العملية شكل من أشكال تمويل الاستيرادات الذي يتميز بالمرونة الكبيرة حيث يمكنه التكيف مع الشروط المختلفة للبيع . لكن على الرغم من ذلك فأن الاعتماد المستندي ما يزال يعد وسيلة مكلفة نسبياً جراء ما يتطلبه ضمان أو التزام البنك (banker engagement) فضلا عن التعقيد الذي يصاحبه .

الشكل (43)

المراحل المختلفة للاعتماد المستندي المعزز بالإطلاع (تحت الطلب)

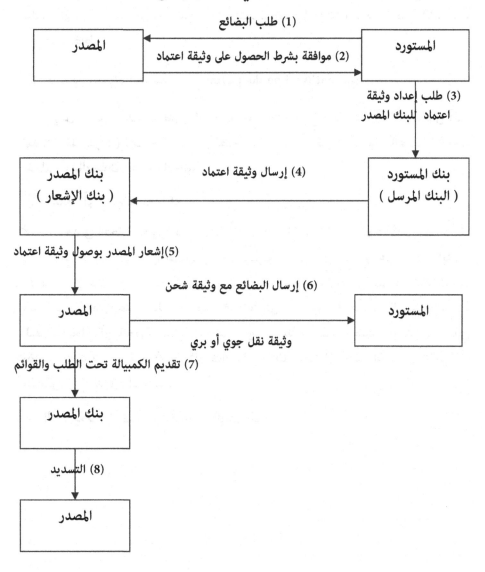

(ثالثاً) الأساليب الأخرى للدفع

Other Technics for Payment

تختلف أساليب الدفع من بلد لآخر . ويمكن أن يمثل بعض أساليب الـدفع ، التـي لا تناسب تقاليد المستوردين الأجانب ، مؤشر لتجنب إتباعها . وعادة ما تكون هذه الأساليب مرتفعة المخاطر .

(1) تسديد البنوك الدولية   international banks payment

يمثل التسديد المصرفي الدولي أمر (order) بدفع مبلغ معين إلى أحد البنوك مـن قبـل المدين (المستورد) لصالح الدائن (المصدر) . والأمـر يمكـن أن يكـون بالعملـة النقديـة المحلية أو بالعملات النقدية الأجنبية .

(2) الصك أو الشيك   check

يوجد في التجارة الدولية نـوعين مـن الشيـكات (الصكوك) . النوع الأول يمثل شيك (صك) الشركة مسحوب على حساب في أحد البنوك ، ويجب أن يصادق عليـه أحـد البنـوك لغرض ضمان دفعه مـن قبـل المصـدر (المـورد) . والنـوع الثاني يمثل شيك (صك) البنك مسحوب من قبل أحد البنوك على بنك آخر . ويمكن أن يحرر هذا الشيك (الصـك) بالعملة النقدية المحلية أو بالعملة النقدية الأجنبية . والمستفيد من شيك (صك) البنـك هـو الـذي يضمن التسديد . وفي كل الأحوال فان قوانين المبادلات يمكن أن تحـدد استعمال الشيكات (الصكوك) في التجارة الدولية .

(3) التحويلات البرقية   telegraph transfers

تمثل التحويلات البرقية أحد أشكال الدفع السريعة ، ويتعين على المستورد أن يدفع إلى بنكه (مصرفه) المراسل المبلغ المستحق للمصدر (المورد) بالعملة النقدية المحلية التي تحول إلى ما يعادلها بالعملة النقدية الأجنبية .

(4) التحويلات البريدية postal transfers

يستلم البنك المراسل إشعار بالبريد بدلاً من استلامه برقياً أو بالهاتف .

(5) شبكة SWIFT

يمكن أن تجري التحويلات عن طريق الشبكة الدولية (SWIFT) وهي الشركة للاتصالات المالية الدولية بين البنوك (Society for Worldwide Interbank Financial Telecommunication).وترتبط بهذه الشركة أكثر من خمسين دولة . وتتصف تسديدات (SWIFT) بالسرعة والدقة والتأكد ، لكنها لا توفر أي ضمان للدفع .

(6) سوق الاستعمال application market

يساعد هذا النموذج من الأسواق كل من المصدر (المورد) والمستورد الحائز على العملات النقدية الأجنبية أو الذمم المدينة في استعمالها في عملية تسوية معينة . فإذا حددت مواعيد استحقاق الذمم المدينة والقروض من قبل الشركة المحلية سواء كانت مصدرة أو مستوردة تجاه الشركة الأجنبية نفسها ، فان هذه الشركة لا تقوم إلاّ بتحويل الرصيد (balance) حصراً علاوة على أنها تعمل على تخفيض مخاطرتها في أسعار الصرف وتتجنب دفع عمولات الصرف (exchange commissions) .

وفي السياق نفسه ، يمكن أن يجري المصدر (المورد) تسوية مع مورد أو مجهز (supplier) أجنبي آخر بالعملات النقدية التي يقتنيها.وعليه يتعين أن تنظم الشركة

حسابات بالعملات النقدية الأجنبية . غير أن هذه الإمكانات تكون محدودة في فترة القيـود المشددة على عمليات الصرف والمبادلات .

(7) الحساب المتمركز في الخارج   foreign centralizing account

يعني الحساب المتمركز في الخارج الحساب الذي يفتح من قبل المصـدر (المـورد) في أحد البنوك الأجنبية التي تستلم تسديدات الزبائن الأجانب بالعملة النقدية لهذا البلد.كما أن هـذه الحسـابات، التي تسـمى بحسـابات الترحيل إلى الـوطن أو حسـابات الاعـتراض (interception accounts)، تقوم بتجميع الديون (الـذمم) مـن الزبـائن الأجانب وتتحـاشى التأخيرات في التحويل إلى الوطن ، ومن الممكن إجراء المدفوعات عن طريق هذه الحسابات .

(رابعاً) المقاصة   compensation

تقوم تجارة المقاصة على أساس أن العمليات التجارية التي تنجم عنها الصادرات نحو سوق معينة تشمل كذلك الالتزام بالاستيراد من السوق نفسه.ولذلك هنالك عمليتان منفصلتان من الأساس ترتبط كلاً منهما بالأخرى فيما بعد.وتشكل تجارة المقاصة (counter trading) جانباً مهما لا يمكن إهماله في التجارة الدولية . ومن المؤكد أن اتفاقات المقاصة تشكل محددات في التجارة الدولية . لكن أزمة المديونية الدولية والركود الاقتصادي زادت من استعمال هذا النوع من المبادلات التجارية . وكانت المقاصة قد تطورت بشكل كبير في العلاقات بين بلدان الشرق والغرب خلال مرحلة الستينات من القرن العشرين . ومن ثم امتدت هذه التجارة إلى البلدان النامية كما أنها توجد كذلك بين البلدان الصناعية . ويشكل هذا النوع من المبادلات ما بين (20 %) إلى (30 %) من التجارة الدولية .

.

1- الأنواع المختلفة للمقاصة

تشمل عمليات المقاصة ثلاثة أنواع رئيسية وهي عمليات المقاصة التجارية والصناعية والمالية وفيما يلي شرح مختصر لكل منها :

(أ) عمليات المقاصة التجارية commercial compensation

تتضمن هذه العمليات ثلاثة أنواع هي :- المقايضة ، الشراء المقابل ، حسابات الإثبات

(1)   المقايضة (barker) (الشكل 44 – أ)

تمثل المقايضة مبادلة بالكامل لبضائع مقابل بضائع ، ويشمل العقد الصادرات والواردات على حد سواء . يمكن أن يكون العقد بسيطاً إذ أن هنالك تكافؤ تام بين السلع أو الخدمات المتبادلة . ويمكن أن يكون جزئياً أي أن الفرق بين السلع والخدمات تجري تسويته بالنقد .

(2)   الشراء بالمقابل (counter purchase) (الشكل 44 – ب)

يعرف الشراء المقابل بأنه العملية المرتبطة بالأجل القصير والمتوسط ، وهو ما يمثل الشكل السائد حاليا في المقاصة . يتم الاتفاق والتوقيع على عقدين مختلفين (distinct) يتضمن كلاً منهما المقبوضات والمدفوعات بالعملات النقدية الأجنبية . فالعقد الأول ينظم عملية البيع والثاني ينظم عملية الشراء المقابل (contrepartie) للمصدر (أو المورد) .

(3) حسابات الإثبات (evidence account) (الشكل 44 – ج)

تهدف حسابات الإثبات إلى المحافظة على توازن المبادلات التجارية كل سنة . حيث أن هنالك اتفاق يتم بمقتضاه التزام الشركة المصدرة ببيع أو شراء منتجات أو

خدمات من بلد معين خلال فترة معينة . وان حساب الإثبات يساعد الشركة المصدرة في جعل استيراداتها مدينة وجعل صادراتها دائنة على مدى فترة معينة من الزمن بدلاً من مقاصتها في كل عملية . وبشكل عام فان هذه الحسابات تمسك خلال سنة واحدة يمكن من خلالها تسجيل جميع التدفقات التجارية .

الشكل (44)

مقاصة تجارية

<table>
<tr><td>(ب- 44)</td><td>(أ- 44)</td></tr>
<tr><td>الشركة (A) مصدرة</td><td>الشركة (A) مستوردة ومصدرة</td></tr>
<tr><td>الشركة (B) مستوردة ومصدرة</td><td>الشركة (B) مستوردة ومصدرة</td></tr>
</table>

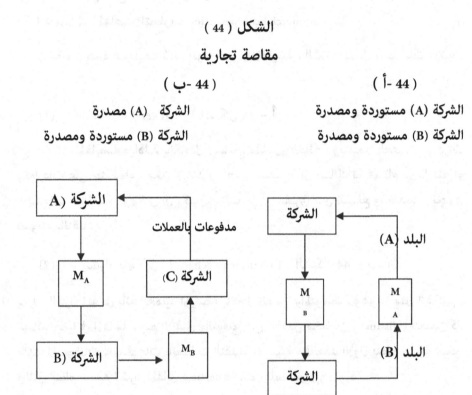

499

(ج - 44)

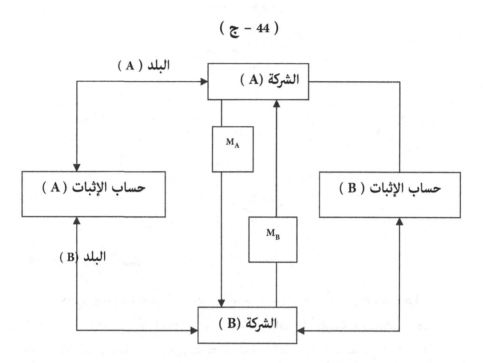

(ب) عمليات المقاصة الصناعية   industrial compensation

تضم عمليات المقاصة الصناعية إعادة شراء الإنتاج المقابل أو البدل (Compensation) . تحصل عملية إعادة شراء الإنتاج (الشكل 45) عندما تكون منتجات المقابل (البدل) هي عبارة عن تلك المنتجات التي صنعت بواسطة معدات و إنشاءات مجهزة من قبل المصدر (أو المورد) . يقوم المصدرون (الموردون) بتجهيز رأس المال والمعمل والمعدات ويقبلون على أن يعوضوا من الإنتاج المستقبلي للشركة . وتتميز هذه الاتفاقات بطول مدتها التي تنحصر عادة ما بين 15 - 20 سنة . وبموجب المقاصة بالمقابل (contrepartie) يقوم المصدر (المورد) بإبرام عقد طويل الأجل ، وغالبا ما يكون هنالك توجه نحو خلق تعاون مشترك بين الشركات والشركاء المحليين .

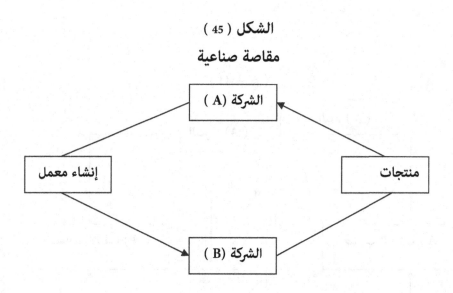

الشكل (45)

مقاصة صناعية

● التعويضات - أوفست (Offsets)

تغطي أوفست مجموعة المقاصات الناجمة عن تحويل أو نقل التكنولوجيا . وهنالك
نوعان من الأوفست (أو التعويض) الأوفست المباشر والأوفست غير المباشر . ففي
الأوفست المباشر يساهم المشتري بصنع السلعة المباعة ، وهذا ما يسمح له بالاستفادة من
تكنولوجيا البائع إليه واقتناءها أو الاستفادة على الأقل من الخدمات المرتبطة بهذه السلعة
. وتتمثل المخاطرة ، بالنسبة للبائع في هذه العملية ، في وجود حالات من المنافسة (
competition) . وغالباً ما تكون هنالك تحويلات (transfers) في براءات الاختراع
والتراخيص وتأهيل الشركات المرتبطة وتأهيل العاملين وغيرها ... أما الأوفست غير المباشر
فانه يغطي أشكال المقاصة المختلفة المرتبطة ببيع السلعة ذات التكنولوجيا العالية (high
technology) مثل الشراء المقابل ، والاستثمار في أموال الاستثمار (investment funds) داخل
اقتصاد البلد وغير ذلك .

(ج) عمليات المقاصة المالية financial compensation

يمكن التفرقة بين كل من اتفاقات التحكيم (arbitrage) أو تجارة استبدال عقد بآخر (commutation) والمقاصة في مفاهيم المشروعات ، ومبادلة القروض مقابل البضائع . فبالنسبة إلى اتفاقات التحكيم (switch trading) (الشكل 46) فإنها تتضمن علاقات معقدة بين المصدرين والمستوردين والمحكمين في مختلف الأسواق.فالفوائض التجارية لبلد ما مع بلد آخر يمكن أن تستخدم من قبل بلد ثالث . فعلى سبيل المثال يمكن أن تمول الصادرات الأمريكية المتجهة نحو العراق عن طريق مبيعات المنتجات العراقية في الأردن . وبالنسبة إلى المقاصة في مفاهيم المشروعات فانه يوجد تمويل للمشروعات الصناعية عن طريق تنفيذ مشروعات منجزة بالعملات النقدية الأجنبية وخاصة المشروعات السياحية . أما بالنسبة إلى مبادلة القروض مقابل البضائع فتساعد الشركاء التجاريين في تسديد قروضهم على شكل صادرات.

الشكل (46)

مقاصة مالية

الشركة (A) مصدرة

الشركة (B) مستوردة ومصدرة

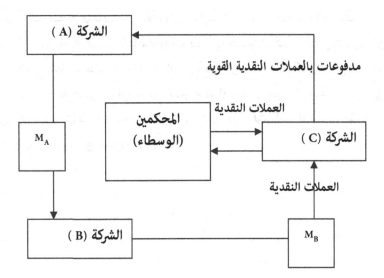

502

(د) كلفة المقاصة أو المضاربة   cost of compensation or disagio

تغطي كلفة المقاصة جزئين رئيسين . يختص الجزء الأول بتعويض طرف ثالث في عملية المقاصة . والجزء الآخر ، أكثر أهمية ، يمثل دعم للمنتج . ويستخدم هذا المبلغ لكي يكون المصدر (المورد) مستعداً للدفع بهدف إتمام العملية . فإذا كانت هنالك صعوبة في تصريف المنتج فان الدعم يجب أن يكون كبيراً ، وذلك لأن المنتجات المعروضة للمقاصة تكون بشكل عام معروضة بأسعار أعلى من أسعار السوق . ويتحمل هذه الكلفة البائع الذي يتعين أن يضيفها إلى أسعار مبيعاته .

2-   مزايا ومآخذ المقاصة

تتمتع الشركة المصدرة بثلاث مزايا في حالة المقاصة وهي إمكانية دخول السوق التي تبقى مغلقة ، ودعم الصادرات وحصص السوق ، وخلق مناخ مناسب مع البلد الزبون (client country) . وهنالك جملة من المزايا في حالة المقاصة بالنسبة إلى شركات أوروبا الوسطى والشرقية أو البلدان النامية . إذ تساعد هذه المقاصة في الحصول على المنتجات بمبلغ محدد من العملات النقدية الأجنبية ، وإمكانية الدخول في مهارات وخبرات شركات البلدان الصناعية ، وترويج بعض المنتجات . أما عيوب المقاصة فتتمثل في صعوبة تصريف المنتجات ، الداخلة في المقاصة ، في الأسواق ، وارتفاع أسعار المنتجات الداخلة في المقاصة ، وصعوبة تقييم ربحية عملية المقاصة وذلك بسبب عدم التأكد الذي يكتنفها ، وصعوبة التفاوض الذي يتطلب مشاركة وتدخل العديد من الوسطاء والمحكمين . وتجدر الإشارة إلى أن عمليات المقاصة يمكن أن تؤدي إلى عدم استقرار أسعار المواد الأولية بالنسبة إلى شركات البلدان الداخلة في المقاصة . علاوة على ذلك ، فان هذه الشركات لا تمتلك المهارة والخبرة الكافية في عملية تسويق منتجاتها .

الخلاصة

تتميز أساليب التسديد بخصوصيات في العمليات الدولية . وتتمثل هذه الأساليب في الاعتمادات المستندية ، والتسـديدات المصرفية الدوليـة ، والحـوالات البريديـة والمصرفية ، والبرقيات ، وشبكة نقل المعلومـات الماليـة بـين البنـوك (swift) وغيرهـا . وتعتمـد عمليـة المفاضلة بين هذه الأساليب على كلفة وسرعة التحويل . وفي بعض البلـدان ، تشـمل مراقبـة المبادلات إجراءات متعلقة بدفع قيم الواردات والصادرات ، علاوة على المدد الزمنية لاقتنـاء أو بيع العملات النقدية الأجنبية . وتلجا الشركات إلى المقاصة في بعض المبادلات الجارية .

أسئلة الفصل

1- ما هي مخاطر المدفوعات الدولية ؟

2- ما هو الاعتماد المصدق ؟

3- ما هي فائدة رسالة الاعتماد ؟

4- ماذا يقصد بالتسديد أو التسوية ؟

5- ما هو الفرق بين وثيقة الشحن ووصل الشحن ؟

6- اذكر أنواع الاعتمادات المستندية .

7- ماذا يعني سوق الاستعمال ؟

8- ما هي فائدة الحساب بالعملات النقدية الأجنبية بالخارج ؟

9- ما هي مآخذ الورقة التجارية (الكمبيالة) في التجارة الدولية ؟

10- قارن بين الأساليب المختلفة لتمويل التجارة الدولية . أي من هذه الأساليب يبدو لك أكثر تفضيلاً عندما تكون معرفتك قليلة بالمستورد الذي يتعامل معك؟

11- هل أن دور البنوك في التجارة الدولية يتحدد في مشكلات التمويل ؟

الفصل الثامن عشر

النظام الضريبي الدولي

الفصل الثامن عشر
النظام الضريبي الدولي

International Tax System

تختلف النظم الضريبية في بلدان العالم اختلافاً كبيراً . وينعكس أثر اختلاف هذه النظم على المعاملات الدولية بصورة فاعلة بحيث يمتد انعكاسه إلى العديد من المستويات الاقتصادية والتجارية والمالية . وقبل الشروع في تنفيذ أي مشروع استثماري داخل أي بلد من البلدان لابد من التعرف على ضريبة ذلك البلد والمزايا الضريبية التي يتميز بها مثل الإعفاءات الضريبية وتخفيضات سعر الضريبة والإندثارات المعجلة وغيرها . وغالباً ما ترتبط القرارات المالية للشركات متعددة الجنسيات بالضريبة مثل قرارات الاستثمارات واختيار الشكل القانوني للاستثمار وسياسة التمويل وإعادة الأرباح إلى المنشأة ألام وغير ذلك . ويتجه التخطيط الضريبي (tax planification) إلى الاستفادة من مرونة هيكل الشركات متعددة الجنسيات بغية تعظيم صافي الربح بعد الضريبة . وتكون المقارنات الدولية صعبة بسبب تعددية الأعباء الضريبية .

يتناول هذا الفصل الموضوعات الآتية :-

أولاً:- المبادئ العامة للضريبة .

ثانياً :- معدلات الضريبة .

ثالثاً :- أسعار التحويل .

رابعاً :- المناطق الحرة .

أولاً:- المبادئ العامة للضريبة   Tax General Principles

يوجد نوعان رئيسيان من المبادئ العامة للضريبة هما مبدأ إقليمية الضريبة ومبدأ عالمية الضريبية .

1- مبدأ إقليمية الضريبة   principal of regional tax

يجري ، بموجب مبدأ إقليمية الضريبة ، تحديداً إخضاع الأرباح التي تحققها الشركات العامة فعلاً في النشاط الاقتصادي للبلد . ويستعمل مبدأ إقليمية الضريبة بشكل شائع وعام في فرنسا ، إذ انه لا يأخذ في الحسبان لا الخسائر ولا الأرباح المتحققة في الخارج والتي يمكن أن تخضع للضريبة في البلد الأجنبي . ينطبق مبدأ إقليمية الضريبة حصراً على الشركات التي تستغل مباشرة في الخارج من قبل المنشآت الفرنسية . فإذا أسست ، على سبيل المثال ، منشأة فرنسية فرعاً لها في الخارج فان الأرباح المتحققة لا تخضع للضريبة إلا بعد توزيعها على المساهمين . بيد أن الإيرادات الأخرى،والفوائد ، وحصص الأرباح والمكافئات تخضع باستمرار للضريبة في فرنسا . أما بالنسبة للخسائر التي تتكبدها الشركات فلا تنزل من أرباح الشركات الخاضعة للضريبة في فرنسا .

2- مبدأ عالمية الضريبة   principal of tax mondialisation

يطبق مبدأ عالمية الضريبية في غالبية البلدان الصناعية في العالم . وبموجب هذا المبدأ تقوم الشركة ، التي تحتل موقعها في دولة ما ، بتجميع مجمل نتائجها من أرباح وخسائر على مستوى البلدان التي تمارس نشاطها فيها وذلك بهدف التوصل إلى احتساب دخلها الخاضع للضريبة . وتنزل الضريبة المحتسبة على أساس دولي من مبلغ الضرائب المسددة سابقاً في الخارج . وعلى الرغم من ذلك فان تنزيل الضرائب

الأجنبيـة لا يمكـن أن يتعـدى مبلـغ الضريـبة المحليـة التـي تفـرض علـى أي دخـل مـن الدخول.ومن الناحية المبدئيـة يطبق هـذا النظام حصراً في الفروع . وإن أرباح وخسائر الفروع لا تدخل في الربح الضريبي للمنشأة ألام ، إلا إذا كان هنالك نظام لدمج الحسابات .

3 - مزايا وعيوب كل من مبدأ الإقليمية ومبدأ العالمية

(1)   مبدأ الإقليمية

تنحصر مزايا مبدأ الإقليمية بخاصيتين رئيسيتين ، أولهما يمتاز بالبساطة ، وثانيهما يكون أقل وطأة في الحالة التي يرتفع فيها معدل الضريبة للبلد الأجنبي . أمـا عيوب هـذا المبدأ فتنحصر كذلك في مأخذين ، أولهما لا يأخذ في الحسبان الخسائر في الخارج ، وثانيهما عدم تنزيل الضرائب الأجنبية المستلمة التي تتمثل في الاستقطاعات مـن دخل المكافئات والحصص الربحية (dividends & fee income) .

(2)   مبدأ العالمية

تشكل عالمية الضريـبة ، في ضـوء الخسـائر في الخارج ، عمليـة تحفيـز علـى ممارسـة الأعمال في الخارج وذلك لأن الفروع العاملـة في الخارج تتعرض غالبـاً للخسائر خـلال السنوات الأولى من نشاطاتها . وبالمقابل فان عدم استقرار أسعار الصرف يزيد مـن حالـة عدم ضمان وتأكيد تحقيق الأرباح .

ثانياً :- معدلات الضريبة   Tax Rates

لا تختلف معدلات الضريـبة اختلافاً كبيراً بين البلدان الصناعية ، لكن علـى الرغم مـن ذلك هنالك بلدان تتمتع ببعض الخصوصيات .

1- معدلات الضريبة على الشركات

تطبق اليابان وألمانيا معدلات مختلفة تبعاً لمعدلات احتجاز الأرباح (45 % في ألمانيا و 36 % في اليابان) أو معدلات توزيعها (30 % في ألمانيا و 28 % في اليابان). وهنالك بعض البلدان يطبق معدلات ضريبية منخفضة وذلك بهدف جذب الاستثمارات الأجنبية . وتوجد كذلك ضرائب على الشركات المحلية في بلدان عديدة أخرى مثل الولايات المتحدة الأمريكية ، وألمانيا وسويسرا والسويد ، الأمر الذي يزيد من الضغط الضريبي على الشركات المتواجدة في هذه البلدان . وهنالك بلدان أخرى تقترح معدلات تفاضلية في حالة تنفيذ بعض الاستثمارات في المناطق أو الأقاليم . وتمنح غالباً البلدان النامية إعفاءات ضريبية للاستثمارات الأجنبية خلال فترة زمنية معينة ضمن برنامج تشجيع الاستثمارات الأجنبية فيها . يتضمن الجدول (30) المعدلات الضريبية على الشركات العاملة في بعض البلدان من الاتحاد الأوروبي والولايات المتحدة الأمريكية وكندا واليابان وبلدان أخرى .

الجدول (30)

معدلات الضريبية على الشركات (%)

البلد	معدل الضريبة (%)	البلد	معدل الضريبة (%)
ألمانيا (أرباح غير موزعة)	45	إسبانيا	35
ألمانيا (أرباح موزعة)	30	أمريكا	35
النمسا	34	فرنسا	41.6
بلجيكا	40	اليابان	36
كندا	38	المكسيك	35
المملكة المتحدة	31	السويد	28

وبالنسبة للأعمال الدولية فان مسألة معرفة معدلات الضريبة على الشركات تشكل ضرورة قصوى في بلدان العالم المختلفة . فعلى سبيل المثال إذا كان معدل الفائدة نفسه في كل من ألمانيا وفرنسا وكانت هنالك إمكانية الاقتراض لدى مجموعة الشركات متعددة الجنسيات في هذين البلدين ، فان معدل الضريبة على الشركات يتعين أن يؤخذ في الحسبان عند احتساب صافي كلفة المديونية (الاقتراض) ، الذي يحمل على صافي الربح الموحد . وهكذا إذا كانت معدلات الفائدة في كل من ألمانيا وفرنسا هي (7 %) فان صافي كلفة المديونية (الاقتراض) في ألمانيا ، دون الأخذ في الحسبان الضريبة الفدرالية التي تضاف إلى ضريبة الدولة يحسب كما يلي :-

$$ 7 \% (1 - 45 \%) = 3.85 \% $$

وصافي كلفة المديونية (الاقتراض) في فرنسا ، الذي يأخذ في الحسبان المساهمة بنسبة (10 %) يحسب كما يلي :-

$$ 7 \% (1 - 41.6 \%) = 4.09 \% $$

وتجدر الإشارة إلى أن الشركات (أو الأشخاص المعنويين) في فرنسا تخضع إلى مساهمة تعادل (10 %) من الضريبة على الشركات منذ بداية عام 1995م .

2- معدلات الضريبة على القيمة المضافة   added value

تعد الضريبة على القيمة المضافة ضريبة غير مباشرة مجمعة في كل مرحلة من مراحل الإنتاج . وتوجد ضريبة القيمة المضافة في العديد من بلدان العالم . والجدول (31) يتضمن المعدلات الاعتيادية (normal rates) للضريبة على القيمة المضافة المطبقة على المنتجات الأكثر تداولا في بلدان الاتحاد الأوروبي . وتسعى دول الاتحاد الأوروبي إلى توحيد ضريبة القيمة المضافة على مستوى دول الاتحاد .

الجدول (31)

معدلات (%) للضريبة على القيمة المضافة (مقارنة دولية)

البلد	المعدل (%)	البلد	المعدل (%)
ألمانيا	10	اليونان	18
بلجيكا	20.5	ايرلندا	21
دانمارك	25	إيطاليا	19
إسبانيا	16	لوكسمبورغ	15
فرنسا	20.6	هولندا	17.5
البرتغال	17	السويد	25
المملكة المتحدة	17.5	النرويج	20

3- الاستقطاعات من الدخل deduction from income

يطبق بشكل عام هذا الاستقطاع على الدخول الموزعة من قبل الشركات الوطنية على الأشخاص الذين ليس لديهم محل ضريبي أو ليس لديهم مواقع داخل البلد . ويشمل ذلك تسديد حصص الأرباح ، والفوائد ، والمكافئات المسددة إلى الشركات غير المقيمة (no residences).ففي فرنسا يلاحظ ، كقاعدة عامة ، أن معدل الاقتطاع هو (25 %) من الدخل الذي ينطبق على الأرباح الموزعة من قبل الشركات الفرنسية إلى غير المقيمين (غير الفرنسيين).غير أن القوانين الضريبية المتعارف عليها في بلدان عديدة(بلدان الاتحاد الأوروبي،والولايات المتحدة الأمريكية ، وكندا ، واليابان وغيرها) تخفض هذا المعدل إلى (10 %) أو أقل من ذلك .

إن الاتفاقات الضريبية في عدم ازدواجية فرض الضريبة ، التي غالباً ما توقع بين دول عديدة في العالم ، تساعد في الابتعاد عن ازدواجية فرض الضريبة فضلاً عن تخفيض معدل الاقتطاع من الدخل . ويكون من الضروري التعرف على هذه المعاهدات بشكل خاص وذلك لأنها تحدد مفهوم (المؤسسة الثابتة أو المستقرة) بشكل واضح ودقيق .

4- تشجيعات ضريبية incitement to tax

توجد ائتمانات ضريبية (tax credits) تساعد في عملية تجنب الازدواجية في فرض الضريبة حتى ولو لم تكن هنالك اتفاقات ثنائية بين الدول . فإذا كان مستوى معين من الدخل في أحد البلدان يخضع إلى معدل ضريبة (25 %) يسدد فيما بعد إلى المنشأة ألام التي تخضع إلى ضريبة بمعدل (35 %) ، فان الإدارة الضريبية في بلد المنشأة ألام لا تفرض على هذا الدخل ضريبة بمعدل (35 %) ، وإنما تفرض معدل مقارب للمعدل الإجمالي الذي يتحمله مثل هذا الدخل وهو (35 %) . وغالباً ما يسمح بالائتمانات الضريبية بالنسبة للاستثمارات في مجال البحث والتطوير . ويستخدم بعض البلدان طريقة (carry back) أو ترحيل الخسائر إلى الفترات اللاحقة (من 5 إلى 10 سنوات) وهنالك بلدان أخرى تقترح تطبيق نظام الاندثارات المعجلة للاستفادة من مزاياه الضريبية .

ثالثاً :- <u>أسعار التحويل</u> Transfer Prices

حينما تعد مجموعة شركات متعددة الجنسيات سعر التحويل فان هنالك العديد من الأهداف يمكن أن تؤخذ بنظر الاعتبار . يتمثل اغلب هذه الأهداف في هدف

تعظيم قيمة المجموعة من الشركات ، وزيادة الحصة السوقية للمنتج ، وتحقيق وفورات (اقتصادات) الحجم وتحسين نوعية المنتج وصلاحيته .

ويؤثر سعر التحويل في قياس نتائج الفروع(branches performances) وكذلك حوافز مدراء (managers motivations) الفروع الأجنبية .ويعتبر بعض المؤلفين أن تثبيت سعر التحويل يعتمد على وجود أو عدم وجود سوق بالنسبة للمنتج . ففي حالة وجود سوق منافسة فان سعر التحويل يجب أن يتمثل في سعر السوق . وفي حالة عدم وجود السوق فان سعر التحويل يجب أن يتمثل في الكلفة الحدية للإنتاج (marginal cost) . غير أن كل من روبنس وستوبو (Robbins 1973 Stobangh &) فضل تثبيت سعر التحويل تبعاً لحجم الشركات متعددة الجنسيات . وبشكل عام فأن اغلب المؤلفين تبنى سياسة هامش ربح معياري وأدوات سياسة سعرية أكثر مرونة .

يتضح مما تقدم أن أسعار التحويل تتكيف مع متطلبات السوق والتشريعات الضريبية والجمركية ومتغيرات المخاطر السياسية . ولذلك يصعب معرفة تثبيت أسعار التحويل ما بين مجموعات الشركات متعددة الجنسيات أو ما بين مجموعات الشركات الدولية . يتضمن دليل القيادة للشركات متعددة الجنسيات للمجموعة الدولية في منظمة التعاون الاقتصادي والتنمية OCDE (Organization for Economic Corporation & Development) بعض المبادئ المطبقة في تثبيت أسعار التحويل . يقوم أحد هذه المبادئ على أساس تطبيق سعر يتفق عليه بين وحدتين مستقلتين (arm's length) مع افتراض وجود سوق . ويقوم المبدأ الآخر وهو مبدأ الكلفة الإضافية (plus cost) على أساس إضافة مبلغ معين إلى سعر التكلفة ويمكن تسميته بالمبلغ الإضافي أو العلاوة . ويتمثل هذا المبلغ الإضافي في هامش ربحي معين . ويستلزم الأمر أن تتحمل الشركات المختلفة جزء من المصروفات العامة للمجموعة

الدولية للشركات (cost overhead) فضلاً عن مصروفات البحث والتطوير . وإلى جانب ذلك يمكن استخدام معايير أخرى بهدف احتساب تكاليف التحويل في حالة عدم إمكانية استخدام المبادئ السابقة . وعليه فأن التدفقات النقدية للفرع والمتجهة نحو المنشأة ألام تتغير بشكل واضح بتغيير الأسعار المتفق عليها .

1- أسعار التحويل وتحويل الأموال
Transfer Prices & Transfer of the Funds

نورد في أدناه مثالين للسياسات السعرية بين المنشأة ألام وأحد فروعها . ولأغراض التبسيط نفترض أن المنشأة ألام تبيع كامل إنتاجها إلى الفرع ، والضرائب على الأرباح تكون متجانسة في بلد كل من المنشأة ألام والفرع الأجنبي وليس هنالك مخاطرة أسعار صرف ولا مخاطرة سياسية .

مثال (1)

تبيع المنشأة ألام كامل إنتاجها بمبلغ (240) مليون دولار أمريكي (USD) . وتعرض حسابات كل من المنشأة ألام والفرع في الجدول الآتي (المبالغ بالآلاف الدولارات) .

الحسابات الموحدة للمجموعة	الفرع	المنشأة ألام	البيان
340000	340000	240000	المبيعات
160000-	240000-	160000 -	(-) كلفة البضاعة المباعة
180000	100000	80000	= مجمل الربح
66000 -	30000-	36000 -	(-) مصروفات تشغيلية
114000	70000	44000	= الدخل التشغيلي
57000-	35000-	22000-	(-) ضريبة (%)
57000	35000	22000	= صافي الدخل

مثال (2)

تبيع المنشأة ألام كامل إنتاجها بمبلغ (280) مليون دولار أمريكي (USD) . ويبين الجدول الآتي بعض الاختلافات عن الجدول السابق(المبالغ بالآلاف الدولارات).

الحسابات الموحدة للمجموعة	الفرع	المنشأة ألام	البيان
340000	340000	280000	المبيعات
160000-	280000-	160000-	-كلفة البضاعة المباعة
180000	60000	120000	= مجمل الربح
66000 -	30000 -	36000 -	(-) مصروفات تشغيلية
114000	30000	84000	= الدخل التشغيلي
57000 -	15000 -	42000 -	(-) ضريبة (%)
57000	15000	42000	صافي الدخل

يلاحظ من المثالين أن صافي الدخل الموحد للمجموعة الدولية يظهر بالمبلغ نفسه ، لكن في المثال الثاني ارتفع سعر التحويل مما أدى إلى زيادة كبيرة في دخل

المنشأة ألام ، أي بتعبير آخر كلما كان سعر التحويل مرتفعاً كلما ساعد ذلك في تحويل أموال كبيرة نحو المنشأة ألام .

2- أسعار التحويل والضريبة   transfer prices & tax

مثال (1)

نأخذ المعطيات السابقة ذاتها لكن بافتراض أن معدلات الضريبة تختلف في البلدين وهي :-
(50 %) في بلد المنشأة ألام و (35 %) في البلد المضيف للفرع .

الحسابات الموحدة للمجموعة	الفرع	المنشأة ألام	البيان
340000	340000	240000	المبيعات
160000-	240000 -	160000 -	(-) كلفة البضاعة المباعة
180000	100000	80000	= مجمل الربح
66000 -	30000-	36000-	(-)مصروفات تشغيلية
114000	70000	44000	الدخل التشغيلي
46500-	24500- (35 %)	22000- (50 %)	(-) ضريبة (%)
67500	45500	22000	صافي الدخل

519

مثال (2)

إذا كانت مبيعات المنشأة إلى الفرع بمبلغ (280) مليون دولار أمريكي (USD) وكانت معدلات الضريبة (50%) في بلد المنشأة ألام و (35%) في البلد المضيف للفرع فان النتائج تظهر كما في الجدول الآتي (المبالغ بالآلاف الدولارات) :-

الحسابات الموحدة للمجموعة	الفرع	المنشأة ألام	البيان
340000	340000	280000	المبيعات
160000-	280000-	160000 -	(-) كلفة البضاعة المباعة
180000	60000	120000	= مجمل الربح
66000-	30000-	36000 -	(-) مصروفات تشغيلية
114000	30000	84000	= الدخل التشغيلي
52500-	10500 -	42000 -	(-) ضريبة (%)
61500	19500	42000	= صافي الدخل

حينما تختلف معدلات الضريبة في البلدين فان الدخل الموحد يتغير بشكل ملحوظ ، وعليه فان من الأفضل ، مع بقاء الأشياء على حالها ، تطبيق أسعار تحويل منخفضة ، إذا كان معدل الضريبة في البلد المضيف للفرع أقل من معدل الضريبة في بلد المنشأة ألام ، بغية زيادة صافي الدخول الموحدة . وإن كل الافتراضات والمبررات المعروضة آنفاً تفترض حرية اختيار المنشأة ألام في تثبيت أسعارها التحويلية .

2- أسعار التحويل والحقوق الجمركية

transfer prices & costume rights

تفـرض الحقـوق الجمركيـة عـلى الإسـتيرادات مـن المنتجـات . فـإذا ارتفعـت أسـعار المنتجات المستوردة فأنه يؤدي إلى ارتفاع مبلغ الحقـوق الجمركيـة وبـالعكس . وعليـه فـان سياسة أسعار التحويل تؤثر بشكل كبير عـلى الحقـوق الجمركيـة . وفي بعـض البلـدان التـي يحدد فيها المبلغ الإجمالي للإستيرادات بالنسبة للشركات فإنه من الضـروري تخفـيض أسـعار التحويل لغرض زيادة حجم المبيعات .

4- أسعار التحويل ونتائج الفروع branch performances

تطرح مشكلة تقييم النتائج (الأداء) بالنسبة للفروع الأجنبية كما هو الحال بالنسبة للفروع المحلية . وكما أشرنا آنفاً إلى أن أسعار التحويل المختلفة ينعكس أثرهـا عـلى الـدخل التشغيلي وصافي الدخل بعد الضرائب . أي بمعنـى آخـر تتـأثر نسـب الربحيـة كافـة بتغيـير أسعار التحويل فمثلما تتأثر الربحية الاقتصادية (صافي الدخل ÷ إجمالي الموجـودات) فـان الربحية المالية (صافي الدخل ÷ حقوق الملكية) تتأثر هي الأخرى بتغير أسعار التحويل .

5- أسعار التحويل والشركات المشاركة joint venture

في حالة عدم سيطرة المنشأة ألام على الفـرع سـيطرة كاملـة وفي حالـة كونهـا منشـأة مشاركة مع الشركة المحلية فانه من المؤكد أن أسعار التحويل لا يمكن أن تحـدد عـن طريـق المنشأة ألام بمفردها . إن أهداف المساهمين الأقلية لا تتشابه مع أهداف المنشـأة ألام التـي تنصب في تعظيم قيمة مجموعة الشركات متعددة الجنسيات .

6- أسعار التحويل ورقابة المبادلات exchanges control

إذا كانت قيود المبادلة تنصب في تخفيض المشتريات من الخارج ، فانه يمكن تطبيق أسعار التحويل المنخفضة انخفاضا كبيراً بالنسبة لفروع هذا البلد . وفي حالة وجود قيود في بلد ما على إعادة الأرباح إلى الوطن ألام فان أسعار التحويل للصادرات يمكن أن تكون منخفضة .

أن دراسة تحويلات الأموال من قبل شركة متعددة الجنسيات تقود إلى الاستنتاج بـأن عملية انتقال التدفقات المالية (financial flows) غالباً ما تكون صعبة . وتتمثل صعوبات انتقال التدفقات المالية في وجود الحواجز الجمركية للحماية ، وتحديد حصص الأرباح المحولة ، والمتطلبات الضريبية ، ورقابة المبادلات ، والقيود علـى حركـة رؤوس الأمـوال . وتزداد هذه الصعوبات المتغيرة (flexible) لرؤوس الأموال وتتعقد كذلك عندما لا تراقب المنشأة ألام فروعها مراقبة تامة .

رابعاً :- المناطق الحرة   Free Zones

تمثل المنطقة الحرة منطقة محددة جغرافياً تكتسب بعض المزايا الجمركية والضريـبية وغيرها بهدف زيادة النشاط الاقتصادي . وتتمثل المنـاطق الحـرة في أشكال مختلفـة ، فقد تكون المنطقة الحرة محددة بالنشاطات التجارية أو مختصة بالإنشـاءات الصناعية ، أو ممثلة لشركة معينة أو منطقة معينة .

ويمكن التمييز بين نوعين من المناطق الحرة هـما المنـاطق الحـرة للتصـدير والمناطق الحرة للاستيراد . فالمناطق الحرة للتصدير تعني أن جميع السلع المنتجة تتجه نحو التصدير ، أما المناطق الحرة للاستيراد فتعني أن السلع المنتجة في هذه المناطق مـن قبـل الشركات الأجنبية تحجز للسوق المحلية .

وعلى المستوى الدولي فان المناطق الحرة تلعب دوراً مهماً في التجارية الدولية . وتوجد مناطق عدة للتجارة الحرة موزعة على أنحاء العالم ومنها أمريكا الوسطى وأمريكا الجنوبية (البرازيل والمكسيك) والدول الكاريبية ، وآسيا (تايوان ، ماليزيا ، هون كونغ ، سنغافورة ، فليبين ، إندونيسيا ، الهند ، بعض مناطق الصين ، ليند ، سانتوكروز) ، وأوروبا (موناكو ، سانت مارين و أن دروز) .

الخلاصة

تشكل الضريبة جانباً مهماً من جوانب المعاملات الدولية . ولـذلك يقـوم العديـد مـن الشركات متعددة الجنسيات بإجراء تقسـيم خـاص " للضريبة " أو اللجـوء إلى مستشارين محليين للضريبة بهدف تخفيض المعدل الإجمالي لمجموعة الشركات متعددة الجنسيات . وفي الواقع أن تدفقات رؤوس الأمـوال بـين الفـروع والمنشـأة ألام تخضـع إلى الضريبة في البلـد المضيف وبلد المنشأة ألام . وعليه فان الضريبة ينعكس أثرها علـى جميـع القرارات الماليـة الاستراتيجية المتمثلة في قرارات الاستثمار وسياسة التمويل وتوزيع حصص الربحية .

هنالك نماذج محاكاة ضريبية استخدمت أحياناً بهـدف إيجـاد نظـام أمثـل يسـاعد في تخفيض الوعاء الضريبي . وتتضمن هذه النماذج العديد من العوامل مثل سياسات انتقال الأموال ، والمعاهدات الضريبية ، ومعدلات فرض الضريبة في بلدان عـدة ، وأخطـار التقيـيم أو انخفاض العملات النقدية الأجنبية . وقد قامـت بلـدان عديـدة في العالم مثل مجموعـة دول الاتحاد الأوروبي باتخاذ إجراءات لتوحيد معدلات الضريبة فيما بينها وذلك بهـدف توحيد وتنسيق الأنظمة الاقتصادية و الماليـة وإزالـة الاختلافـات بـين دول المجموعـة أو في السوق الأوروبية المشتركة . وعلى الرغم من ذلك فانه مازالت هنالك اختلافات عديـدة في أشكال التطبيق .

أسئلة الفصل

1- تكلم عن مبدأ إقليمية الضريبة .

2- تكلم عن مبدأ عالمية الضريبة .

3- اذكر مزايا وعيوب مبادئ إقليمية وعالمية الضريبة .

4- ماذا يقصد بالربح الدولي ؟

5- ماذا يعني الربح الموحد ؟

6- ما هو سعر التحويل ؟

7- ماذا يعني مفهوم المناطق الحرة ؟ أعط مثالاً .

8- إذا رغبت بتأسيس فرع في بلد أجنبي ، فما هي البيانات الضريبية التي يتوجب عليك تجميعها ؟

9- كيف يمكن لأسعار التحويل أن تؤثر في نتائج أعمال الفرع الأجنبي ؟

10- كيف يمكن تثبيت أسعار التحويل بطريقة تخفض الوعاء الضريبي لمجموعة شركات متعددة الجنسيات إذا كان فرع ما ، يقع في بلد تكون فيه الضريبة مرتفعة ، وحقق ربحاً عالياً ، في حين أن فروع أخرى تقع في بلدان فيها معدلات ضريبة منخفضة ؟

11- ما هي نزاعات المصالح التي تنشأ عند تحديد سعر التحويل بين المنشأة الأم والفرع ؟

12- لماذا تكون الاتفاقات الضريبية بين البلدان مفيدة للشركات متعددة الجنسيات؟

الفصل التاسع عشر

نظام دمج الحسابات في الأعمال الدولية

Consolidation of Accounts in the International Business

هنالك الكثير من المعلومات المتدفقة إلى داخل الشركات ذات الجنسيات المتعددة كما أن هنالك معلومات عديدة متدفقة إلى خارج هذه الشركات . وتخصص عادة المعلومات الموجهة نحو الخارج إلى المستثمرين وغيرهم بـهدف توفير مؤشرات عـن صـافي المركـز المـالي للشركة ، وطبيعة موجوداتها ومطلوباتها في لحظة إعداد الميزانية ، والأرباح المتحققـة خـلال الفترة المالية .

وعندما يتعلق الأمر بالشركات متعـددة الجنسيات فان المشـكلة تنبـع مـن اختـلاف العملات النقدية الذي يؤخذ في الحسبان في حالة دمج الحسابات . فالمطلوبات والموجودات يمكن أن تتأثر بشكل واضح بتغيـيرات أسـعار الصرف والنتـائج تتفاوت بشكـل كبـير تبعـاً لاختلاف الطرائق المحاسبية المتبعة .

يتناول هذا الفصل الموضوعات الآتية :-

أولاً :- المفاهيم المختلفة للأنظمة المحاسبية القومية الأساسية .

ثانياً :- نظام الحسابات الموحدة والتعليمات الأوروبية السابعة .

ثالثاً :- قواعد توحيد الحسابات في الولايات المتحدة الأمريكية .

رابعاً :- نظام دمج وتحويل العمليات إلى العملات النقدية الأجنبية في فرنسا.

خامساً :- الدمج والتضخم الاقتصادي .

أولاً :- المفاهيم المختلفة للأنظمة المحاسبية

Concepts of Accounting Systems

تختلف الأنظمة المحاسبية بشكل كبير وبحسب اختلاف البلدان في العالم . وهنالك منشورات أو إصدارات ، مثل تلك التي تسمى (price water house) ، تنشر ـ سنوياً موضوعات عن الاختلافات الجوهرية المهمة بين الأنظمة المحاسبية في العالم. ففي مجموعات الشركات متعددة الجنسيات يتعين أن يجري توحيد النظم المحاسبية للفروع الأجنبية مع نظم المنشأة ألام بشكل يساعد من جهة في اتخاذ القرار المالي ومن جهة أخرى في إعداد ميزانية موحدة . وقد عرضت فلسفة النظم المحاسبية القومية في كتاب كل من شوي (Choi) ومولر (Mueller) عام 1992م يمكن إجمال الاستنتاجات الأربعة الرئيسية التي وردت في هذا الكتاب بما يلي :-

1- مفهوم الاقتصاد الجزئي micro-economy concept

يجب أن تنصب مهمة المحاسب ، بموجب مفهوم الاقتصاد الجزئي ، بشكل مستمر في الحفاظ على رأس المال النقدي(monetary capital maintenance) للشركة وذلك باستخدام المفاهيم الحقيقية والجوهرية . فالبلد الذي يتبنى مفهوم الاقتصاد الجزئي يتعين عليه أن يلتزم باستخدام الكلفة الاستبدالية في إعداد الحسابات بهدف تكييف المحاسبة مع ظاهرة التضخم الاقتصادي في ذلك البلد .

2- مفهوم الاقتصاد الكلي macro-economy concept

يتعين على النظام المحاسبي ، بموجب مفهوم الاقتصاد الكلي ، أن يخدم بسهولة التوجيه الإداري (administrative direction) للاقتصاد من قبل الدولة والذي يجب أن يكون متكيفاً مع حاجات التخطيط الاقتصادي .

3- المفهوم المستقل   independent concept

يعد المفهوم المستقل من المفاهيم المقبولة عملياً في البلدان الناطقة بالإنكليزية (Anglo-Saxon) . ويؤدي هذا المفهوم إلى تطوير المفاهيم التي تتلاءم مع التطبيق المحاسبي . وتنظم الشركة حساباتها الداخلية بالطريقة التي يكون إعدادها سهلاً ومن ثم يتمكن المستثمرون من الحكم على الوضع المالي للشركة خلال فترة زمنية معينة .

4- المفهوم المحاسبي الموحد   uniform accounting concept

يتضمن المفهوم المحاسبي الموحد توحيد المصطلحات وتصنيف البنود المحاسبية المتشابهة لجميع الشركات العاملة في البلد . ويهدف هذا التوحيد إلى إعداد المحاسبة الوطنية وتبسيط عملية إجراء المقارنات بين الشركات . وقد تبنى هذا المفهوم العديد من البلدان في العالم مثل فرنسا وألمانيا والأرجنتين ومصر والعراق وسوريا وبعض دول إفريقيا وغيرها .

بينما جاء في دراسة كل من باركر ونوبس(R.Parker,Ch.Nobes 2000) التركيز على مفهوم الوحدة المحاسبية التي تجسدها مفهوم مجموعة الشركات ، فقد أشار إلى أن عملية إنتاج التقارير المالية المندمجة تفترض أن مجموعة الشركات تشكل منشأة واحدة وتمثل كذلك وحدة محاسبية (accounting unit) . ولأغراض توضيح بعض التعاريف من هذه الوحدة من الضروري طرح التساؤل الآتي :- إلى من تقدم المعلومات المتعلقة بالوحدة ، والى أي غرض يتم تقديم مثل هذه المعلومات ؟

إن الإطار المفاهيمي في الولايات المتحدة الأمريكية ومسودة المبادئ في المملكة المتحدة تفترض أن الكشوفات المالية يتم تصميمها للمستثمرين الحاليين والمحتملين ، علاوة على ذلك فان التركيز يكون على حملة الأسهم في المنشأة الأم أو المنشأة

531

القابضة . غير أن هذا المفهوم يعاني من نقاط ضعف متعددة كجزء من تجاهل مصالح حملة الأسهم الجزئيين وكما يلي :-

(1) يفترض أن المجموعة تتألف من المنشأة أم تسيطر على عدد من الشركات الفرعية التي تعتمد عليها ، وإنها لا تسمح بإمكانية أن تكون مجموعة شركات من داخل المجموعة ، ولا تسمح لأي شركة بالسيطرة على شركة أخرى داخل المجموعة أو التأثير والرقابة عليها .

(2) تتم معاملة جميع الأطراف المهمة وذات العلاقة بشكل متساوي ، عدا حملة الأسهم فتتم معاملتهم على أنهم مستخدمين غير مهمين .

وتأسيساً على ما تقدم فان مفهوم المنشأة ألام يمكن أن يستند إلى السيطرة القانونية (legal control) التي تستند عادة إلى حملة الأسهم الرئيسيين الذين يملكون حق التصويت . ويمكن أن يستند مفهوم المنشأة ألام إلى مفهوم وحدة المجموعة (entity concey) التي يتم فيها معاملة جميع حملة الأسهم بشكل متساوي سواء كانوا من المؤسسين أو المساهمين ، فضلاً عن معاملة الأطراف الأخرى ذات العلاقة بالمجموعة مثل الإدارة والعاملين والزبائن والمجهزين بنفس الأسلوب وبشكل واضح .

كذلك يمكن أن يقوم مفهوم الشركة على أساس مفهوم الملكية (proprietary concept) الذي يؤكد على الملكية (proprietorship) ، إذ أن هذا المفهوم يوفر مفهوم السيطرة الرئيسية على قرارات السياسة المالية والتجارية ، واستناداً إلى مفهوم الملكية فان حصة مناسبة من الأرباح أو الخسائر السنوية وحصة مناسبة من الموجودات والمطلوبات تظهر في الكشوفات المالية الموحدة .

ثانياً :- تنسيق الحسابات الموحدة والتعليمات الأوروبية السابعة

Coordination of Uniform Accounts

تشير التعليمات السابعة للمجلس الأوروبي ، الصادرة في حزيران عام 1983م ، إلى ضرورة ترتيب (coordination) التشريعات الوطنية بخصوص توحيد الحسابات لكي تكون هذه الحسابات قابلة للمقارنة .

(أولاً) دمج الحسابات account consolidation

1- إعداد الحسابات الموحدة والتقرير الموحد للإدارة يكون إلزامياً بالنسبة للشركة في الحالات الآتية :-

(1) امتلاك الشركة غالبية حقوق تصويت المساهمين أو المشاركين في شركة أخرى .

(2) مساهمة الشركة بشركة أخرى واحتفاظها بحق تسمية أو إلغاء غالبية أعضاء الجهاز الإداري والإدارة العليا أو الرقابة على هذه الشركة .

(3) ممارسة الشركة قوة السيطرة على شركة أخرى تكون فيها مساهم أو شريك بموجب عقد مبرم معها .

(4) مساهمة الشركة في شركة أخرى تنفرد بمراقبتها بمقتضى- اتفاق مسبق مع المساهمين الآخرين ، أو تم تسمية وتعيين غالبية أعضاء الجهاز الإداري والإدارة العليا والرقابة بهدف ممارسة حق التصويت على هذه الشركة .

2- الشركات الداخلة في مجال الدمج

تشمل الشركات المشمولة بالدمج المنشأة ألام وجميع شركات الفروع . وقد تحدد الشركات المشمولة بالدمج في أي بلد بموجب قانون معين أو تحدد بحسب شكلها

القانوني مثل الشركات المساهمة أو الشركات ذات المسؤولية المحدودة أو شركات التوصية وغيرها .

ويمكن أن تستثنى من الدمج بعض الشركات إذا كانت شركات مساهمة مالية شرط أن لا تتدخل في إدارة الفروع ، ولا تطبق حقها في التصويت ولا تمنح قروض إلى هذه الشركات . كذلك في بعض الحالات يمكن أن تستثنى من الدمج شركات أخرى إذا كانت نفسها فروعاً من شركات تحمل حق أو قانون (law) إحدى الدول الأعضاء في مجموعة الدول الأوروبية .

(ثانياً) أشكال إعداد الحسابات الموحدة

consolidated account forms

يتعين أن تتضمن الحسابات الموحدة الميزانية الموحدة ، وحساب الأرباح والخسائر الموحد ، والملحق . ويتعين أن تنقل هذه الحسابات الصورة الحقيقية للثروة وتعكس الوضع المالي ونتائج أعمال الشركات التي يجب أن تكون موحدة . وهنالك بيانات تكميلية تجهز من اجل إعطاء صورة حقيقية عن أعمال ونشاطات الشركات :

1- تأخذ الميزانية الموحدة مرة ثانية عناصر الموجودات والمطلوبات للشركات . وفي بعض الأحيان يتم تعويض القيم المحاسبية للأسهم عن طريق الأموال الممتلكة (حقوق الملكية) في الميزانية . وان القروض والحسابات المدينة (الذمم المدينة) ما بين الشركات تلغي الحسابات الموحدة .
2- يأخذ حساب الأرباح والخسائر الموحد مرة ثانية الإيرادات والمصروفات للشركات المندمجة . لكن تفرز الإيرادات والمصروفات المتعقلة بالعمليات ما بين الشركات.إما فيما يتعلق بالأرباح والخسائر الناتجة عن عمليات ما بين الشركات، الداخلة في احتساب القيمة المحاسبية للموجودات ، فأنها يجب أن تكون منفصلة

نسبياً عن حصة رأس المال الممتلك من قبل المنشأة ألام في كـل فـرع مـن فـروع الشركات المندمجة . وهنالك بعض الاستثناءات يمكن أن تكون مقبولة شريطة أن تكون واضحة .

3- يتضمن الملحق العديد من المؤشرات عن أشكال التقييم ، واسم مركز الشركات المندمجة ، واسم مركز الشركات المساهمة في شركة داخلة في الدمج ، واسم مركز الشركات التي تهدف إلى تحقيق اندماج نسبي ، والمبلغ الإجمالي للقروض التي تزيد مدتها المتراكمة عن خمس سنوات ، والمبلغ الإجمالي للقروض في الميزانية الموحدة المغطاة بضمانات حقيقية ، والمبلغ الإجمالي للالتزامات المالية التي لا تـدرج في الميزانيـة الموحـدة لكـن مفيدة من اجل تقييم الوضع المالي للمجموعة ، وتوزيع صـافي رقم الأعمال (صـافي المبيعات) على مستوى النشاطات والمناطق الجغرافية .

4- يتعين أن التقرير الموحد للإدارة عرضاً عـن الوضـع المالي للشركات المندمجة وتطورها علاوة على المؤشرات عن بعض الأحداث الحاصلة بعد نهاية الفترة المالية، ونشاطات البحث والتطوير .

ثالثاً :- قواعد توحيد الحسابات في الولايات المتحدة الأمريكية
Accounts Standardization in U S A

* القواعد المحاسبية الخاصة بمكاسب وخسائر الصرف

أن معدلات الصرف العائمة فضلاً عن ازدياد أهمية عدد الشركات المتعددة الجنسيات دفعت الولايات المتحدة الأمريكية إلى إعادة مراجعة القواعد المحاسبية المتعلقة بأربـاح وخسائر الصرف في عام 1982 م . لقد عرفت قاعدة (FASB52) العملـة النقديـة الأجنبيـة " وظيفياً " (functional) للفرع الأجنبي بأنها الوحدة

النقدية التي بواسطتها يحقق الفرع اغلب عملياته . وتميـز هـذه القاعـدة بـين نـوعين مـن العمليات هما عمليات الفروع وعمليات المكاسب .

1-   عمليات الفروع

بشكل عام تستخدم هذه الفروع العملة النقدية المحلية للبلد بوصفها عملة نقدية وظيفية . وإن بنود الموجودات والمطلوبات في الميزانية ، فضلاً عـن بنـود حسـاب النتيجـة ، يجب أن تكون محولة بموجب سعر الدولار المعمول بـه عند إقفـال الحسـابات . وفي حالة تغيـر سـعر الـدولار بـين فترتـين مـاليتين فانـه يـنتج عنهـا فـائض أو نقـص القيمـة (more or less value) الـذي يـسمى بتسـويات الـدمج (translation adjustments).وقـد اعتبرت هذه التغيرات غير معبرة عن التدفقات النقدية المتوقعة.بالإضافة إلى أنها لا تـدخل في الأرباح المنشورة (المعلنة) . وتهدف هـذه التغـيرات إلى إجـراء تسـويات عـلى مسـتوى حقوق الملكية الموحدة (الأموال الممتلكة المندمجة) ، فضلاً عن أنها لا تتحقـق إلا في حالـة تصفية الفرع الأجنبي أو الانتهاء من نشاطه .

2-   عمليات الفروع التي تمثل مكتب (office) في الخارج للمنشأة ألام

إذا تمت العمليات التي تقوم بها هذه المكاتب بالعملة النقدية للمنشأة ألام فانه لا يجري أي تحويل (conversion)، وإذا تمت عملياتها بالعملة النقدية الأجنبية ، فان مكاسب وخسائر الصرف الناجمة عن هذه المعاملات ، لها تأثير مباشر على التدفق النقدي للمنشأة ، ويجب أن تدرج ضمن صافي الربح المعلن . وهذا ما يطلق عليه بتسمية مكاسب وخسائر (losses & gains) الصفقة (المعاملة) (transaction effects) .

ويمثل ذلك حالة الفرع الأجنبي الذي تتركز مهمته في توزيع منتجات المنشأة ألام في البلد الأجنبي حتى ولو كانت حسابات هذه المنشأة تنظم بالعملات المحلية .

مثال

تبيع منشأة أمريكية منتجاتها في الأردن بواسطة أحد الفروع . وقد حدد سعر البيع للوحدة الواحدة من المنتجات بمبلغ (250) دولار من قبل المنشأة الأمريكية . وقد حصلت طلبية حينما كان سعر الدولار الأمريكي (0.720) دينار أردني . إن القيمة المعادلة للمبلغ (250) دولار أمريكي هي (180) دينار أردني . وكانت قيمة الدولار الامريكي في لحظة التسوية أو الدفع (0.680) دينار . فالقيمة المعادلة للمبلغ 250 دينار تحسب كما يلي :-

250 دولار أمريكي   ×   0.680   =   170 دينار أردني

خسارة الصرف للمنتج الواحد تساوي :-

180 – 170 = 10 دينار

وتدخل في النتيجة هذه الخسارة الناجمة عن صرف المعاملة ، كذلك تدخل في النتيجة الخسائر وفائض قيم الصرف المتحققة نتيجة القروض أو التوظيفات (investments) في العملات النقدية الأجنبية للشركات الأجنبية.

لقد أفضت قاعدة (FASB52) إلى معلومات ذات قيمة علمية وعملية وذلك لأن النتائج المنشورة من قبل الشركات متعددة الجنسيات تعكس بشكل أفضل نتيجة التشغيل الجارية . لكن توجد بعض الصعوبات في التفسير خاصة بالنسبة للفروع التي تعمل في بيئة اقتصادية تضخمية عالية . وقد عرفت قاعدة (FASB52) الاقتصاد ذو التضخم المرتفع (hyperinflation) بأنه " الاقتصاد

الذي يبلغ فيه معدل التضخم المتراكم (100%) أو أكثر على مدى ثلاث سنوات متتالية " .
بالنسبة لهذه الفروع فان النتائج يجب أن تكون محسوبة كما لو كانت العملة النقدية (
الوظيفية) المستلمة هي الدولار .

رابعاً :- نظام دمج وتحويل العمليات إلى العملات النقدية الأجنبية في فرنسا

Consolidation and Transactions Transfer

(أولاً) الدمج   consolidation

يتعين على المنشآت التجارية أن تعد وتنشر ـ سنوياً ـ حساباتها الموحدة بالإضافة إلى تقرير إدارة مجموعة الشركات متعددة الجنسيات مادامت هذه المنشآت تسيطر بشكل منفرد أو مشترك على واحدة أو أكثر من الشركات الأخرى أو إنها تمارس تأثيراً بارزاً على هذه الشركات . ويمكن أن تحصل بعض الاستثناءات وخاصة بالنسبة للشركات التي تقع تحت سيطرة منشأة معينة تضمنها في الحسابات الموحدة والمنشورة، وعندما تكون مجموعة الشركات الممثلة من قبل الشركة أو الشركات المسيطر عليها أقل من حجم معين (المادة 10 من الدليل التجاري الفرنسي) .

إذا كانت السيطرة المنفذة من قبل الشركة استثنائية فان دمج الحسابات يكون باستخدام طريقة التكامل الإجمالي (global integration).وإذا كانت السيطرة مشتركة فان دمج الحسابات يتم باستخدام طريقة التكامل النسبي (proportional integration) . أما إذا كانت الشركة المندمجة تنفذ تأثيراً بارزاً فانه يمكن تبني طريقة التكافؤ (equivalence method) .

538

(ثانياً) تحويل العمليات في العملات النقدية الأجنبية

تستند المبادئ المحاسبية المعتمدة في فرنسا إلى القواعد المحاسبية الدولية (IASC) المنشورة من قبل لجنة المعايير المحاسبية الدولية (IASC) والتي تشكل فرنسا أحد أعضائها. وفي اغلب الحالات يتم تقييم الذمم المدينة والقروض المعبر عنها بالعملات النقدية الأجنبية والمدرجة في الميزانية في نهاية الفترة المالية بموجب أسعار الإقفال . لكن ، إذا كان عقد الصرف لأجل منجزاً ، فان الفرق بين سعر اليوم والسعر لأجل يجب أن يحول إلى النتائج (الأرباح) خلال مدة العقد لغرض تحديد مبالغ عملة الحساب والتي تدفع أو تقبض في تاريخ تسوية هذه العمليات بالعملة النقدية الأجنبية . أما بالنسبة للعمليات قصيرة الأجل ، فان الأسعار لأجل المدرجة في عقود الصرف يمكن اعتمادها بغية احتساب العمليات .

إن الفرق بين قيمة التسجيل والقيمة المقدرة بسعر الإقفال أو فرق التحويل يسجل في حساب تسوية معينة يسمى " فرق التحويل " (conversion difference) في المطلوبات إذا كانت مكاسب خفية ، وفي الموجودات إذا كانت خسائر خفية . والخسائر الخفية تؤدي إلى تكوين مخصص مخاطر أسعار الصرف ، أما المكاسب الخفية فبالعكس لا تدخل في تكوين الأرباح . لقد وردت فقرات عديدة في الخطة المحاسبية العامة لعام 1982م (PCG) يتعين تعديلها لصعوبة تطبيقها وذلك لغرض إعطاء صورة حقيقية للوضع المالي للشركة ، ومن هذه الفقرات ما يلي :-

(1) إذا كان القرض بالعملة النقدية الأجنبية قد خصص لاقتناء الموجودات الثابتة أو أوراق مالية تمثل أي من الموجودات فانه من الناحية المبدئية لا يمكن تكوين مخصص لمواجهة مخاطرة أسعار الصرف لهذا القرض . " في هذه الحالة يتعين إجراء

التسوية ، بموجب الطريقة المناسبة ، خلال فترة زمنية قصيرة للغاية إما على أساس مدة القرض أو على أساس فترة الحياة المفيدة للسلعة " .

(2) إذا كانت العمليات ذات المواعيد المتقاربة تتقاطع في مركز صرف إجمالي فان تعيين مخصص لمواجهة مخاطر أسعار الصرف يتحدد في ضوء زيادة الخسائر عن المكاسب .

(3) إذا كان القرض بالعملات النقدية الأجنبية يسبب مصروفات مالية اقل عبئاً مما لو كان بعملة اليورو فان تعيين مخصص لمواجهة أخطار أسعار الصرف يتحدد بالفرق بين المصروفات المحتسبة والمصروفات الفعلية .

(4) و أخيراً ، إذا كانت العمليات تخص فترات مالية عديدة ، فان الشركات تجري توزيع الخسائر بموجب الطرائق التي يتعين الإفصاح عنها .

(ثالثاً) تحويل القوائم المالية للشركات الأجنبية

statements conversion

1- بنود الميزانية :- يتم تحويل الموجودات والقروض سواء كانت نقدية أو غير نقدية بأسعار نهاية الفترة المالية (الإقفال) ، باستثناء الوحدة (الفرع) الأجنبية التي تخضع إلى تأثير معدل التضخم الاقتصادي المرتفع . ويتعين أن يسند إلى حقوق الملكية فرق الصرف الناجم عن تحويل صافي الاستثمار الافتتاحي بمعدل صرف مختلف عن ذلك المستخدم سابقاً .

2- بنود حساب النتيجة (كشف الدخل) :- يجب أن تحول بنود كشف الدخل إما بسعر نهاية الفترة (الإقفال) وإما بالمعدل المعمول به (النافذ) في تاريخ العمليات . ويتعين أن تسند إلى حقوق الملكية فروقات الصرف الناجمة عن تحويل بنود حساب النتيجة بسعر معين غير معدل نهاية الفترة وتحويل بنود الميزانية بسعر

نهاية الفترة . وقد ساعدت القاعدة (IASC) على إدراج فروقات الصرف إما في حقوق الملكية و إما في نتيجة (أرباح) الفترة المالية .

(1) يجب أن تسند إلى حقوق الملكية فروقات الصرف التي تنتج من أي تغير آخر حاصل في حقوق الملكية للوحدة الأجنبية (الفرع الأجنبي) .

(2) يتعين تحويل القوائم المالية بشكل يعكس آثار تغيرات السعر قبل تحويلها ، إذا كان أحد الفروع الأجنبية يخضع إلى تأثير المعدل المرتفع للتضخم الاقتصادي .

خامساً :- الدمج والتضخم الاقتصادي

onsolidation & nflation

تصدر في بعض البلدان بيانات عن تأثير التضخم الاقتصادي على حسابات الشركات متعددة الجنسيات . في الواقع أن المستوى المرتفع للتضخم الاقتصادي يعرقل عملية المقارنة بين حسابات مجموعة معينة من الشركات خلال فترة محددة من جهة ،ومن جهة أخرى بين حسابات مجموعات الشركات متعددة الجنسيات المختلفة .

ففي الولايات المتحدة الأمريكية على سبيل المثال تلزم القاعدة (FASB 33) (Financial reporting And changing prices) الشركات بأن تجهز بيانات مستخدمة طريقتين مختلفتين للاحتساب بغية تقييم تأثير التضخم الاقتصادي :-

1- طريقة الدولار الثابت (constant dollar method) تقيس أثر التضخم الاقتصادي على القوائم المالية المعبر عنها بالكلفة التاريخية بإعادة تقدير الموجودات بمتوسط مؤشر معين لأسعار الاستهلاك ، وهي طريقة القوة الشرائية العامة (purchasing power) .

2- طريقة الكفة الاستبدالية (replacement cost) تستند إلى أن جميع الأسعار لا تتغير بنفس الأسلوب وتستخدم الكلفة الاستبدالية من اجل إعادة تقدير

541

الموجودات . تستخدم هذه الطريقة مؤشرات منشورة من قبل مؤسسات حكومية أو خاصة
.

ومن المؤكد أن كلاً من هاتين الطريقتين تعطي نتائج مختلفة نسبياً لاسيما وان الاختلافات تتأتى من أن الأسعار الخاصة بالموجودات تختلف بمستويات قد تكون أعلى أو أقل من المستوى العام للأسعار . وهنالك تسويات أجريت على مستوى الاندثارات والمصروفات الأخرى والمصروفات المالية ، وينتج عنها إيرادات صافية وأرباح للسهم مختلفة عن تلك التي تدرج في القوائم المالية الموحدة .

الخلاصة

إن المعلومات المتوفرة من قبل النظام المالي للشركات متعددة الجنسيات تكون مفيدة للمد راء والإداريين والشركات فضلاً عن المستثمرين الحاليين والمحتملين . لقد تم تسليط الضوء على تأثير طرائق تحويل البنود المحاسبية بالعملات النقدية الأجنبية في التعرض إلى مخاطرة أسعار الصرف . إن طريقة الدمج التي تختلف حسب البلدان تواجه مشاكل في تقييم أسهم الشركات متعددة الجنسيات . فقد أشار تقرير شركة ديملر بنـز (Daimler Benz) في أكتوبر عام 1993 م عن بورصة نيويورك إلى تأثير القواعد المحاسبية المختلفة على أرباح مجموعة الشركات متعددة الجنسيات . فقد أظهرت شركة (Daimler Benz)، من خلال اعتماد القواعد المحاسبية الأمريكية ، خسارة مقدارها (579) مليون دولار للنصف الأول من عام 1993م بدلاً من ربح مقداره (102) مليون دولار بتطبيق القواعد المحاسبية الألمانية . وبهدف تقييم الوضع المالي للشركات متعددة الجنسيات فانه من الضروري تنظيم الحسابات الموحدة لهذه الشركات . في الواقع أن جزءاً مهماً من الأرباح يتحقق عن طريق الفروع الأجنبية ومن خلال الحسابات الموحدة يمكن إجراء التحليل المالي لمجموعة الشركات متعددة الجنسيات برمتها .

أسئلة الفصل

1- ما هي المفاهيم المختلفة للنظم المحاسبية القومية ؟ أعط أمثلة .

2- ما هي مضامين التعليمات الأوروبية بخصوص الحسابات الموحدة ؟

3- ما معنى العملة النقدية الوظيفية ؟

4- كيف تحسب مكاسب الصرف ؟

5- كيف تحسب خسائر الصرف ؟

6- ما هي القواعد التي يتم بموجبها تحويل الذمم المدينة والقروض بالعملات النقدية الأجنبية ؟

7- ما هو تأثير التضخم في البلد المضيف للفرع الأجنبي على الحسابات الموحد لمجموعة من الشركات متعددة الجنسيات ؟

8- نفترض مجموعة أمريكية متعددة الجنسيات ، فإذا تم تقييم الدولار الأمريكي مقابل جميع العملات النقدية الأخرى ، فماذا سيكون الربح الموحد للمجموعة ، بافتراض بقاء الأمور الأخرى على حالها دون تغيير ؟

9- ما هو تأثير تغيير أسعار صرف العملة النقدية للبلد المضيف للفرع الأجنبي على الحسابات الموحدة ؟

10- ما هي فائدة الحسابات الموحدة ؟

الفصل العشرون

نظام الرقابة وتقييم الأداء المالي في الشركات

متعددة الجنسيات

الفصل العشرون

نظام الرقابة وتقييم الأداء المالي في الشركات متعددة الجنسيات

Control System & Evaluation of the Performances

تتطور الفروع الأجنبية في بيئات متغيرة وتستخدم عملات نقدية أجنبية متنوعة وتخضع إلى معدلات تضخم اقتصادي مختلفة . وعليه فان نظم الرقابة وتقييم الأداء المالي التي تطبق في هذه الفروع يجب أن تتكيف مع هذه الأوضاع والمتغيرات . هنالك دراسات أجريت في بلدان عديدة وخاصة في الولايات المتحدة الأمريكية وبريطانيا بهدف استخلاص سلوكيات وتصرفات الشركات متعددة الجنسيات في مجال الرقابة وتقييم الأداء المالي .

يتضمن هذا الفصل الموضوعات الآتية :-

أولاً :- أهداف نظام الرقابة الدولي .

ثانياً :- تطبيق وظائف الرقابة .

ثالثاً :- البيانات اللازمة للشركات متعددة الجنسيات .

رابعاً :- المعايير المستخدمة في تقييم الأداء المالي الدولي .

خامساً :- التحليل المالي الدولي .

547

أولاً :- أهداف نظام الرقابة الدولي

Objectives of Control System

تقوم الاستراتيجية العامة للشركات على أساس تعظيم الأرباح وتحقيق نتائج أفضل تبعاً لمبدأ تعدد الجنسيات وليس معالجة العمليات بأسلوب منفصل وإنفرادي . وينظر الإداريون إلى أن جميع الأسواق عالمية وان الموارد تتواجد في جميع البلدان بدلا من النظر إلى الأسواق والموارد بأنها خاصة في بلد معين دون الآخر .

يوجد نظام رقابة مالي على المستوى الدولي يحدد الأهداف المنشودة ومن ثم مقارنة النتائج بهذه الأهداف بغية التوصل إلى قياس النتائج . يتمثل الهدف الأول في تدقيق ربحية الفرع الأجنبي (40 % للشركات متعددة الجنسيات) .

والهدف الثاني يتمثل في استعمال نظام توقع الافلاسات (30 % للشركات متعددة الجنسيات) ، أما الهدف الثالث فيتمثل في إعداد التوقعات المترابطة على مستوى المجموعة من الشركات متعددة الجنسيات . ومن ثم تصبح الأهداف الأخرى كما يلي :-

1- المساهمة الفاعلة للفروع الأجنبية في إدارة مجموعة الشركات متعددة الجنسيات .

2- تقييم نتائج الإداريين .

3- وضع نظام يساعد في عملية التخطيط للإخفاقات .

جدول (32)

أهداف نظام الرقابة

(نسبة مئوية من إجابات الشركات متعددة الجنسيات)

الأهداف	هدف 1	هدف 2	هدف 3	هدف 4	هدف 5 فأكثر	هدف غير مصنف
تدقيق ربحية الفروع	% 33	% 24	% 15	% 21	% 6	_
تقييم نتائج الإداريين	% 24	% 9	% 15	% 12	% 18	% 22
إعداد توقعات مترابطة على مستوى مجموعة الشركات متعددة الجنسيات	% 12	% 6	% 33	% 15	% 12	% 22
مساهمة فاعلة للفروع الأجنبية في إدارة مجموعة الشركات متعددة الجنسيات	%12	% 6	% 6	% 9	% 30	%37
وضع نظام يساعد في عملية توقع الإخفاقات	% 6	% 42	% 18	% 6	_	_
التخصيص الأمثل للموارد	% 3	% 21	% 12	% 9	% 24	% 31

ثانيا :- تطبيق وظائف الرقابة

Practice of Control Functions

تعمل عادة أقسام الرقابة الإدارية بالتعاون مع أقسام التخطيط . وفي اغلب الحالات يلاحظ أن الفروع الأجنبية لديها أفق التخطيط نفسه لدى مجموعة الشركات متعددة الجنسيات . والشكل التالي يوضح نظام الرقابة لدى مجموعة الشركات متعددة الجنسيات .

الشكل (47)

تخطيط ورقابة الفروع الأجنبية داخل مجموعة الشركات متعددة الجنسيات .

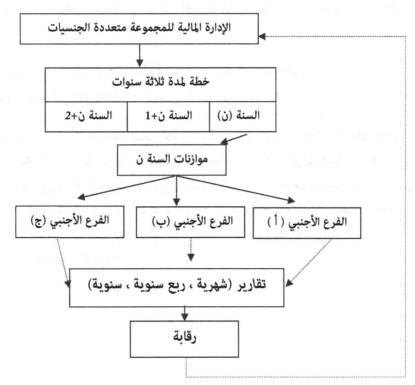

550

تتحدد الاستراتيجية المالية على مستوى الإدارة العامة لمجموعة الشركات متعددة الجنسيات . وتقوم الإدارة العامة بتحديد الأهداف التي ترسل عادة إلى مختلف الفروع التابعة لها للعمل بموجبها.يوجد في العديد من الشركات متعددة الجنسيات خطط متغيرة ، وهذه الخطط يجب مراجعتها سنويا . فالسنة الأولى لكل خطة تتمثل في الموازنة السنوية ، ويثبت في الموازنة حد أعلى مسموح به (maximum authorization) بالنسبة للفروع . وترسل هذه الفروع تقارير منتظمة يتم بواسطتها ضبط وتحديد الانحرافات الموجبة أو السالبة بالمقارنة مع الحد الأعلى المسموح به . وعادة ما تكون عمليات التخطيط لا مركزية حسب الشركات متعددة الجنسيات . غير أن إدارة مجموعة الشركات متعددة الجنسيات تقوم بمراقبة السياسات المختلفة لهذه الفروع . كما تساعد عمليات الرقابة في تأمين حسن سير نشاطات الفروع خلال الفترة المالية .

ثالثا :- البيانات المطلوبة من الشركات متعددة الجنسيات

Informations Required from Multinational Companies

يتعين على الفروع التابعة للمنشآت ألام أن ترسل بانتظام بياناتها المالية إلى المنشأة ألام ، ويمثل ذلك نظام التقرير المالي . وتقوم المنشأة ألام بتحديد المدة التي ترسل فيها الفروع بياناتها فضلا عن محتوى هذه البيانات . ويتم إرسال البيانات عن طريق الحاسب الإلكتروني (computers) بالإضافة إلى عرضها بأسلوب مشابه إلى عرض حسابات المنشأة ألام . وهذه البيانات تخدم أغراض عدة منها إعداد الميزانيات وحسابات النتيجة الربع سنوية ، والإفصاح للمساهمين ، واتخاذ القرارات الإدارية .

وغالبا ما تمسك فروع الشركات الأجنبية نوعين من المحاسبة ، الأول يطبق حسب القواعد المحاسبية للمنشأة ألام والثاني يطبق حسب محاسبة البلد الذي توجد فيه هذه الفروع . ويمكن التفرقة بين البيانات المالية العامة والبيانات الخاصة المتعلقة بمخاطرة أسعار الصرف ومعدلات التضخم الاقتصادي .

1- **البيانات العامة المتعلقة بالقوائم المالية**

توجد بيانات ذات علاقة مسبقة بالقوائم المالية التقديرية (financial forecasting statement) لدى جميع الشركات متعددة الجنسيات.ولكن هنالك بيانات أخرى تزود بصفة دورية (انظر الجدول 33) . يلاحظ أن تكرار طلب رقم المبيعات يمثل نسبة مرتفعة . ومن ثم يأتي وضع النقدية (الخزينة) الذي غالبا ما يطلب يوميا لكي تكون لدى مجموعة الشركات متعددة الجنسيات إدارة نقدية مركزية . وتنشر ـ شهريا حسابات النتيجة في غالبية الشركات متعددة الجنسيات .

جدول (33)

تكرار البيانات المالية العامة (% من الشركات متعددة الجنسيات)

التكرار البيانات	يومية	شهرية	ربع سنوية	نصف سنوية	سنوية	بدون إجابة
- حساب النتيجة	_	% 70	% 18	% 9	% 3	_
- الميزانية	_	% 36	% 21	% 33	% 9	_
- مخزون مواد أولية	_	% 48	% 24	% 12	% 3	% 13
- مخزون إنتاج تام	_	% 48	% 24	% 6	% 3	% 19
- أوراق قبض	% 3	% 51	% 12	% 9	% 3	% 22
- أوراق دفع	% 3	% 48	% 15	% 6	% 3	% 25
- مبيعات	% 18	% 79	% 3	__	_	_
- مصروفات مالية (فوائد)	_	% 63	% 15	% 12	% 3	% 7
- قروض طويلة الأجل	_	% 30	% 27	% 12	% 3	% 28
- قروض قصيرة الأجل	% 6	% 60	% 18	% 6	% 6	% 4
- وضع النقدية	% 12	% 76	% 12	_	_	_

2- البيانات الأخرى

وهي البيانات المتعلقة بمخاطرة أسعار الصرف وبمعدل التضخم الاقتصادي للبلد أو بتصرفات ذات علاقة بإدارة الموجودات الخاصة بالبلدان . ففي الشركات الأمريكية متعددة الجنسيات يتم تزويد البيانات المتعلقة بمخاطرة أسعار الصرف عن طريق الفروع بنسبة (80 %) من الشركات متعددة الجنسيات . في حين تشير دراسات ، أجريت في بلدان أخرى ، إلى ضعف البيانات المنتظمة التي تقوم بتزويدها الفروع الأجنبية بخصوص

مخاطرة أسعار الصرف . ففي فرنسا على سبيل المثال لا تتعدى النسبة (42 %) مـن الشركات متعددة الجنسيات .

وهذا الاختلاف في التصرف يمكن أن يعزى إلى وجود الإمكانيات الكبيرة التي تتمتـع بـها الشركات الأمريكية متعددة الجنسيات للتحوط ضد مخاطرة أسعار الصرف وخاصـة في الأسـواق الآجلة . وفي غالبية الشركات الفرنسية متعددة الجنسيات لا يجري التنبؤ بمخاطرة أسعار الصرف عن طريق الفروع الأجنبية . وعـادة ما تنحصر ـ هـذه التنبـؤات بـين (15%) إلى (24 %) مـن الشركات متعددة الجنسيات بالنسبة للبنود المحاسبية المختلفة (موجـودات ثابتـة ومتداولـة والقروض بنوعيها طويلة وقصيرة الأجل) .

رابعا :- المعايير المستخدمة في تقييم الأداء المالي
Standards of Performances Evaluations

تساعد عمليـة وضـع وإعـداد معـايير فاعلـة لتقيـيم النتيجـة في تصـميم نظـام للرقابـة (control system) . ويـتم وضـع هـذه المعـايير عـلى أسـاس المقـاييس الكميـة أو النوعيـة (الوصفية). ونظرا لأهمية المعايير الكمية من الناحية الموضوعية فأن الأمر يتطلب هنا التركيـز عليها بشكل خاص . وتستند هذه المعايير إما إلى مقدار (grandeur) أو عنصر نهائي واحد مثـل الربح والتدفق النقدي ، و إما إلى مقادير عديدة تتضح عندئذ من خلال العلاقـة أو النسبة بـين بندين من البنود المحاسبية .

.

(أولا) معايير تقييم الأداء المالي   evaluation standards

تستخدم معايير متعددة لتقييم الأداء المالي في غالبية بلدان العالم . والجدول الآتي (34) يضم المعايير المعتمدة على وفق تسلسل أهميتها بالنسبة للشركات متعددة الجنسيات وكما صنفت في الدراسات الميدانية .

الجدول (34)

معايير الأداء المالي مصنفة حسب ترتيب الأهمية

(نسبة مئوية من الشركات متعددة الجنسيات)

غير مصنفة	3 فأكثر	2	1	ترتيب الأهمية / المعايير
_	57	18	24	- نتيجة (أرباح) التشغيل
9	63	12	15	- التدفق النقدي
31	51	3	15	- معدل صافي الربح
_	70	21	9	- مبيعات
21	67	6	6	- حصة السوق
9	82	6	3	- نسبة الأداء الفعلي إلى المتوقع (المخطط)
40	48	9	3	- معدل العائد على حقوق الملكية
40	48	9	3	- معدل العائد على الاستثمارات

وتوجد معايير أخرى اقل أهمية تتمثل غالبا فيما يأتي :-

(1) المقارنة مع أرباح أو نتائج الفروع الأجنبية الأخرى .

(2) الدخل المتبقي قبل وبعد الضرائب . ويمثل الدخل المتبقي الدخل الذي يعادل الـربح الصـافي بعد دفع (payment) كلفة رأس المال ، فإذا كان على سبيل المثال صافي الـربح (750) ألـف دينار ومعدل كلفة راس المال (12%) ومبلغ رؤوس الأموال المستثمرة (2500) ألـف دينـار فان الدخل المتبقي يعادل (450) ألف دينار .

$$[\; 750 - (2500 \times 12\%) \;]$$

(3) صافي الربح قبل الضرائب والمصروفات الماليـة والمساهمة في مصروفـات مجموعـة الشركات متعددة الجنسيات .

(4) المشتريات من مصانع مجموعة الشركات متعددة الجنسيات .

كذلك تستخدم مقاييس أخرى لتقييم الأداء المالي :-

(1) العائد الكلي للمساهم الذي يأخذ بنظر الاعتبار تقدير (estimation) قيمة السهم خلال السنة وتسديد حصص الربحية (dividends) :-

$$\text{العائد الكلي للمساهم} = \frac{\text{سعر السهم آخر المدة } - \text{ سعر السهم أول المدة } + \text{حصة السهم الواحد العائد}}{\text{سعر السهم أول المدة العائد}} \times 100 \; (\%)$$

ويكون هذا المقياس مفيدا للمساهم لكنه يعتمد كثيرا على وضع السوق المالية ولا يمكن استخدامه بمفرده للحكم على أداء الإداريين .

(2) القيمة الاقتصادية المضافة (Economic value Added EVA) :- تعد القيمة الاقتصادية المضافة أو القيمة المتبقية (residual value) من أهم المعايير التي احتلت أهمية كبيرة في السنوات القليلة الماضية . وقد تم إيضاح هذا المعيار من قبل شركة الاستشارات ستيرن ستيوارت (& Co. Stern Stewart) . ويهدف هذا المعيار إلى تقدير القيمة المتكونة للمساهمين والى أشعار المدراء بكلفة راس المال المستثمر في النشاط . ويستخدم مؤشر القيمة المضافة في معرفة القيمة التي أضافتها (أو العكس أنقصتها) إدارة الشركة إلى شركتها بالإضافة إلى ما يطلبه حملة رؤوس الأموال .

وعند اختيار الاستثمارات فان مجموعة الشركات متعددة الجنسيات يمكن أن تستخدم معيار صافي القيمة الحالية NPV (Net Present Value) أو معدل العائد الداخلي IRR (Internal Return Rate) لغرض تنفيذ استثمار واحد أو أكثر من المشروعات التي تخلق القيمة المضافة . غير أن المشكلة تكون أكثر تعقيداً عندما يتعلق الأمر بتقييم الاستثمارات القائمة . ففي هذه الحالة يتم اللجوء إلى استخدام المؤشرات المالية المتمثلة بالإيرادات (أو المبيعات)،وصافي الربح،ومعدل العائد على الموجودات ... وتقوم طريقة القيمة الاقتصادية المضافة (EVA) على أساس استبعاد كلفة الأموال المستعملة في المشروع مثل القروض وحقوق الملكية من صافي الربح بعد الضريبة .

القيمة الاقتصادية المضافة (EVA) = صافي الربح بعد الضريبة - (معدل الكلفة الموزون لرأسمال الشركة × رؤوس الأموال المستعملة)

وتتطلب عملية احتساب معدل الكلفة الموزون (weighting cost average) لمصادر التمويل طويلة الأجل اللجوء إلى نموذج تسعير الموجودات المالية (FAMP) . ومن المؤكد أن احتساب معدل الكلفة الموزون يتعين أن يجري في كل مرة يحصل فيها تغيير في الهيكل المالي . وتستخدم القيمة الاقتصادية المضافة (EVA) في دفع المستحقات إلى المسؤولين في الإدارات العليا (payments for supervisors) .

(ثانياً) أنظمة الرقابة وأسعار الصرف

control system & exchange rates

تشير إحدى الدراسات المعدة في المملكة المتحدة إلى أن معايير أداء الفروع الأجنبية المعتمدة من قبل الشركات متعددة الجنسيات البريطانية تتمثل حسب ترتيب أهميتها في ما يلي :-

1- نسبة الأرباح المتحققة إلى الربح المتوقع .

2- نسبة المبيعات المتحققة إلى المبيعات المتوقعة .

3- معدل العائد على الموجودات .

4- معدل العائد على الاستثمارات .

5- المبلغ المطلق لصافي الربح .

6- التدفق النقدي التشغيلي .

(1) إذا أعدت الفروع موازناتها بالعملة النقدية للمنشأة ألام فإنها تلجأ إلى سعر صرف قد يكون تقديري (62 % من هذه الشركات) . وغالباً ما يكون هذا السعر متوسط سعر تقديري من قبل مجموعة الشركات متعددة الجنسيات للسنة أو للفترة

بالنسبة للمشروعات (الأعمال الكبيرة أو المصانع) . ويحتسب بعض الشركات متعددة الجنسيات هذا السعر باستعمال المعدل الموزون للأسعار للاثني عشر شهر الماضية،وسعر صرف نقدي (فوري)(34 % من الشركات متعددة الجنسيات) ، ومن النادر أن يكون سعر اجل (3 % من الشركات متعددة الجنسيات) .

(2) حينما تعد الفروع الأجنبية موازناتها بالعملة النقدية المحلية حصراً فان مخاطرة أسعار الصرف تؤخذ حينئذ في مقر المنشأة ألام الذي يعد القوائم بالعملة النقدية المحلية .

وينعكس أثر اختيار سعر معين بشكل كبير على نظام الرقابة مثلما أشار إليه كل من ليسارد و لورانج (D.Lessard, P. Lorange 1977) . وأظهر استقصاء اجري في فرنسا عام 1994م من قبل (استراتيجيات ونتائج) على مجموعات شركات متعددة الجنسيات اظهر أن (38.6 %) كان لها عمل أو فعل مزدوج (double reporting) (عملة نقدية محلية وعملة نقدية للدمج) .

توجد طرائق عدة للرقابة تنظم العديد من أسعار الصرف ، فالبعض منها لا يدمج تغييرات الأسعار في عملية الرقابة ، و البعض الآخر لا يسند مسؤولية مخاطرة أسعار الصرف إلى الفروع الأجنبية ، في حين أن هنالك طرائق أخرى تحمل الفروع الأجنبية هذه المخاطرة . وفيما يلي شرح مختصر لهذه الطرائق :-

1-   نظام رقابة خارج أسعار الصرف

تعد الموازنة على أساس السعر النقدي (الفوري أو الحاضر) وتستخدم الرقابة السعر نفسه . وتقوم الفرضيات الضمنية لهذه الطريقة على أساس إما أن تكون الأسعار ثابتة و إما أن يكون من غير الممكن التنبؤ بها .

2- نظام رقابة يستبعد مسؤولية مخاطرة أسعار الصرف من الفروع الأجنبية

توجد طريقتان هما :-

(أ) موازنة معدة بسعر صرف مخطط ورقابة منفذة على أساس السعر نفسه :- يتعين أن توضع توقعات للسعر ، ويطلق على هذا السعر المتوقع من قبل ليسارد و لورانج (D.Lessard, P. Lorange 1977) تسمية سعر آجل داخلي (internal term rate) . فإذا تمت التوقعات من قبل إدارة مجموعة الشركات متعددة الجنسيات فان الإداريين في الفروع يكونون غير مسؤولين عن الانحرافات الحاصلة في تغييرات قيمة العملة النقدية الأجنبية . وتتمتع هذه الطريقة بمزايا من أبرزها أن مصلحة مجموعة الشركات متعددة الجنسيات تؤخذ بنظر الاعتبار ، ولا يتحمل الإداري في الفروع الأجنبية أية مسؤولية إزاء النتائج النهائية ولذلك لا تتم مقاضاته لعدم امتلاكه السيطرة الكاملة .

(ب) موازنة محسوبة بسعر نهاية الفترة ورقابة منفذة على أساس السعر نفسه:- يكون الإداريون في الفروع الأجنبية غير مسؤولين عن الانحرافات الحاصلة بالتغييرات في قيمة العملة النقدية الأجنبية .

3- نظام رقابة يلقي مسؤولية مخاطرة أسعار الصرف على عاتق الإداريين في الفروع الأجنبية

توجد طريقتان هما :-

(1) موازنة معدة بسعر بداية الفترة ورقابة منفذة بسعر نهاية الفترة :- يعاب على

هذه الطريقة أنـها تـؤدي بـالإداري في الفروع الأجنبيـة إلى اتخـاذ قرارات غـير مترابطـة عـلى مستوى مجموعة الشركات متعددة الجنسيات ، مثال ذلك مـا يتعلق بتغطيـة مخاطرة أسعار الصرف .

(2) موازنة معدة بسعر مخطط ورقابة منفذة على أساس سعر نهاية الفترة :- في هـذه الحالة يكون الإداري في الفرع الأجنبي مسؤولاً عن الأخطاء التي تحصل في توقعات أسعار الصرف .

4- أمثلة تطبيقية

ينفذ أحد الفروع الأجنبية مشروع استثماري بمبلغ (2000000) جنيه مصري ، ويتوقـع أن يكون حساب النتيجة (كشف الدخل) التقديري السنوي كما يلي :-

(2500000) جنيه مبيعـات،(1500000) جنيـه مصـروفات تشـغيل ، (1000000) جنيـه ربـح التشغيل . ولأغراض التبسيط يفضل عدم اخذ معدل الضريبة في الحسبان . في بداية الفترة يكون سعر الصرف 4 جنيه مصري = 1 دولار أمريكي ، وفي نهاية الفـترة يكـون سـعر الصـرف 6 جنيـه مصري = 1 دولار أمريكي .

الحالة الأولى :- موازنة معدة بسعر صرف بداية الفترة والرقابـة منفـذة بسـعر صـرف بداية الفترة .

561

البيان	موازنة (بالدولار) 4 جنيه مصري = 1 دولار أمريكي	رقابة 4 جنيه مصري = 1 دولار أمريكي
مبيعات	625000	625000
مصروفات تشغيل	(-) 375000	(-) 375000
خسائر من الموجودات (الاستثمارات)	_	—
ربح التشغيل	250000	250000

يلاحظ من الجدول أعلاه أن الموازنة لم تسجل أي انحراف بين المخطط (المتوقع) والفعلي . وإن خسارة الصرف من الموجودات المعروضة تكون صفرا وذلك بسبب تماثل أسعار بداية ونهاية الفترة .

<u>الحالة الثانية</u> :- موازنة معدة بسعر صرف تقديري ، ورقابة منفذة بهذا السعر نفسه .

نفترض أن السعر التقديري هو 5 جنيه مصري = 1 دولار أمريكي ، ففي هذه الحالة فان الموجودات المعروضة (الاستثمارات) والمعبر عنها بالدولار الأمريكي تبلغ (500000) دولار أمريكي (2000000 ÷ 4) في بداية الفترة . فإذا بلغ سعر الصرف (5) جنيه مصري فان الموجودات تبلغ (400000) دولار أمريكي (2000000 ÷ 5) وهذا ما يعادل خسارة مقدارها (100000) دولار أمريكي . وبناءاً على ذلك يمكن الحصول على الجدول الآتي:-

البيان	موازنة (بالدولار) 5 جنيه مصري = 1 دولار أمريكي	رقابة 5 جنيه مصري = 1 دولار أمريكي
مبيعات	500000	500000
مصروفات تشغيل	(-) 300000	(-) 300000
خسائر من الموجودات (الاستثمارات)	(-) 100000	(-) 100000
ربح التشغيل	100000	100000

يلاحظ من الجدول أعلاه أن الموازنة لم تسجل أي انحراف بين الفعلي والمخطط (المتوقع) .

الحالة الثالثة :- موازنة معدة بسعر صرف الأساس ورقابة منفذة بسعر صرف نهاية الفترة .

خسارة صرف من الموجودات المعروضة تحسب كما يلي :-

$$500000 - \frac{2000000}{6} = 166667$$

البيان	موازنة (بالدولار) 4 جنيه مصري = 1 دولار أمريكي	رقابة 6 جنيه مصري = 1 دولار أمريكي
مبيعات	625000	416667
مصروفات تشغيل	(-) 375000	(-) 250000
خسائر من الموجودات (الاستثمارات)	_	(-) 166667
ربح التشغيل	250000	صفر

يلاحظ من الجدول أعلاه أن هنالك انحراف سالب بمبلغ (250000) .

الحالة الرابعة :- موازنة معدة بسعر صرف مخطط ورقابة منفذة بسعر صرف نهاية الفترة .

رقابة 6 جنيه مصري = 1 دولار أمريكي	موازنة (بالدولار) 5 جنيه مصري = 1 دولار أمريكي	البيان
416667	500000	مبيعات
250000 (-)	300000 (-)	مصروفات تشغيل
166667 (-)	100000 (-)	خسائر من الموجودات (الاستثمارات)
صفر	100000	ربح التشغيل

يظهر من الجدول أعلاه أن هناك انحراف سالب بمبلغ (100000) .

الحالة الخامسة : موازنة مقدرة بسعر نهاية الفترة ورقابة منفذة بهذا السعر نفسه .

رقابة 6 جنيه مصري = 1 دولار أمريكي	موازنة (بالدولار) 6 جنيه مصري = 1 دولار أمريكي	البيان
416667	416667	مبيعات
250000 (-)	250000 (-)	مصروفات تشغيل
166667 (-)	166667 (-)	خسائر من الموجودات (الاستثمارات)
صفر	صفر	ربح التشغيل

يلاحظ من الجدول أعلاه أن الموازنة لم تظهر أي انحراف بين الفعلي والمخطط (المتوقع) .

خامساً :- <u>التحليل المالي الدولي</u>

International Financial Analysis

يعتمد مفهوم التحليل المالي للعمليات الدولية على مجموعة من العوامل :-

1- تحليل عمليات الشركات متعددة الجنسيات بواسطة القوائم المالية المتضمنة عمليات تجميع الصفقات التي تجري في دول العالم المختلفة بعملات نقدية مختلفة .

2- إجراء المقارنات بين الشركات الموجودة في دول العالم المختلفة والتي لا تمثل شركات متعددة الجنسيات .

3- الفصل الجغرافي لمستخدمي التقارير المالية الذين يستندون في اتخاذ قراراتهم المالية والاقتصادية إلى التقارير المالية الواردة من مختلف دول العالم .

يتضح من العوامل أعلاه أهمية الأبعاد الدولية للتحليل المالي من جانب ، ومن الجانب الآخر أهمية المعلومات المالية التي تتعدى الحدود الجغرافية للبلد . ولهذا السبب فان الإحصاءات المالية تكون مقيدة بالمصطلحات المالية التي يتم ترجمتها ، فعلى سبيل المثال يتم الإفصاح عن بعض المعلومات (data) من قبل الشركات متعددة الجنسيات . وقد تم التوصل إلى هذه المعلومات من خلال استخدام طرق محاسبية تترجم إلى لغات وعملات نقدية عالمية مختلفة .

لذلك فمن الطبيعي أن تهتم عملية التحليل المالي الدولية بإعداد هيكلة وترجمة القوائم المالية لوصف العمليات التي تحدث في بيئة تلك الشركات .

(أولاً) جدوى بيانات الكشوفات المالية

the usefulness of financial statement information

يتعين في بادئ الأمر أن يعاد تعديل البيانات الظاهرة في الكشوفات المالية قبل أن تقدم إلى مستخدميها بهدف خدمة متطلبات المحللين الماليين . إذ أن التقارير المالية غالباً ما تستند إلى معايير إفصاح تختلف بين دول العالم ، بالإضافة إلى اختلاف هذه التقارير من شركة إلى أخرى بسبب الاختلافات في عمليات الشركات . ولذلك فان المحلل المالي للعمليات الدولية يحتاج إلى معلومات لمعرفة بيئة العمليات المحلية للبلدان المضيفة والقانون المحلي والعادات التي تؤثر في التقارير المالية . وعند الحديث عن النسب المالية المقارنة للشركات متعددة الجنسيات فأنه يمكن الاعتماد على ما ذكره فوستر (Foster 1986) عن أهمية أدراك التباين في كل من الأمور الآتية :-

1- المبادئ المحاسبية المستخدمة في كل بلد .

2- القواعد والقوانين الضريبية في كل بلد .

3- العلاقة بين المبادئ المحاسبية المستخدمة والقواعد الضريبية في التقارير المالية .

4- وسائل التمويل والتشغيل والترتيبات الإدارية لكل بلد .

5- البيئة الثقافية والمهنية والسياسية لكل بلد .

(ثانياً) اختلاف الطرائق المحاسبية

difference in accounting method

أن معرفة أسباب اختلاف الطرائق المحاسبية ، المستخدمة في كل بلد من بلدان العالم ، تعد من الأمور المهمة بالنسبة لبيئة الأعمال الدولية . ويتعين كذلك معرفة هل أن هذه

الاختلافات تعكس التباين في الآراء حول السياسات المحاسبية التي يتم اختيار تطبيقها ، أو إن هنالك اختلاف في الصفات الهيكلية مثل البيئة القانونية والاجتماعية والمالية في كل دولة من دول العالم .

1- تباين الأنظمة الاجتماعية   different social systems

توفر عملية فهم واستيعاب طبيعة الأنظمة الاجتماعية لمختلف البلدان في العالم معلومات حول أسباب التباين في استخدام الطرائق المحاسبية . فعلى سبيل المثال ، تختلف عملية معالجة مزايا العاملين (التقاعد)، التي تعد من المنافع الاجتماعية المدفوعة للعاملين ، اختلافاً كبيراً فيما بين البلدان . إذ يلاحظ أن دفع مزايا العاملين في المملكة المتحدة يتم إلى جهات عمالية متخصصة خارج الشركات ، ومن ثم يحصل تدفق نقدي خارجي عند تسجيل هذه المزايا . أما في فرنسا فان المزايا المدفوعة للعمال تعد أحد فقرات توزيع الأرباح التي يتم الاحتفاظ بها من قبل الشركات الفرنسية لإعادة استثمارها وتوليد الأرباح من جديد ، ومن ثم فان هذه المزايا بالنسبة للشركات الفرنسية لا تمثل تدفقات نقدية خارجة ، لكنها تمثل تدفقات نقدية داخلة نتيجة لإعادة استثمارها .

2- اختلاف الأنظمة المالية   different financial systems

على الرغم من المحاولات الجادة لبلدان المجموعة الأوروبية حول توحيد أنظمتها المالية ، إلا أن هنالك بعض الاختلافات مازالت قائمة بين هذه البلدان . فعلى سبيل المثال حينما يتم معالجة الخصم الخاص بقطع الأوراق التجارية (discount of notes) ، فانه يعالج بشكل مختلف في دول المجموعة الأوروبية . إذ يلاحظ أن بعض الدول تسجل الورقة التجارية ضمن حسابات المدينين ، لحين استيفاء قيمتها . بينما يلاحظ أن دول أخرى

تسجل الورقة التجارية ضمن حساب الأوراق التجارية . والبعض الآخر من الدول يضيف الورقة التجارية إلى رصيد نقدية البنك بعد أن يتم احتساب الخصم الخاص بالبنك (discount of bank) . ومن ثم فأن هذا الاختلاف في الطرائق والمعالجات المحاسبية يؤدي إلى تباين الكشوفات المالية ، الأمر الذي يؤدي في النتيجة النهائية إلى إختلاف السيولة النقدية للشركات . إن اختلاف السيولة النقدية للشركات في الدول تم دراستها من قبل الباحث جوي وآخرين (Choi & others, 1983) إذ قارن النسب المالية للشركات الأمريكية واليابانية والكورية الجنوبية . وقد تم التوصل إلى النسب في الجدول (35) الآتي :-

الجدول (35)

الاختلافات في السيولة

التفاصيل	الولايات المتحدة الأمريكية (976) شركة	اليابان (354) شركة	كوريا (902) شركة
نسبة التداول	1.94	1.15	1.13
إجمالي القروض	0.47	0.84	0.78
عدد مرات القروض	6.5	1.6	1.8

من الجدول أعلاه يلاحظ اختلاف سيولة الشركات اليابانية والكورية عن الشركات الأمريكية . وتعزى هذه النتيجة إلى الاختلاف في كل من التطبيقات المحاسبية والهياكل التمويلية .

3- اختلاف أنظمة الضرائب different tax systems

يؤثر اختلاف طبيعة أنظمة الضرائب ، التي تطبقها الدول المختلفة في العالم ، في السياسات والطرائق المحاسبية . لذلك فان تعليل وجود بعض الاختلافات الظاهرة في التقارير المالية قد يعود إلى الاختلافات في أنظمة الضرائب المطبقة .

4- تأثيرات أخرى other influences

تختلف الطرائق المستخدمة في حساب أرباح الشركات من دولة إلى أخرى . وهنالك العديد من العوامل التي تؤثر في حساب الربح المحاسبي وهي المتطلبات القانونية ، والمقاييس المحاسبية التخصصية ، وقوانين الضرائب والهيكل المالي للشركات . ويمكن التحكم في بعض هذه المتغيرات ، في حين لا يمكن التحكم في البعض الآخر ، مما يؤدي إلى التباين في احتساب الأرباح . فعلى سبيل المثال يجري احتساب الأرباح من قبل شركة (DAFSA) ، وهي مؤسسة تعنى بالتحليلات المالية ، كما في المعادلة الآتية :-

$$CI = 1 - \frac{(R_A - R_D)}{[R_A]}$$

CI = سلوك المقاييس (indicator of measurement behavior) .

R_A = الأرباح المعدلة (adjusted earnings) .

R_D = الأرباح المنشورة أو المعلنة (disclosed earnings) .

ويكون مقياس الربح متشائم (pessimistic) حينما يكون $CI < 0.95$ ، ويمكن أن يكون المقياس محايد (neutral) حينما يكون $0.95 \le CI \le 1$ ويكون متفائل (optimistic) حينما يكون $CI > 1.05$.

(ثالثاً) الإفصاح عن التقارير المالية الدولية

disclosure in the international financial reporting

تتطلب عملية إجراء التحليل المالي الدولي توفر معلومات عـن جوانب البيئة التشغيلية المحلية للشركة متعددة الجنسيات التي تؤثر في هيكلها المالي وأدائها وكذلك الطرائق المحاسبية المستخدمة بشكل خاص في البلد موضع الدراسة . لذلك فان الشركات يمكن أن تفصح في قوائمها المالية عن المعلومات لكي يتمكن المحلل المالي الدولي من فهم أداء الأعمال.

لقد كشفت الدراسة التي قام بها كل من جراي وميك وروبرت (Gray, Meek & Roberts, 1995) عن وجود اختلاف في سلوك التقارير المالية بين الشركات متعددة الجنسيات المسجلة دولياً والمسجلة محلياً . وكان قد تم التوصل إلى الاستنتاج نفسه من قبل الباحث كوك (Cooke, 1989) من خلال عرضه ملاحظات عن الإفصاح في الشركات السويدية المسجلة محلياً والمسجلة في أسواق رأس المال الدولي . ولوحظ أن الشركات التي تسجل في الأسواق المالية الدولية تقدم إفصاح إضافي ينسجم مع المساحة التي تعمل فيها ويزيد من إفصاح الشركات لذاتها . ويعود السبب في ذلك إلى حاجة هذه الشركات لإظهار ما يأتي :-

1- استخدام الملاحظـات التوضـيحية للقارئ الأجنبـي بخصـوص المبـادئ المحاسـبية المحليـة المستخدمة وقد يزود بقاموس لمعاني المصطلحات الفنية المستخدمة .

2- إعادة إعداد الكشوفات المالية بالعملة النقدية المستخدمة من قبل القارئ الأجنبي .

3- الترجمة المباشرة للتقارير السنوية إلى لغات أخرى .

4- إعادة هيكلة الكشوفات المالية من خلال استخدام مبادئ محاسبية بديلة .

(رابعاً) الملاحظات والملخصات للقارئ الأجنبي

notes & glossaries for the foreign leader

ترى الشركات الأجنبية الكبيرة أن تقاريرها المالية ، التي تصف عملياتها بشكل واسع ، تقدم إلى مستخدمين متخصصين في البيئة التشغيلية لهذه الشركات . لذلك لابد من إجراء توضيحات للمقاييس المستخدمة . فمثلاً شركة فولفو (Volvo) ترفق مع تقاريرها المالية دليل سنوي منفصل للقارئ باللغتين الإنكليزية والفرنسية مع أمثلة توضيحية للمشكلات المعقدة في المحاسبة السويدية . وهنالك شركات أخرى تقدم ملاحظات إضافية مرفقة مع القوائم المالية باللغة المحلية للبلدان المضيفة وبلغات أجنبية مختلفة . يتم في هذه الملاحظات توضيح بعض القواعد الضريبية والتسويات المحاسبية والنظم المالية والاجتماعية وغيرها .

(خامساً) النسب المالية الدولية

international financial ratios

تقوم عملية تفسير القوائم المالية بشكل عام على أساس التحليل بطريقة النسب المالية أو الاعتماد على الأساليب الإحصائية التي تستخدم تلك النسب . وغالبا ما يكون هنالك دليل أو مرجع للنسب المالية في العديد من البلدان . وفيما يلي عدد من النسب المالية المستخدمة في تقارير الكشوفات المالية الدولية :-

1- ربح التشغيل : نسبة (%) دوران   operating profit

2- الربح (أو الخسارة) قبل المفردات الاستثنائية : (%)   profit (loss) before extraordinary item

3- الربح (أو الخسارة) قبل الفائدة والضرائب : (%) دوران   profit (loss) before appropriations & taxes

4- العائد على رأس المال المستخدم (%) :   return on capital employed

5- العائد على حقوق الملكية (%) :   return on equity

6- نسبة حقوق الملكية إلى الموجودات (%)   equity to assets ratio

7- نسبة المديونية الإجمالية (%) :   gearing

8- المصروفات الرأسمالية (%) : دوران   capital expenditure

$$\text{العائد على راس المال المستخدم (%)} = \frac{\text{الربح (أو الخسارة) قبل المفردات الاستثنائية + الفائدة والمصروفات المالية الأخرى}}{\text{مجموع الميزانية - المطلوبات بدون فائدة (متوسط خلال السنة)}} \times 100$$

$$\text{نسبة حقوق الملكية إلى الموجودات (%)} = \frac{\text{حقوق الملكية + مصالح الأقلية + احتياطات غير خاضعة للضريبة}}{\text{مجموع الميزانية - مدفوعات (سلف) مستلمة مقدماً}} \times 100$$

$$\text{العائد على حقوق الملكية (%)} = \frac{\text{الربح (أو الخسارة) قبل المفردات الاستثنائية - الضرائب}}{\text{حقوق الملكية - قرض رأسمالي + مصالح الأقلية - احتياطات غير خاضعة للضريبة (متوسط خلال السنة)}} \times 100$$

$$\text{نسبة المديونية الإجمالية (%)} = \frac{\text{الفائدة   - صافي أعباء المطلوبات}}{\text{(حقوق الملكية - قرض رأسمالي + مصالح الأقلية + احتياطات غير خاضعة للضريبة)}} \times 100$$

572

يلاحظ من النسب المالية المذكورة آنفاً أنها تحتوي على بيانات مالية قد تستخدم في بعض البلدان من العالم وقد تستخدم في بلدان أخرى . ولذلك برزت اتجاهات عديدة تدعو إلى تقديم مجموعة أخرى من النسب المالية المعيارية لغرض استخدامها بالتحليل المالي الدولي ، ويعود السبب في ذلك إلى توفير المعلومات الضرورية التي تقدمها تلك النسب بالإضافة إلى تجنب الاختلاف في صياغة واستخدام كل نسبة من هذه النسب .

فمثلاً في الولايات المتحدة الأمريكية ، وجد في القوائم المالية السنوية المنشورة من قبل منشآت روبرت موريس (Robert Morris) أن دوران المخزون يحسب من خلال قسمة كلفة المبيعات على المخزون ، بينما وجد أن النسبة نفسه المنشورة في (review Dun) كانت قد احتسبت من خلال قسمة صافي المبيعات على المخزون وكما ذكر ذلك جبسون (Gibson, 1980) .

(سادساً) تسويات تحليل الأرباح

analysts' earnings adjustments

هنالك حاجة إلى إدراك واسع لاستخدام معايير قياسية في احتساب الأرباح في أعمال الشركات متعددة الجنسيات . ويحاول كل من محلل الاستثمار والمحلل المالي إيجاد النماذج التي من خلالها يستطيع احتساب ربحية السهم الواحد EPS (Earning Per Share) ، وذلك لأن هذه الربحية تتأثر بالعديد من المتغيرات والمتطلبات . لذلك فان هنالك العديد من التسويات قد اتخذت لتحديد الأرباح الصافية .

1- البنود غير العادية (extraordinary items) :- وهي الدخل والأنفاق المتحقق خارج عمليات التجارة الدولية الاعتيادية ، بالإضافة إلى تكاليف النشطات

التي حصلت في فترات سابقة ودخلت كذلك ضمن القوائم المالية ، ولذلك يتم استبعاد هذه المفردات عند احتساب الأرباح المعدلة (adjusted earnings) .

3- التخفيض الضريبي (fiscal depreciation) :- يقصد بالتخفيض الضريبي السماحات الضريبية التي تطرح من حساب الأرباح الصافية ، وهذه السماحات ينعكس أثرها البالغ على احتساب الأرباح . فعلى سبيل المثال يمثل احتياطي المعونات في ألمانيا تخفيض ضريبي بينما يمثل في السويد مبالغ مستوردة مضافة ، أي بمعنى آخر يتم حجز هذا الاحتياطي لكي يتم إعادة استثماره مرة أخرى .

يتضح مما تقدم أن التحليل المالي الدولي يتطلب وجود محاسبة خاصة في المجال الدولي . ويتعين على هذه المحاسبة أن تأخذ بنظر الاعتبار تأثيرات البيئة التشغيلية المحلية على نتائج أعمال الشركات متعددة الجنسيات . كذلك يتعين على المحللين الماليين أن يكونوا مؤهلين للأخذ في الحسبان انعكاسات فعاليات شركات البلد المضيف على تقييم نتائج الأعمال المتراكمة أو هيكل الشركة نفسها .

ومن الطبيعي كذلك أن تؤخذ بنظر الاعتبار الاختلافات في الطرق المحاسبية مع مراعاة التوجه الحديث في عملية تداخل أو تفاعل النظام الاجتماعي مع النظام المالي في البلد الذي تعمل فيه الشركات متعددة الجنسيات .

الخلاصة

تختلف أهداف نظم الرقابة في الشركات متعددة الجنسيات اختلافا كبيرا . كذلك تختلف البيانات المتعلقة بالقوائم المالية والتضخم الاقتصادي والتعرض إلى مخاطرة أسعار الصرف بحسب الشركات الدولية فضلاً عن اختلاف معايير التقييم وصعوبتها . وقد أوضح مثال في هذا الفصل أهمية اختيار سعر الصرف بغية تقييم النتائج في ضوء مقارنة ما هو فعلي بما هو مخطط (متوقع) .

وكلما تطورت واتسعت الفروع الأجنبية كلما أصبحت أكثر استقلالية واقل خضوعاً إلى إرادة الرقابة والسيطرة المركزية . ويمكن أن يؤدي هذا النظام أو المنهج إلى عراقيل وصعوبات من اجل الارتقاء بالتعاون الفعال على مستوى مجموعة الشركات متعددة الجنسيات . ولذلك يتعين على نظم الرقابة الداخلية والخارجية أن تتكيف مع الظروف الجديدة والتطور باستمرار لغرض تأمين فاعلية المجموعة على المستوى الدولي . وتحتل الرقابة الخارجية (external control) للشركات متعددة الجنسيات أهمية جوهرية وتمثل وسيلة فاعلة لدعم إمكانية العمل في الأسواق المالية العالمية . وهذه الرقابة تكشف للفروع بأنها كانت مراقبة بشكل فاعل ، الأمر الذي يؤدي إلى ضمان تحسين النوعية (الجودة) . بالإضافة إلى أن هذه الرقابة تفيد إدارة الشركة بالتعرف على طبيعة نظم الرقابة ومستوى كفاءتها بغية الكشف عن المشكلات والصعوبات المحتملة .

كذلك يستخدم التحليل المالي الدولي بوصفه أحد أدوات تقييم الأداء في الشركات متعددة الجنسيات . ويتطلب ذلك من المحلل المالي أن يكون مدركاً لما يؤثر في البيانات المالية للشركات من متغيرات اقتصادية ومالية واجتماعية وسياسية وغيرها . ولذلك لابد

من اعتماد أدوات موضوعية في التحليل المالي الدولي ، يتمثل أبرزها في وجـود نظـام محاسـبي دولي يأخذ بنظر الاعتبار جميع المتغيرات البيئية التي تنعكس عـلى البيانـات المحاسبية ، فضـلا عن وجود بعض المؤشرات المعيارية المستخدمة في عمليات تقيـيم الأداء المـالي لأغـراض المقارنـة على المستوى الدولي .

أسئلة الفصل

1- عرف الرقابة وحدد خطواتها .

2- ما هي أهداف نظام الرقابة ؟

3- ما هي البيانات المطلوبة من مجموعة الشركات متعددة الجنسيات ؟

4- اذكر المعايير المستخدمة في تقييم نتائج الأعمال .

5- عرف القيمة المضافة الاقتصادية ، وكيف يتم احتسابها ؟

6- ينفذ أحد الفروع الأجنبية استثمار بمبلغ (20000000) دينار ، ويتوقع أن يكون كشف

الدخل التقديري السنوي كما يلي :-

25000000 دينار مبيعات

1500000 دينار مصروفات تشغيل

1000000 دينار ربح تشغيل

ويتوقع أن يكون سعر الصرف كما يلي :-

أول المدة : 1 دينار : 2 دولار

نهاية المدة : 1 دينار : 3 دولار

المطلوب :- إعداد موازنة تبين فيها حالات مخاطرة أسعار الصرف .

7- اذكر العناصر التي يعتمد عليها التحليل المالي الدولي .

8- لماذا تختلف نسب السيولة النقدية بين الشركات العالمية ؟

9- اذكر النسب المالية الدولية المستخدمة في التقارير والكشوفات المالية .

الملاحق

الملحق (1)

الشركات الدولية (خمسون شركة) [1] لعام 1998 م

range	أسم الشركة	قطاع النشاط	قيمة مبيعات عام 1998 [2] (بمليارات اليورو)	الملاك (عدد العاملين)
1	General Motor (USA)	سيارات	158.4	608000
2	Ford Motor (USA)	سيارات	136.6	363892
3	Mitsui (JAP)	تجارة جملة	117.8	40000
4	Mitsubishi (JAP)	سيارات	114.6	36000
5	Royal Dutch-Shell (GD/NL)	نفط	113.9	105000
6	Itochu (JAP)	تجارة جملة	112.7	6675
7	Exxon (USA)	نفط	108.8	80000
8	Wall-Mart Stores (USA)	أسواق كبيرة	106.1	825000
9	Marubeni (JAP)	تجارة جملة	98.8	64000
10	Sumimoto (JAP)	تجارة جملة	91.0	29500
11	Toyota Motor (JAP)	سيارات	84.6	159035
12	Samsung (KOR)	إلكترونيات	82.6	12307
13	General Electric (USA)	إلكترونيات	80.7	276000
14	Nissho Iwai (JAP)	تجارة جملة	72.7	18158
15	IBM (USA)	حاسبات	69.8	269465
16	Nippon Teleg. & Tel. (JAP)	اتصالات	68.4	226000
17	Daimler–Benz (GER)	سيارات	63.6	300068
18	Daewoo (KOR)	إلكترونيات	63.6	265044
19	British Petroleum (GB)	نفط	63.3	56450
20	Hitachi (JAP)	إلكترونيات	61.0	331494

579

تابع - الملحق (1)

range	أسم الشركة	قطاع النشاط	قيمة مبيعات عام 1998 (بمليارات اليورو)	الملاك (عدد العاملين)
21	Volkswagen (GER)	سيارات	58.1	279892
22	Matsushita (JAP)	إلكترونيات	57.2	275962
23	Siemens (GER)	أجهزة إلكترونية	56.7	386000
24	Chrysler (USA)	سيارات	54.3	121000
25	Mobil (USA)	نفط	53.4	42700
26	U.S Postal Service (USA)	بريد	51.7	898384
27	Philips Morris (USA)	تغذية ، تبغ	49.9	152000
28	Sony (JAP)	إلكترونيات	48.9	173000
29	Nissan Motor (JAP)	سيارات	47.6	137201
30	AT & T (USA)	اتصالات	47.3	128000
31	Fiat (It)	سيارات	46.6	239457
32	Honda Motor (JAP)	سيارات	43.4	109400
33	Unilever (NL)	تغذية	43.0	287000
34	Nestle (CH)	تغذية	42.8	225808
35	Boeing (USA)	طيران	40.7	239000
36	Texaco (USA)	نفط	40.1	29313
37	Toshiba (JAP(	إلكترونيات	39.5	186000
38	Veba Group (GER(	تسويق) توزيع)	39.0	129960
39	Elf Aquitaine (Fr (	نفط ، كيمياء ، صحة	38.7	83700
40	Tomen (JAP)	تجارة جملة	38.6	10920

تابع - الملحق (1)

range	أسم الشركة	قطاع النشاط	قيمة مبيعات عام 1998 (بـمليارات اليورو)	الملاك (عدد العاملين)
41	Tokyo Electric Power (JAP)	كهرباء	38.1	42672
42	Hewlett-Packard (USA)	حاسبات	38.1	121900
43	Du Pont de Nemours (USA)	كيمياء	36.7	98396
44	Sears Roebuck (USA)	أسواق كبيرة	36.7	296000
45	Fujitsu (JAP)	حاسبات	36.1	180000
46	RWE Group (GER)	كهرباء ، غاز	35.7	136115
47	Nec (JAP)	إلكترونيات	35.5	152450
48	Bat Industries (GB)	تبغ	34.9	141498
49	Philips Electronics (NL)	إلكترونيات	34.8	264700
50	Deutsche Telekom (GER)	اتصالات	34.6	191000

(1) Source: Expansion, Paris, Nov.1998.

(2) تم تحويل قيمة المبيعات من مليارات الفرنكات الفرنسية إلى مليارات اليورو على أساس أن قيمة (اليورو : فرنك فرنسي) تعادل (6.55957) في عام 1999 ، كما وردت في منشورات بنك باريس الوطني (BNP) (Bank National de Paris) .

الملحق (2)

الشركات الصناعية الأوربية (خمسون شركة)[1] لعام 1998 م

range	أسم الشركة	قطاع النشاط	قيمة مبيعات عام 1998(ملايين اليورو)[2]	الملاك (عدد العاملين)
1	Royal Dutch-Shell (GD/NL)	نفط	114013	105000
2	Daimler- Benz (GER)	سيارات	63671	363700
3	British Petroleum (GB)	نفط	63324	56450
4	Volkswagen (GER)	سيارات	58125	279892
5	Siemens (GER)	أجهزة إلكترونية	56725	386000
6	FIAT (ITA)	سيارات	46773	239457
7	Unilever (NL)	تغذية	43128	287000
8	Nestle (CH)	تغذية	42931	225808
9	Elf Aquitaine (Fr)	نفط ، كيمياء	38768	83700
10	RWE Group (GER)	كهرباء ، غاز	35797	136115
11	Bat Industries (GB)	تبغ	34969	141498
12	Royal Philips Electronic (NL)	إلكترونيات	34868	264700
13	Deutsche Telecom (GER)	خدمات	34692	191000
14	Glencore International (CH)	تعدين	32739	7400
15	Renault (Fr)	سيارات	31696	141315
16	BMW (GER)	سيارات	30867	117624
17	Eni (ITA)	نفط ، كيمياء	30539	80178
18	Total (Fr)	نفط ، كيمياء	29131	54391
19	Suez-Lyonnaise Des eaux (Fr)	مياه ، خدمات	29029	174458
20	Basf (GER)	كيمياء	28626	104979

تابع - الملحق (2)

range	أسم الشركة	قطاع النشاط	قيمة مبيعات عام 1998(ملايين اليورو) (2)	الملاك (عدد العاملين)
21	PSA-Peugeot-Citroën (Fr)	سيارات	28475	142000
22	Electricité de France (Fr)	كهرباء	28434	117249
23	Alcatel (Fr)	اتصالات ، طاقة ، نقل	28308	189549
24	Bayer (GER)	كيمياء ،صيدلة	28232	144600
25	Abb-Asea Brown Boveri (CH)	إلكتروني	27818	213057
26	Hoechst (GER)	كيمياء ، صيدلة	27818	118212
27	Vivendi (Fr)	خدمات ، اتصالات	25477	193300
28	Viag (GER)	تعدين	25430	95561
29	Robert Bosch (GER)	معدات ، سيارات	24044	180639
30	France Telécom (Fr)	اتصالات	23893	165042
31	British Telécom (GB)	اتصالات	22788	124700
32	Telécom Italia (ITA)	سيارات	22359	126097
33	Volvo (SWE)	سيارات	21385	72900
34	Thyseen (GER)	صناعة الحديد	20914	120261
35	IRI (ITA)	اتصالات	20905	126933
36	Mannesmann (GER)	معدات صناعية	20064	120859
37	Enel (ITA)	كيمياء	19735	88957
38	Ericsson (SWE)	إلكترونيات	19541	100774
39	Repsol (SPA)	نفط ، كيمياء	19485	21440

583

تابع - الملحق (2)

range	أسم الشركة	قطاع النشاط	قيمة مبيعات عام 1998 (ملايين اليورو) [2]	الملاك (عدد العاملين)
40	Novartis (CH)	كيمياء	19124	87239
41	Petrofina (BEL)	نفط	18059	14700
42	Saint-Gobain (Fr)	مواد ، تعبئة	16323	107968
43	Ici (GB)	كيمياء	16123	69500
44	Statoil (NOR)	نفط	15676	17177
45	Deutsche Bahn (GER)	نقل	15637	268273
46	Preussag (GER)	فولاذ ، طاقة	14953	62601
47	SNCF (Fr)	نقل	14817	207828
48	Telefonica de España (SPA)	اتصالات	14359	92151
49	Alstom (Fr)	طاقة ، نقل	14233	110000
50	Bouygues (Fr)	بريد واتصالات اتصال	14015	94371

(1) Source: Expansion, Paris, Nov.1998.

(2) تم تحويل قيمة المبيعات من ملايين الفرنكات الفرنسية إلى ملايين اليورو على أساس أن قيمة (اليورو : فرنك فرنسي) تعادل (6.55957) في عام 1999 ، كما وردت في منشورات بنك باريس الوطني (BNP) (Bank National de Paris) .

الملحق (3)

نظم أسعار الصرف الثابتة

معدلات صرف معدة على أساس				
عملة نقدية واحد			سلة من العملات النقدية	
دولار E.D	فرنك فرنسي	عملات نقدية أخرى	حقوق السحب الخاصة (SDR)	غير حقوق السحب الخاصة
انغولا	بنين	بوهتان (روبية هندية)	سوريا	بنغلادش
انتيغوا -	بوركينوفاسو	بوسني هرزوغوفين	ماينمار	بوتسوانا
بارجودا	كاميرون	(مارك الماني)		بوزندي
أرجنتين	كومور	بروني دار السلام		كابفير (الرأس
بهاماس	كونغو	(دولار سنغافوري)		الأخضر)
بارباد	ساحل العاج	استونيا (مارك الماني)		قبرص
بليز	جابون	كريباتي (دولار استرالي)		فيجي
جيبوتي	غينيا بيساو	ليسوتو (رند جنوب افريقيا)		جزر الامون
دومينيك	مالي	ناميبيا (رند جنوب افريقيا)		ايرلندا
غريناد	نيجر			الأردن
جزر مارشال	إفريقيا الوسطى			الكويت
عراق				مالطا
ليبيريا				
لتوانيا				

تابع - الملحق (3)

معدلات صرف معدة على أساس				
عملة نقدية واحد			سلة من العملات النقدية	
دولار E.D	فرنك فرنسي	عملات نقدية أخرى	حقوق السحب الخاصة (SDR)	غير حقوق السحب الخاصة
ميكورنزي	سنغال	سانت مارين (ليرة ايطالية		المغرب
عمان	تشاد	سوازيلاند (رند جنوب افريقيا)		نيبال
باناما	توغو			التشيك
سوريا				سيشل
نايجيريا				تايلاند
سانت كيتز				تونغا
دينفز				فانواتو
سانت فنسنت				ساموا الغربية
وكرينادين				
سانت لوسي				

المصدر :- تقرير صندوق النقد الدولي ، 1998 م .

الملحق (4)

نظم أسعار الصرف العائمة (المتقلبة) [1]

المرونة المحددة مقابل		نظم ذات مرونة كبيرة			
عملة نقدية واحدة فقط	عملات نقدية أخرى في إطار آليات التعاون النقدي [2]	نظم أخرى للتعويم الموجه		نظم التعويم المستقل	
السعودية	ألمانيا	الجزائر	نورويج	أفغانستان	المكسيك
البحرين	النمسا	بلاروس	اوزباكستان	جنوب إفريقيا	
الإمارات	بلجيكا	البرازيل	باكستان	البانيا	مولدافيا
قطر	دانمارك	كمبوج	بولندا	أرمينيا	منغوليا
	إسبانيا	تشيلي	لاو	استراليا	موزنبيق
	فلندا	الصين	الدومينيكان	أذربيجان	نيوزلندا
	فرنسا	كولومبيا	روسيا	بابوزي - غينيا الجديدة	
	ايرلندا	كيركيز	سنغافورة	بوليفيا	أوغندا
	لوكسمبورغ	كوريا	سلوفينيا	بلغاريا	باراجواي
	هولندا	كوستاريكا	السودان	كندا	بيرو
	البرتغال	كرواتيا	سريلانكا	أمريكا	أثيوبيا

تابع - الملحق (4)

المرونة المحددة مقابل		نظم ذات مرونة كبيرة	
عملة نقدية واحدة فقط	عملات نقدية أخرى في إطار آليات التعاون النقدي (2)	نظم أخرى للتعويم الموجه	نظم التعويم المستقل
		مصر سورينام السلفادور تونس الإكوادور تركمانستان إريتريا تركيا جورجيا أوكرانيا اليونان أرغوا هنداروس فنزويلا هنكاريا فيتنام إندونيسيا إيران مقدونيا يوغسلافيا ماليزيا لتوانيا مالديف موريس نيكاراجوا	فليبين جامبيا رومانيا غانا بريطانيا غواتيمالا رواندا غينيا ساوتومو غويانا سيراليون صومال هاييتي السويد الهند سويسرا جامايكا طاجاكستان اليابان تانزانيا كازاخستان ترنتة وتوباغو اليمن لبنان كينيا زائير مدغشقر زامبيا مالاوي زمبابوي موريتانيا

(1) المصدر :- التقرير السنوي لصندوق النقد الدولي (IMF) ، 1998 م .

(2) تتعامل الدول التي تقع في هذا الحقل بعملة اليورو اعتبارا من الأول من كانون الثاني عام 1999 م .

الملحق (5)

أسماء البلدان وعملاتـها النقدية

Country	Currency	Unit of currency	أجزاء العملة	اسم العملة النقدية	البلد
Afghanistan	Afghani	100 Puls	100 بول	افغاني	أفغانستان
Albania	Lek	100 Quindarks	100 قنداركا	ليك	ألبانيا
Algeria	Dinar	100 Centimes	100 سنتيم	دينار	الجزائر
Angola	Kwanza	100 Lweis	100 لوى	كوانزا	انجولا
Antigua	East caribbeen Dollar	100 Cents	100 سنت	دولار شرق الكاريب	انتيجوا
Argentina	Peso	100 Centavos	100 سنتافو	بيزو	الارجنتين
Armenia	Rouble	100 Kopecks	100 كوبك	روبل	ارمينيا
Aruba (Netherlands Antilles)	Netherlands Antilles Guilder	100 Cents	100 سنت	جلدر جزر الانتيل الهولندية	اروبا (جزر الانتيل الهولندية)
Australia	Australian Dollar	100 Cents	100 سنت	دولار استرالي	استراليا
Austria *	Schilling	100 Groschen	100 جروشن	شلن	النمسا
Azerbaijani	Rouble	100 Kopecks	100 كوبك	روبل	أذربيجان

Azores (Portugal)	Escudo	100 Centavos	100 سنتافو	اسكودو	جزر الازور (البرتغال)
Bahamas	Bahamian dollar	100 Cents	100 سنت	دولار باهاماوي	باهاما
Bahrain	Dinar Bahrain	1000 Fils	1000 فلس	دينار	البحرين
Balearic Island (Spain)	Peseta	100 Centimos	100 سنتيمو	بيزيتا	جزر البلياريك (إسبانيا)
Bangladesh	Taka	100 Cents	100 سنت	تاكا	بنغلادش
Barbados	Barbados Dollar	100 Cents	100 سنت	دولار بربادوسي	بربادوس
Belarus	Rouble	100 Kopecks	100 كوبك	روبل	بلاروس
Belgium *	Belgian Franc	100 Centimes	100 سنتيم	فرنك بلجيكي	بلجيكا
Benin	CFA Franc	100 Centimes	100 سنتيم	فرنك أ.م.أ	بنين
Bermuda	Bermuda Dollar	100 Cents	100 سنت	دولار بورمودا	بورمودا
Bolivia	Peso	100 centavos	100 سنتافو	بيزو	بوليفيا
Bosnia-Herzegovina	Dinar	100 Paras	100 بارا	دينار	بوصنة
Botswana	Pula	100 Thebe	100 ثيب	بولا	بوتسوانا
Brazil	Cruzeiro	100 Centavos	100 سنتافو	كروزيرو	البرازيل
Brunei	Brunei Dollar	100 Sen	100 سن	دولار بريوني	بريوني
Bulgaria	Lev (Lewa)	100 stotinki	100 ستوتنكي	ليف (ليفا)	بلغاريا

Burkinofaso	CFA Franc	100 Centimes	100 سنتيم	فرنك أ.م.أ	بوركينوفاسو
Burma	Kyat	100 Pyas	100 بياس	كيات	بورما
Burundi	Burundi Franc	100 Centimes	100 سنتيم	فرنك بورندي	بورندي
Cameron	CFAC Franc	100 Centimes	100 سنتيم	فرنك ت.م.أ.و.	الكاميرون
Canada	Canadian Dollar	100 Cents	100 سنت	دولار كندي	كندا
Canary Islands (Spain)	Spanish peseta	100 Centimos	100 سنتيمو	بيزيتا اسبانيا	جزر الكناري (اسبانيا)
Cape Verde Islands	Portugese Escudo	100 Centavos	100 سنتافو	اسكودو برتغالي	جزر الرأس الأخضر
Central African Republic	CFAC Franc	100 Centimes	100 سنتيم	فرنك ت.م.أ.و.	جمهورية إفريقيا الوسطى
Chad	CFAC Franc	100 Centimes	100 سنتيم	فرنك ت.م.أ.و.	تشاد
Chile	New peso	100 Centesimos	100 سنتزمو	بيزو شيلي	شيلي
China	Renminbi (Yuan)	10 Jiao = 100 Fen	10 جياو = 100 فن	رنميمبي (يوان)	الصين
Colombia	Peso	100 Centavos	100 سنتافو	بيزو كولومبي	كولومبيا
Comoro Islands	CFA Franc	100 Centimes	100 سنتيم	فرنك أ.م.أ	جزر القمر
Congo Brazzaville	CFAC Franc	100 Centimes	100 سنتيم	فرنك ت.م.أ.و.	الكنغو برازافيل
Costa Rica	Colon	100 Centimos	100 سنتيمو	كولون	كوستاريكا

Croatia	Dinar	100 paras	100 بارا	دينار	كرواتيا
Cuba	Cuban Peso	100 Centavos	100 سنتافو	بيزو كوبي	كوبا
Curacao (Netherlands Antilles)	Netherlands Antilles Guilder	100 Cents	100 سنت	جلدر جزر الانتيل	كوراكاو (جزر الانتيل الهولندية)
Cyprus	Cyprot Pound	1000 Mils	1000 ميلز	جنيه قبرصي	قبرص
Czech	Czech Kurona	100 Heller	100 هلر	كورونا تشيكية	التشيك
Denmark	Danish Krone (Crown)	100 Öre	100 اوري	كرون دانماركي	دانمارك
Djibouti	CFA Franc	100 Centimes	100 سنتم	فرنك	جيبوتي
Dominican	Dominican Peso	100 Centavos	100 سنتافو	بيزو دومينيكاني	الدومينيكان
Ecuador	Sucre	100 Centavos	100 سنتافو	سوكر	اكوادور
Egypt	Egyptian Pound	100 Piastres =1000 Milliemes	100 قرش = 1000 مليم	جنيه مصري	مصر
El Salvador	Colon	100 Centavos	100 سنتافو	كولون	السلفادور
Equatorial Guinea	Ekuele	100 Centavos	100 سنتافو	اكيولي	غينيا الاستوائية
Estonia	Korona	100 Heller	100 هلر	كورونا استونية	استونيا
Ethiopia	Birr	100 Cents	100 سنت	بر	اثيوبيا (الحبشة)

Faeroe Islands	Danish Krone (Crown)	100 Öre	100 اوري	كرون دانماركي	جزر فاروي
Fiji Islands	Fiji Dollar	100 Cents	100 سنت	دولار فيجي	جزر فيجي
Finland *	Markka	100 Penniä	100 بنيا	ماركا	فلندا
France *	French Franc	100 Centimes	100 سنتيم	فرنك فرنسي	فرنسا
Gabon	CFAC Franc	100 Centimes	100 سنتيم	فرنك ت.م.أ.و.	جابون
Gambia	Dalasi	100 Bututs	100 بوتوت	دالاسي	جامبيا
Georgia	Rouble	100 Copecks	100 كوبك	روبل	جورجيا
Germany *	Deutsche Mark	100 Pfennigs	100 فنيج	مارك ألماني	ألمانيا
Ghana	Cedi	100 Pesewas	100 بيزوا	سيدي	غانا
Gibraltar	Gibraltar Pound	100 Pence	100 بنس	جنيه جبل طارق	جبل طارق
Greece	Drachma	100 leptas	100 لبتا	الدراخما	اليونان
Guadeloupe	Franc	100 Centimes	100 سنتيم	فرنك فرنسي	جوادلوب
Guatemala	Quetzal	100 Centavos	100 سنتافو	كتزال	جواتيمالا
Guiana (French)	Guiana Franc	100 Centimes	100 سنتيم	فرنك جوانا	جوانا (الفرنسية)
Guinea	Syli	100 Cauris	100 كوري	سيلي	غينيا
Guinea Bissau	Escudo	100 Centavos	100 سنتافو	اسكودو	غينا بيساو

Guyana	Guyana Dollar	100 Cents	100 سنت	دولار جوياني	جويانا
Haiti	Gourde	100 Centimes	100 سنتيم	جورد	هاييتي
Honduras	Lempira	100 Centavos	100 سنتافو	لمبيرا	هندوراس
Hong Kong	Hong Kong Dollar	100 Cents	100 سنت	دولار هونج كونج	هونج كونج
Hungary	Forint	100 Fillér	100 فلر	فورنت	هنغاريا (المجر)
Iceland	Kronur	100 Aurar	100 اورار	كرونور	أيسلندا
India	Indian Rupee	100 Paise	100 بيزي	روبية هندية	الهند
Indonesia	Indonesian Rupiah	100 Sen	100 سن	روبية اندنوسية	إندونيسيا
Iran	Rial	100 Dinar	100 دينار	ريال	إيران
Iraq	Iraqi Dinar	1000 Fils	1000 فلس	دينار عراقي	العراق
Ireland	Irish Pound	100 Pence	100 بنس	جنيه ايرلندي	ايرلندا
Israel	Shekel	100 New Agora	100 اجورا جديدة	شاقل	اسرائيل
Italy *	Italian Lira (PL Lire)	100 Centesimi	100 شنتيزيمي	ليرة ايطالية	ايطاليا
Ivory Coast	CFA Franc	100 Centimes	100 سنتيم	فرنك أ.أ.م	ساحل العاج
Jamaica	Jamaican Dollar	100 Centimes	100 سنتيم	دولار جامايكي	جامايكا
Japan	Yen	100 Sen	100 سن	الين	اليابان

Jordan	Jordanian Dinar	1000 Fils	1000 فلس	دينار اردني	الاردن
Kenya	Kenyan Shilling	100 Cents	100 سنت	شلن كيني	كينيا
Khmer	Riel	100 Sen	100 سن	ريل	الخمير الحمر
Korea (North)	Won	100 Jeon	100 جيون	وون	كوريا الشمالية
Korea (South)	Won	100 Jeon	100 جيون	وون	كوريا الجنوبية
Kuwait	Kuwaiti Dinar	1000 Fils	1000 فلس	دينار كويتي	الكويت
Kyrghyzstan	Rouble	100 Kopecks	100 كوبك	روبل	قيراغستان
Laos	Kip	100 Ats	100 ات	كيب	لاوس
Latvia	Rouble	100 Kopecks	100 كوبك	روبل	لاتفيا
Lebanon	Lebanese Pound	100 Piastres	100 قرش	ليرة لبنانية	لبنان
Lesotho	Rand	100 Cents	100سنت	راند	ليزوتو
Liberia	Liberian Dollar	100 Cents	100سنت	دولار ليبيري	ليبيريا
Libya	Libyan Dinar	100 Durhams	100 درهم	دينار ليبي	ليبيا
Liechtenstein	Swissair Franc	100 Centimes	100 سنتيم	فرنك سويسري	ليشتنستاين
Lithuania	Rouble	100 Kopecks	100 كوبك	روبل	ليتوانيا
Luxembourg *	Luxembourg Franc	100 Centimes	100 سنتيم	فرنك لكسمبورجي	لكسمبورج

Macao	Pataca	100 Avos	100 آفو	باتاكا	ماكاو
Macedona	Dinar	100 Paras	100 بارا	دينار	مقدونيا
Madeira	Portuguese Escudo	100 Centavos	100 سنتافو	اسكودو برتغالي	ماديرا (جزر)
Malagasy	Franc Malagasy	100 Centimes	100 سنتيم	فرنك ملجاشي	مالاجاش
Malawi	Kwacha	100 Tambalas	100 تمبالا	كواشا	مالاوي
Malaysian	Malaysian Dollar = Ringgit	100 Cents = 100 Sen	100 سنت 100 سن	دولار ماليزي رنجيت	ماليزيا
Mali	Franc Malien	100 Centimes	100 سنتيم	فرنك مالي	مالي
Malta	Maltase Pound	100 Cents	100 سنت	جنيه مالطي	مالطة
Martinique (French Antilles)	Franc	100 Centimes	100 سنتيم	فرنك	مارتينيك (جزر الانتيل الفرنسية)
Mauritania	Ouguia	100 Cents = 5 Khoms	100 سنت = 5 خمس	اوقية	موريتانيا
Mauritius	Mauritian Rupee	100 Cents	100 سنت	روبية موريسية	موريس (جزر)
Mexico	Mexican Peso	100 Centavos	100 سنتافو	بيزو مكسيكي	المكسيك
Moldavia	Rouble	100 Kopecks	100 كوبك	روبل	مولدافيا
Monaco	French Franc	100 Centimes	100 سنتيم	فرنك فرنسي	موناكو

Mongolia	Tugrik	100 Mongo	100 منغو	توجريك	منغوليا
Morocco	Durham	100 Centimes	100 سنتيم	درهم	المغرب
Mozambique	Escudo Mozambican	100 Centavos	100 سنتافو	اسكودو موزنبيقي	موزنبيق
Namibia	Dollar	100 Cents	100 سنت	دولار	ناميبيا
Nepal	Nepalese Rupee	100 Paisa	100 بيزا	روبية نيبالية	نيبال
Netherlands *	Guilder (Florin) Dutch	100 Cents	100 سنت	جلدر (فلورين) هولندي	هولندا
New-Zealand	New-Zealand Dollar	100 Cents	100 سنت	دولار زيلندي جديد	زيلندا الجديدة
Nicaragua	Cordoba	100 Centavos	100 سنتافو	كوردوبا	نيكاراجوا
Niger	CFA Franc	100 Centimes	100 سنتيم	فرنك أ.م.أ.	النيجر
Nigeria	Naira	100 Kobo	100 كوبو	نيرا	نيجيريا
Norway	Norwegian Krone	100 Öre	100 وري	كرون نرويجي	النرويج
Oman	Riyal Omani	1000 Baisa	1000 بيزا	ريال عماني	عمان
Pakistan	Pakistani Rupee	100 Paisas	100 بيزا	روبية باكستانية	الباكستان
Palestine	Palestinian Pound	1000 Millièmes	1000 مليم	جنيه فلسطيني	فلسطين
Panama	Balboa	100 Centesimos	100 سنتيزيمو	بلبوا	بناما

Paraguay	Guarani	100 Centimos	100 سنتيمو	جواراني	باراجوا
Peru	New Sol	100 Centavos	100 سنتافو	سول جديد	بيرو
Philippines	Philippine Peso	100 Centavos	100 سنتافو	بيزو فليبيني	الفليبين
Poland	Zloty	100 Groszy	100 جروزي	زلوتي	بولندا
Polynesia	Polynesian Franc	100 Centimes	100 سنتيم	فرنك بولينيزي	بولينسيا
Portugal *	Escudo	100 Centavos	100 سنتافو	اسكودو	البرتغال
Puerto Rico	U.S Dollar	100 Cents	100 سنت	دولار امريكي	بورتوريكا
Qatar	Qatar Riyal	100 Durhams	100 درهم	ريال قطري	قطر
Romania	Lei (Leu)	100 Bani	100 باني	لاي (ليو)	رومانيا
Russia	Rouble	100 Copecks	100 كوبك	روبل	روسيا
Rwanda	Rwanda Franc	100 Centimes	100 سنتيم	فرنك راوندي	رواندا
Saudi Arabia	Riyal	100 Halalas	100 هللة	ريال سعودي	العربية السعودية
Senegal	CFA Franc	100 Centimes	100 سنتيم	فرنك أ.م.أ	السنغال
Serbia & Montenegro	Dinar	100 Paras	100 بارا	دينار	صربيا ومونتنجرو
Seychelles	Roupia	100 paisa	100 بيزا	روبيا	سيشل
Sierra Leone	Leone	100 Cents	100 سنت	ليون	سيراليون

Singapore	Singapore Dollar	100 Cents	100 سنت	دولار سنغافوري	سنغافورة
Slovakia	Slovak Korona	100 Hellers	100 هللر	كورونا سلوفاكية	سلوفاكيا
Solomon Islands	Solomon Dollar	100 Cents	100 سنت	دولار سلموني	سلمون (جزر)
Somalia	Somali Shilling	100 Cents	100 سنت	شلن صومالي	الصومال
South Africa	Rand	100 Cents	100 سنت	راند	جنوب افريقيا
South West Africa	Rand	100 Cents	100 سنت	راند	جنوب غرب افريقيا
Spain *	Peseta	100 Centimos	100 سنتيمو	بيزيتا	اسبانيا
Sri-Lanka	Ceylonese Pound	100 Cents	100 سنت	روبية سيلانية	سري لانكا
Sudan	Sudanese Pound	100 Piastres = 1000 Milliemes	100 قرش = 1000 مليم	جنيه سوداني	السودان
Surinam	Surinamian Guilder	100 Cents	100 سنت	جلدر سورينامي	سورينام
Swaziland	Lilangeni (Pl. Emalengeni)	100 Cents	100 سنت	ليلانجني (امالنجني)	سوازيلند
Sweden	Swedish Krona (Crown)	100 Öre	100 اوري	كرون سويدي	السويد
Switzerland	Swiss Franc	100 Centimes	100 سنتيم	فرنك سويسري	سويسرا
Syria	Syrian Pound (Lira)	100 Piastres	100 قرش	ليرة سورية	سوريا

Taiwan	New Taiwan Dollar	100 Cents	100 سنت	دولار تايواني	تايوان
Tajikistan	Rouble	100 Kopecks	100 كوبك	روبل	طاجيكستان
Tanzania	Tanzanian Shilling	100 Cents	100 سنت	شلن تنزاني	تنزانيا
Thailand	Baht	100 Satangs	100 ساتانج	باهت	تايلند
Timor (Portuguese)	Escudo	100 Centavos	100 سنتافو	اسكودو	تيمور (البرتغالية)
Togo	CFA Franc	100 Centimes	100 سنتيم	فرنك أ.م.أ.	توجو
Tonga	Pa'ango	100 Seniti	100 سنيتي	بانجا	تونجا
Trinidad & Tobago	Tr. & To. Dollar	100 Cents	100 سنت	دولار ترينيداد و توباجو	ترينيداد و توباجو
Tunisia	Tunisian Dinar	100 Milliemes	100 مليم	دينار تونسي	تونس
Turkey	Turkish Pound (Lira)	100 Kurus	100 قرش	جنيه تركي (ليرة)	تركيا
Turkmenistan	Rouble	100 Kopecks	100 كوبك	روبل	تركمانستان
U.A.Emirates	Durham	100 Fils	100 فلس	درهم إماراتي	الإمارات العربية المتحدة
U.S. of America	U.S.A Dollar	100 Cents	100 سنت	دولار امريكي	الولايات المتحدة الامريكية
Uganda	Uganda Shilling	100 Cents	100 سنت	شلن اوغندي	أوغندا

United Kingdom	Pound Sterling	100 Pence	100 بنس	جنيه إسترليني	المملكة المتحدة
Upper Volta	CFA Franc	100 Centimes	100 سنتيم	فرنك أ.م.أ	فولتا العليا
Uruguay	Uruguayan Peso	100 Centesimos	100 سنتيزمو	بيزو اورجوا	أورجواي
Vatican	Italian Lira (PL Lire)	100 Centesimi	100 شنتيزيمي	ليرة ايطالية	الفاتيكان
Venezuela	Bolivar	100 Centimos	100 سنتيمو	بوليفار	فنزويلا
Vietnam	Dong	10 Chav = 100 Sau	10 كاف = 100 ساو	دونج	فيتنام
Yemen	Rial	40 Bugshahs	40 بوجشاه	ريال	اليمن
Yugoslavia	Dinar	100 Paras	100 بارا	دينار	يوغسلافيا
Zaire	Zaire	100 Makuta = 1000 Sengi	100 ماكوتا = 1000 سنجي	زائير	زائير
Zambia	Kwacha	100 Ngwee	100 نجوي	كواتشا	زامبيا
Zimbabwe	Dollar Zimbabaie	100 Cents	100 سنت	دولار زمبابوي	زمبابوي

ملاحظة :-

- (فرنك أ.م.أ) يعني فرنك الاتحاد المالي الإفريقي ويضم :- بنين ، جزر القمر ، النيجر ، السنغال ، توجو ، فولتا العليا ، ساحل العاج ، بوركينوفاسو ، جيبوتي .

- (فرنك ت.م.أ.و) يعني فرنك التعاون المالي في إفريقيا الوسطى ويضم :- الكاميرون ، جمهورية إفريقيا الوسطى ، الكونغو برازافيل ، الجابون تشاد .

* هذه البلدان اعتمدت عملة اليورو (EUR) منذ 1999/1/1 م .

C.F.A Franc means (Franc de la Communité Financière Africaine فرنك الاتحاد المالي الأفريقي) composed from :- Benin , Comores , Niger , Senegal , Togo , Upper Volta , Ivory Coast, Burkinofaso, Djibouti .

C.F.A.C. Franc means (Franc de la Cooperation Financière en Afrique Centrale فرنك التعاون المالي في أفريقيا الوسطى) composed from :- Cameroon, Central African Republic, Congo Brazzaville,Gabon & Chad .

ملحق رقم (6)

القيمة الحالية لوحدة نقدية واحدة من عملة معينة (دولار ، يورو ، ين ، جنيه ، دينار ، ريال ...) خلال

(N) من السنوات بمعدل (i) :-

$$1/(1+i)^n$$

Years	1 %	2 %	3 %	4 %	5 %	6 %	7 %	8 %	9 %	10 %	12 %	14 %	15 %
1	.990	.980	.971	.962	.952	.943	.935	.926	.917	.909	.893	.877	.870
2	.980	.961	.943	.925	.907	.890	.873	.857	.842	.826	.797	.769	.756
3	.971	.942	.915	.889	.864	.840	.816	.794	.772	.751	.712	.675	.658
4	.961	.924	.889	.855	.823	.792	.763	.735	.708	.683	.636	.592	.572
5	.951	.906	.863	.822	.784	.747	.713	.681	.650	.621	.567	.519	.497
6	.942	.888	.838	.790	.746	.705	.666	.630	.596	.564	.507	.456	.432
7	.933	.871	.813	.760	.711	.665	.623	.583	.547	.513	.452	.400	.376
8	.923	.853	.789	.731	.677	.627	.582	.540	.502	.467	.404	.351	.327
9	.914	.837	.766	.703	.645	.592	.544	.500	.460	.424	.361	.308	.284
10	.905	.820	.744	.676	.614	.558	.508	.463	.422	.386	.322	.270	.247
11	.896	.804	.722	.650	.585	.527	.475	.429	.388	.350	.287	.237	.215
12	.887	.788	.701	.625	.557	.497	.444	.397	.356	.319	.257	.208	.187
13	.879	.773	.681	.601	.530	.469	.415	.368	.326	.290	.229	.182	.163
14	.870	.758	.661	.577	.505	.442	.388	.340	.299	.263	.205	.160	.141
15	.861	.743	.642	.555	.481	.417	.362	.315	.275	.239	.183	.140	.123
16	.853	.728	.623	.534	.458	.394	.339	.292	.252	.218	.163	.123	.107
17	.844	.714	.605	.513	.436	.371	.317	.270	.231	.198	.146	.108	.093
18	.836	.700	.587	.494	.416	.350	.296	.250	.212	.180	.130	.095	.081
19	.828	.686	.570	.475	.396	.331	.276	.232	.194	.164	.116	.083	.070
20	.820	.673	.554	.456	.377	.312	.258	.215	.178	.149	.104	.073	.061
25	.780	.610	.478	.375	.295	.233	.184	.146	.116	.092	.059	.038	.030
30	.742	.552	.412	.308	.231	.174	.131	.099	.075	.057	.033	.020	.015

Years	16 %	18 %	20 %	24 %	28 %	32 %	36 %	40 %	50 %	60 %	70 %	80 %	90 %
1	.862	.847	.833	.806	.781	.758	.735	.714	.667	.625	.588	.556	.526
2	.743	.718	.694	.650	.610	.574	.541	.510	.444	.391	.346	.309	.277
3	.641	.609	.579	.524	.477	.435	.398	.364	.296	.244	.204	.171	.146
4	.552	.516	.482	.423	.373	.329	.292	.260	.198	.153	.120	.095	.077
5	.476	.437	.402	.341	.291	.250	.215	.186	.132	.095	.070	.053	.040
6	.410	.370	.335	.275	.227	.189	.158	.133	.088	.060	.041	.029	.021
7	.354	.314	.279	.222	.178	.143	.116	.095	.059	.037	.024	.016	.011
8	.305	.266	.233	.179	.139	.108	.085	.068	.039	.023	.014	.009	.006
9	.263	.226	.194	.144	.108	.082	.063	.048	.026	.015	.008	.005	.003
10	.227	.191	.162	.116	.085	.062	.046	.035	.017	.009	.005	.003	.002
11	.195	.162	.135	.094	.066	.047	.034	.025	.012	.006	.003	.002	.001
12	.168	.137	.112	.076	.052	.036	.025	.018	.008	.004	.002	.001	.001
13	.145	.116	.093	.061	.040	.027	.018	.013	.005	.002	.001	.001	.000
14	.125	.099	.078	.049	.032	.021	.014	.009	.003	.001	.001	.000	.000
15	.108	.084	.065	.040	.025	.016	.010	.006	.002	.001	.000	.000	.000
16	.093	.071	.054	.032	.019	.012	.007	.005	.002	.001	.000	.000	
17	.080	.030	.045	.026	.015	.009	.005	.003	.001	.000	.000		
18	.089	.051	.038	.021	.012	.007	.004	.002	.001	.000	.000		
19	.080	.043	.031	.017	.009	.005	.003	.002	.000	.000			
20	.051	.037	.026	.014	.007	.004	.002	.001	.000	.000			
25	.024	.016	.010	.005	.002	.001	.000	.000					
30	.012	.007	.004	.002	.001	.000	.000						

* Present value of one (Dollar, Pound, yen, Dinar, Riyal...) per year . N year at i %.

ملحق رقم (7)

القيمة الحالية لسلسلة أقساط من وحدة نقدية معينة (دولار ، يورو ، ين ، جنيه ، دينار ، ريال ...)

خلال (N) من السنوات بمعدل (i) :-

$$1/1+i + (1/1+i)^2 + \dots + (1/1+i)^n$$

Years	1 %	2 %	3 %	4 %	5 %	6 %	7 %	8 %	9 %	10 %	
1	0.990	0.980	0.971	0.962	0.952	0.943	0.935	0.926	0.917	0.909	
2	1.970	1.942	1.913	1.886	1.859	1.833	1.808	1.783	1.759	1.736	
3	2.941	2.884	2.829	2.775	2.723	2.673	2.624	2.577	2.531	2.487	
4	3.902	3.808	3.717	3.630	3.546	3.465	3.387	3.312	3.240	3.170	
5	4.853	4.713	4.580	4.452	4.329	4.212	4.100	3.993	3.890	3.791	
6	5.795	5.601	5.417	5.242	5.076	4.917	4.766	4.623	4.486	4.355	
7	6.728	6.472	6.230	6.002	5.786	5.582	5.389	5.206	5.033	4.868	
8	7.652	7.325	7.020	6.733	6.463	6.210	5.971	5.747	5.535	5.335	
9	8.566	8.162	7.786	7.435	7.108	6.802	6.515	6.247	5.985	5.759	
10	9.471	8.983	8.530	8.111	7.722	7.360	7.024	6.710	6.418	6.145	
11	10.368	9.787	9.253	8.760	8.306	7.887	7.499	7.139	6.805	6.495	
12	11.255	10.575	9.954	9.385	8.863	8.384	7.943	7.536	7.161	6.814	
13	12.134	11.348	10.635	9.986	9.394	8.853	8.358	7.904	7.487	7.103	
14	13.004	12.106	11.296	10.563	9.899	9.295	8.745	8.244	7.786	7.367	
15	13.865	12.849	11.938	11.118	10.380	9.712	9.108	8.559	8.060	7.606	
16	14.718	13.578	12.561	11.652	10.838	10.106	9.447	8.851	8.312	7.824	
17	15.562	14.292	13.166	12.166	11.274	10.477	9.763	9.122	8.544	8.022	
18	16.398	14.992	13.754	12.659	11.690	10.828	10.059	9.372	8.756	8.201	
19	17.226	15.678	14.324	13.134	12.085	11.158	10.336	9.604	8.950	8.365	
20	18.046	16.351	14.877	13.590	12.462	11.470	10.594	9.818	9.128	8.511	
25	22.023	19.523	17.413	15.622	14.094	12.783	11.654	10.675	9.823	9.077	
30	25.808	22.397	19.600	17.292	15.373	13.765	12.409	11.258	10.274	9.427	

605

Years	12 %	14 %	16 %	18 %	20 %	24 %	28 %	32 %	36 %
1	0.893	0.877	0.862	0.847	0.833	0.806	0.781	0.758	0.735
2	1.690	1.647	1.605	1.566	1.528	1.457	1.392	1.332	1.276
3	2.402	2.322	2.246	2.174	2.106	1.981	1.868	1.766	1.674
4	3.037	2.914	2.798	2.690	2.589	2.404	2.241	2.096	1.966
5	3.605	3.433	3.274	3.127	2.991	2.745	2.532	2.345	2.181
6	4.111	3.889	3.685	3.498	3.326	3.020	2.759	2.534	2.339
7	4.564	4.288	4.039	3.812	3.605	3.242	2.937	2.678	2.455
8	4.968	4.639	4.344	4.078	3.837	3.421	3.076	2.786	2.540
9	5.328	4.946	4.607	4.303	4.031	3.566	3.184	2.868	2.603
10	5.650	5.216	4.833	4.494	4.193	3.682	3.269	2.930	2.650
11	5.988	5.453	5.029	4.656	4.327	3.776	3.335	2.978	2.683
12	6.194	5.660	5.197	4.793	4.439	3.851	3.387	3.013	2.708
13	6.424	5.842	5.342	4.910	4.533	3.912	3.427	3.040	2.727
14	6.628	6.002	5.468	5.008	4.611	3.962	3.459	3.061	2.740
15	6.811	6.142	5.575	5.092	4.675	4.001	3.483	3.076	2.750
16	6.974	6.265	5.669	5.162	4.730	4.033	3.503	3.088	2.758
17	7.120	5.878	5.749	4.222	4.775	4.059	3.518	3.097	2.763
18	7.250	6.467	5.818	5.273	4.812	4.080	3.529	3.104	2.767
19	7.366	6.550	5.877	5.316	4.814	4.097	3.539	3.109	2.770
20	7.469	6.623	5.929	5.353	4.870	4.110	3.546	3.113	2.772
25	7.843	6.873	6.097	5.467	4.948	4.147	3.564	3.122	2.776
30	8.055	7.003	6.177	5.517	4.979	4.160	3.569	3.124	2.778

* Present value of one (Dollar, Pound, yen, Dinar, Riyal...) per year . N year at i % .

قائمة المصادر

مصادر الكتاب

أولاً :- المصادر العربية

(1) الكتب

1- اسعد عبد اللطيف :- " الاعتماد المستندي ودوره في تنشيط التجارة الدولية " ، عمان ، الأردن ، 1999 م .

2- الأسيوطي ، مجدي نافد :- " معجم المصطلحات المصرفية والمالية " ، مؤسسة الأهرام ، القاهرة ، نيسان ، 1980 .

3- الحيالي ، وليد ناجي ، البطمة محمد عثمان : " التحليل المالي " ، دار حنين للنشر والتوزيع ، عمان ، الأردن ، 1996م .

4- الراوي ، خالد وهيب :- " الأسواق المالية النقدية " دار المسيرة للطباعة والتوزيع والنشر ، عمان ، الأردن ، 1999م .

5- الصادق علي توفيق ، البلبل علي احمد : " العولمة وإدارة الاقتصادات الوطنية " ، صندوق النقد العربي ، أبو ظبي ، الإمارات العربية المتحدة ، 2001م .

6- الصياح عبد الستار ، العامري مشكور سعود :- " الإدارة المالية " ، أطر نظرية وحالات عملية ، دار وائل للنشر ، عمان ، الأردن ، 2003 م .

7- الفنيش محمد :- " القطاع المالي في البلدان العربية وتحديات المرحلة المقبلة " ، صندوق النقد العربي ، أبو ظبي ، الإمارات العربية المتحدة ، 2000م .

8- القاضي حسين ، حمدان مأمون : " المحاسبة الدولية " ، الدار العلمية للنشر والتوزيع ، عمان ، الأردن ، 2000 م .

607

9- المناعي جاسم :- الأزمة الاقتصادية لدول جنوب شرق آسيا وانعكاساتها على اقتصاديات دول مجلس التعاون الخليجي، دار الفجر للصحافة والطباعة والنشر ، أبو ظبي ، نيسان 1998 م .

10- النجفي ، حسن :- " سوق الأوراق المالية " ، شركة الاعتدال للطباعة الفنية المحدودة ، بغداد ، كانون الثاني 1992م .

11- بانز ، فريدي :- " الاعتماد المستندي " ، عمان ، الأردن ، 1998 م .

12- بن جراوي ، فارس ثابت :- " اثر اليورو على اقتصاديات الدول العربية " ، صندوق النقد العربي ، أبو ظبي ، الإمارات العربية المتحدة ، 2000م .

13- عبد آل آدم يوحنا ، الدباغ ضياء حامد :- " الإدارة المالية " ، دار الكتب للطباعة والنشر ، جامعة الموصل ، الموصل ، العراق ، 1992 م .

14- عبد الله خالد أمين ، أبو عاصي حمزة بشير :- " محاسبة الشركات " دار الفكر للطباعة والنشر والتوزيع ، الطبعة الأولى ، عمان ، الأردن ، 2001 م .

15- عدس ، غازي :- " مقارنة بين الاعتماد المستندي القابل للتحويل والاعتماد مقابل اعتماد آخر " ، عمان ، الأردن ، 1999 م .

16- غرايبة هشام صالح ، خان محمد يونس،- الإدارة المالية، جون وايلي وأولاده ، لندن 1986 م .

17- مصطفى هني :- معجم المصطلحات الاقتصادية والتجارية ، الطبعة الثانية ، مكتبة لبنان ، بيروت ، 1978 .

18- مطر ، محمد عطية و آخرون :- " نظرية المحاسبة واقتصاد المعلومات " ، دار حنين للنشر والتوزيع ، عمان ، الأردن ، 1996 م .

19- هندي ، منير إبراهيم :- الأسواق الحاضرة والمستقبلة :-أسواق الأوراق المالية و أسواق الاختيار و أسواق العقود المستقبلية ، المعهد العربي للدراسات المالية والمصرفية ، عمان ، الأردن ، 1994 م .

20- هواري ، سيد :- " الإدارة المالية منهج اتخاذ القرارات " ، مكتبة عين شمس ، القاهرة ، 1996 م .

(2) الدوريات

1- اتحاد المصارف العربية : " بورصة الأوراق المالية وإدارة المحافظ "، بيروت، لبنان ، 1987 م .

2- اتحاد المصارف العربية : " المشتقات المالية " ، بيروت ، لبنان ، كانون الثاني 2002 م .

3- العامري مشكور ، سعود ، وآخرون :- " دراسة مقارنة للمعايير المحاسبية الدولية والنظام المحاسبي الموحد في العراق"، مجلة العوم الاقتصادية ، العدد (11) ، كلية الإدارة والاقتصاد ، جامعة البصرة ، البصرة ، 1994م .

4- العامري مشكور ، سعود : " المعايير المستخدمة في تحديد قيمة المنشأة " ، مجلة العلوم الاقتصادية ، العدد (12) ، كلية الإدارة والاقتصاد ، جامعة البصرة ، البصرة ، 2000م .

5- العامري مشكور ، سعود ، الشاوي الهام :- التعامل المصرفي والتجاري بالاعتمادات المستندية ، بحث منشور في وقائع المؤتمر الأول لقسم المحاسبة – كلية التراث الجامعة / بغداد ، المنعقد في بغداد في الأول من نيسان عام 2002 م .

6- العامري مشكور ، سعود ، الطريحي هبة مضر :- " قائمة التدفقات النقدية ومتطلبات الإفصاح المحاسبي " ، مجلة آفاق اقتصادية ، العدد (93) الإمارات العربية المتحدة ، عمان 2003م .

references ثانياً :- المصادر الأجنبية

1- الكتب **Books**

1- Aftalion (F.), Poncet (P.) : " les futures sur taux d'intérêt ", PUF, Paris, 1991.

2- Aftalion (F.) " marché des changes et produits derivés ",PUF, Paris, 1995.

3- Allegret (J.-P.) :" economic menétaire internationale ", Hachette, Paris, 1997.

4- Angell (G.) : " futures market ", Probus publishing Company, Chicago, USA, 1990.

5- Aroyo (P.), d'Arvisenet (Ph.), Schwob (T.) : le marché des changes ", Dunod, Paris, 1994.

6- Artus (P.), Lubochinski (C.) : " théorie financière des taux d'intérêt et gestion du risque de taux ",PUF, Paris, 1990.

7- Augros (J.-C.) : " les options de taux d'intérêt ", in Simon Y.(éd.), Encyclopédie des marchés financiers, Ēconomica, Paris, 1997.

8- Batsh (L.), " la croissance des groupes industriels", Ēconomica, Paris, 1993.

9- Bellier Delienne (A.) : " gestion de trésorerie et risque de taux ", Nathan, Paris, 1995.

10- Belvard (E). Needles, (J.R) ; Marian Powers: " Financial Accounting ", Houghton Mifflin Company, seventh edition, USA, 2001.

11- Bénichou (I.), Corchia (D.) ; " le financement de projet ", Eska, Paris,1996.

12- Bessis (J.) : " risk management in banking ", John Wiley, New York, 1998.

13- Boussard (D.), Sleziak (J.-C.) : " la comptabilité des operations en devises ",Eska, Paris,1990.

14- Brewer (T.) : " political risk, in international business : new directions for research, management & public policy, Praeger, New York, 1985.

15- Buckley (P.J.), Casson (M.) : " the future of the Multinational Enterprise ", Macmillan, London, 1976.

16- Buckley (P.J.), Casson (M.) : "Multinational Enterprise in the world economy ", Edward Elgar publishing, Hampshire, England, 1991.

17- Burland (A.), Simon (C.) : " comptabilité de gestion ", Vuibert, Paris, 1993.

18- Caby (I.), Hirigoyen (G.), " la creation de valeur de l'entreprise ", Économica, Paris, 1997.

19- Cantwell (J.) : " multinational investment in modern Europe ", Edward Elgard Publishing, Hampshire, England, 1992.

20- Chazot (C.), Claude (P.) : " les swaps, concepts et applications ", 2e ed., Économica, Paris, 1995.

21- Chesney (M.), Marois (B.), Wokajowski (R.) : " les options de change ", Économica, Paris, 1995.

22- Chevalier (A.), Vigneron (P.) : la gestion financière des groupes ", Dunod, Paris, 1981.

23- Choi F.D.S, Mueller (G.) : " An introduction to multinational accounting ", Prentice Hall, Engelwood Cliffs, New Jersey, USA, 1978.

24- Choi F.D.S, Mueller (G.) : " international accounting ", NJ Prentice Hall Inc. , Engelwood Cliffs, USA, 1984.

25- Choi F.D.S, Mueller (G.) : " international accounting ", 2e éd., Engelwood Cliffs, Prentice Hall Inc, USA, 1992.

26- Choi F.D.S. & Levich, RM. : " the capital market effects of international accounting diversity, Dow Jones-Irwin, USA, 1990.

27- Cohen (E.), (B.), " analyse financière et étude des stratégies des groupes industriels ",Économica, Paris, 1994.

611

28- Colasse (B.), " comtabilité general ", 4e éd., Ēconomica, Paris, 1993.

29- Cooper (D.J.), & others, " globalization & nationalism in a multinational accounting firm" , center for profesional service fim management, faculty of business, university of Alberta, Edmonton, Alberta, Canada, March, 1998.

30- Court et Entraigues, " gestion fiscale internationale des entreprises ", Montchrestien, Paris, 1992.

31- Curien (G.) : " le credit documentaire ", Dunod, Paris, 1986.

32- Ducouloux Favart (C.) : " société anonyme ", Vuibert, Gestion internationale, Paris, 1992.

33- Dunning (J.H.) :- " international investment ", Penguin Books Hardmondsworth, London, 1972.

34- Dunning (J.H.) :- " economic analysis & the multinational enterprise ", Allen & Unwin, London, 1974.

35- Eitman (D.K.), Stonehill (A.I.) & Moffet (M.H.) : " multinational business finance ", 7e ed., Addison-Wesly Publishing Company, USA, 1995.

36- Ezra Solommon : " the theory of financial management ", New York : Columbia University Press, USA, 1963.

37- Flouzat (D.) :- Phénoménes monétaire, 14e éd., PUF, Paris, 1997.

38- Fontaine (P.) : " gestion du risque de change ", Ēconomica, Paris, 1996.

39- Foster (G.) : " financial statement analysis ", Prentice-Hall Inc., New Jersy, USA, 1986.

40- Francis Lefebvre ," les impôts dans les affaires internatoinale, Paris, 1993.

41- Gernon (H.), Meek (G.K.) : " accounting an international perspective, McGraw-Hills, Singapore, 2001.

42- Gest et Tixier, " droit fiscal internationale, 2e éd., PUF, Paris, 1990.

43- Ginglinger (E.) : " le financement de l'entreprise par les marchés de capitaux ", PUF, Paris, 1991.

44- Gitman, Lawrence (J.) : " principles of managerial finance ", Brief Edition, Addison-Wesley Publishing Company, USA, 1988.

45- Glautier (M.W.E.), Underdown (B.): " accounting theory & practice ", Pitman, Third Edition, London, 1986.

46- Hymer (S.) : " the international operations of national firms : A study of direct foreign investment ", Mass. MIT, Cambridge, U.K, 1976.

47- Klein (J.) : " Gestion financière multinational ",Ēconomica, Paris, 1996.

48- Kojima (K.) : "direct foreign investment, a Japanese model of multinational business operations ", Croom Helm, London, 1978.

49- Kojima (K.) : " Japanese style direct foreign investment" , Japanese Economics Studies, London, 1986.

50- La Baume (C.) de : " gestion du risque de taux d'intérêt ", 2e éd., Ēconomica, Paris, 1994.

51- Levasseur (M.), quintart (A.), " finance ", 2e éd., Ēconomica, Paris, 1992.

52- Lubochinski (C.) : " les taux d'intérêt ", 2e éd., PUF, Paris, 1990.

53- Malecot (J.F.) : " les determinants du choix d'une structure financière des groupes industriels et commerciaux ", in Hamon J. et Jacquillat H. èd., rechercher en France du CEREG, Ēconomica, Paris, 1994.

54- Marois (B.), Seigneur (O.), " risque de change et gestion de trésorerie internationale, 2e éd, Dunod, Paris,1982.

55- Mourgues (N.), " financement et cout du capital de l'entreprise ",Ēconomica, Paris, 1993.

56- Mucchielli (J.-L.) : " les firms multinationales ",Ēconomica, Paris, 1985.

57- Mucchielli (J.-L.) : " relations economiques internationales ", Hachette, Paris, 1991.

58- New hausen (B.S.), " consolidated financial statements & joint venture accounting ", in Handbook of international acconting, Choi F.D.S. éd., New York, Wiley, 1991.

59- Nobes (Ch.), Parker (R.) : " Comparative international accounting", Prentice Hall, Pearson Education, Harlow, London, 2000.

60- Norel (P.) : " les banques face aux pays endettés" , Syros, Paris, 1990.

61- Parker (R.) :- " Introduction in comparative international accounting", Financial Times, Prentice Hall, London, 2000.

62- Peirrat (C.), " evaluer une entreprise ", nathan, Paris, 1990.

63- Perfetti (P.) : " analyse techniques ",Ēconomica, Paris, 1997.

64- Perquel (J.-J.) , " les bouses américaines ", Vuibert, gestion internationale, Paris, 1993.

65- Perquel (J.-J.) , " le marché financier Anglais ", Vuibert, gestion internationale, Paris, 1994.

66- Peyrard (J.) ," gestion de trésorerie internationale ", PUF, Paris, 1988.

67- Peyrard (J.) ," gestion de trésorerie internationale ", PUF, Paris, 1989.

68- Peyrard (J.) ," les problèmes actuels de la compensation avec les les pays de l'Europe centrale et orientale ", les relations communauté Européenne, Europe de l'Est, Ēconomica, Paris, 1991.

69- Peyrard (J.) ," les bourses Européennes ",Vuibert, gestion internationale, Paris, 1992.

70- Peyrard (J.) ," les marchés des changes ",Vuibert, gestion internationale, Paris, 1995.

71- Peyrard (J.) ," gestion financiere internationale ",Vuibert, gestion internationale, Paris, 1998.

72- Raffournier (B.), Haller (A.), Walton (P.J.), " comptabilité internationale ",Vuibert, Paris, 1997.

73- Rguman (A.M.) : " multinatiomal in Canada : theory performance & economic impact ", Kluwer Nijhoff Publishing, Boston, USA, 1983.

74- Richard (J.), Simon (P.), Bailly (J.-M.), "comptabilité et analyse financière des groupes ", Économica, Paris, 1987.

75- Richard (J.), " l'audit des performances de l'entreprise ",2e éd., Édition la Villeguérin, Paris, 1993.

76- Robbins (S.M.), Stobaugh (R.), : " money in multinational enterprise ", Basic Books, New York, USA, 1973.

77- Rochat (M.), Walton (P.), " l'audit des entreprises multinationales ", Vuibert, Paris, 1997.

78- Roure (F.) : " tsratégie financières sur le MATIF et le MONEP ",Économica, Paris, 1998.

80- Sachwald (F.), Alic: " acquisitions et accords dans l'industries, l'Eurppe et la globalisation, Dunod, Paris, 1993.

80- Simon (Y.) : " les marchés à terme de taux d'intérêt ",2e éd., Économica, Paris, 1998.

81- Simon (Y.) : " techniques financière internationale ",6e éd., Économica, Paris, 1998.

82- Stuart (M) : " comparative international accounting, " Prentice Hall, Pearson Education, Harlow, London, 2000, (international financial analysis).

83- Teulon (F.) : " le systeme monétaire intrenational ", le Seuil, Paris,, 1996.

84- Vailhem (Ch.-A.) " risque de change ", in Simon (Y.), Joffre (P.) (éds), Encyclopédie des marchés financiéres, Économica, Paris, 1997.

85- Van horne (J.) : ' financial management policy ", Prentice-Hall, Inc., Englewood, New Jersey, USA, 1992.

615

86- Vernon (R.) " the location of economic activity ", in Dunning (J.H.), economic analysis & the multinational enterprise, Allen & Unwin, London, 1974.

Periodicals 2- الدوريات

1- Andreff (W.) :- " Les multinationales globales " , la decouverte, Paris, 1996.

2- Bavishi (V.B.) " Capital Budgeting practices at multinational " , Manangement Accounting, U.S.A., August 1981.

3- Burlaud (A) , Messina (M.) , Walton (P.) , " depreciation concept & practices in France & the U.K " , the European accounting review, volume 5, London 1996.

4- Cazalé (A.), " Le financement de projet " , crédit Lyonnais international, Paris, Juin 1997.

5- Choi F.D.S. , Czechowicz, " assessing foreign subsidiary performance : A multinational comparison " , management international review , No. 4-83, USA 1983.

6- Choi F.D.S. Hino, H. Sang K.M. Sang O.N. Ujiie J., and Stonehill, A.I :- " Analyzing foreign financial statements : the use misuse of international ratio analysis " , journal of international business studies , U.S.A. spring / summer, 1983.

7- Cooke, T.E. :" Voluntary corporate disclosure by Swedish companies " journal of international financial management, summer 1989.

8- Demjrag (I.) :- " Assessing foreign subsidiary performance " , JIBS, U.S.A, summer 1998.

9- Desbrieres (P.), Minetti (F.), " La gestion de tresorerie dans les groupes ", Banque, Paris, Novembre 1992.

10- Dunning (J.H.):- " the eclectic paradigm of international production : A restatement & some possible extensions " , journal of international business, London, 1988.

11- Dupuy (C.), Minelli (C.), Savary (J.) :" stratégies des multinationales " , la documentation Francaise, Paris, 1992.

12- Garette (B.),Dussaaugue (P.) : " strategic alliance : why Europe needs to catch up " , Finanncial Times, mastering global business, part five, USA, 1998.

13- Gauchery – Lacroix (L.) : " les compensations internationales " , Credit Lyonnais International, Paris, Juin 1995.

14- Gibson, (C.H.) : " the needs for disclosure of uniform financial ratios " journal of accountancy, London, May 1980.

15- Giddy (I.H) et Duffey (G.): " the random behavior of flexible exchange rates " , journal of International Business studies, USA, Printemps 1975.

16- Gray (S.J.) , Meek (G.K) , Robert (C.B.) :- " international capital market pressures and voluntary annual report disclosures by U.S. and U.K. multinationals ", Journal of international FinancialAccounting, Vol.6, No. 1, U.S.A., 1995.

17- Hertz (D.B.) : " risk analysis in capital investment " , Harvard Business Review, USA, Jan. 1964.

18- Hoarau (C.), " International Accounting Harmonization : American hegemony or mutual recognition with benchmarks ", the European Accounting Review, volume 4, London 1995.

19- Hodder (J.E.),, Senbent (L.W.), " International capital structure equilibrium " , the journal of finance, USA, December 1995.

20- Lamarque (A.) : " Entreprise et tax planning " , Echanges, Paris, 1er trimestre 1994.

21- Lelart (M.): " le systeme monétaire international " , la decouverte, n° 97, Paris, 1998.

22- Lessard (D.), Lorange (P.) : " Currency changes & management control " , Accounting Review,U.S.A, Jul. 1977.

23- Meunier (J.P.), Cohen (E.), Coutrot (B.), " la structure financière des groupes consolidés " , Caise des depôt et consignations, COREF, journées des centrales des bilans, Paris, 1990.

24- Milbourne (T.T.), " les attraits d'EVA en tant qu'indicateur de performances " , Les échos, l'Art de la finance, Paris, Avril 1998.

25- Miles (S.), and Nobes (C.W.) : the use of foreign accounting date in U.K financial institutions, journal of Business Finance & Accounting, USA, April, May, 1998.

26- Modigliani (F.) et Miller (M.H.), " the lost of capital, coporation finance & the theory of investment ", American Economic Review, USA, June 1988.

27- Ordelheide (D.), " true & fair view : an European and a Germany perspective " , the European Acounting Review, volume 2, London 1993.

28- Peyard (J.), " systems de control et informations dans les groupes Francaise " , la revue du financier, Paris, Sept. – Oct. 1985.

29- Peyard (J.), : " les tableaux de financement consolidés des groupes Francais" , Revue Banque, Paris, Octobre 1986.

30- Rainelli (M.) : " la nouvelle théorie du commerce international ", la decouverte, Paris, 1997.

31- Raviv (A.) : " the theory of capital structure ", journal of finance, USA, March 1991.

32- Rosenfield (P.), " accounting for foreign operations ", journal of accountancy, USA, Feb. 1992.

33- Tsurumi (Y.): " Japanese mutinatioal firms", journal of world trade law, USA, Febuary 1973.

34- Tsurumi (Y.): " Japan challenge to the U.S. : Industrial policies & corporate strategies", Columbia journal of world business, USA, Summer 1982.

618

35- Van Der Elstraeten (Ph.) : " quel avenir pour les centre de trésorie en Europe ? ", crédit lyonnais international, Paris, Jan. 1998.

36- Weetman, P. & Gray, S.J. : A comparative international analysis of the impact of accounting principle on profits : the USA versus the UK, Sweden & Netherlands, Accounting & Business Research, USA, Autumn, 1991.

37- Whitley (R.): " the internationalization of firms & markets ", :- its significance & institutional structuring organization, July, 101-124,1994.

38- Wolft (C.P.) : " forward exchange rates, expected spot rates & premia :- A signal extraction approach ", journal of finance, USA, June 1987.

<u>Other references</u>   3- مصادر أخرى

- banque de reglement internationaux, raports annuels .
- Banque mondiale, raports annuels .
- IMF, raports annuels .
- Financial times, 1st december 1998.
- Les échos, 16 Septembre 1993.
- Norme IASC 1993, Editions Techniques Jurisclasseurs, 1993.
- Rapport FIBV 1998.
- Wall Street Journal, 12 Jan, 1999.

619

Printed in the United States
By Bookmasters